本书受安徽省高校协同创新项目“明清徽州地方文献与乡村治理研究”（项目编号：GXXT -2020-031）资助

安徽师范大学中国区域文化研究院
安徽师范大学历史学院　主办
安徽省重点智库安徽师范大学安徽文化发展研究院

AMI（集刊）入库集刊

中国区域文化研究

2023年第一辑

（总第七辑）

卜宪群　主编

中国社会科学出版社

图书在版编目(CIP)数据

中国区域文化研究.2023年.第一辑:总第七辑/卜宪群主编.—北京:中国社会科学出版社,2023.6

ISBN 978-7-5227-1990-0

Ⅰ.①中… Ⅱ.①卜… Ⅲ.①区域文化—研究—中国 Ⅳ.①G127

中国国家版本馆CIP数据核字(2023)第097266号

出 版 人 赵剑英
责任编辑 鲍有情 李凯凯
责任校对 芦 苇
责任印制 王 超

出 版 中国社会科学出版社
社 址 北京鼓楼西大街甲158号
邮 编 100720
网 址 http://www.csspw.cn
发 行 部 010-84083685
门 市 部 010-84029450
经 销 新华书店及其他书店

印 刷 北京明恒达印务有限公司
装 订 廊坊市广阳区广增装订厂
版 次 2023年6月第1版
印 次 2023年6月第1次印刷

开 本 787×1092 1/16
印 张 18
插 页 2
字 数 344千字
定 价 98.00元

中国区域文化研究
编辑委员会

主　　任　卜宪群
副 主 任　李琳琦
委　　员　卜宪群　瞿林东　范金民　张国刚
陈尚胜　李琳琦　王世华　徐　彬
胡传志　陆　林　郭淑新

主　　编　卜宪群
执行主编　李琳琦　刘道胜
副 主 编　梁仁志　郑小春
编　　辑　刘萃峰　王翠柏　王道鹏　王少林
祝　虻　张庆路　余　焜　束保成

目　　录

早期中国方国文化研究

专题论文

特色史料

书评与综述

早期中国方国文化研究

“率西水浒”：古史传说所见先周时期周人与西北地区的联系*

王坤鹏

摘　要：周人在先周时期长期活动于西北地区，与该区其他族群产生了密切联系。以后稷为代表的周人掌握先进的农作技术，培植优良作物种子，并将之传入农业边缘地区。公刘率周人从西北某一较小的山间盆地迁徙到泾河河谷的豳地大原，公亶父时期周人又进一步迁至渭河河谷，获得了更好的自然资源与交通条件。周人在西北地区的活动具有特定的时代背景。夏代之后正值全新世大暖期结束，气候干冷化，北方地区生业亦逐渐由农业转变为农—牧混合经济，戎狄族群由此形成。此时周人与戎狄为邻，其文化之中融入不少他族文化因素。周人擅稼殖，同时又颇得多族群文化交流与融合之优势，遂能整合西土众多族邦，为灭商奠定坚实的基础。

关键词：先周；周族；西北地区；戎狄

太史公曰：“夫作事者必于东南，收功实者常于西北。故禹兴于西羌，汤起于亳，周之王也以丰镐伐殷，秦之帝用雍州兴，汉之兴自蜀汉。”① 由今天的考古发现来看，其所举的夏、商之例或有不确之处，此外则周、秦、汉王朝则均是以西北地区作为基地而兴盛起来的。具体到西周，在克殷之前，周人已长期经营西北地区，乃至混迹于戎狄之间。周人擅长农业稼殖，同时又颇得多族群文化交流与融合之优势，遂能整合西土众多族邦，为灭商奠定坚实的基础。周王国建立之前的发展历程，学界一般以“先周”指称之。② 有关先周时期周人

---

* 本文为国家社科基金一般项目“商周时期北方地区出土资料与族群形态整合研究”（22BZS005）阶段性成果。

① 司马迁：《史记》卷15《六国年表》，中华书局2014年版，第836页。

② 许倬云认为“先周”的定义，应有四个层次或部分：由近及远，最晚的一段，文武建国以前，其地区是岐山周原；早些，古公亶父迁来岐山以前，是先于周人之为周人的时期；更早一段，是脱离戎狄的时期；最早一段，则是周人集体记忆中的远源。参见许倬云《西周史（增补二版）》，生活·读书·新知三联书店2018年版，第53页。

族邦的发展情况，《诗经》中保存着一批史诗，对此有着比较丰富且形象的记述。颇可注意的是，先周时期相关古史传说反映了周人与西北地区存在着密切联系，治西周史的学者或已注意及此，[①] 只是限于著述体例未有专题论述。本文拟结合相关古史传说资料及田野考古发现，试勾勒周王国建立之前周人在西北地区进行活动的总体面貌，并探讨其历史背景，以求正于学界。

一 《生民》诗的内涵及历史背景

在周人的古史传说中，周人先祖后稷掌握了先进的农业生产技术，且与西北地区的羌人关系密切。相关资料反映了周人族群作为成熟的农业社会人群很可能是在向外拓殖的过程中将先进的农业生产方式带进了农业边缘地区。《诗经·大雅·生民》云：

> 厥初生民，时维姜嫄。生民如何，克禋克祀，以弗无子。履帝武敏歆。攸介攸止，载震载夙，载生载育，时维后稷……诞实匍匐，克岐克嶷，以就口食。艺之荏菽，荏菽旆旆，禾役穟穟，麻麦幪幪，瓜瓞唪唪。诞后稷之穑，有相之道，茀厥丰草，种之黄茂，实方实苞，实种实褎，实发实秀，实坚实好，实颖实栗，即有邰家室。诞降嘉种，维秬维秠，维穈维芑，恒之秬秠，是获是亩，恒之穈芑，是任是负，以归肇祀。[②]

《大雅》诸篇多为周王室祭天之乐歌，不少篇章很早已形成。据《毛诗序》所云："《生民》，尊祖也。后稷生于姜嫄，文、武之功起于后稷，故推以配天焉。"[③] 此可见《生民》诗应是周王室郊祀后稷以配天之诗。周人祭天的礼俗起源较早，早期文献一般多称周人在文王时期接受天命，大概在文王时期即已开展郊祀等祭天的宗教祭祀活动了。如此来看，《生民》一类诗篇形成的时间颇早，当在周初甚至周代殷之前就已经形成了。

诗篇内容所记述的时代则更早，且具有特定的历史背景。诗言周王先祖后稷"即有邰家室"，"即"，就也，"有邰"为姜嫄之族，此言后稷就其母家

---

① 参见许倬云《西周史（增补二版）》，第68—74页；[美] 李峰著，徐峰译，汤惠生校《西周的灭亡：中国早期国家的地理和政治危机（增订本）》，上海古籍出版社2016年版，第55—56页。

② 毛亨传，郑玄笺，孔颖达疏：《毛诗正义》卷17，阮元校刻《十三经注疏（清嘉庆刊本）》，中华书局2009年版，第1137—1144页。

③ 毛亨传，郑玄笺，孔颖达疏：《毛诗正义》卷17，阮元校刻《十三经注疏（清嘉庆刊本）》，第1137页。

而居。[①] 诗篇记载姜嫄无夫而生子，并强调后稷居于母族家庭中，不合父系社会的常情，看上去是比较奇怪的。宋儒朱熹曾对此置疑，认为大概是有邰氏"岂其或灭或迁，而遂以其地封后稷与"[②]。今天学者则认为姜嫄、后稷处于母系氏族社会的末期，周人从后稷时代起进入父系氏族社会。[③] 本文同意后者，诗篇所反映的应当是一种母系社会的情形。不过需注意，这种特殊情形只存在于某些族群中，并不代表一个普遍的历史时段，也不必然是原始的氏族时代。类似的情况在古代乃至当下的某些族群里仍然存在。例如生活在四川、云南交界的纳西—摩梭人，其两性结合方式被概括称为"异居走访制"，男方在天黑后到女方家居住，翌日清晨回到自己家中，通常男女双方生活和劳作在各自的母系家户中，两性关系相当脆弱，可在任何时间随意中止男女间的结合，故一个家庭的成员都由母系亲属关系来维系，在这种关系下出生的孩子归母亲所在家庭抚养。[④] 值得注意的是，学界一般认为纳西—摩梭属于早期文献中所见的羌人，在汉代以前由北方某些地区南迁而来，其所有的族群也都认为他们的祖先住在遥远的北方某地。[⑤] 而《生民》姜嫄之"姜"，与"羌"为一音之转，有邰氏亦应属上古羌人的一支。

在文献记载中，后稷之族以擅长经营农业而闻名。不过细究之，后稷善稼殖之名之所以如此显著且流传久远，很可能是因为在新石器时代农业社会扩张的某一历史进程中，周人因缘际会将先进的农耕技术传入了边缘地带。诗篇作为早期的文献，固然带有一些神话色彩，不过其核心质素仍有合乎逻辑的一面。诗言"有相之道"，意指后稷掌握了某种先进的农业技术，能辅助作物生长，"诞降嘉种"则是指后稷获得了质量上乘的作物种子。在自然环境已定的情况下，良种与先进的农作技术就是促进农业经济发展的关键助力，而农业经济的发展正是早期族群得以向外开拓与扩张的一项重要保障。后稷之族大概正是由此而在早期社会留下了比较深刻的历史记忆。《山海经·大荒西经》云："帝俊生后稷，稷降以百谷。稷之弟曰台玺，生叔均。叔均是代其父及稷播百谷，始

---

① 屈万里：《诗经诠释》，上海辞书出版社 2016 年版，第 352 页。

② 朱熹：《诗集传》，中华书局 2011 年版，第 255 页。

③ 参见孙作云《从〈诗经〉中所见的灭商以前的周社会》，《孙作云文集（第 2 卷）〈诗经〉研究》，河南大学出版社 2003 年版，第 105 页；高亨《诗经今注》，上海古籍出版社 1980 年版，第 402 页。

④ 关于纳西—摩梭族的相关情况，参见［美］施传刚《永宁摩梭》，刘永青译，云南大学出版社 2008 年版，第 44—45 页；［美］孟彻理《纳西、阮可、摩梭、蒙：云南、四川边境的亲属制度、政治制度和礼仪》，［德］米歇尔·奥皮茨，［瑞士］伊丽莎白·许主编《纳西、摩梭民族志：亲属制、仪式、象形文字》，刘永青等译，云南大学出版社 2010 年版，第 32—33 页。

⑤ 参见［美］孟彻理《纳西、阮可、摩梭、蒙：云南、四川边境的亲属制度、政治制度和礼仪》，［德］米歇尔·奥皮茨，［瑞士］伊丽莎白·许主编《纳西、摩梭民族志：亲属制、仪式、象形文字》，刘永青等译，第 26—29 页。

作耕”[①]，《海内经》亦云：“后稷是播百谷，稷之孙曰叔均，始作牛（‘牛’字疑衍）耕。”[②] 农业社会的产生跨旧石器时代末期至新石器时代早期，其间经历了数千年的试验与反复，当然绝不会是由某一族或某一人而能创造出来的。这里所说的后稷及其后代“播百谷”“始作耕”等，更可能是指其人其族改良了耕作技术或者将新的农耕技术传入了农业经济尚未充分发展的边缘地带，并因此留下了深刻的历史记忆。

《生民》诗中的“有邰氏”，近人林义光认为即是《左传》中说到的“骀”。[③]《左传》昭公九年云：“王使詹桓伯辞于晋曰：‘我自夏以后稷，魏、骀、芮、岐、毕，吾西土也。’”[④] 关于“邰”或“骀”，过去的经解一般认为其地在今天的陕西武功县西南，未知确否。从《左传》记载来看，骀地当位于周王国的西部或西北方向，与岐、芮、毕、魏等地同为周王国的“西土”。相对于当时的农业中心地区而言，实即属于边缘地带。文献所记，周族邦在先周时期的居地曾与戎狄为邻，亦见其地非传统的成熟的农业区，而应属于边缘地带。《国语·周语上》记载西周贵族祭公谋父的言论：“昔我先王世后稷，以服事虞、夏，及夏之衰也，弃稷不务，我先王不窋用失其官，而自窜于戎狄之间。”[⑤] 据祭公谋父所言，周族邦曾进入夏王国的政治体系，当夏王国衰落之时，复从该政治体系中逸出，由于某种原因，与处于西北方的戎狄为伍，大概两者本就相距不远。

与后稷相类似的例子还有战国时期将先进农耕技术授予河湟地区羌人的无弋爰剑。《后汉书·西羌传》记载：“河湟间少五谷，多禽兽，以射猎为事。爰剑教之田畜，遂见敬信，庐落种人依之者日益众。羌人谓奴为无弋，以爰剑尝为奴隶，故因名之。其后世世为豪。”[⑥] 当代的学者或从文本的角度视这类记载为一种“英雄徙边记”的叙述，一个英雄流落边远异国，然后他成为本地土著的统治者及开化者，并分析认为其内容反映的是华夏族群心目中的“华夏边缘”。[⑦] 尽管可以从文本叙事的角度来分析此类记载，中心文化区所形成的历史记忆也多少会带有中心文明的某些特定观念，不过不可否认的是，在整个中国古代，中心文化及人群向周边地区的拓展是真实且不断发

① 郝懿行：《山海经笺疏》，上海古籍出版社2019年版，第284—285页。

② 郝懿行：《山海经笺疏》，第320页。

③ 林义光：《诗经通解》，中西书局2012年版，第334页。

④ 左丘明传，杜预注，孔颖达疏：《春秋左传正义》卷45，阮元校刻《十三经注疏（清嘉庆刊本）》，第4466页。

⑤ 徐元诰：《国语集解》，中华书局2002年版，第3页。

⑥ 范晔：《后汉书》卷87，中华书局1965年版，第2875页。

⑦ 王明珂：《英雄祖先与弟兄民族：根基历史的文本与情境》，中华书局2009年版，第87页。

生的，人员的流动带来技术传播乃至边缘地带社会经济形态发生转变的例子不胜枚举。从历史学角度分析，上述史诗及史书所记的案例仍反映了一定的历史真实性。

二　由豳地至周原

周人势力发展并终能克殷的根基仍在于农业经济，而农业经济的发展实有赖于公刘与公亶父的两次迁徙。据文献所记，公刘徙于豳与公亶父徙于周原，以之为线索可大致勾勒周人在先周时期的迁徙路线以及其族群在西北地区活动的范围。

公刘时期，周人活动在关中地区以北的山间盆地或河谷之地，主要从事农业生产。《诗经·大雅·公刘》云：

> 笃公刘，匪居匪康，乃埸乃疆，乃积乃仓，乃裹糇粮，于橐于囊，思辑用光。弓矢斯张，干戈戚扬，爰方启行……笃公刘，逝彼百泉，瞻彼溥原，乃陟南冈，乃觏于京。京师之野，于时处处，于时庐旅，于时言言，于时语语。笃公刘，于京斯依。跄跄济济，俾筵俾几，既登乃依，乃造其曹，执豕于牢，酌之用匏，食之饮之，君之宗之。笃公刘，既溥既长，既景乃冈，相其阴阳，观其流泉，其军三单。度其隰原，彻田为粮，度其夕阳，豳居允荒。笃公刘，于豳斯馆，涉渭为乱，取厉取锻。止基乃理，爰众爰有，夹其皇涧，溯其过涧，止旅乃密，芮鞫之即。①

《公刘》诗叙述了周人先公公刘率领族邦之人迁徙到豳地的过程。过去的经解多认为公刘是由后稷曾居住的邰地所徙，实则没有比较坚实的证据。由后稷至公刘之间存在着十余世的间隔，学者一般认为其间世代当有所脱漏，且不窋之时周人又与戎狄为伍，故迁豳之前其所居之处很可能已不在邰地。

从诗篇内容来看，公刘迁徙之前，周人所从事的仍主要是农业经济。《公刘》诗中所言"乃埸乃疆，乃积乃仓"，意谓疆理好田亩，将出行所用的粮食收聚进粮仓，"乃裹糇粮，于橐于囊"，意为用大大小小的包裹装好专用于出行的干粮。诗文简略地叙述了公刘率众迁徙前的准备工作。由其所述可推测，周人在迁徙之前亦从事农业生产，且附近有"百泉"等水源，大概是西北地区某

---

① 毛亨传，郑玄笺，孔颖达疏：《毛诗正义》卷17，阮元校刻《十三经注疏（清嘉庆刊本）》，第1167—1171页。

处河流的小流域或规模较小的山间盆地。大概由于其居地规模较小，随着周人族群的拓大，已无法满足其需要，限制了周人的发展，[①] 是以周人向往某处更加开阔的大原，即《公刘》诗中所说的“瞻彼溥原”[②]。

公刘在豳地设立都邑与宫室，建立军队，规划田亩，收取贡赋，建立了以周族为核心的族邦政权。公刘带领周人所徙居的“豳”地，经解一般认为其地在《禹贡》雍州岐山北，于汉属右扶风郇邑，即今陕西彬州市、旬邑县一带。钱穆曾提出周人起源于晋南的说法，认为与豳相关的诸地都在晋南地区，京与豳在汉代的临汾，皆得名于汾水。[③] 据诗篇所言，公刘居豳，为大原，又曾涉渭水，则其所居地仍应以泾水流域为是。泾河在彬州附近河道开阔，形成一片广阔的河谷地带，是早期族群比较理想的居住地。周人所徙居的“京师”大概在河流二级阶地上，距河边尚有一段距离，故随着人口增长，得以逐渐向河边发展。诗言“止旅乃密，芮鞫之即”，“芮”即“汭”，指河湾之内，“鞫”指河湾之外。诗篇所言强调了周邦人口众繁，随着人口的增长，周人居地逐渐向河湾处延伸并铺满其间。李峰曾考证青铜器克钟铭文中的“京师”[④] 即《公刘》诗中的“京”或“京师”，其地在今彬州与旬邑之间，处于泾河东北岸上的某处高地。[⑤] 其说可从。

公亶父时期，周族邦迁徙到了岐山之下的周原。《诗经·大雅·绵》云：

> 绵绵瓜瓞，民之初生，自土沮漆。古公亶父，陶复陶穴，未有家室。古公亶父，来朝走马，率西水浒，至于岐下，爰及姜女，聿来胥宇。周原膴膴，堇荼如饴，爰始爰谋，爰契我龟，曰止曰时，筑室于兹。[⑥]

---

① 古代的经解多谓公刘为戎狄迫逐而徙居，实则诗篇中并无相关内容。据诗篇所言，公刘徙居前有充足的准备，并且“弓矢斯张，干戈戚扬”，很显然其拥有一定的武装守备，似非为受戎狄迫逐，更像是主动寻找更优良的栖息地。经解所释，受后世华夷之别的相关观念所限，颇富于华夷之别的道德伦理色彩，其实并不可信。

② 过去有的经解将“溥原”作为地名来理解，也有学者将其比附于西周铜器铭文中的地名。诗篇内容对此并不特别支持。溥，大也。“溥原”即大原，指黄土高原上某处较宽阔的原，是黄河中游一种常见的地貌，似非专指的地名。诗中下文又言“既溥且长”，“溥”亦是形容词。

③ 参见钱穆《周初地理考》，《古史地理论丛》，生活·读书·新知三联书店 2005 年版，第 30—43 页。

④ 中国社会科学院考古研究所编：《殷周金文集成（修订增补本）》，中华书局 2007 年版，第 204 号。后文简称《集成》。

⑤ 参见［美］李峰著，徐峰译，汤惠生校《西周的灭亡：中国早期国家的地理和政治危机（增订本）》，第 172—173 页。李先生认为“京师”是“豳”的另一种称呼，似可稍作修正。据《公刘》诗，“京师”大概是豳地之内的某处高地，可设都邑，而豳地则更为广大，包括“京师”在内。

⑥ 毛亨传，郑玄笺，孔颖达疏：《毛诗正义》卷 16，阮元校刻《十三经注疏（清嘉庆刊本）》，第 1095—1097 页。

关于诗中的“率西水浒”，旧说不同，一说循漆水西岸而行，一说循渭水北岸而西行。清儒王引之引其父王念孙的意见并分析道：“家大人曰：‘率西水浒’正承上章之漆水而言。《尔雅》曰：‘率，自也。’西，邠之西也。大王自邠西漆水之厓，南行踰梁山，又西行至于岐山之下。”① 其说法目前来看是比较清晰且合乎诗文行文逻辑的一种。② 现代历史地理学者亦对周人此一时期的迁徙路线做出了更详细的复原：周人最初由彬县（现“彬州”）趋向东南，上了永寿梁，改沿漠西河南行，又循现在的漆水河而下，再溯沣河西上，到了横水河畔，然后至于岐山之下。③

周邦由泾水流域徙处渭水流域的周原，对周族邦“终王天下”而言实是一次关键行动。泾水流域虽然有一些河谷阶地适宜生活，但仍然逼仄，且交通不便。周原位处关中平原西部，北倚岐山，南临渭河，千河经过其西侧，漆水河纵贯其东面，包括凤翔、岐山、扶风、武功四县的大部分，兼有宝鸡、眉县、乾县、永寿四县的小部分，东西延袤七十余公里，南北宽二十余公里，整块土地地势平衍，土壤肥沃，气候温和。④ 不仅如此，此地向东经渭河、黄河、汾河等可联系关东地区，向西可通过千河流域连通陇东地区，向南则可经秦岭中的若干通道联系巴蜀地区。故相较周人之前的居地，其交通条件、资源条件等都有了质的提升，奠定了周族邦称霸西方并进而图谋中原的基业。孟子曾评说商、周王业的形成：“王不待大，汤以七十里，文王以百里”⑤，虽然主要是从伦理角度强调文王靠德行而王天下，但亦喻示了周原百里之地在周人崛起过程中所起到的奠基作用。

三　周人对西北地方势力的整合

先周时期周人活跃于西北地区，吸收融合其他族群的文化，并且随着族邦势力的发展逐渐整合了其他族邦的力量。此一时期西北地区除周人外尚存在其他两类势力：一类是文献所谓的戎狄势力，其政治组织发育程度较弱，呈小而分散的特点，社会经济发展水平亦落后于周人；另一类则是一批与周人发展水

---

① 王引之：《经义述闻》，上海古籍出版社 2016 年版，第 375 页。

② 这里尚须说明，经解中一般将公亶父徙于周原之前的居处默认为豳地，这在诗篇中并无明言。自公刘至公亶父经历数世，其居地是否仍在豳地并不是很明确。

③ 史念海：《周原的变迁》，《史念海全集（第三卷）·河山集二集》，人民出版社 2013 年版，第 383 页。

④ 史念海：《周原的变迁》，《史念海全集（第三卷）·河山集二集》，第 379 页。

⑤ 赵岐注，孙奭疏：《孟子注疏》卷 3 下《公孙丑章句上》，阮元校刻《十三经注疏（清嘉庆刊本）》，第 5849 页。

平相似的族邦组织。

关于前者，涉及戎狄族群的形成这一课题。西北地区戎狄族群的形成与全新世大暖期的结束密切相关。据今天的地质学及古气候学的研究，大体上在距今5000年前后，部分地区可晚到距今4000年，全新世大暖期结束。① 受此影响，早期中国自仰韶时代（约公元前5000年—公元前3000年）开始的农业社会大扩张的浪潮也逐渐停顿下来。其后一千多年，气候变化的总趋势是变冷与变干，相应地，部分扩张至边缘地区的农业文化居民也开始向中心地区回撤。受气候变化的影响，大致从公元前2000年开始，整个北方地区特别是西北甘青地区就开始朝农业—畜牧业混合经济形式发展，时间愈后，农业在其中所占的比例越小，社会经济面貌与中原地区的差异也越来越明显，遂形成了后世文献多所记载的戎狄族群。

由考古发现来看，在相当于夏代纪年内，西北地区东起甘肃省宁县，西至青海湖北岸沙柳河，北入内蒙古阿拉善左旗，南抵甘肃文县，在东西八百多公里的范围内广泛分布着齐家文化。② 齐家文化遗存中发现有大量房址及窖穴，不少房址加工精细，居住面及其四壁近底部抹有白灰面，居民以经营原始农业为主，饲养业发达，主要饲养的家畜是猪。③ 齐家文化结束后，在东起甘青交界、西至青海湖沿岸的地区分布着卡约文化，甘青交界的黄河沿岸地区分布着辛店文化，在洮河、白龙江、西汉水及泾水流域分布着寺洼文化。卡约文化房址发现较少，居民多以畜牧业为主，畜养的动物以羊为主，墓葬中亦主要殉羊。辛店文化遗存中同样较少发现房址，其畜牧业中亦以养羊为主。④ 寺洼文化的陶器质地粗糙，火候低，风格朴素而单一，伴随陶器群出土的还有大量打制石器，反映了寺洼文化还是一个不发达的农业社会。⑤ 寺洼文化中的典型陶器马鞍形口双耳罐，学者或认为其可能是挤牛、羊奶生产时使用的一种盛器。⑥ 可见在齐家文化之后，在陕西西部至青海湖沿岸的广大的西北地区生活着经营农业—畜牧混合经济的不同族群。学者通常据后世文献所记将卡约文化、辛店文化及寺洼文化等视为羌人不同种姓的遗存。⑦

---

① 参见王绍武《全新世气候变化》，气象出版社2011年版，第63—66页。

② 谢端琚：《甘青地区史前考古》，文物出版社2002年版，第114页。

③ 例如位于甘肃东部的齐家文化师赵村聚落遗址出土猪骨占兽骨总数的85%。参见中国社会科学院考古研究所编著《师赵村与西山坪》，中国大百科全书出版社1999年版，第314页。

④ 谢端琚：《甘青地区史前考古》，第159、178—180页。

⑤ ［美］李峰著，徐峰译，汤惠生校：《西周的灭亡：中国早期国家的地理和政治危机（增订本）》，第189页。

⑥ 中国社会科学院考古研究所编著：《徐家碾寺洼文化墓地——1980年甘肃庄浪徐家碾考古发掘报告》，科学出版社2006年版，第162页。

⑦ 参见俞伟超《古代“西戎”和“羌”、“胡”考古学文化归属问题的探讨》，《先秦两汉考古学论集》，文物出版社1985年版，第184—187页。

前文已述及周人先公后稷至不窋之时，与农业边缘区的族群多有交流之事，其所交流的对象主要应即上述这些羌人族群。诗篇所述周人先祖的古史传说大概就发生在全新世大暖期结束前后的一段时期。此一时期，先周族群处于西北地区，夹处于成熟农业区与农牧混合经济区之间的交错地带，是以能够根据具体情况在某一时段从事农耕、传播农耕技术，在另一时段则又弃耕作、混迹于戎狄族群之间。至于其与戎狄族群为伍，可能也不仅是出于夏末政治衰败的原因，当有气候变化的因素在内。周人文化中所整合融入的戎狄文化因素是比较丰富的。例如主要分布在泾水流域的碾子坡文化，研究先周文化的学者将之视为先周文化的代表或主要来源之一。① 碾子坡文化与寺洼文化之间存在着密切的交流，已有学者指出碾子坡 M182 出土的镂孔铜铃与徐家碾寺洼文化墓葬 M72 以及刘家村墓葬 M41 出土的铜铃形制相同，徐家碾寺洼文化墓葬和碾子坡墓葬葬俗亦具有众多共同性。② 寺洼文化与周文化在墓葬形制、葬具结构、陶器、青铜器等方面存在着很多共性，学者或认为寺洼文化的诸多文化因素为周文化所继承与发展。③

关于后者，周人亦通过种种手段加以整合。周人在占据周原、实力得到提升后，进一步压服西北地区其他族邦势力，成为西方的霸主。见于文献记载的有周人对虞、芮、密等族邦的整合。《诗经·大雅·绵》云：“虞芮质厥成，文王蹶厥生。予曰有疏附，予曰有先后，予曰有奔奏，予曰有御侮。”④ 虞、芮二邦发生争执，寻求周邦的调解，此在战国以来的经解中一般视作周邦称霸西方的象征性事件。虞位于千河（即“汧水”）流域，其得名与宝鸡西北、陇县南、千河西的吴山有关。芮则与泾水支流的芮（汭）水有关，或认为古汭水今称黑河，芮大概在虞的北面。⑤ 商周铜器中有一批“矢”族邦铜器，⑥ 学者考证

① 参见王巍、徐良高《先周文化的考古学探索》，《考古学报》2000 年第 3 期；胡谦盈《南邠碾子坡先周文化遗存的性质分析》，《考古》2005 年第 6 期。

② 中国社会科学院考古研究所编著：《徐家碾寺洼文化墓地——1980 年甘肃庄浪徐家碾考古发掘报告》，第 165 页。

③ 谢端琚：《甘青地区史前考古》，第 198 页。

④ 毛亨传，郑玄笺，孔颖达疏：《毛诗正义》卷 16，阮元校刻《十三经注疏（清嘉庆刊本）》，第 1095 页。

⑤ 不少学者均提出类似的见解。参见齐思和《西周地理考》，《中国史探研》，中华书局 1981 年版，第 38 页；李零《西周的后院与邻居》，北京大学出版文献研究所编《青铜器与金文》，上海古籍出版社 2017 年版，第 48 页；［美］李峰著，徐峰译，汤惠生校《西周的灭亡：中国早期国家的地理和政治危机（增订本）》，第 56 页；陈昭容《谈西周早期虞芮两国位于汧河流域的可能性》，“近二十年新出土中国古代青铜器国际学术研讨会”，芝加哥艺术博物馆、芝加哥大学顾立雅中国古文字学中心，2010 年 11 月 5 日。

⑥ 例如出于宝鸡纸坊头 1 号墓的矢伯鬲（《集成》514、515），宝鸡贾村塬上官村的矢王簋盖（《集成》3871）、陇县曹家湾的矢仲戈（《集成》10889）、矢当卢（《集成》12079）等。

“夨”即“虞”，其出土地点主要在宝鸡、陇县、凤翔、岐山等地，似可证实诗篇中的虞邦确在今汧水流域，其北部与芮邦接邻。诗篇内容显示，迁于岐下的周邦对关中西部、泾水上游乃至陇东地区的各族邦的情况是十分熟悉的，并在其中逐渐建立起某种权威。《国语·晋语四》记载春秋时人的言论：“文王……及其即位也，询于八虞，而谘于二虢，度于闳夭而谋于南宫，诹于蔡、原而访于辛、尹，重之以周、邵、毕、荣。”① 所谓“八虞”，应指虞邦内有血缘关系的八支贵族宗族，大概在文王时已臣服于周邦，成为其后构建周王国的基干力量。诗中说到在虞、芮之后，周邦有了“疏附”“先后”等众多的亲附者，所指即此。

周人整合西北族邦的另一典型事例即是对不听命的“密人”施加打击。《诗经·大雅·皇矣》云：

> 帝谓文王：无然畔援，无然歆羡，诞先登于岸。密人不恭，敢距大邦，侵阮徂共。王赫斯怒，爰整其旅，以按徂旅。以笃于周祜，以对于天下。依其在京，侵自阮疆，陟我高冈。无矢我陵，我陵我阿，无饮我泉，我泉我池。度其鲜原，居岐之阳，在渭之将，万邦之方，下民之王。②

密为族邦之名，其地在今甘肃省灵台县西。大邦，指周邦。阮、共，亦是二族邦，皆在今甘肃泾川县一带。朱熹指出宋代泾州有共池，即诗中的共地。③ 多友鼎铭（《集成》2835）中有地名“龚”，李峰认为亦即诗中的“共”。④“京”或解为周都，实应当即是《公刘》篇中的“京”，是周邦之地。“依其在京”句缺乏主语，故引起了不少歧解。该句主语可能是“密人”，⑤ 指密邦士兵盛众，⑥ 自阮侵入京地，登上周邦的高冈。虽然诗篇某些字词尚不能确释，但大意可明，其谓密人不听从周邦之命，甚至侵入周邦之地，故招致周邦的征伐。诗篇虽未明言战争结果，但却说道“万邦之方，下民之王”，周邦经此一役成了其他众邦的榜样或标准，可以作为所有民众的王，实指出对密的征伐奠定了周邦的霸主地位。

---

① 徐元诰:《国语集解》，第361页。

② 毛亨传，郑玄笺，孔颖达疏:《毛诗正义》卷16，阮元校刻《十三经注疏（清嘉庆刊本）》，第1121—1122页。

③ 朱熹:《诗集传》，第246页。

④ ［美］李峰著，徐峰译，汤惠生校：《西周的灭亡：中国早期国家的地理和政治危机（增订本）》，第177页。

⑤ 吴闿生认为“依其在京，侵自阮疆”二句谓密人。参见吴闿生《诗义会通》，中西书局2012年版，第231页。

⑥ 此处的“依”，王引之认为“依之言殷”，兵盛貌。参见王引之《经义述闻》，第379页。

由此也可看出，泾水流域所在的西北地区对西周王权的建立所具有的重要意义。

结 语

周人在先周时期长期活动于西北地区，与该区的戎狄族群及其他族邦产生了密切联系，《诗经》中的《生民》《公刘》《绵》《皇矣》等篇对周人这段时期的历史有所叙述。诗中所述以后稷为代表的周人掌握了先进的农作技术，培植了优良的作物种子，并将之传入农业边缘地区。后稷善稼殖之名之所以如此显著且流传久远，应即是由于周人在新石器时代农业社会扩张的历史进程中因缘际会而将先进的农耕技术传入了边缘地带。公刘之时从某个规模比较小的山间盆地迁徙到泾河河谷的豳地，豳地是一处大原，土地更为开阔，为周人提供了更好的农作条件。公亶父时期又进一步迁徙到渭河河谷的周原。除水热、土壤等资源条件更为优越外，周原的交通条件对周人的发展也比较关键。周人从此向东可以深入商王国的大本营，结交东方的贵族，向西能收拢西北千河流域、泾河上游地区的诸族邦。

先周时期周人在西北地区的活动具有特定的时代背景。夏代之后正值全新世大暖期结束，气候向干冷化变迁，整个北方地区亦逐渐由农业区转变为农—牧混合经济区，历史上西北地区的戎狄族群由此形成。先周时期的周人处于西北地区，与戎狄为邻，在某些时段亦混迹于戎狄之间，周文化之中融入了不少戎狄文化因素。其后公刘与公亶父时期的两次迁徙为周族邦的发展奠定了基础。周邦在占领周原后，逐渐压服了虞、芮、密等西北族邦，成为西方霸主，为东向灭商奠定了坚实基础。

总体上看，先周时期的周人自泾水流域进入渭水流域，其生业则从农畜混营到主营农业经济。在这一过程中，周人吸收兼容多种文化因素，并逐渐对西北地区其他势力或族邦进行整合。《诗经·大雅·绵》所云“率西水浒，至于岐下”，所述说的是一种“英雄远征”的史诗主题，颇具隐喻意味：势力微小的族群，为了寻找更大、更优良的栖息空间，翻山越岭，沿水滨而行，终到达水丰草茂的大原，历数代苦心经营，终造就了影响后世数千年的文明。此一隐喻实具有一定的历史根据，由上古文明发展情实言之，早期的夏、商、周、秦等广域国家的建立，其主体族邦无不在早期经历数百年的曲折发展，多次迁徙，最终成为中心族邦，成为众多族邦的王。周人族群这种辗转于不同文化之间、图强不息的特性正是其族群得以崛起的重要原因。

（王坤鹏，吉林大学文学院副教授）

二祀𠨘其卣与海岱古族逢*

赵燕姣

故宫博物院馆藏的𠨘其三卣据传出土于二十世纪40年代的安阳地区，卣铭记述了帝辛时期的赏赐、祭祀等内容，它们是商代铭文中少有的长篇铭文。有关三卣的真伪曾有学者提出质疑，① 朱凤瀚先生从周祭祀谱及所述地点间的相互里程等多角度分析，认为二祀、四祀卣的铭文不大可能是作伪者能伪造出来的，铭文内容是可信的。② 后相关专家对其进行了X射线的无损检测，结果显示“铭文部分与器物底部也无焊接的痕迹，由此排除了在器物底部后贴伪铭的可能”③。本文仅就二祀𠨘其卣铭所涉的海岱古族“逢”略抒陋见，不妥之处恳请方家赐正。

一　卣铭补释

二祀𠨘其卣1940年于河南安阳出土，后运京归陈鉴塘所有，陈后将此卣交张兰会修复后，又经张沛霖转手卖予苏体仁。新中国成立后此卣归章乃器所有，后捐至故宫博物院。据陈鉴塘回忆，该卣出土时虽为残品，但铭文部分是完整的。④ 该卣通高38.4厘米、宽36.9厘米、重8.86千克，椭圆形，短颈、两侧有环，套铸提梁，鼓腹，圈足外侈。有盖，上饰菌形握。颈前后各饰一兽首，盖沿、颈、足均饰夔纹，为典型的殷末时期的器。盖及内底各铸“亚獏父丁”4字，器外底有铭7行39字，今录铭文如下：

---

* 基金项目：国家社会科学基金重点项目“北方海上丝绸之路史研究”（19AZS014），国家社会科学基金一般项目“西周王朝经营南国史事考”（17BZS039）；本文受到山东省高等学校青创人才引育计划：山东师范大学“中外关系史创新团队”的资助。

① 张政烺：《𠨘其卣的真伪问题》，《故宫博物院院刊》1998年第4期。

② 朱凤瀚：《有关𠨘其卣的几个问题》，《故宫博物院院刊》1998年第4期。

③ 丁孟、建民：《𠨘其卣的X射线检测分析》，《故宫博物院院刊》1999年第1期。

④ 王文昶：《铜卣辨伪》，《故宫博物院院刊》1983年第2期。

丙辰，王令（命）𨙶其兄（贶）麗，㲃（殷）于夆田雍，宾贝五朋。在正月，遘于妣丙，肜日，太乙奭。唯王二祀，既𢦏于上下帝。

器铭经多位学者的考释，① 大意已十分清晰。铭中提及的“丙辰”“正月”“唯王二祀”为商代独有的纪日方式，商代人纪年、月、日的顺序与今日迥异，其顺序是日、月、年，这一点在甲骨和铜器铭上都得到了印证。商人称年为“祀”，《尔雅·释天》：“夏曰岁，商曰祀，周曰年。”

图1.1器形

图1.2器铭

图 1　二祀𨙶其卣的器形与器铭

资料来源：吴镇烽编著：《商周青铜器铭文暨图像集成》第二十四卷，13323 二祀𨙶其卣，上海古籍出版社 2012 年版，第 270—271 页。

𨙶其为器主，“𨙶”可读为批，训为排，排除也。“其”可读为忌。②

㲃当是殷之繁文，即商周时期王派臣属殷下属之礼，亦见于臣辰盉（《集成》09454 西周早期）、保卣（《集成》05415 西周早期）、小臣传簋（《集成》04206 西周早期）及作册𫑡卣（《集成》05400 西周早期）。李学勤先生认为此处的

① 丁山：《𨙶其卣三器铭文考释》（上）、（下），上海《中央日报·文物周刊》1947 年第 37、38 期；李棪：《晚殷𨙶其卣三器考释》，《寿罗香林教授论文集》，1970 年，第 53 页；李学勤：《𨙶其三卣与有关问题》，《全国商史学会讨论会论文集》，《殷都学刊》增刊，1985 年；杜迺松：《𨙶其三卣铭文考及相关问题的研究》，《故宫博物院院刊》1985 年第 4 期；张政烺：《𨙶其卣的真伪问题》，《故宫博物院院刊》1998 年第 4 期；张光裕：《故宫博物院藏𨙶其三卣笔谈》，《故宫博物院院刊》1998 年第 4 期；孙稚雏：《𨙶其三卣应先辨真伪》，《故宫博物院院刊》1998 年第 4 期；朱凤瀚：《有关𨙶其卣的几个问题》，《故宫博物院院刊》1998 年第 4 期。

② 王国维：《不嬰簋铭考释》，《雪堂丛刊》1915 年。

“殷”礼行于境外，应即《周礼》所云“王不巡守而殷国，诸侯毕会于近畿”的“殷国”，与“规”“宾”的礼制是沿袭的，𠨘其在典礼中执䚶赐之事。[①]

夆田雍，裘锡圭先生认为“田”即卜辞“多田”之“田”，读为“甸”，“田”下一字为私名，是商王派驻在夆地的职官，司事农垦。[②] 此处的“夆”位于今临淄一带，为海岱古族，详见下文。

既𩰪于上下帝，“𩰪”读为踝，与祼同，《说文》：“祼，灌祭也。”上帝即上天，下帝即人王，此处指商王。

全铭大意如下。

商纣王二年正月丙辰这天，商王令𠨘其䚶殷于夆甸，（夆田）赏赐（𠨘其）五朋贝，适逢商先王配偶大乙妣丙肜祭，并对上天及商王行祼祭礼。

本文讨论的重点放在铭文所提及的“夆”，无独有偶的是在殷墟出土的黄组卜辞中多次出现一个叫“逢”的地名，时代约为帝乙、帝辛时期，详列如下：

(1) 癸亥卜，在乐贞：王旬亡咎？
癸酉卜，在寻贞：王旬亡咎？
癸未卜，在逢贞：王旬亡咎？三
【癸巳】卜，在【桑贞】：王【旬亡】咎。（《合集》36904）（图 2.1）

(2) 癸卯王【卜】贞：旬亡咎？三
癸卯王卜，在盂贞：旬亡咎？王占曰：吉
癸亥王卜，在乐贞：旬亡咎？王占曰：吉
癸酉王卜，在寻贞：旬亡咎？王占曰：吉
癸未王卜，在逢贞：旬亡咎？
癸巳王卜，在桑贞：旬亡咎？（《合集》36914 +《合集》36556 =《缀合》308）（图 2.2）

(3) 癸丑卜【贞】：王旬亡咎？
癸亥卜，在乐贞：王旬亡咎？
癸酉卜，在寻贞：王旬亡咎？二
癸未卜，在逢贞：王旬亡咎？二
癸巳卜，在桑贞：王旬亡咎？（《合集》36905 +《合集》36916 =《合补》12686）（图 2.3）

① 李学勤：《𠨘其三卣与有关问题》，《全国商史学会讨论会论文集》，《殷都学刊》增刊，1985 年。

② 裘锡圭：《甲骨卜辞中所见的“田”“牧”“卫”等职官的研究——兼论“侯”“甸”“男”“卫”等几种诸侯的起源》，《文史》第 19 辑，1983 年。

（4）□□卜，在夆【贞】……卒逐……【兹】孚……狐□(《合集》37507）（图2.4）

上举数条卜辞中𠎣即夆，除第（4）辞残缺不易解外，据（1）（2）（3）辞可知，商王曾在癸亥、癸酉、癸未、癸巳日分别在乐、寻、𠎣、桑地占卜未来一旬内的吉凶，故数地应相距不远。据学者们的相关研究可知，乐地应在今济南市，帝辛征夷方时曾往返于此；① 寻则在历城与济阳之间或为偏东的区域；② 至于桑地极有可能在今泰山北麓或泰沂山系之间的淄水流域一带，③ 由此可见𠎣地也应距此不远。

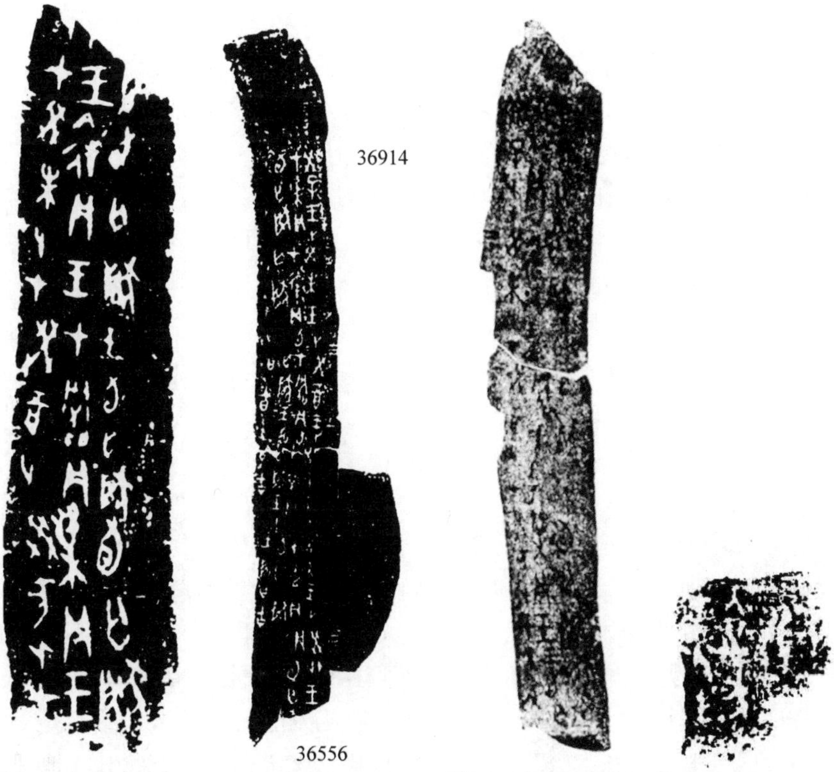

图2.1《合集》36904　图2.2《缀合》308　图2.3《合补》12686　图2.4《合集》37507

图2　涉及“逢”的相关卜辞

① 王恩田:《甲骨文中的济南和趵突泉》,《济南大学学报》（社会科学版）2002年第1期。

② 陈絜:《鄩氏诸器铭文及其相关历史问题》,《故宫博物院院刊》2009年第2期。

③ 陈絜、赵庆淼:《“泰山田猎区”与商末东土地理——以田猎卜辞“盂”、“𣪘”诸地地望考察为中心》,《历史研究》2015年第5期。

“夆”“逄”“逢”古时相通，均从夆得声，刘钊先生的《新甲骨文编》“逢”字条便收录了“夆”“逄”[①]。上古时期人名、地名、族名（或方国名）三位一体，[②] 有关商末逢之地望，李学勤先生认为可能在临淄一带；[③] 孙敬明先生认为临朐南十里的西朱封遗址是其故地；[④] 另有学者提出於陵故城遗址应为逢国故城所在。[⑤] 尽管目前学者们意见不一，在确切的考古材料问世之前，我个人更倾向李先生说，详见下文。

二　逢族的早期历史

逢族历史悠久，最早的记载甚至可追溯至夏代，《孟子·离娄》篇载：“逢蒙学射于羿”，《吴越春秋·勾践阴谋外传》曰：“羿传射逢蒙”，又《荀子·正论》篇谓：“羿、蜂门（逢蒙）者，天下之善射者也。”羿为东夷族的著名首领，以善射著称于世，生活时代约夏代。逢蒙既能学射于羿，并学有所成，想必二人的活动地望、生活年代应彼此相近。

如果说有关逢族夏代的史迹或为后世推测的话，那么《左传》昭公二十年载晏婴对齐景公之语则更为可信。齐景公至自田，晏子侍于遄台……饮酒乐，公曰：“古而无死，其乐若何?”晏子对曰：

> 古而无死，则古之乐也，君何得焉？昔爽鸠氏始居此地，季萴因之，有逢伯陵因之，薄姑氏因之，而后太公因之。古若无死，爽鸠氏之乐，非君所愿也。

晏子在机智的话语间不仅巧妙地回答了齐君之问，而且还历数齐地历代之主，从而为我们了解齐地沿革保留了珍贵的史料。“遄台”，沈钦韩《地名补注》云：“《肇域志》遄台在临淄县东一里。《通志》在县西五十里，今名歇马亭。”杨伯峻先生赞成其说，认为“据‘至自田’，至谓至国都，则遄台当在临淄不远。”由此可知，齐地最早的主人为爽鸠氏，然后是季萴—逢伯陵—薄姑氏，最后是姜太公所封之齐。据《史记·齐太公世家》载齐始封于营丘，《正义》引《地理志》：“营丘在青州临淄北百步外城中。”爽鸠氏据传为“少皞氏之司寇也”（《左传》昭

---

① 刘钊等编纂：《新甲骨文编》（增订本），福建人民出版社 2014 年版，第 95 页。
② 陈絜：《商周姓氏制度研究》，商务印书馆 2007 年版，第 115—116 页。
③ 李学勤：《有逢伯陵与齐国》，《古文献丛论》，中国人民大学出版社 2009 年版，第 80—85 页。
④ 孙敬明：《逢史献苴》，《夏商周文明研究》，中国文联出版社 1999 年版，第 95—109 页。
⑤ 张光明：《齐国腹心地区商周时期古城古国的考古学研究与思考》，《管子学刊》2018 年第 2 期。

公十七年），至于少皞氏的活动年代约大汶口文化晚期。[①] 稍后的季荝文献失载，相比较而言有关逢伯陵的记载则丰富了许多。

《国语·周语》伶州鸠对周景王云：“我姬氏出自天鼋，及析木者，有建星及牵牛焉，则我皇妣太姜之侄、伯陵之后逄公之所冯神也。”韦昭注：“太姜，太王之妃、王季之母，姜女也。女子谓昆弟之子，男女皆曰侄。伯陵、太姜之祖有逄伯陵也。逄公，伯陵之后、太姜之侄，殷之诸侯，封于齐地。齐地属天鼋，故祀天鼋，死而配食，为其神主，故云‘冯’。‘冯’，依也，言天鼋乃皇妣家之所冯依。”此逄公亦见于《左传》昭公十年：“郑裨社言于子产曰：‘邑姜，晋之妣也。天以七纪。戊子，逄公以登，星斯于是乎出，吾是以讥之。’”据上可知太姜是太王古公亶父之妃，王季的母亲，同时也是逄伯陵的后裔，那位传说成神的逄公则是她的侄子，逄公与王季同辈，年龄应相仿，生活年限约商王武乙、文丁时人，逄乃姜姓之国，地在今临淄一带。

至于薄姑氏，清人雷学淇《竹书纪年义证》认为：“武王克商，削其地以封太公；薄姑氏因以为乱，王乃灭之，尽以其地与齐，而以其君为附庸。至成王三年，又与奄同叛，遂绝其国；后乃以其地居奄君也。”如上所述也得到了铭文的印证，1927 年宝鸡戴家湾曾出土一件成王时期塱方鼎（《集成》2739），有铭文曰：“唯周公征伐东夷：丰伯、薄姑咸𢦏”，即周公亲征平定了东夷丰伯、薄姑之乱，后将丰伯之地改封给鲁，薄姑之地改封给齐，最终实现了“薄姑商奄吾东土”（《左传》昭公九年）之伟业。而薄姑氏取代了逄伯陵占领了临淄一带，应在商末帝辛二年之后。尽管晏子提及的季荝文献失载，大概率下薄姑据有临淄的时间最短，约帝辛二年后至武王克商年，即公元前 1074 年至前 1046 年间，[②] 前后不足三十年。

三　济阳刘台子遗址

和诸多的上古部族迁徙靡常一样，离开临淄后的逄族西迁至今山东济阳一带。1979 年考古工作者在济阳姜集乡刘台村西陆续发掘了一处面积超过两万平方米的遗址，其中西周早期墓葬群尤其重要，特别是出有铭文的三座墓：分别为 1979 年

① 王青：《太昊氏与少昊氏的考古学探索——从宁阳于庄发现的大汶口文化陶文说起》，《中原文物》2021 年第 4 期。

② 夏商周断代工程专家组编著：《夏商周断代工程 1996—2000 年阶段成果报告》，世纪图书出版公司北京公司 2000 年版，第 88 页。

清理的M2①、1982年发掘的M3②和1985年发掘的M6③，这三座墓的时代从出土器物看应属西周早期偏晚。

据发掘报告可知：刘台子M2为一座一棺一椁的土坑竖穴式墓，共出土五件铜器（1鼎、1鬲、1觯、2簋），其中鼎腹内壁有铭文4字“季作宝彝”，簋内底有铭文2字“夆彝”。M3位于台地北端二级台地边缘，紧邻M2西侧，此墓有腰坑，共出土3件铜器（1鼎、1簋、1戈），其中鼎内腹有铭文五字“王季作鼎彝”，簋内有铭文“夆彝”，特别需要说明的是此器与M2所出的两簋形制、铭文均同。至于M6则是刘台子遗址目前发现的西周墓葬中规模最大的一座墓，葬具为一棺一椁，此墓共出土了23件铜器（3圆鼎、3方鼎、5簋、1鬲、1甗、2爵、2觯、1尊、1盉、1卣、1盘、2铃），其中圆鼎腹壁有铭2行8字“王姜作龏姒宝尊彝”，方鼎一内壁有铭4字“夆宝尊鼎”，另有2方鼎、1觯、1盉、1盘内均铸有“夆”字。

这个遗址的族属学界一致认为为逄族，④进一步分析可知刘台子M2与M3相邻应是夫妻墓，两墓不仅出土了形制、纹饰、铭文俱同的簋，而且两墓所出的“季鼎”与“王季鼎”二者年代相近，“季”应为“王季”之省称。在西周金文中曾见“夨王”“鳌王”“吴王”“吕王”等称，王国维先生曾对这种现象做出过解释：“古时天泽之分未严，诸侯在其国自有称王之俗……不得尽以僭窃目之。”⑤这里的“王”是指周王，有国名自称之王，皆为诸侯。自称而无国名者类为天子。⑥李学勤先生认为此处“王季”为周王室的少子，⑦但是为什么周王室少子的器会出现在逄族夫妻合葬墓中呢？李先生并未提及。正如朱继平先生提到的若王季为周室少子，其自作的两件器物随葬于逄国贵族夫妇异穴合葬墓中，殊为怪异。若将王季身份理解为嫁入逄国的周室之女，则更合适。⑧西周时姬、姜世代通婚是大家熟知的史实，而此处季只是一种排行称谓，并无性别之分，多在成年行冠礼之时才会被赐予。周王多育有多位子女，而排行称谓（伯、仲、叔、季）数量有限，很难做到一一对应，因此称同一排行者可能并不止一人，但明言称“伯、季”者应只有一位。西周时妇女的一般称名为“氏

① 德州行署文化局文物组、济阳县图书馆：《山东济阳刘台子西周早期墓发掘简报》，《文物》1981年第9期。

② 德州地区文化局文物组、济阳县图书馆：《山东济阳刘台子西周墓地第二次发掘》，《文物》1985年第12期。

③ 山东省文物考古研究所：《山东济阳刘台子西周六号墓清理报告》，《文物》1996年第12期。

④ 山东省文物考古研究所：《山东济阳刘台子西周六号墓清理报告》，《文物》1996年第12期。

⑤ 王国维：《古诸侯称王说》，《观堂别集》卷一，中华书局2004年版。

⑥ 王献唐：《岐山出土康季鼒铭读记》，《考古》1964年第9期。

⑦ 李学勤：《有逄伯陵与齐国》，《古文献丛论》，第80—85页。

⑧ 朱继平：《金文所见商周逄国相关史实研究》，《考古》2012年第1期。

名+排行+族姓”，此处的“王季”当为“王季姬”之省称。

考虑到M3随葬一兵器戈，且有腰坑殉犬这一海岱夷族独特的葬俗，① 墓主或为逢族之君。而M2虽无兵器随葬，却出土了大量的玉器、海贝，墓主当为女性，极有可能是嫁于逢族的王季之墓。M2虽为女性墓葬，但由于墓主人出身高贵，来自周王室，所以在随葬品上比M3规格高。虽然M3墓圹规模略大，但随葬品明显少于M2，M3仅出土一鼎一簋的礼器，而M2不仅出土了五件铜礼器（1鼎、1鬲、1觯、2簋），而且并出土了大量海贝、玉器等随葬品。综观二墓所出的器物特征，墓葬年代应为西周穆王时期。

M6是刘台子遗址目前发现的西周墓葬中规模最大的一座墓，较之他墓此墓随葬品更为丰富，竟然出土了多达23件的铜器，其中有1件圆鼎（M6：23）引发了学界关注。该鼎环形直耳外侈，口微敛，方唇，深腹外鼓，圜底，柱足，颈、腹部饰弦纹，腹内壁有铭2行8个字，简报隶作“王姜作龏姒宝尊彝”。李学勤先生认为是“王姜作龏姬宝尊彝”，② 孙敬明先生认为是“王姜作龏姞宝尊彝”，③ 刘雨、卢岩二位先生认为是“王姒作龏姞宝尊彝”，④ 谢乃和先生则认为是“王姬作龏姞宝尊彝”，⑤ 可见隶定的分歧主要集中在第二字和第五字上。

细审拓片第二字上部漫漶不清，可若释作“姒”，西周各代周王中仅有两位姒姓王后，即文王后“太姒”，成王后“王姒”，很明显与此鼎西周早期偏晚的形制并不符，所以暂依简报作“姜”。⑥ 至于第五字左侧上下部残泐分离，“姞”“姒”之间一时难辨。庆幸的是1961年陕西长安张家坡曾出土四件西周晚期的同铭伯梁父簋（《集成》3793—3796）为我们解决这一问题另辟良径，簋上有铭“伯梁父鼎作龏姞簋”，据此可知龏应为姞姓，“龏姞”或为嫁于逢君之夫人。至于“王姜作龏姞宝尊彝”或可理解为嫁于周王的逢族女子为自己母亲所作的祭器，M6的墓主人极有可能就是这位以女为贵的逢夫人“龏姞”，也就无怪乎M6不仅规模最大，而且随葬品近两千余件，不仅出土了大量的铜礼乐器，而且还随葬了大量的玉器、玛瑙等装饰品。

济阳刘台子遗址是有关西周时期逢族的重大发现，目前已发掘的墓有M1、M2、M3、M4、M6，几座墓紧密相连，符合古人合族而葬的习俗。至于墓葬的先后顺序，考虑到M6所出陶鬲形制鼓腹、连裆、乳状足略残，而M2所出同类

① 王青：《海岱地区周代墓葬研究》，山东大学出版社2002年版，第133页。

② 李学勤：《有逢伯陵与齐国》，《古文献丛论》，第80—85页。

③ 孙敬明：《逢史献苴》，《夏商周文明研究》，第95—109页。

④ 刘雨、卢岩编著：《近出殷周金文集录》，中华书局2002年版，第308页。

⑤ 谢乃和：《金文中所见西周王后事迹考》，《华夏考古》2008年第3期。

⑥ 朱继平：《金文所见商周逢国相关史实研究》，《考古》2012年第1期。

器的器底较平，三足已呈乳钉状，形态应稍晚些。不仅如此，M2、M3 所出的鼎形制已接近穆王时器。故 M6 年代相对稍早，极有可能与 M2、M3 之墓主是相邻的两代人。如果上述分析无误的话，那么此时的逢族势力绝不容小觑，本族内前后两代既有女嫁入王室，又可迎娶周室之女，可谓风光至极。这一点也得到了文献上的印证，古本《竹书纪年》载："穆王十二年，毛公班、共公利、逢公固，帅师从王伐犬戎"，逢公固既能与毛公班、共公利并举且作为近臣从王伐犬戎，可见此时逢族确曾权倾一时。

四 余论

除济阳刘台子遗址集中发现外，另有多件与逢相关的器散见于各类著录之中，为讨论方便，现依时代顺序详列如下。

西周早期：

逢伯甗（《集成》894，现藏台北故宫博物院）：逢伯命作旅彝

西周中期：

1. 逢莫父卣（《集成》5245，现藏上海博物馆）：逢莫父作宝彝

2. 逢伯鬲（《集成》696，现藏上海博物馆）：逢伯作陵孟姬尊鬲，其万年，子子孙孙永宝

3. 逢季壶盖（《铭图》12275，某收藏家）：逢季作宝旅彝□□□□□□

春秋时期：

1. 逢子选簋（《铭图》5890、5891，某收藏家）：唯六月初吉庚午，逢子选自作飤簠，子孙用之

2. 逢子訇簠（《铭续》485，某收藏家）：逢子訇铸叔嬴脂簠

3. 逢子訇壶（《铭续》817，某收藏家）：逢子訇铸叔嬴脂壶

4. 逢叔盘（《集成》10163，现藏旅顺博物馆）：唯王正月初吉丁亥，逢叔作季改盥盘，其眉寿万年，永保其身，施施熙熙，寿老无期，永保用之

5. 逢叔匜（《集成》10282，现藏旅顺博物馆）：唯王正月初吉丁亥，逢叔作季改盥盘，其眉寿万年，永保其身，施施熙熙，寿老无期，永保用之

6. 郼季鼎（《集成》2644—2645，现藏襄阳市博物馆）：郼季之伯归䅵用其吉金，自作宝鼎，子子孙孙永宝用之

7. 郼季盘（《新收》1229，现藏随州市博物馆）：郼季之伯归䅵用其吉金，自作盥盘，子子孙孙永用之

据上可知，西周早期曾有位逢伯，逢伯甗原为刘体智旧藏，或为济阳刘台子遗址流出。西周中期的逢莫父、逢季曾做了件宝彝，另有位逢伯为自己夫人

“陵孟姬”制作了一件鬲。进入春秋之后，逢子选为自己制作了列簋，逢子訇为夫人“叔嬴𡖊”制作了簠与壶，逢叔为“季改”制作了一套完整的盘匜水器，另有两件郳季之伯归夌自作鼎和盘。但是这里需要说明一点的是，并不是所有的逢器都是逢族之器，要想阐述清晰这一问题，就需要考释一下逢族的亡族时间。

逢族究竟何时亡族文献阙载，张志鹏先生曾指出：“大概在春秋早中期之交，迫于齐国的压力，位于今山东长清仙人台一带的邿国迁至今山东济宁市南部一带，其故地成为齐国邿邑。那么，按照齐国的扩张路线，位于邿国东北今山东济阳刘台子一带的逢国，则应该于更早的时候被齐国吞并，或迫迁于别处。”① 这一说法同时也得到了器物本身的证明，春秋中晚期逢叔盘匜无论是器形，亦或是铭文的布局、字体、用语均为典型的齐器，且郳季鼎盘在造型和制作工艺方面也都与典型的楚系铜器接近。可见，逢族至晚在春秋中晚期已然亡族，这一时期的器物无论是逢叔盘匜或是郳季鼎盘与海岱古族逢已无关系，极有可能是占据逢邑的齐国大夫所作或逃亡至楚国的逢族后裔所制②。

综上所论或可勾勒出海岱古族逢的若干史实如下：其一，逢族历史悠久，最早的记载甚至可追溯至夏代，其活动区域应在海岱地区。其二，商代的逢族痕迹见于甲骨卜辞与二祀邲其卣铭，商王曾多次往返于此，并在此地举行过重大的殷礼，其活动地望大致为临淄一带。其三，商末周初西迁至济阳刘台子，并与周人建立了亲密的姻亲关系，且在穆王前后荣耀至极。其四，约春秋中晚期逢族亡国，旧居遂为齐人占领，并入齐国领地，另有后裔逃亡至南方楚地，并继续活跃在楚国政坛。

有关海岱古族古国的研究以往成果颇丰，本文所论限于学识难免挂一漏万，恳请学界师友多多批评！

（赵燕姣，山东省社会科学院历史研究所副研究员）

① 张志鹏：《逢叔盘与匜及相关问题研究》，《出土文献》2019 年第 2 期。
② 张新俊：《从甲骨、金文看逢氏青铜器与失落的古逢国》，《河南社会科学》2022 年第 1 期。

从初创到小霸：郑国的早期发展探析*

代　生　李　博

摘　要：担任王朝卿士、君臣和睦、实行政治联姻等是郑国早期发展的重要因素。郑桓公、郑武公、郑庄公都曾担任王朝卿士，借助这一身份获取了较多的利益；郑桓公充分利用史伯等周代遗老的政治智慧，使其成为郑国发展的"智囊团"；郑武公凭借着大臣们的励精图治，实现了郑国的稳固发展；郑庄公"克段"并成就小霸，也与他选择得力的大臣有关。婚姻关系也是郑国早期发展的重要原因，郑武公就因娶申侯之女成为王朝卿士，他在谋划国家发展时不惜用婚姻关系获得信任，强取小国；庄公之后，公子忽即位后又被驱逐以及公子突获取君位，都与政治婚姻密切相关。

关键词：王朝卿士；君臣关系；政治婚姻；郑国

与齐、鲁、燕等周初封建的诸侯国不同，郑国是西周晚期由王畿采邑发展成的诸侯国。郑国始封君即郑桓公，《左传》僖公二十四年载："郑有平、惠之勋，又有厉、宣之亲"，杜预认为："郑始封之祖桓公友，周厉王之子、宣王之母弟"。[①] 凭借与周天子血缘亲近的天然优势，郑桓公得到周王的信任和偏爱。而通过后继者郑武公筚路蓝缕地开拓和发展，至郑庄公时郑国已然成为春秋小霸。这一过程即郑国的早期发展历程，除了三位国君的个人能力和励精图治，还有许多其他因素影响着郑国的不断发展，在此，我们试结合清华简和传世文献中的相关记载进行分析。

一　担任王朝卿士

郑国早期的几位国君皆兼任王朝卿士，借助王权成为郑国发展的最大优势。

---

* 本文系国家社会科学基金项目"清华简所见春秋史事研究"（21BZS043）阶段性成果。

① （晋）杜预注，（唐）孔颖达正义：《春秋左传正义》卷15，（清）阮元校刻《十三经注疏》，中华书局2009年版，第3946页。

这里不妨先从郑桓公讲起，《史记·郑世家》记载说：

> 郑桓公友者，周厉王少子而宣王庶弟也。宣王立二十二年，友初封于郑。封三十三岁，百姓皆便爱之。幽王以为司徒，和集周民，周民皆说，河雒之间，人便思之。为司徒一岁，幽王以褒后故，王室治多邪，诸侯或畔之。……东徙其民雒东，而虢、郐果献十邑，竟国之。①

众所周知，西周时代周王权威极大，即使是厉宣幽时代，王权依然显赫，而且越是这样的时代，他们越发要强调王权的权威。郑桓公作为司徒，能够“和集周民”，说明他在周王与民众之间关系处理得当，借着这样的声威，才能够东迁立国。司徒之职责与土地、人口密切相关，《周礼·大司徒》叙述大司徒职掌说：

> 大司徒之职，掌建邦之土地之图与其人民之数，以佐王安扰邦国。以天下土地之图，周知九州之地域、广轮之数，辨其山、林、川、泽、丘、陵、坟、衍、原、隰之名物，而辨其邦国都鄙之数，制其畿疆而沟封之，设其社稷之壝而树之田主，各以其野之所宜木，遂以名其社与其野。②

司徒主要掌管天下土地的地图和记载人民数的户籍，辅佐周王治理天下，这里的土地包括诸侯国和王畿内的采邑，司徒还负责界定诸侯国的畿疆，设立田界。由此来看，郑桓公借助王权来占据有利的地理位置与其职掌有着密切联系。对此，晁福林先生指出：

> 从宗周畿内的局促窄狭之地变为纵横于济、河、洛、颍之间的大国，郑国的这一飞跃性的进展是由郑桓公奠定了基础的。司徒之职为郑桓公的开拓疆土提供了极有利的条件。“司徒”在彝铭中作“司土”，职司相当广泛，主要管理土地、农牧渔业生产和赋役等事。西周后期器《曶壶》有“更乃祖考作冢司土于成周八自”的记载，可见司徒职官其职位之高者常驻成周并控制对周王朝有举足轻重的成周八师。史伯向郑桓公进献的锦囊妙计之一，就是让郑桓公乘周乱之机率成周的兵众讨伐骄侈贪冒的虢叔、郐

① （汉）司马迁撰，（南朝宋）裴骃集解，（唐）司马贞索隐，（唐）张守节正义：《史记》卷42，中华书局1959年版，第1757—1758页。

② （清）孙诒让撰，孙少华整理：《周礼正义》卷18，中华书局2015年版，第833—837页。

> 仲，必定势如破竹“无不克矣”。西周王室武装力量的两大支柱是“西六自（师）、殷八自（师）”，亦即镇守宗周的六师和镇守成周的八师。成周八师不仅其数量多，而且控制地域亦广，它的实力当不在西六师之下。两周之际，西六师的力量大部分当经申、缯、西戎的打击而溃散，成周八师的大部分当成了郑桓公开拓郑国疆域的主力。东周之初，郑国之所以突兀而立、国势炽盛，其奥秘盖在乎此。①

我们以为，除郑桓公控制了成周之师力量的说法尚可商榷外，晁先生所言是很有道理的。

郑武公也继承了其父之职担任王朝卿士，如《左传》隐公三年记载“郑武公、庄公为平王卿士，王贰于虢”。有关郑武公即位早期的史事，传世文献记载不多，《郑武夫人规孺子》所载比较详细。

可据清华简《系年》推测郑武公与周平王的早期关系，从有关这段被郑国讳莫如深的历史记载看，郑武公即位之初辅佐的应当是携惠王。因为此时携惠王在与平王所代表的两大势力集团的对峙中占据优势，携惠王集团的参与者主要是邦君诸正，“班底”主要承袭自幽王，只是后来随着时间的变迁，两大集团发生了势力转化，郑武公借助迎娶郑武夫人的机会，与西申建立友好关系，转而支持周平王才获得重用。《郑武夫人规孺子》篇记载：“吾君陷于大难之中，处于卫三年，不见其邦，亦不见其室，如无有良臣，三年无君，邦家乱矣。自卫与郑，若卑耳而谋。”② 应当与这段历史有关。

《左传》记载“王贰于虢”，也应该与形势发展有关。依据《系年》所载，携惠王是在虢地被拥立的，虢国是携惠王的坚定支持者，双方对峙时间长达二十一年。从目前掌握的材料看，直到携惠王死后，虢国才与平王“和解”（其实也并不排除携惠王在世时，虢与平王暗通款曲），毕竟虢国代表的是支持携惠王的一方力量，所以在转向平王时依旧得到了重用。③ 加之平王在携惠王在世时，虽然受到部分诸侯、大臣的拥护，但很可能是平王的祈请，他们与平王虽然形成了利益的共同体，但从内部来看，或许也有不少矛盾。平王借机将卿士

---

① 晁福林：《论郑国的政治发展及其历史特征》，见其《春秋战国史丛考》，苏州大学出版社 2015 年版，第 54 页。

② 李学勤主编：《清华大学藏战国竹简》（六），中西书局 2016 年版，第 104 页。

③ 之所以任命虢公为卿士，还因为虢为卿士属于“旧职”，如《左传》僖公五年记载晋国要借道去攻打虢国时，宫之奇劝谏说：“大伯、虞仲，大王之昭也 。大伯不从，是以不嗣。虢仲、虢叔，王季之穆也，为文王卿士，勋在王室，藏于盟府。”（见（晋）杜预注，（唐）孔颖达正义《春秋左传正义》卷 12，（清）阮元校刻《十三经注疏》，第 3896—3897 页）虽然虢在当时未支持平王，但最后还是归附，平王的做法是合乎传统的。

权力分割给虢国，反映了平王在玩弄权术，追求平衡。

郑武公时代郑国并不算强大，所以只能遵从周王安排，但是他已经凭借为周王卿士的权威取得了一定的“文治武功”：“世及吾先君武公，西城伊、涧，北就邬、刘，萦轭芀、邘之国，鲁、卫、蓼、蔡来见。”① 可以看出，郑武公的主要精力放在了开疆拓土上，为的是取得实际利益。“鲁、卫、蓼、蔡来见”，“来见”一词见于《左传》，如文公十一年“曹文公来朝，即位而来见也”②，说明郑国在当时已经享有较高的声誉和政治地位，使得周边的诸侯来朝见。

而到了郑庄公的时代，国家实力逐渐强大，才有了周郑交质、交恶的可能。《郑文公问太伯》篇专门记载了庄公的“业绩”：“世及吾先君庄公，乃东伐齐鄻之戎为彻，北城温、原，遗阴、鄂、次，东启隤、乐，吾逐王于葛。”③ 这里的“逐王于葛”即是周与郑的“繻葛之战”，“郑师合以攻之，王卒大败，祝聃射王中肩……”，④ 此战以周王的失利而告终，太伯将此事作为庄公的一项功绩叙述出来，无疑是在炫耀庄公的“武功”。而这场战役的起因，就是因为“卿士”的问题。

郑庄公作为平王卿士，也是借助王权才能实现“小霸”，从庄公驱逐其弟共叔段开始，在“国际”政治舞台上，郑国或以战争，或以会盟取得了辉煌战绩，《春秋》及《左传》有详细记录，在此仅胪列鲁隐公世有关郑国的记载如下：

《左传》隐公二年：郑人伐卫，讨公孙滑之乱也。

《左传》隐公三年：郑武公、庄公为平王卿士，王贰于虢。郑伯怨王，王曰“无之”。故周、郑交质，王子狐为质于郑，郑公子忽为质于周。王崩，周人将畀虢公政。四月，郑祭足帅师取温之麦。秋，又取成周之禾。周、郑交恶。

《春秋》隐公四年：秋，翚帅师会宋公、陈侯、蔡人、卫人伐郑。

《春秋》隐公五年：九月……邾人、郑人伐宋。……宋人伐郑，围长葛。

《左传》隐公六年：郑伯如周，始朝桓王也。王不礼焉。周桓公言于

① 李学勤主编：《清华大学藏战国竹简》（六），第119页。

② （晋）杜预注，（唐）孔颖达正义：《春秋左传正义》卷19，（清）阮元校刻《十三经注疏》，第4017页。

③ 李学勤主编：《清华大学藏战国竹简》（六），第119页。

④ （晋）杜预注，（唐）孔颖达正义：《春秋左传正义》卷6，（清）阮元校刻《十三经注疏》，第3795页。

王曰："我周之东迁，晋、郑焉依。善郑以劝来者，犹惧不蔇，况不礼焉。郑不来矣！"

《左传》隐公七年：秋，宋及郑平。……陈及郑平。十二月，陈五父如郑涖盟。……郑公子忽在王所，故陈侯请妻之。郑伯许之，乃成昏。

《左传》隐公八年：齐人卒平宋、卫于郑。秋，会于温，盟于瓦屋，以释东门之役，礼也。八月丙戌，郑伯以齐人朝王，礼也。

《左传》隐公九年：宋公不王。郑伯为王左卿士，以王命讨之，伐宋。……北戎侵郑，郑伯御之。……十一月甲寅，郑人大败戎师。

《春秋》隐公十年：夏，翚帅师会齐人、郑人伐宋。秋，宋人、卫人入郑。宋人、蔡人、卫人伐戴。郑伯伐取之。冬十月壬午，齐人、郑人入郕。（传：齐人、郑人入郕，讨违王命也）

《春秋》隐公十一年：夏，公会郑伯于时来。秋七月壬午，公及齐侯、郑伯入许。

《左传》隐公十一年：冬十月，郑伯以虢师伐宋。壬戌，大败宋师，以报其入郑也。

二　君臣关系

国家的发展，既要有明君，又要有贤臣，更离不开君臣的和睦相处。郑国早期发展的重要原因就是处理好了君臣之间的关系。

《郑文公问太伯》篇记载郑桓公史事说：

> 昔吾先君桓公后出自周，以车七乘，徒三十人，鼓其腹心，奋其股肱。①

这里的"腹心""股肱"指的是郑桓公的亲信，除了封邑内的大臣，我们认为还有《国语·郑语》所记载的史伯等人。有意思的是，清华简《良臣》本是记载君臣与僚属关系的内容，在描述郑桓公时说：

> 郑桓公与周之遗老：史伯、宦仲、虢叔、杜伯，后出邦。②

① 李学勤主编：《清华大学藏战国竹简》（六），第119页。
② 李学勤主编：《清华大学藏战国竹简》（三），中西书局2012年版，第157页。

史伯、宦仲、虢叔、杜伯是周之遗老，也就是幽王大臣，他们并非郑桓公之臣，但在郑人东迁、建国中起到了极大的作用。如史伯在郑桓公彷徨犹豫之时曾予指点，告知桓公如何获得土地，这段对话见于《国语·郑语》，为更好地展现史伯的卓越见解，我们不妨俱引如下：

桓公为司徒，甚得周众与东土之人，问于史伯曰："王室多故，余惧及焉，其何所可以逃死?"史伯对曰："王室将卑，戎狄必昌，不可逼也。当成周者，南有荆蛮、申、吕、应、邓、陈、蔡、随、唐，北有卫、燕、狄、鲜虞、潞、洛、泉、徐蒲，西有虞、虢、晋、隗、霍、杨、魏、芮，东有齐、鲁、曹、宋、滕、薛、邹、莒，是非王之支子母弟甥舅也，则皆蛮夷戎狄之人也。非亲则顽，不可入也。其济、洛、河、颍之间乎！是其子男之国，虢、郐为大，虢叔恃势，郐仲恃险，是皆有骄侈怠慢之心，而加之以贪冒。君若以周难之故，寄孥与贿焉，不敢不许。周乱而弊，是骄而贪，必将背君，君若以成周之众奉辞伐罪，无不克矣。若克二邑，邬、蔽、补、丹、依、黩、历、华，君之土也。若前颍后河，右洛左济，主芣、騩而食溱、洧，修典刑以守之，是可以少固。"……公说，乃东寄帑与贿，虢、郐受之，十邑皆有寄地。[①]

由于幽王不得人心，声威日下，加之戎狄对王朝的威胁极大，周王朝可谓"山雨欲来风满楼"，已经是摇摇欲坠，不仅是郑桓公想要逃离，其他大臣也有这样的想法，《诗经》中有许多篇章记录了大臣的行动和心态。我们认为，郑国所拉拢的并不止史伯、宦仲、虢叔、杜伯这些人，毕竟因为郑国立国于战乱年代，又是贵族离散的年代，一批西周王朝的遗老成为郑桓公的"智囊团"十分正常。

由于国家初建，郑桓公特别注意拉拢人才，也正因为此，他在攻打郐国前使用离间之计使得郐君"尽杀其良臣"：

郑桓公将欲袭郐，先问郐之豪杰、良臣、辩智、果敢之士，尽与姓名，择郐之良田赂之，为官爵之名而书之，因为设坛场郭门之外而埋之，衅之以鸡豭，若盟状。郐君以为内难也，而尽杀其良臣，桓公袭郐，遂取之。[②]

---

① 徐元诰撰，王树民、沈长云点校：《国语集解》（修订本），中华书局 2002 年版，第 460—476 页。

② （清）王先慎撰，钟哲点校：《韩非子集解》卷 10《内储说下》，中华书局 1998 年版，第 259 页。

《说苑·权谋》篇的记载与之大致相同。从这些广为人知的记载中不难看出郑桓公在国家治理中对贤才的重视。

郑武公也较好地处理了君臣之间的关系，《郑武夫人规孺子》记载说：

> 郑武公卒，既肂，武夫人规孺子曰："昔吾先君，如邦将有大事，必再三进大夫而与之偕图。既得图，乃为之。毁图所贤者，焉申之以龟筮？故君与大夫晏焉，不相得恶。区区郑邦望吾君，无不盈其志于吾君之君己也，使人遥闻于邦，邦亦无大繇赋于万民。吾君陷于大难之中，处于卫三年，不见其邦，亦不见其室，如毋有良臣，三年无君，邦家乱也。自卫与郑若卑耳而谋。今是臣臣，其何不保？吾先君之常心，其何不遂？"①

这是说郑武公为政之时，如果国家有大事需要决断，武公一般要和大夫们多次商量，最后才取得相对一致的意见，意见一致后就坚决执行，不受外界干扰，所以郑武公和大臣们关系融洽，没有相互猜疑。当武公蒙难之时，在卫国三年，虽然不能直接管理国家，处理政事，但凭借着大臣们的励精图治，实现了郑国的稳固发展。这是郑武夫人的说法，边父与郑武夫人站在不同立场，也强调了郑武公与大臣和睦相处的一面：

> 昔吾先君使二三臣，抑早前后之以言，思（使）群臣得执焉。②

从这些记载来看，郑武公的确做到了君臣一心。《诗经·郑风·缁衣》记载：

> 缁衣之宜兮，敝予又改为兮。适子之馆兮，还予授子之粲兮。
> 缁衣之好兮，敝予又改造兮。适子之馆兮，还予授子之粲兮。
> 缁衣之席兮，敝予又改作兮。适子之馆兮，还予授子之粲兮。

《毛诗序》认为此篇是"美武公也。父子并为周司徒，善于其职，国人宜之，故美其德，以明有国善善之功焉"③。清人崔述《读风偶识》载：

---

① 李学勤主编：《清华大学藏战国竹简》（六），第104页。

② 李学勤主编：《清华大学藏战国竹简》（六），第104页。

③ （汉）毛苌传，（汉）郑玄笺，（唐）孔颖达正义：《毛诗正义》卷4，（清）阮元校刻《十三经注疏》，第710—711页。

言好贤也。治国之要惟在得人：虽有英主，非贤莫助；虽有善政，非贤莫行。然世未尝乏贤，但患人主之不好耳。“适子之馆”，屈身以见贤也，孟子所谓“欲有谋焉则就之”是也。“授子之粲”，大烹以养贤也，孟子所谓“廪人继粟，庖人继肉”是也。故曰：“好贤如《缁衣》，恶恶如《巷伯》。”夫如是，安有不得贤者？郑国开国之规模其在此矣。大抵国家初造，莫不以好贤为务。虽以郑之不振，而其立国之初犹且如是，况齐、晋之强，鲁、卫之久，当必有更甚于此者；但开国于周初，世远诗轶，无从见耳。惟郑建国于平王之世，是以此诗尚存；学者所当以三隅反也。《序》乃以为“郑武公父子为周司徒，善于其职，国人美之而作此诗。”说者因曲为解，谓“诸侯入为卿士，皆授馆于王室，故云适子之馆”。夫郑本以王之支庶而为卿土，非由诸侯而入仕王朝者，其居此官久矣，何待别授以馆？况“适馆”、“授粲”皆上施于下之词，而人君爵尊禄厚，亦非民之所当为之“改衣”、“授粲”者也。①

诗篇主旨的解读，后人往往以已知的事实来评价、分析，但无论《缁衣》篇所表达的本意如何，后世是将郑武公当作知贤任贤的代表的，这一点当无疑问。

郑庄公之所以能够在关键时候“克段”，并成就小霸，也与他统治时期选择了贴心、得力的大臣，有着较为和谐的君臣关系有关。《郑武夫人规孺子》记载，在庄公即位前夕，其工于心计的母亲郑武夫人想方设法推延庄公掌握权力，但庄公对母亲的意图了如指掌，部分武公朝堂下的大臣和庄公的亲近之臣与庄公进行讨论、谋划：

小祥，大夫聚谋，乃使边父于君曰：“二三老臣使御寇也，布图于君。昔吾先君使二三臣，抑早前后之以言，思群臣得执焉，且毋交于死。今君定，拱而不言，二三臣事于邦，惶惶焉，焉削错器于选藏之中，毋措手足……”②

可以看出，庄公即位前后，还是有一批大臣遵照郑武公的遗愿选择支持庄公的。其中以边父为代表，这里的边父，陈伟认为即是祭仲，③ 也有学者认为是公子吕，④ 从目前的资料看，边父为祭仲的说法较为合理。与《左传》隐公

① （清）崔述：《读风偶识》，见顾颉刚编订《崔东壁遗书》（上），中华书局2013年版，第554页。
② 李学勤主编：《清华大学藏战国竹简》（六），第104页。
③ 陈伟：《郑伯克段“前传”的历史叙事》，《中国社会科学报》2016年5月30日第4版。
④ 程浩：《清华简新见郑国人物考略》，《文献》2020年第1期。

元年所载相比，庄公朝堂之上的大臣们在应对共叔段和郑武夫人势力发展时，态度几乎是一致的。

除了祭仲外，还有公子吕，他看到共叔段势力发展对君权的影响，再次劝谏庄公。而当克段之后，庄公把郑武夫人安排在“城颍”并发誓说：“不及黄泉，无相见也。”事后庄公虽然后悔，但其言已出无法挽回，颍考叔这时出来帮庄公解决难题，“阙地及泉，隧而相见”，实现了“遂为母子如初”。由此看来，庄公治下，大臣们能为国君设身处地地考虑，这是他能够治理内乱的重要因素。

庄公之后的君臣关系就不是那么融洽了。其实这也是庄公时代遗留的问题，这里可举“决定”郑国命运的两个人物。一是祭仲，他在郑国之乱中起到了举足轻重的作用，先是受胁迫而废昭公立厉公。由于贪生怕死而答应了宋人迎立郑厉公的请求，宋人之所以找到祭仲，与他担任郑卿长期把持政权有关。祭仲对权力的掌控，也势必与君权发生矛盾，引起了郑厉公的极度不满，于是派遣雍纠去杀掉祭仲，之所以派遣雍纠是因为他是祭仲的女婿，便于行事。然而此事被雍纠的妻子雍姬知晓，面对丈夫与父亲，如何选择？她的母亲坚定地认为“人尽夫也，父一而已。胡可比也?”于是将此事告诉了祭仲，薤纠刺杀失败，郑厉公只能出奔蔡国，留下了“谋及妇人，宜其死也”的感叹。厉公出奔后，郑昭公返回国内“复国”，这就遇到了另外一位权臣高渠弥。高渠弥与郑昭公早有矛盾，《左传》桓公十七年记载：“初，郑伯将以高渠弥为卿，昭公恶之，固谏不听。昭公立，惧其杀己也。辛卯，弑昭公而立公子亹。君子谓昭公知所恶矣。公子达曰：‘高伯其为戮乎，复恶已甚矣。’”①

两位权臣，为了自己的安危，或驱逐或谋杀了国君，造成了郑国的内乱，此后，虽经复国的郑厉公一番治理，但国势大不如前，郑国霸权不再。

三　婚姻与外交

郑武公的婚姻，是一场政治婚姻。如前所述，郑武公最初所跟随的应该是携惠王，在“周亡王九年”时，携惠王与平王两大集团势力开始分化，《史记·郑世家》记载说“武公十年，娶申侯女为夫人，曰武姜”②，我们认为，这是郑国立场转向的重要阶段，郑武公很可能就在两大集团分化时转向平王集团，

① （晋）杜预注，（唐）孔颖达正义：《春秋左传正义》卷7，（清）阮元校刻《十三经注疏》，第3818页。

② （汉）司马迁撰，（南朝宋）裴骃集解，（唐）司马贞索隐，（唐）张守节正义：《史记》卷42，第1759页。

而当他迎娶到申侯之女时，才得到周王的信任，因为平王母家就是西申，平王依靠的就是西申等国的力量消灭了周幽王，所以此时平王与郑武公是“亲上加亲”，成为平王的嫡系。《郑武夫人规孺子》所记载的就是郑武夫人依靠母家西申而展现出的咄咄逼人的态度。

郑武公深谙婚姻与政治之间的关系，所以在谋划国家发展时不惜利用婚姻关系获得信任，强取小国，此事《韩非子·说难》篇有详细记载：

> 昔者郑武公欲伐胡，故先以其女妻胡君以娱其意，因问于群臣：“吾欲用兵，谁可伐者?”大夫关其思对曰：“胡可伐。”武公怒而戮之，曰：“胡，兄弟之国也。子言伐之何也?”胡君闻之，以郑为亲己，遂不备郑，郑人袭胡，取之。①

再来看庄公的婚姻，从史书记载看，郑庄公所娶至少有两位夫人，第一位是祭仲操持迎娶的邓曼，生下的儿子即郑昭公，第二位是娶于宋国雍氏，生下的是郑厉公。郑国的内乱，主要是他们之间的争锋。前面已经谈到祭仲先立昭公，受到胁迫时又立郑厉公，《左传》桓公十一年有明确记载：

> 雍氏宗有宠于宋庄公，故诱祭仲而执之，曰：“不立突，将死。”亦执厉公而求赂焉。祭仲与宋人盟，以厉公归而立之。秋九月丁亥，昭公奔卫。己亥，厉公立。②

昭公没有强硬的政治背景，只能接受被驱逐的现实。然而此前他却有机会通过婚姻关系获得强援，在他为太子时，被庄公派去救援被北戎围困的齐国，大败北戎之师。齐僖公曾想把自己的妹妹文姜（后为鲁桓公夫人）许配给公子忽，公子忽却拒绝了，他的理由是：“人各有耦，齐大，非吾耦也。《诗》云：‘自求多福。’在我而已，大国何为?”③ 强调齐国强大，并不适合他，即不想通过政治婚姻来获得利益。后来齐僖公再次要把文姜嫁给公子忽，仍然遭到了拒绝。祭仲就曾劝谏公子忽说：“必取之。君多内宠，子无大援，将不立。三公

① （清）王先慎撰，钟哲点校：《韩非子集解》卷4，第92—93页。

② （晋）杜预注，（唐）孔颖达正义：《春秋左传正义》卷7，（清）阮元校刻《十三经注疏》，第3820页。

③ （晋）杜预注，（唐）孔颖达正义：《春秋左传正义》卷6，（清）阮元校刻《十三经注疏》，第3799页。

子，皆君也。”[①] 但公子忽没有听从。事情的确如祭仲所预料的那样，公子忽的弟弟公子突借助宋国的力量，胁迫祭仲，最后驱逐了昭公而即位为郑厉公。

仔细分析，公子忽拒婚或许有两个原因，一是他所指出的不想依靠强大的齐国来获取政治权力，坐稳君位，体现了他性格的高傲，所以在鲁国依照礼仪在庆功宴上把郑国座次放在后面时，引发了公子忽的不满，于是联合齐国攻打鲁国，发生了“郎之战”；当然也有可能是公子忽深刻体会到了先君郑武公、郑庄公的教训，从庄公娶妻来看，并没有从强国中迎娶，因为郑武公娶了郑武夫人文姜，郑国获得了巨大的政治利益，但是也给庄公带来了巨大的麻烦，引发了内乱，有鉴于此，公子忽自然不愿意让势力强大的齐国来干预郑国政治。第二个原因则是公子忽对齐僖公与文姜私通之事早有耳闻，不愿意迎娶文姜。但无论如何，公子忽拒绝迎娶文姜，使得他在政治斗争中孤立无援却是事实。

当时意气风发的公子忽，沦落到被驱逐，甚至复国后被杀，不知道他有没有后悔拒绝这门亲事？或许公子忽依然不悔，时人却对公子忽两次拒绝齐国婚姻气愤不已，有鉴于此，作了多首诗歌讽刺公子忽，如《诗经·有女同车》载：

> 有女同车，颜如舜华。将翱将翔，佩玉琼琚。彼美孟姜，洵美且都。
> 有女同行，颜如舜英。将翱将翔，佩玉将将。彼美孟姜，德音不忘。[②]

毛诗序说：“刺忽也。郑人刺忽不昏于齐。太子忽尝有功于齐，齐侯请妻之，齐女贤而不取。卒以无大国之助，至于见逐。故国人刺之。”上博简中有对《褰裳》的评论，晁福林先生认为“简文‘《涉秦（溱）》，其绝柎（附）而（之）士（事）’，意即《涉秦（溱）（褰裳）》此篇讲的就是（郑忽）拒绝依附（大国）的事情。……并未对于郑忽之事加以臧否，实际上默认了国人对于郑忽的讥刺。推演孔子之意当是既肯定郑忽的不依附大国之志，又惋惜他不知权变而败亡”[③]，所言甚是。

通过以上的讨论可以看出，在郑国的早期发展中，郑桓公、郑武公发愤图强，利用担任周王卿士的机会，选任贤能，团结大臣，同时通过政治联姻，外交手段，实现了由立国到壮大，到了郑庄公的时候郑国的势力达到顶峰，成为

---

① （晋）杜预注，（唐）孔颖达正义：《春秋左传正义》卷7，（清）阮元校刻《十三经注疏》，第3810页。

② （汉）毛苌传，（汉）郑玄笺，（唐）孔颖达正义：《毛诗正义》卷4，（清）阮元校刻《十三经注疏》，第720页。

③ 晁福林：《英雄气短：春秋初期社会观念变迁之一例》，《史学月刊》2011年第4期。

“正东方之诸侯”的霸主。然庄公之后，留给了后继者一个烫手的局面，权臣势力庞大，又多“内宠”，出现了诸子争位的内乱，《系年》记载这段历史说：

> 武公即世，庄公即位，庄公即世，昭公即位。其大夫高之渠弥杀昭公而立其弟子眉寿。齐襄公会诸侯于首止，杀子眉寿，车轘高之渠弥，改立厉公，郑以始正。①

《郑文公问太伯》篇太伯亦严厉批评说：“世及吾先君昭公、厉公，抑天也，抑人也，为是牢鼠不能同穴，朝夕斗阋，亦不逸斩伐。”②

庄公时已经不再担任王朝卿士，所以其子无法通过王卿之职获得较高的政治权威，加之君臣关系的不融洽、婚姻关系对内政的影响等因素，郑国逐渐走向衰落是很正常的。

（代生，山东师范大学历史文化学院副教授；
李博，山东省聊城市东昌中学新校区一级教师）

① 李学勤主编：《清华大学藏战国竹简》（二），中西书局2011年版，第138页。
② 李学勤主编：《清华大学藏战国竹简》（六），第119页。

专题论文

分封体制变迁与秦楚汉间政治格局

王　猛

摘　要： 分封体制变迁决定了秦楚汉间的政治格局，表现在旧贵族分封体制、军功分封体制与秦楚汉间王业、霸业、帝业三种政治格局的联动上。通过文献分析与历史脉络梳理，结合前人研究成果，特从秦对贵族分封体制的瓦解、旧贵族分封体制复兴、旧贵族分封体制与军功分封体制合力、军功分封体制主导等方面论述秦楚汉间的政权更迭与时代发展。秦以来旧贵族势力的持续衰落与军功阶层的继续崛起，是两种分封体制呈现出此消彼长变迁形态的历史背景。而王业、霸业、帝业格局的演变，又是这种分封体制变迁作用下的结果。

关键词： 分封体制；秦楚汉；政治格局

引　言

秦失其鹿，天下共逐之。从陈胜起义到刘邦建汉，政治格局发生数次重大调整，而政治格局的调整又伴随着分封体制的变迁。因此对分封问题的研究，是了解楚汉兴亡历史的一把钥匙。

楚汉战争与分封制在秦汉史学界是个老生常谈的话题。诸家《秦汉史》专著对这一问题都进行了或多或少的阐述。① 而专门针对楚汉分封的研究亦成果颇丰。如宋公文提出，项、刘分封的区别，在于项羽把分封作为一种制度推向全国，刘邦则是在推行郡县制的前提下进行分封。② 韩养民则认为楚汉战争的胜负并不取决于分封制本身，而在于分封过程中的斗争策略。③ 另外，朱弘、

① 吕思勉：《秦汉史》，上海古籍出版社 1983 年版；钱穆：《秦汉史》，生活·读书·新知三联书店 2004 年版；林剑鸣：《秦汉史》，上海人民出版社 2003 年版。

② 宋公文：《论楚汉战争时期项羽和刘邦的分封》，中国秦汉史研究会编《秦汉史论丛》第一辑，陕西人民出版社 1981 年版，第 86 页。

③ 韩养民：《略论项羽的分封》，中国秦汉史研究会编《秦汉史论丛》第一辑，第 103 页。

唐国军、夏增民、白效咏都对这一问题进行过有益探讨。[①] 尤其是李开元《汉帝国的建立与刘邦集团——军功受益阶层研究》一书，对秦楚汉间王国之变迁进行整理，并提出平民王政、贵族王政、军功王政的概念，极具启发性。[②] 诸说仁智互见，但对六国旧贵族分封体制和军功分封体制的此消彼长与王业、霸业、帝业政治格局变化的关联仍关注不足，故笔者不揣浅陋，拟在前人研究基础上，再论分封体制变迁与秦楚汉间的政治格局，以就正于方家。

一　秦对贵族分封体制的瓦解

贵族分封体制即以宗法为纽带的周代分封制。公元前 221 年，秦并六国，建立了中国历史上第一个专制主义中央集权的统一王朝，并在全国施行了一系列巩固统治的措施。而这些措施进一步消除了周代以来的分封制遗存。推行军功爵制、废分封及强化对东方地区的统治构成了秦政中瓦解旧贵族分封体制的关节。

（一）推行军功爵制

所谓军功爵制，“就是因为军功（实际也包括事功）而赐给爵位、田宅、食邑、封国的爵禄制度，也就是朱师辙所说的‘以爵赏战功，故曰军爵’”[③]。秦军功爵制早在商鞅变法时确定下来，《史记·商君列传》载：

> 有军功者，各以率受上爵；为私斗者，各以轻重被刑大小。僇力本业，耕织致粟帛多者复其身。事末利及怠而贫者，举以为收孥。宗室非有军功论，不得为属籍。明尊卑爵秩等级，各以差次名田宅，臣妾衣服以家次。有功者显荣，无功者虽富无所芬华。[④]

司马贞《史记索引》曰：“谓宗室若无军功，则不得入属籍。谓除其籍，则虽无功不及爵秩也”[⑤]，明确说明赐爵是以军功为标准。宗室贵族无军功则不

① 相关研究成果参见朱弘《关于秦汉分封制的历史反思》，《中国史研究》1989 年第 1 期；唐国军《“封建”亡魂：秦楚汉之间的“六国”体制复辟问题新探》，《广西民族大学学报》（哲学社会科学版）2010 年第 3 期；夏增民《秦末战争性质异说——兼论楚汉分封问题》，《咸阳师范学院学报》2011 年第 3 期；白效咏《秦末社会各阶层利益诉求与楚汉战争胜负研究》，《浙江学刊》2015 年第 1 期。

② 李开元：《汉帝国的建立与刘邦集团——军功受益阶层研究》，生活·读书·新知三联书店 2000 年版。

③ 朱绍侯：《军功爵制研究》，商务印书馆 2017 年版，第 3 页。

④ 司马迁：《史记》卷 68《商君列传》，中华书局 1959 年版，第 2230 页。

⑤ 司马迁：《史记》卷 68《商君列传》，第 2231 页。

得入属籍，无法得到爵秩。“虽富无所芬华”，削弱旧贵族特权。到秦统一后又确立了二十等爵制，[①] 军功贵族成为秦帝国官僚体系的支柱，宗法贵族势力遭到沉重打击。

（二）废分封

商鞅变法还有一项重要内容即废分封，“而集小（都）乡邑聚为县，置令、丞，凡三十一县”[②]，推行县制。秦统一后，对六国地区治理是否采用分封子弟的方式还曾发生争论。丞相王绾提议，“诸侯初破，燕、齐、荆地远，不为置王，毋以填之。请立诸子，唯上幸许”[③]。李斯则不以为然：“周文武所封子弟同姓甚众，然后属疏远，相攻击如仇雠，诸侯更相诛伐，周天子弗能禁止。今海内赖陛下神灵一统，皆为郡县，诸子功臣以公赋税重赏赐之，甚足易制。天下无异意，则安宁之术也。置诸侯不便。”[④] 将天下攻伐不已的原因归结于周代的分封制，得到秦始皇认同。于是不复立国，分天下以为郡县，从根本上动摇了秦的旧分封体制。

（三）强化对东方地区的统治

战国七雄本就是分封体制下的产物。秦废分封，行郡县，铲除了秦旧分封体制的基础，但东方六国之公室贵族势力及影响力，仍然是秦统一后的不稳定因素，故强化对东方地区的统治势在必行。秦在统一战争过程中，便迁徙六国贵族豪富。灭韩后，迁韩王安于岐山。灭赵后，将赵王迁流徙于房陵，并将当地的富豪迁于临邛。破魏后，秦又将魏的豪富孔氏迁之于南阳。[⑤] 统一后“徙天下豪富于咸阳十二万户”[⑥]。力图削弱六国贵族的复国基础。但从“始皇帝死而地分”“今年祖龙死”“东南有天子气”等谶言的兴起便能看出，关东的反抗力量始终潜伏于民间。故秦始皇统一后五次巡行，并刻石“颂秦德”。

二十八年（前219）“泰山刻石”：

> 二十有六年，初并天下，罔不宾服。亲巡远方黎民，登兹泰山，周览东极。[⑦]

---

① 朱绍侯先生认为，秦帝国的二十等军功爵制只是在秦统一后确立的。参见朱绍侯《军功爵制研究》，第55—56页。

② 司马迁：《史记》卷68《商君列传》，第2232页。

③ 司马迁：《史记》卷6《秦始皇本纪》，第238—239页。

④ 司马迁：《史记》卷6《秦始皇本纪》，第239页。

⑤ 林剑鸣：《秦史稿》，中国人民大学出版社2009年版，第306页。

⑥ 司马迁：《史记》卷6《秦始皇本纪》，第239页。

⑦ 司马迁：《史记》卷6《秦始皇本纪》，第243页。

二十八年（前219）“琅邪刻石”：

六合之内，皇帝之土。西涉流沙，南尽北户。东有东海，北过大夏。人迹所至，无不臣者。功盖五帝，泽及牛马。莫不受德，各安其宇。①

二十九年（前218）“之罘刻石”：

六国回辟，贪戾无厌，虐杀不已。皇帝哀众，遂发讨师，奋扬武德。义诛信行，威燀旁达，莫不宾服。烹灭强暴，振救黔首，周定四极。②

二十九年（前218）“东观刻石”：

武威旁畅，振动四极，禽灭六王。阐并天下，灾害绝息，永偃戎兵。③

三十二年（前215）刻碣石门：

皇帝奋威，德并诸侯，初一泰平。堕坏城郭，决通川防，夷去险阻。地势既定，黎庶无繇，天下咸抚。④

三十七年（前210）“会稽刻石”：

六王专倍，贪戾慠猛，率众自强。暴虐恣行，负力而骄，数动甲兵。阴通间使，以事合从，行为辟方。内饰诈谋，外来侵边，遂起祸殃。义威诛之，殄熄暴悖，乱贼灭亡。圣德广密，六合之中，被泽无疆。⑤

在上述节选秦始皇刻石内容中，将六国政权描写成“贪戾无厌”“暴虐恣行”的形象，而宣扬秦的统一是拯救黔首的功德义举。以此炫示统治，“威服海内”。由此，秦强化对东方地区的统治，打击六国贵族残余势力，其实也是对六国分封秩序的进一步打击。

① 司马迁：《史记》卷6《秦始皇本纪》，第245页。
② 司马迁：《史记》卷6《秦始皇本纪》，第249页。
③ 司马迁：《史记》卷6《秦始皇本纪》，第250页。
④ 司马迁：《史记》卷6《秦始皇本纪》，第252页。
⑤ 司马迁：《史记》卷6《秦始皇本纪》，第261—262页。

以上诸种手段是秦瓦解旧贵族分封体制的尝试。秦对关东地区不复立国行分封，建立的强大帝业却因政治形势的急遽变化趋于崩溃，关东六国旧贵族复国运动伺机而发。

二　王业——六国贵族分封体制的短暂复兴

所谓六国贵族分封体制的复兴，即陈胜起义至项羽分封诸侯前，六国旧贵族谋求复立政权产生的政治格局，事实上是由六国旧贵族占主体的分封秩序的重建。而这样的历史进程并非一蹴而就。

如上文所述，秦在统一后，关东反抗力量的持续存在表明六国残余势力及影响力依然强大。故陈胜起义后，对是否立六国后进行过争论。《史记·陈涉世家》载起义军在入陈后，当地三老、豪杰皆曰“将军身被坚执锐，伐无道，诛暴秦，复立楚国之社稷，功宜为王”[①]，建议陈涉自立为楚王。但在《史记·张耳陈余列传》中却增加了张耳、陈余的反对意见：“今始至陈而王之，示天下私。愿将军毋王，急引兵而西，遣人立六国后，自为树党，为秦益敌也。敌多则力分，与众则兵强。如此野无交兵，县无守城，诛暴秦，据咸阳以令诸侯。诸侯亡而得立，以德服之，如此则帝业成矣。今独王陈，恐天下解也。”[②] 认为单靠陈胜一支队伍力量薄弱，应立六国后，为秦树敌，如此则可灭秦，然后再“据咸阳以令诸侯”。此时张耳、陈余“缓称王”的主张，在于先恢复六国旧贵族政权，自然为平民野心家陈胜所不乐见，于是陈胜自立为王，号为张楚。

这一时期义军的首要目标在于灭秦，至于所复之国是否真为六国后成为其次的考量。在陈胜没有采纳张耳、陈余意见后，两人转而游说北徇赵地的武臣称王：“陈王起蕲，至陈而王，非必立六国后。将军今以三千人下赵数十城，独介居河北，不王无以填之。且陈王听谗，还报，恐不脱于祸。又不如立其兄弟；不，即立赵后。将军毋失时，时间不容息。”[③] 看到陈胜“非必立六国后”，于是劝武臣在陈胜“立其兄弟”或“立赵后”前，自立为赵王。武臣部将韩广亦效法其后，自立为燕王。

六国贵族复国运动继续发展。李良反赵，竟杀武臣，有客说张耳曰：“两君羁旅，而欲附赵，难；独立赵后，扶以义，可就功。”[④]《史记索隐》曰：“案：

① 司马迁：《史记》卷48《陈涉世家》，第1952页。
② 司马迁：《史记》卷89《张耳陈余列传》，第2573页。
③ 司马迁：《史记》卷89《张耳陈余列传》，第2575页。
④ 司马迁：《史记》卷89《张耳陈余列传》，第2578页。

羁旅势弱，难以立功也”，“谓独有立六国赵王之后。”[①] 即只有立赵国后才能具有恢复赵国王业的合法性，团结当地的反秦力量以成就功业，故立旧王族赵歇为赵王。陈胜将领周市北徇地至狄县时，齐旧王族田儋“杀狄令，自立为齐王，以齐反击周市”[②]。后陈胜又在极不情愿的情况下，立魏国后故宁陵君魏咎为魏王。至此，除韩国外，六国皆先后复国。

上述历史发展趋势体现出六国贵族复国渐趋主流。在陈胜战败前，贵族复国的只有齐、魏两国，平民野心家陈胜、武臣、韩广则先后称王。但随着陈胜、武臣被杀，赵歇复国，秦二世二年（前 208）一月景驹又被立为楚王，除燕、韩两国外，其余四国之贵族皆已复兴王业。李开元将陈涉及其部将新建之王政称为平民王政，将旧王族之贵族王政复活称为王政复兴，[③] 那么伴随着平民王政的起落，贵族王政之复兴渐趋主流是显而易见的。

到怀王之立后，六国旧贵族在所复之国中完全占据了主体地位。范增向项梁分析陈胜之败，道出唯立楚后方能收揽人心：“陈胜败固当。夫秦灭六国，楚最无罪。自怀王入秦不反，楚人怜之至今，故楚南公曰‘楚虽三户，亡秦必楚也’。今陈胜首事，不立楚后而自立，其势不长。今君起江东，楚蜂午之将皆争附君者，以君世世楚将，为能复立楚之后也。”[④] 范增之言亦透露出当时的政治形势——非立六国后无以凝聚反秦力量。项梁亦以为然，立楚怀王，“从民所望”。其后，项梁又使张良立韩诸公子横阳君韩成为韩王，“西略韩地”。除燕国外，旧贵族皆实现复国。此时，怀王之楚国为天下盟主，战国复国和王政复兴合一，六国贵族之就国复王已成为天下政局之主流。[⑤]

面对关东诸侯并起的局面，秦的帝业宣告崩溃。赵高在诛杀秦二世后，告诸大臣、公子：“今六国复自立，秦地益小，乃以空名为帝，不可。宜为王如故，便。”[⑥] 以是立公子婴为秦王，帝业回归于王业。

旧贵族王业的复兴，其实是暂时恢复了战国旧的封建体制。除了燕国，秦国嬴氏、楚国熊氏、齐国田氏、赵国赵氏、韩国韩氏、魏国魏氏之旧王族回归或恢复王权，贵族分封体制重新得以确立。有学者认为，秦楚汉战争之间的所谓“六国”政权复辟的问题并不真实存在，它只是反秦战争的工具，在实际的

① 司马迁：《史记》卷 89《张耳陈余列传》，第 2578 页。
② 司马迁：《史记》卷 48《陈涉世家》，第 1956 页。
③ 李开元：《汉帝国的建立与刘邦集团——军功受益阶层研究》，第 79 页。
④ 司马迁：《史记》卷 7《项羽本纪》，第 300 页。
⑤ 李开元：《汉帝国的建立与刘邦集团——军功受益阶层研究》，第 81 页。
⑥ 司马迁：《史记》卷 6《秦始皇本纪》，第 275 页。

政治体制变革中，并无决定作用。[1] 笔者以为，将六国复辟看作是反秦战争的工具是合理的，但这个“工具”所具有的号召力、凝聚力、影响力及引起的政治格局的变化，是绝不能轻看的。秦瓦解贵族分封体制，确立帝业；贵族分封体制复兴，又迫使秦回归王业。由此，贵族分封体制的复兴，决定了平民野心家们在缺乏政治实力与号召力的条件下，“其势不久”。但以贵族分封体制为主体所创建的，也只能是王业罢了。

三　霸业——六国贵族分封体制与军功分封体制的合力

田余庆先生在《说张楚》一文中提到了王业与帝业相互转换的问题。[2] 李开元又将其发展为王业、霸业与帝业的三种形态。他概括霸业的特点有三：一是天下政局由霸主所主导，二是列国并立争霸，三是间接统治之封建原理与直接统治之人头原理，封建制与官僚郡县制并用。并认为秦二世元年（前209）七月——汉元年（前206）四月的合纵反秦奉楚为盟主与汉元年四月——汉五年二月的连横反楚奉汉为盟主两个时期，皆以霸业政治形态为主要特征。[3] 李氏之说自然有理，但笔者所论秦楚汉间之霸业，实以分封体制之别而论。此时期的霸业乃项羽所成就，需从项羽之双重身份、戏下分封与霸业失败三个层面叙说。

（一）项羽之双重身份

旧贵族身份是项羽起家的资本。“项氏世世为楚将，封于项，故姓项氏”[4]。秦灭楚后，项氏是楚贵族中的秘密反秦力量，从项梁教项羽兵法，且避仇于吴中时“阴以兵法部勒宾客及子弟”[5]，便可窥得一端。旧贵族的身份自然使项氏在反秦战争中拥有合法性与号召力。东阳少年欲立陈婴为王，陈婴谓军吏曰：“项氏世世将家，有名于楚。今欲举大事，将非其人不可。我倚名族，亡秦必矣。”[6] 陈婴的观点能够说明当时一些野心家对贵族身份的认同。另外，以楚国旧贵族身份立楚国后也是名正言顺。范增所谓“楚蜂午之将皆争附君者，以君世世楚将，为能复立楚之后也”[7]，以及项羽斩杀宋义后，诸将皆曰：“首立楚

① 唐国军：《“封建”亡魂：秦楚汉之间的“六国”体制复辟问题新探》，《广西民族大学学报》（哲学社会科学版）2010 年第 3 期。

② 参见田余庆《说张楚——关于“亡秦必楚”问题的探讨》，《历史研究》1989 年第 2 期。

③ 李开元：《汉帝国的建立与刘邦集团——军功受益阶层研究》，第 77 页。

④ 司马迁：《史记》卷 7《项羽本纪》，第 295 页。

⑤ 司马迁：《史记》卷 7《项羽本纪》，第 296 页。

⑥ 司马迁：《史记》卷 7《项羽本纪》，第 298 页。

⑦ 司马迁：《史记》卷 7《项羽本纪》，第 300 页。

者，将军家也。今将军诛乱”[①]，都肯定了项氏旧贵族身份与楚国立国、反秦的一体性。

项羽主要代表了军功阶层的利益。项梁死后，项羽成为项氏贵族的领导者，维护贵族集团利益是身份使然。但不同于项梁的是，秦统一下的帝国，是项羽生活与成长的主要时代，楚国贵族记忆于项羽而言恐怕过于遥远。秦汉之际追求功业成为时代潮流，面对皇帝威仪，刘邦有“大丈夫当如此也”的叹息，项羽亦发出“彼可取而代也”的豪言。尤其在灭秦战争进程中，项羽更是依靠军功建立起威信：“于是已破秦军，项羽召见诸侯将，入辕门，无不膝行而前，莫敢仰视。项羽由是始为诸侯上将军，诸侯皆属焉。”[②] 项羽始终也以军功而非贵族身份标榜自己。在分封诸侯时明确说：“然身被坚执锐首事，暴露于野三年，灭秦定天下者，皆将相诸君与籍之力也”[③]，突出以自己为首的军功将领的灭秦之功。被围垓下，又强调自己的军功生涯是“非战之罪”：“吾起兵至今八岁矣，身七十余战，所当者破，所击者服，未尝败北，遂霸有天下。”[④] 项羽无疑依靠的是军功阶层，主要维护的也是他们的利益。

项羽兼具旧贵族与军功领袖双重身份。徐复观先生将领导人民亡秦力量分为两大集团：一是平民中的野心家，二是六国的残余贵族，而项羽代表着残余的贵族。[⑤] 雷戈先生更是认为项羽的贵族观念决定了他难以认同皇权。[⑥] 考虑到项羽之双重身份，这两种说法都是不全面的。项羽自身的身份特性，其实也是六国贵族与军功势力力量交融与博弈的写照。

（二）戏下分封

秦亡之后，天下格局由项羽主宰。此时，燕国外的六国旧贵族已纷纷复国，怀王又欲使刘邦为关中王，如何满足在战争中崛起的军功阶层的利益，是项羽亟须考虑的现实问题。《史记·项羽本纪》载：

> 项王欲自王，先王诸将相。谓曰：“天下初发难时，假立诸侯后以伐秦。然身被坚执锐首事，暴露于野三年，灭秦定天下者，皆将相诸君与籍之力也。义帝虽无功，故当分其地而王之。”诸将皆曰：“善。”乃分天下，

① 司马迁：《史记》卷7《项羽本纪》，第305页。
② 司马迁：《史记》卷7《项羽本纪》，第307页。
③ 司马迁：《史记》卷7《项羽本纪》，第316页。
④ 司马迁：《史记》卷7《项羽本纪》，第334页。
⑤ 徐复观：《两汉思想史（一）》，九州出版社2014年版，第147页。
⑥ 雷戈：《秦汉之际的政治思想与皇权主义》，上海古籍出版社2006年版，第108页。

立诸将为侯王。[①]

这段话透露出两点内容：一是并未否认诸侯的伐秦之力，以义帝为代表的旧贵族依然可以“分地而王”；二是分封的原则主要是军功，必须满足军功将领的分封要求。那么，已经占有大片土地的旧王，就得让出一些地盘，这显然损害了旧贵族的利益。

项羽的分封原则是顺应了旧贵族渐趋没落与军功势力崛起的政治形势的。虽然六国贵族分封体制经历了短暂复兴，旧政权大多实现复国，但秦创建的统一帝国模式影响深远，已经成为时代潮流，贵族分封体制所构建的王业形态已经不合时宜。且“诸侯起于匹夫，以利会，非有素王之行也。其交未亲，其下未附”[②]，和此时有亡秦之功的军功将领相较，拥有的政治资本是有限的。而军功势力的崛起是显而易见的。“灭秦定天下者，皆将相诸君与籍之力也。”项羽将自己和将相诸君视为同一阵营，分封的天平自然要向军功势力倾斜。这既是现实选择，也是时代要求。

项羽的分封既扩大了军功将领的势力范围，又未从根本上动摇旧贵族的既得利益，以此成就霸业。项羽分天下为十九：汉王刘邦、雍王章邯、塞王司马欣、翟王董翳、西魏王魏豹、河南王申阳、韩王韩成、殷王司马卬、代王赵歇、常山王张耳、九江王黥布、衡山王吴芮、临江王共敖、辽东王韩广、燕王臧荼、胶东王田市、齐王田都、济北王田安，其自立为西楚霸王。[③] 所封之王中，魏豹、韩成、赵歇、田市、田都、田安为旧贵族，其余皆为军功将领。[④] 旧贵族政权地盘被拆分，如魏分为西魏、殷，韩分为韩、河南，赵分为常山、代，齐分为胶东、齐、济北，楚分为西楚、衡山、九江、临江。旧贵族力量遭到削弱，军功势力的崛起势不可当。

项羽的霸业是六国贵族分封体制与军功分封体制的合力。以六国贵族为主体的分封体制被破坏，而以军功为原则分封军功官僚的体制逐渐成为主流。但我们要看到，旧贵族力量被削弱但未被消灭，贵族分封体制被破坏却依然存在，尚未被军功分封体制所取代。与其如一些学者所认为的，项羽之封王理念是否

① 司马迁：《史记》卷7《项羽本纪》，第315—316页。

② 贾谊撰，阎振益、钟夏校注：《新书校注》，中华书局2000年版，第16页。

③ 详见司马迁《史记》卷7《项羽本纪》，第316—317页。

④ 李开元也指出，分封诸王中旧王族出身者有六人，余下之王除项羽外皆为非王族出身之有功将领，这些人之出身有些不是很清楚，但不是王族和贵族出身，似乎可以推定。参见李开元《汉帝国的建立与刘邦集团——军功受益阶层研究》，第86页。

定血缘世袭之贵族王政原则而采用了平民王政的军功原则,[①] 或是项羽希望在六国贵族与自己部将之间寻求一种利益平衡,[②] 毋宁说项羽分封是对两种分封体制同时存在现状的默认，两种分封体制的并存与合力，构筑起了超出王业形态的霸业。

（三）霸业失败

两种分封体制并存局面的打破是项羽走出霸业格局建立帝业的尝试。但两种分封体制的结构性矛盾，使项羽的帝业追求失去旧贵族与部分军功阶层的支持，走向失败。

首先是项羽尝试突破霸业格局。“彼可取而代之”言犹在耳，项羽并不甘心只满足于“霸王”之名。[③] 诸侯各就国，项羽便迫不及待地“使使徙义帝长沙郴县。趣义帝行，其群臣稍稍背叛之，乃阴令衡山、临江王击杀之江中”[④]。又将韩王成“废以为侯，已又杀之”[⑤]，主动打破分封格局。

其实正如田余庆先生所说：项羽不会自安于长久地与诸侯王并立，不会眼看着业已空出的帝位而毫不动心。所以他除了在分封诸侯王中隐伏心机以外，还有其他一些动作。第一步，他把楚怀王升格为楚义帝，以楚帝代替秦帝的法统地位，并就此承认帝业的合法性。他自己则暂居西楚霸王，继续作诸侯的盟主。第二步，他徙义帝于郴而又杀之，这样就使楚帝名号暂时空悬起来，使自己有静观待变、斟酌处理的余地。第三步，他合乎逻辑的措置是，做好各种善后以后，自己名正言顺地登上楚帝的宝座。但是项羽没有迈开这一步形势就急遽变化，自己立刻由主动变为被动，做楚帝的机会也永远消失了。[⑥]

其次是旧贵族的反抗。戏下分封触碰了旧贵族的既得利益。齐国旧贵族田荣不满项羽分齐为三，封齐王田市为胶东王，且自己未能得封，遂起兵反楚，“并王三齐”。故赵王歇也被陈余以“项羽为天下宰，不平。今尽王故王于丑地，而王其群臣诸将善地，逐其故主”[⑦] 为由，迎返于赵。陈余虽非贵族出身，但“今尽王故王于丑地，而王其群臣诸将善地”的说法，也是旧贵族不满心理

---

① 李开元：《汉帝国的建立与刘邦集团——军功受益阶层研究》，第 86 页。

② 雷戈：《秦汉之际的政治思想与皇权主义》，第 111 页。

③ 雷戈认为，“彼可取而代之”似乎是一种贵族政治的思维取向，表现出对皇帝专制的强烈排斥。参见雷戈《秦汉之际的政治思想与皇权主义》，第 110 页。唐国军对此观点有所批驳，参见唐国军《“封建”亡魂：秦楚汉之间的“六国”体制复辟问题新探》，《广西民族大学学报》（哲学社会科学版）2010 年第 3 期。

④ 司马迁：《史记》卷 7《项羽本纪》，第 320 页。

⑤ 司马迁：《史记》卷 7《项羽本纪》，第 320 页。

⑥ 田余庆：《说张楚——关于“亡秦必楚”问题的探讨》，《历史研究》1989 年第 2 期。

⑦ 司马迁：《史记》卷 7《项羽本纪》，第 321 页。

的生动写实。

最后是失去部分军功阶层尤其是中下层军功官僚的支持。作为军功将领的刘邦，对分封结果自然极为不满，此处不论，单说项羽对中下层军官的利益分配。项羽虽主要代表了军功阶层的利益，但受限于分封体制，并未照顾到大量中下层军官的利益。韩信、陈平在归属刘邦前，都曾是项羽阵营的中下层军官。韩信评价项羽："项王见人恭敬慈爱，言语呕呕，人有疾病，涕泣分食饮，至使人有功当封爵者，印刓敝，忍不能予，此所谓妇人之仁也。"① 陈平也认为："项王为人，恭敬爱人，士之廉节好礼者多归之。至于行功爵邑，重之，士亦以此不附。"② 另外，高起、王陵在回答刘邦关于楚汉战争成败原因时，亦持类似观点："陛下慢而侮人，项羽仁而爱人。然陛下使人攻城略地，所降下者因以予之，与天下同利也。项羽妒贤嫉能，有功者害之，贤者疑之，战胜而不予人功，得地而不予人利，此所以失天下也。"③ 都说到了项羽不能给人爵邑，导致士人离心。

项羽的分封体制使其无力满足中下层军功官僚的利益诉求。有学者指出，项羽任人唯亲，他所精心维护的是以"诸项"和其"妻子昆弟"为核心的小圈子的利益，不肯与天下贤能才智之士同其利。④ 这是从项羽自身原因来分析问题，上升到分封体制的层面，要考虑到在旧贵族和军功将领共同分割天下的格局中，对中下层军功官僚是否还有能力顾及？对比汉高帝六年（前 201）刘邦封功臣的一则材料：

> 上已封大功臣二十余人，其余日夜争功不决，未得行封。上在雒阳南宫，从复道望见诸将往往相与坐沙中语。上曰："此何语？"留侯曰："陛下不知乎？此谋反耳。"上曰："天下属安定，何故反乎？"留侯曰："陛下起布衣，以此属取天下，今陛下为天子，而所封皆萧、曹故人所亲爱，而所诛者皆生平所仇怨。今军吏计功，以天下不足遍封，此属畏陛下不能尽封，恐又见疑平生过失及诛，故即相聚谋反耳。"⑤

张良说到刘邦在分封大功臣时，亦集中于"萧、曹故人所亲爱"的小圈子，军吏的担忧同于项羽阵营中的士人，但刘邦及时调整政策，"急先封雍齿以

---

① 司马迁：《史记》卷 92《淮阴侯列传》，第 2612 页。
② 司马迁：《史记》卷 56《陈丞相世家》，第 2055 页。
③ 司马迁：《史记》卷 8《高祖本纪》，第 381 页。
④ 白效咏：《秦末社会各阶层利益诉求与楚汉战争胜负研究》，《浙江学刊》2015 年第 1 期。
⑤ 司马迁：《史记》卷 55《留侯世家》，第 2042—2043 页。

示群臣”，平息了议论。此处有一条关键信息，即军吏“以天下不足遍封”。刘邦此时已登上帝位，虽已有诸侯王之封，但皇帝权威对地方的控制及中央直接掌握的郡县数都是作为“西楚霸王”的项羽不能及的。如此尚有“天下不足遍封”的疑虑，更何况在旧贵族、军功两种分封体制并存的秩序格局下，只“王九郡，都彭城”[①] 的项羽，对中下层军功官僚的利益诉求恐怕是心有余而力不足。

四　帝业——军功分封体制主导下的皇权再造

渊源于楚的汉王刘邦东向与诸侯盟主项羽交锋之时，确实是不期而然地居于当年秦始皇灭六国的地位。[②] 秦始皇灭六国，瓦解六国贵族的分封体制，统一天下。而刘邦灭项羽，继续推进军功主导的分封体制，建立帝业，与秦始皇既殊途同归，又有所损益。

（一）旧贵族势力的持续衰落与军功分封体制主导地位的确立

六国旧贵族势力自秦末短暂复兴后便不可逆地走向衰落。项羽戏下分封格局成立的前提就是顺应了旧贵族渐趋没落与军功阶层崛起的政治形势。其“王故王于丑地，而王其群臣诸将善地”的分封模式又进一步打击了旧贵族。与旧贵族势力衰落相对应，军功阶层继续崛起并成为刘邦集团的绝对主干。这种政治形势的变化在郦食其与张良关于复六国后的态度上深有体现：

> 汉三年，项羽急围汉王荥阳，汉王恐忧，与郦食其谋桡楚权。食其曰：“昔汤伐桀，封其后于杞。武王伐纣，封其后于宋。今秦失德弃义，侵伐诸侯社稷，灭六国之后，使无立锥之地。陛下诚能复立六国后世，毕已受印，此其君臣百姓必皆戴陛下之德，莫不乡风慕义，愿为臣妾。德义已行，陛下南乡称霸，楚必敛衽而朝。”汉王曰“善。趣刻印，先生因行佩之矣。”[③]

郦食其建议恢复六国贵族分封体制，从而“南乡称霸”。刘邦此时被围荥阳，一时权宜也认可了该方案。然张良以八个不可对此全盘否定，尤其是第八点殊为关键：“且天下游士离其亲戚，弃坟墓，去故旧，从陛下游者，徒欲日夜望咫尺之地。今复六国，立韩、魏、燕、赵、齐、楚之后，天下游士各归事其

① 司马迁：《史记》卷7《项羽本纪》，第317页。
② 田余庆：《说张楚——关于“亡秦必楚”问题的探讨》，《历史研究》1989年第2期。
③ 司马迁：《史记》卷55《留侯世家》，第2040页。

主，从其亲戚，反其故旧坟墓，陛下与谁取天下乎？其不可八矣。”[①] 明确向刘邦指出复立六国后已不合时宜，只有依靠非旧贵族出身的“天下游士”才能成就功业。可见在此时的政治格局中，旧贵族已经完全被边缘化。

旧贵族势力在楚汉战争中逐渐退出历史舞台。有学者认为刘邦的汉政权对六国旧贵族政治势力持利用与迁灭的态度，[②] 观点可取。刘邦为汉王的法理依据在于怀王之约，其反项羽也是打着承继怀王之楚的霸业之大义名分的。[③] 故刘邦在政治宣传中反而为旧贵族打抱不平：“项羽皆王诸将善地，而徙逐故主，令臣下争叛逆，罪七。项羽出逐义帝彭城，自都之，夺韩王地，并王梁楚，多自予，罪八。项羽使人阴弑义帝江南，罪九。”[④] 不过这些只是分化项羽阵营的政治策略罢了。在实际行动中我们看到，汉三年（前 204）韩信虏魏王豹，定魏地。同年，张耳、韩信东下井陉，斩陈余、赵王歇。汉四年韩信破齐。衰落的旧贵族政权在失去利用价值后，被刘邦逐一消灭。

随着旧贵族的衰落与边缘化，军功成为分封体制中的主导因素。韩信甫拜大将即劝刘邦：“任天下武勇，何所不诛！以天下城邑封功臣，何所不服！”[⑤]可见以军功分封天下是为刘邦阵营的一大策略。刘邦建立汉帝国前后，对异姓诸侯王的分封都是以军功为原则。[⑥] 楚汉战争中，除燕王臧荼、衡山王吴芮为项羽旧封外，刘邦所立的有韩王信、齐王韩信、赵王张耳及淮南王英布。楚汉战争结束后，刘邦对分封秩序进行调整：“皇帝曰义帝无后，齐王韩信习楚风俗，徙为楚王，都下邳。立建成侯彭越为梁王，都定陶。故韩王信为韩王，都阳翟。徙衡山王吴芮为长沙王，都临湘。番君之将梅鋗有功，从入武关，故德番君。淮南王布、燕王臧荼、赵王敖皆如故。”[⑦] 所有的异姓诸侯王中只有韩王信出身旧贵族，其他均为军功将领。且刘邦封韩王信，类似项羽封田都、田安，亦是因于军功。

军功分封体制占主导地位确立了刘邦的帝业。相比于项羽分封时旧贵族势力的现实存在，刘邦对异姓诸侯王的分封则皆以军功为原则，汉之异姓王国基

---

① 司马迁：《史记》卷 55《留侯世家》，第 2041 页。

② 参见唐国军《“封建”亡魂：秦楚汉之间的“六国”体制复辟问题新探》，《广西民族大学学报》（哲学社会科学版）2010 年第 3 期。

③ 李开元：《汉帝国的建立与刘邦集团——军功受益阶层研究》，第 88 页。

④ 司马迁：《史记》卷 8《高祖本纪》，第 376 页。

⑤ 司马迁：《史记》卷 92《淮阴侯列传》，第 2612 页。

⑥ 李开元指出，汉之异姓诸侯王，乃是陈涉项羽以来的军功王政的继续，刘邦之分封异姓诸侯王，其原则也同于陈涉项羽以来的军功原则。参见李开元《汉帝国的建立与刘邦集团——军功受益阶层研究》，第 87—88 页。

⑦ 司马迁：《史记》卷 8《高祖本纪》，第 380 页。

本上都是军功将领出身，这已经构建出超出项羽霸业的帝业形态。

（二）秩序整合与稳固帝业

楚汉战争胜利后，刘邦着手稳固新生的刘汉帝业。鉴于秦楚之得失，刘邦继续推行军功爵制，巩固军功阶层利益，并迁徙关东贵族豪杰，打压旧贵族势力。尤其是分封同姓诸侯王及列侯，对军功分封体制进行了调整。

首先是继续推行军功爵制。上文已述，秦推行军功爵制，打击宗法贵族势力，加速了贵族封建体制的瓦解。但刘邦起兵后一直沿用楚国的官爵制度，直到楚汉战争结束不久正式改用秦的二十级军功爵制。① 随即，为安定社会秩序，巩固战争胜利果实，刘邦颁布"高帝五年诏"，爵赏军吏卒，形成了所谓的"军功受益阶层"②，进一步巩固了刘汉帝业。

其次是迁徙关东贵族豪杰。六国旧贵族在关东地区的势力及影响力，是秦统一后长期存在的威胁。经秦末王业的短暂复兴后，旧贵族持续衰落，在楚汉战争中已完全边缘化，这种历史趋势也是刘邦能够建立军功主导下的分封体制的前提条件。但旧贵族残余势力对新生的汉帝国来说，依然是不稳定因素。如娄敬对刘邦所言："夫诸侯初起时，非齐诸田，楚昭、屈、景莫能兴。今陛下虽都关中，实少人。北近胡寇，东有六国之族，宗强，一日有变，陛下亦未得高枕而卧也。"③ 于是刘邦听从娄敬的建议，徙关东六国贵族及豪杰名家十余万口入关中，对旧贵族残余势力进一步防范与抑制。汉初的这种政策，与秦统一后迁徙六国贵族豪富如出一辙。

最后是分封同姓诸侯王及列侯。废分封行郡县是秦帝业的重要内容，同样也是刘邦汉帝业的追求，依靠军功崛起的异姓诸侯王成为皇权的主要威胁。但在东西文化尚未充分融合、战国时代的文化布局依然存在的情况下，刘邦建立汉家帝业，一方面必须"承秦"，另一方面又必须尊重东方社会的习俗。④ 故刘邦逐一翦除异姓诸侯王后尚不能在东方完全推行郡县制。又"以海内初定，子弟少，激秦孤立亡藩辅"⑤，遂大封同姓，达十个王国之多。以血缘分封诸侯王，使军功分封体制发生变化。汉六年（前201）十二月，刘邦又大封功臣，

---

① 刘邦何时改用秦爵的问题说法不一。李开元认为汉元年（前206）四月以后，刘邦集团所颁赐的爵位中，楚爵不再出现。朱绍侯据《张家山汉墓竹简·奏谳书》等内容分析，认为刘邦是在汉五年五月的诏书中正式放弃楚国爵制，而改用秦二十级军功爵制。分别参见李开元《汉帝国的建立与刘邦集团——军功受益阶层研究》，第39页；朱绍侯《军功爵制研究》，第89页。今从朱氏之说。

② 李开元在《汉帝国的建立与刘邦集团——军功受益阶层研究》一书中提出了"军功受益阶层"之概念。

③ 司马迁：《史记》卷99《刘敬列传》，第2719—2720页。

④ 陈苏镇：《〈春秋〉与"汉道"——两汉政治与政治文化研究》，中华书局2011年版，第76页。

⑤ 班固：《汉书》卷38《高五王传》，中华书局1962年版，第2002页。

“与诸列侯剖符行封”①。以刘氏封王、以功臣封侯，成为汉帝国新的分封原则。分封体制的调整经过“白马之盟”的形式予以确认，“非刘氏不王，非功臣不侯”，既能够适应关东地区的政治、文化传统，又使刘氏子弟藩辅中央，同时保证了军功阶层的利益，最大限度稳固了刘邦的帝业。

结 语

秦建立帝业，通过推行军功爵制、废分封及强化对东方地区统治等手段试图瓦解贵族分封体制。随着秦末社会秩序的崩溃，六国旧贵族分封体制实现短暂复兴，王业成为秦楚汉间政治格局的主要形态。项羽的戏下分封主要以军功为原则，但对旧贵族势力存在的认可与保留，使霸业成为旧贵族分封体制与军功分封体制合力的结果。但项羽未能解决两种分封体制的结构性矛盾，使霸业走向失败。而刘邦继续打击旧贵族，确立了完全以军功为主导的分封体制，缔造了刘汉帝业。两种分封体制的此消彼长，是秦以来旧贵族势力持续衰落与军功阶层继续崛起的时代反映，也是王业、霸业与帝业政治格局演变的根本动力。

（王猛，西北大学历史学院博士研究生）

① 司马迁：《史记》卷8《高祖本纪》，第384页。

唐代家产继承研究：以杏雨书屋藏羽53号敦煌文书为例*

林生海

摘　要：重新校录并结合已有研究认为，羽53号敦煌文书“吴安君分家契”当定名为“天复八年（908）吴安君遗书”。该遗书中人物关系复杂，“阿师”并非吴安君之女，可能是阿叔吴安君之误。“大阿耶”不是吴安君的大阿爷，而是通子与善集的伯父。因为存在书手代写遗嘱，主体立场不断转换，导致人称关系混乱，不宜套用遗书样文的语言来理解。据遗书中的均分、合用等内容可知，唐代遗嘱继承受法定继承均分观念的影响，同时也重视立嘱者自由处分财产的权利，通过重要知见人的见证，以保障立嘱的权威性。在分割方法上，遗嘱析产比较灵活，已形成成熟的方法，无须官方介入，反映出唐代民间处理家庭事务的自主性及国家对基层社会控制的张力。“天复八年吴安君遗书”为了解当时遗书与家产继承提供了极好的典型个案，其研究价值有待进一步深入挖掘。

关键词：唐代；家产继承；杏雨书屋；羽53号；吴安君遗书

敦煌藏经洞文书①中，百分之九十以上为佛教典籍。世俗文献比例很小，

---

* 本文为国家社科基金冷门绝学研究专项“敦煌民间信仰文献整理与研究”（19VJX129）、安徽省高校优秀拔尖人才培育项目（gxyqZD2022011）阶段性研究成果。

① 按，敦煌文书指五至十一世纪敦煌所出多种文字的古写本与印本，通常也称敦煌写本、敦煌卷子、敦煌遗书、敦煌文献、敦煌残卷等（参见季羡林主编《敦煌学大辞典》“敦煌遗书”条，上海辞书出版社1998年版，第14—17页），这些词语在不同层面反映了敦煌文书的形态、内容及特点。因为“敦煌遗书”容易与遗嘱文书相混，这里不使用写本意义上的“敦煌遗书”，敦煌遗书仅指敦煌遗嘱文书。

但因为其原生态、民间性的特点，历来备受学界关注。[①] 以往发现的敦煌遗嘱文书、分书，以样文或残卷居多，完整的实用文书很少。杏雨书屋藏羽 53 号文书[②]，是其中比较特殊的一件。山口正晃先生较早地关注到此件文书，从写本纪年、画押画指、人称及家庭关系、兄弟均分原则、养老分等方面进行了系统研究。[③] 此后，围绕写卷的题名、家产分割原则、家庭关系、难解语词及其反映的相关信息等，[④] 学界纷纷发表看法，见仁见智。然迄今为止，对该遗书中的人物关系仍未达成共识，其所蕴含的信息与研究价值还有不少值得商榷的余地。本文在重新校录的基础上，对羽 53 号的内容与拟题、人物关系、遗嘱继承与法定继承的关系、析产方式、兄弟均分观念、见证押署等再作探讨。不当之处，敬请方家指正。

一　羽 53 号校录

日本杏雨书屋藏羽 53 号写卷，首尾完整，共 46 行文字，楷体、行书交叉书写，字迹清晰，卷首盖有“敦煌石室秘笈”印鉴一枚，卷尾有“李盛铎印”“木斋审订”“李滂”印鉴三颗，知其原为李盛铎旧藏敦煌文书。自写本公布后，山口正晃（2012）、陈丽萍（2014）、张小艳（2015）、魏道明（2016）、马德（2018）等先生发表有相关校录研究，因为在录文、句读，特别是有些影响主题理解之处，诸家存在歧义（校勘以姓氏录文简称），兹重新校录如下：

① 学界利用敦煌文献研究家庭继承已取得硕果。如仁井田陞《唐宋法律文书の研究》，东方文化学院东京研究所 1937 年版；邢铁《唐代的遗嘱继产问题》，《人文杂志》1994 年第 5 期；齐陈骏《有关遗产继承的几件敦煌遗书》，《敦煌学辑刊》1994 年第 2 期；杨际平等《五—十世纪敦煌的家庭与家族关系》，岳麓书社 1997 年版；魏道明《中国古代遗嘱继承制度质疑》，《历史研究》2000 年第 6 期；张国刚《唐代家庭与家族关系的一个考察：一份敦煌分家析产文书的学习札记》，《中国社会历史评论》第 3 卷，2001 年，第 107—116 页；郑显文《唐代家庭财产继承制度初探》，《中国文化研究》2002 年秋之卷，第 126—135 页；冻国栋《读姚崇〈遗令〉论唐代“财产预分与家族形态”》，朱雷主编《唐代的历史与社会》，武汉大学出版社 1997 年版，第 498—511 页；李淑媛《争财竞产：唐宋的家庭与法律》，台北：五南图书出版股份有限公司 2005 年版；邢铁《唐宋分家制度》，商务印书馆 2010 年版。

② 图版参见《敦煌秘笈影片册一》，武田科学振兴财团 2009 年版，第 349—351 页。

③ 山口正晃：《羽 53「吴安君分家契」について：家产相续をめぐるの事例》，《敦煌写本研究年报》第 6 号，2012 年，第 99—116 页；顾奇莎译，收入《中国古代法律文献研究》第 6 辑，社会科学文献出版社 2012 年版，第 251—268 页。

④ 陈丽萍：《杏雨书屋藏敦煌契约文书汇录》，中国社会科学院历史研究所隋唐辽宋金元史研究室编《隋唐辽宋金元史论丛》第 4 辑，上海古籍出版社 2014 年版，第 177—183 页；张小艳：《杏雨书屋藏〈天复八年（909）吴安君分家遗书〉校释》，樊锦诗、才让、杨富学主编《丝绸之路民族文献与文化研究》，甘肃教育出版社 2015 年版，第 365 页；魏道明：《羽 53〈吴安君分家契〉研究：兼论唐宋时期所谓“遗嘱”的性质》，《青海师范大学学报》2016 年第 5 期；马德：《敦煌本〈天复八年吴安君分家遗书〉有关问题》，《中国古代法律文献研究》第 12 辑，社会科学文献出版社 2018 年版，第 349—367 页。

天复八年戊辰岁十月十五日，叔吴安君、姪吴通子同为一户。自通子小失慈父，遂便安君收，索通子母为妻①，同为一活，共成家业。后父亦有男一人②、女二人。今安君昨得重疾，日日渐重，五十年作活，小收养姪男长大，安君自苦活，前公后母③，恐耽不了事名行④，闻吾星诉（醒苏）在日⑤，分诉姪通子、男善集部分，各自识忍（认）分怀⑥。故立违书。然后：

……………………………………………纸缝……………………………………………

姪男通子东房一口、厨舍一口，是先阿耶分怀，一任通子收管为主。南边厅一口，西边大房一口，巷东壁上抚（庑）舍一半⑦。院落门道，合。砂底新开地，四亭均分⑧。新买地，各拾亩。杜榆穀车脚一只⑨，折旧破钏与小头钏一只。售三㪷破锅一口，售七升铛子一口⑩。小主鏊子一面⑪，柜一口，大床一张，白绵绸衫一领⑫，千盛大瓮两口⑬。又售五升铛子一口，在文诠边，任通子收管。售六㪷古破釜一口，通子二分，善集一分。钁一具⑭。铧大小两孔⑮，合。旧耩金一副⑯，合。应有镰刀陇（垄）具，兄弟存心转具⑰。若不勾当，各自手失脱后，便任当割却。又锹忍（刃）一⑱，小钁头子一，兄弟合。

---

① 诸家录文常作“遂便安君收索通子母为妻”，句意晦涩，乃至误解收养“通子”为收养“索通子”。

② 底卷“后”字右下旁有小字补注一“父”字，诸家多漏录，据文义及马文校录。

③ 前公后母，较难理解，张小艳《敦煌社会经济文献词语论考》（上海人民出版社 2013 年版，第 482 页）指出此为时人俗语，犹如“前爹后娘”，表示子女与亲爹后娘或亲娘继父之间复杂的家庭关系。

④ 不了事，俗语词，亦作“不解事”，指做事不利索，糊涂。诸家句读多断为“恐耽不了，事名行闻”，语意晦涩，张文已校正。

⑤ 星诉，当作“醒苏”，也写作“醒素”“惺悟”等，如 S. 2199《唐咸通六年（865）尼灵惠唯书》“不是昏沉之语，并是醒苏之言”。

⑥ 忍，当校作“认”，据文义及诸家校改。

⑦ 抚，当校作“庑”，堂下周屋，据文义及诸家校改。

⑧ 四亭均分，俗语词，平分、均分之意；亭分，又作“停分”。张文已校释。

⑨ 杜榆，陈文录作“拉榆”，张文录作“社榆”，恐误。

⑩ 铛：古代一种锅或温器。

⑪ 鏊子：烙饼的器具。

⑫ 绵绸：用残次茧丝经过加工处理纺成绸丝所织的平纹绸，厚实耐穿。

⑬ 瓮：小口大腹的陶制汲水罐，或盛酒浆的坛。

⑭ 钁：锹锸之类农具。

⑮ 铧：一种翻土农具。

⑯ 耩金，即种金，一种农具，与耧配合使用，既可翻土，又可播种。参见杜朝晖《敦煌文献名物研究》，博士学位论文，浙江大学，2006 年。

⑰ 转具，与“勾当”同义互指，为主管、料理之意。

⑱ 底卷“古”字旁有卜煞删改符，山口录文已指出。诸家多录为“古”，或校作“故”，不必。

……………………………………纸缝……………………………………

男善集，檐下西房一口，南边东房一口，厨舍一口，巷东壁上抚（庑）舍一半。院落门道，合。砂底新开生［地］[①]，四亭均分。新买地，各拾亩。杜榆榖车脚一只，车盘一。比通子打车之日，兄弟合使，不许善集隔勒[②]。若后打车盘日，仰善集贴通子车盘木三分，内一分即任善集为主。售贰㪷铜锅一口，不忏通子之事。售六㪷破釜一口，善集一分，通子二分。钁一具，售一㪷五升破铛一口。铧大小两孔，合。旧䕺金一副，合。应有镰刃陇具，兄弟存心转具，各自手失却后，便任当分割却。又古锹忍（刃）一、小钁头子一，兄弟合。

……………………………………纸缝……………………………………

叔安君北边堂一口，准合，通子四分，内有一分，缘通子小失慈父，阿叔待养，恩义进与阿叔。又西边小房一口，通子分内，恩义进与阿叔。新买地拾亩，银盏一只，与阿师（叔）[③]。

右件家谘（资）什物[④]，缘叔君患疾缠眠（绵）[⑤]，日日渐重，前世因果不备，前公后母，伏恐无常之后，男女诤论。闻吾在日、留念违嘱，一一分析为定。

今对阿旧（舅）索仆仆[⑥]、大阿耶一一问患人，付嘱口辞，故立违嘱文书。后若兄弟分别，于此为定[⑦]，后若不于此格，亦诤论，罚白银五[⑧]，决仗（杖）十五下[⑨]，并不在论官之限。恐后无凭，故立文书为验。

慈父吴安君（押）（指节年五十二）大阿耶吴章仔（押）阿舅索仆仆[⑩]（押）见人兼书守（手）[⑪] 兵马使阴安（押）姪男吴通子（押）男善集（押）姪清光 姪男善通

---

① 底卷“地”字脱，据文义及诸家校补。

② 隔勒：阻挠，制止。

③ 师，当作“叔”，音近而误，据文义校改。

④ 谘，当校作“资”，诸家已校改。

⑤ 眠，当校作“绵”，据文义校改。患疾缠绵：病久不愈。

⑥ 旧，当校作“舅”，诸家已校改。

⑦ 于，诸家多校作“依”，敦煌文书中“于”有依据、根据之意，似不必校改。

⑧ 五，诸家校补为“五两”。契约数字通常有防篡改的考虑，白银的固定单位即“两”，不言自明。

⑨ 仗，当校作“杖”，据文义校改。

⑩ 仆，山口录作“仆”，诸家多录作“汉”，恐误。

⑪ 守，当校作“手”，诸家已校改。

二 羽53号文书拟题

该件文书内容完整，无题。《敦煌秘笈》定名“吴安君分家契”，并在叙录“记事”第2目（应为第3目）注明：分家人“侄男吴通子”“男吴善集”“叔吴安君”。从内容看，是对家产的分配，且有“一一分析为定”这种当时分书中常用的套语。同时，因为又有“故立违（遗）书”“故立违（遗）嘱文书”等属于契约文书中的分家遗嘱用语，故而也被称为“天复八年吴安君分家遗书”①。但严格地说，古代的分家与析产是两个不同的概念，分家是既分产又别立户籍（属于别籍异产）；析产则只分产而不别立户籍（属于同籍异财）。羽53号属于析产遗嘱，而非分家书，也有认为当定作《吴安君析产遗书》《吴安君析产契》之类。② 这些“分家契”“析产契”“分家遗书”“析产遗书”的定名，虽大同小异，在一定程度上都反映了对文书定性的认识差异。事实上，羽53号定为遗书更符合实际。

故事发生在公元908年“十月十五日”沙州的一户农家，主人公吴安君“昨得重疾，日日渐重”。考虑到复杂的家庭情况，吴安君老两口担心去世后，若不预分家产，怕引起纠纷，“恐耽不了事名行”，被看作是“不了事”的糊涂虫。因此，在十月中旬的农闲时节，请乡亲作为见证，立下这件遗嘱。此时，吴安君虽重病，但意识尚清醒，“星诉（醒苏）在日”，可以行使其个人意愿（现代遗嘱法即继承了此点）因此留下遗嘱。对吴安君而言，这份文书是遗嘱，是关于其身后财产的分配处理，并非析产分家。按分家与析产的区别，不论定名“吴安君分家契”（分家书），还是“吴安君析产契”，在称名上都有误导。对吴安君的两个儿子通子、善集来说，兄弟均分财产才更契合分家、析产的概念，但文书中并非只有儿子分产，还有立嘱人自己的一部分财产安排。

羽53号文书中，多次出现了“违书”“违嘱文书”等词，通常整理校作“遗书”“遗嘱文书”。敦煌文书中“遗”常借“违”“唯”来表示，③ 如S. 2199《咸通六年（865）尼灵惠唯书》等。为何称遗书为“唯书”？有学者认为，“唯书”

① 张小艳：《杏雨书屋藏〈天复八年（909）吴安君分家遗书〉校释》，樊锦诗、才让、杨富学主编《丝绸之路民族文献与文化研究》，第365页；马德：《敦煌本〈天复八年吴安君分家遗书〉有关问题》，《中国古代法律文献研究》第12辑，第350页。

② 陈丽萍：《杏雨书屋藏敦煌契约文书汇录》，中国社会科学院历史研究所隋唐辽宋金元史研究室编《隋唐辽宋金元史论丛》第4辑，第180页；魏道明：《羽53〈吴安君分家契〉研究：兼论唐宋时期所谓“遗嘱”的性质》，《青海师范大学学报》2016年第5期。

③ 张小艳：《敦煌邈真赞校读记》，《出土文献与古文字研究》第3辑，复旦大学出版社2010年版，第418、424页；张小艳：《敦煌社会经济文献词语论考》，第541页。

取自梵语“摩怛剌多”（Matrata），意为决定书。① 按《佛学大辞典》释“唯”字，“梵云摩怛剌多，此翻为‘唯’。唯有三义，一简持义，二决定义，三显胜义”②。“唯”的决定意，与立嘱之决意可相通，但似乎求之过深，稍显牵强。“违书”本含有违世（去世）之书。③ 因为子女对家庭贡献的差异及家长对子女的不同态度，一旦户主过世，家庭内部财产纠纷常常难以避免。预为定分的“分书”“遗嘱”既体现了公平，同时也可照顾立嘱人的心情，敦煌文献中此类文书保留得比较多，即由此而来。

通过敦煌文书中大量“违书”“违嘱”用例可知，“唯”“违”是“遗”的音近借字，民间称“遗书”为“违书”“唯书”，习以为常，不以为误。遗嘱、遗书包含有遗训、析产、分家等内容，相对于“吴安君分家契”“吴安君析产契”“吴安君析产遗书”等名称，羽53号敦煌文书定名作“天复八年（908）吴安君遗书”更符合文书的性质，而不至于误导混淆。

三　遗书中的人物关系

人物关系是谈论家产继承的前提，因为羽53号“天复八年（908）吴安君遗书”中人物关系比较复杂，目前还有不少问题尚未解决。遗书中提到的人物包括吴通子的生父（已过世）、通子的母亲索氏、通子同母异父的两个妹妹、买了吴家“铛子”的文诠（可能是乡亲）以及未有任何说明而在结尾突然出现的“阿师”以及押署的八人：慈父吴安君、大阿爷吴章仔、阿舅索仆仆、见人兼书手兵马使阴安、吴安君的侄男通子、儿子善集、侄清光、侄男善通。

（一）“阿师”为阿叔（吴安君）

以往学界多主张“阿师”是吴安君两女中的一人。④“阿师”原有老师、僧尼之意，如P. T27卷背抄学郎嘲讽老师之作：“阿师本是阎家儿，解甚不知得处书（诗），今朝遣人轻轻问，后问之时心莫疑。”S. 6452《辛巳年（981）十二月十二日周僧正于常住库借贷油面物历》：“廿八日，酒五升，阿师子来吃用。”据羽53号遗书行文看，“阿师”应是吴家的一员。若以老师或僧尼作解，

---

① 杜琪：《书·启》，颜廷亮主编《敦煌文学》，甘肃人民出版社1989年版，第32页。

② 丁福保编：《佛学大辞典》，上海书店出版社2015年版，第1989页。

③ 乜小红：《秦汉至唐宋时期遗嘱制度的演化》，《历史研究》2012年第5期。

④ 山口正晃：《羽53「吴安君分家契」について：家产相续をめぐるの事例》，《敦煌写本研究年报》第6号，2012年，第113—115页；魏道明：《羽53〈吴安君分家契〉研究：兼论唐宋时期所谓“遗嘱”的性质》，《青海师范大学学报》2016年第5期；马德：《敦煌本〈天复八年吴安君分家遗书〉有关问题》，《中国古代法律文献研究》第12辑，第357页。

语意比较突兀，逻辑难通。考虑到是“书首（手）”代写，文中音近错别字、漏字较多，“阿师”可能也存在错漏，理由如下。

其一，遗书是立嘱人对身后个人财产的分配处置。但羽53号文书，立嘱人吴安君的名下，另外也预留了部分财产，像是吴安君和两个儿子三方参与了对家产的分配，不同于一般的遗书。中国古代尤为重视孝道，若父母健在，分家析产是明确禁止的行为。“诸祖父母、父母在，而子孙别籍、异财者，徒三年。若祖父母、父母令别籍及以子孙妄继人后者，徒二年。”“诸居父母丧，生子及兄弟别籍、异财者，徒一年。”① 按律法，吴安君健在，儿子不得异居，以同居共财的形式共同生活，留下部分财产是无意义的。通常，父祖去世不一定要立遗书，按约定俗成的方法均分遗产即可。吴安君之所以立遗嘱，并且在名下留下一部分财产，主要可能是家庭关系复杂，并且其妻索氏尚健在，需要特别安排。

其二，无论是从行文格式，还是文义来看，最后一部分财产应是给叔吴安君的。马德先生指出，注意文书的用纸可以发现，此文书共有大小四张纸粘接而成，除了第四张纸卷末后的签名外，每一纸的内容都可以独立成文。② 第一张纸为析产缘由，第二张纸、第三张纸分别为吴安君之侄通子、子善集所继承分得的土地房屋等家什财产，第四张纸为吴安君所分财产，以及给“阿师”的土地与财物。当时土地继承一般是在男性之间。据析产知，吴安君所分财产十分有限，主要是房屋。若没有“新买地拾亩，银盏一只”，完全没有土地与生活用具，对老农吴安君来说是难以生存的。

其三，若“阿师”另有一人，则其为财产的又一合法继承人，按惯例应在遗书上签押。押署处分产的继承人都有签字画押，但未有“阿师”的签押，于理不合。从押署知，有八人参与了遗嘱的制定。而据遗书中的养老保障可推知，吴安君的妻子索氏应该还在世（山口先生亦主张此说）。当时她可能在场照料病中的丈夫，只是未签字画押。换句话说，即使“阿师”另有其人，最有可能的是吴安君的妻子、通子与善集的母亲索氏。夫妻同体，丈夫在世前，索氏没有单独继承家产的权利。作为遗书，立嘱人原本不应该再保留财产（去世后子女争产仍然是麻烦，与立嘱本意相矛盾）。吴安君名下分给“阿师（叔）”的财产，从根本上说是他们夫妇二人养老用的，是对索氏晚年生活的保障安排。

索氏失去前夫后，再嫁于小叔子吴安君，属于明显的收继婚形式。收继婚

① （唐）长孙无忌等撰，刘俊文点校：《唐律疏议》卷12《户婚律》，中华书局1983年版，第236页。

② 马德：《敦煌本〈天复八年吴安君分家遗书〉有关问题》，《中国古代法律文献研究》第12辑，第358页。

盛行于僻远贫苦的地区，曾经广泛存在于世界各地，[①] 其表现形式为寡妇被亡夫的亲属收娶为婚，习惯称之为“续婚”或“转房”。汉晋以来，北方少数民族中一直流行着这种婚俗。[②]《新唐书·党项传》记载，甘凉一带的党项族流行“妻其庶母，伯叔母、兄嫂、子弟妇，惟不娶同姓”[③] 的婚俗。据敦煌籍帐中夫妻年岁差距过大的现象亦可推知，当时存在收继婚现象。[④] 这种婚姻形态一定程度上也存在于中原地区。如陈寅恪先生指出，唐太宗娶弟媳，朱熹贬斥“唐源流出于夷狄，故闺门失礼之事不以为异”[⑤]。羽53号中的收继婚反映了敦煌传统婚姻习俗。

索氏嫁给吴安君后，又生了一男（善集）、二女（姓名不详）。唐代女性地位提高，妇女也可作为家主，有处理财产的权力。[⑥] 女性作为见证人签字押署已比较普遍。遗书中财产继承人只有男性子嗣，而对两个女儿未作说明。按律法，家产由兄弟均分，女子无份，但若身丧户绝，则出嫁女可以继承本家的财产。[⑦] 吴安君有两个儿子，不属于绝户。若女儿在室，析产时需给予一定的财产作为嫁资。按《宋刑统》引唐开元年间《户令》云：“诸应分田宅者，及财物，兄弟均分……姑姊妹在室者，减男聘财之半。”[⑧] 通子幼年失父，母亲改嫁小叔子吴安君，从“五十年作活”及画押“年五十二”的年龄来看，两个女儿早已成年，应当已出嫁，因为各自成家立业，故而没有再留陪嫁嫁资。

（二）“大阿耶”即伯父（吴章仔）

山口先生指出，羽53号文书制作时，主体立场经常发生变化。[⑨] 因为书手代书，人称转换较多，既有吴安君口述的口吻，也有以通子的立场书写，还有以第三人称客观记述的，因此人物称呼显得比较混乱。其中，对“大阿耶（爷）”的身份认定，或认为通子之父还在世，大阿爷即通子之父吴章仔；或主

① 董家遵：《中国古代婚姻史研究》，广东人民出版社1995年版，第3—8页。

② 吕一飞：《胡族习俗与隋唐风韵：魏晋南北朝北方少数民族社会风俗及其对隋唐的影响》，书目文献出版社1994年版，第113—114页。

③ （宋）欧阳修、宋祁撰：《新唐书》卷221《西域传上·党项传》，中华书局1975年版，第6214页。

④ 陈丽萍：《敦煌籍帐中夫妻年岁差距过大现象初探：兼论敦煌地区收继婚存在的可能性》，《首都师范大学学报》（社会科学版）2006年第2期。

⑤ 陈寅恪：《唐代政治史述论稿》，生活·读书·新知三联书店2001年版，第183页。

⑥ 赵和平：《敦煌写本书仪研究》，台北：新文丰出版公司1992年版，第35页；曹端波：《唐代女性的家庭财产权与社会地位》，《贵州工业大学学报》2007年第1期。

⑦ 陈弱水：《隐蔽的光景：唐代的妇女文化与家庭生活》，广西师范大学出版社2009年版，第33页。

⑧ （宋）窦仪等撰，吴翊如点校：《宋刑统》卷12“卑幼私用财”条，中华书局1984年版，第197页。

⑨ 山口正晃：《羽53「吴安君分家契」について：家产相续をめぐるの事例》，《敦煌写本研究年报》第6号，2012年，第104页。

张大阿爷是吴安君的伯父；或认为大阿爷吴章仔为安君的长兄，① 分歧较大。本文赞同大阿爷即安君的长兄，通子、善集的伯父（吴章仔）的说法，陈述理由如下。

首先，从文书内容与称谓本身来看，敦煌文书与传世文献中，“阿耶”一词使用比较普遍，“耶（爷）”与“孃（娘）”常对举出现。“爷”为“耶”之后起字，敦煌文书中多写作“阿耶”。称父亲为阿耶，在唐宋时期已比较普遍。②《演繁露·父之称呼》云：“今人不以贵贱呼父皆为耶，盖传袭已久亦。”③“先阿耶”为去世的父亲，通子之亡父（而非吴安君之父）。“大阿耶”即父亲之兄（伯父），与“大父”（祖父）不同。“大阿耶”是吴安君的兄长，④通子与兄弟善集的“大阿耶”，正如称呼通子与善集的舅舅为“阿旧（舅）”那样。

其次，从遗书的签押格式来看，押署有长幼尊卑的先后顺序。据“今对阿旧（舅）索仆仆、大阿耶一一问”大阿爷和阿舅是吴安君的兄长与内兄，地位相当，最有话语权。押署时，立嘱人吴安君画押后，接着是大阿爷与阿舅，而见人“姪清光”“姪男善通”均未押署。因清光与善通二人是安君的侄子（即吴章仔之子）辈分身份较低。如果安君另有兄弟（这种可能很低），兄弟之子（吴安君的侄儿）被邀请去做见证人，而其兄长不被邀请（未见相应的押署）于家法情理都不通。

再次，若大阿爷为通子的父亲，参与儿子的分家析产，进而签字画押，本身与“通子小失慈父”相矛盾。若大阿爷为安君的伯父，或从年岁上看，也存在安君父亲健在的可能。但是，伯父或父亲见证年老病重的侄儿、儿子立遗书，在时间和礼法上都难以符合常识。祖辈若在，能否析产尚难说，更难以允许孙子分家。

综上，吴安君的家庭关系为：户主吴安君父母已去世；安君有通子与善集两个儿子，通子是安君的养子（侄子），与善集是同母异父的兄弟；两个女儿（名字不详）可能已经出嫁；安君至少有弟兄三人：二哥，即通子的亡父（名

① 马德：《敦煌本〈天复八年吴安君分家遗书〉有关问题》，《中国古代法律文献研究》第12辑，第356页。

② 张涌泉：《说“爺”道“娘”》，《中国语文》2016年第1期。

③（宋）程大昌：《演繁露》卷4《父之称呼》，《全宋笔记·第四编·八》，大象出版社2008年版，第191页。

④ 按，唐代存在借位称呼的情形，根据需要可以称高，也可以称低。如唐玄宗称父亲睿宗为四哥（参见蒋礼鸿《敦煌变文字义通释》（增补定本），上海古籍出版社1997年版，第15页）。以儒家文化圈的日韩为例，父母在孩子面前互称妈妈、爸爸，同样属于此类情况。遗书中的人称混乱，可能也有此原因。

字不详）；大哥吴章仔，即通子与善集的大阿爷，清光与善通的父亲；索仆仆为其妻索氏的兄弟（可能为索氏之兄），即见证画押的“阿舅”。至于见人兼书手兵马使阴安，应该是当地的乡绅，与吴家有一定的关系。从分家物品可知，吴家并非当地豪强，文化水平较低，遗嘱书写全由书手代笔书写。吴家的家庭关系，如图1所示。

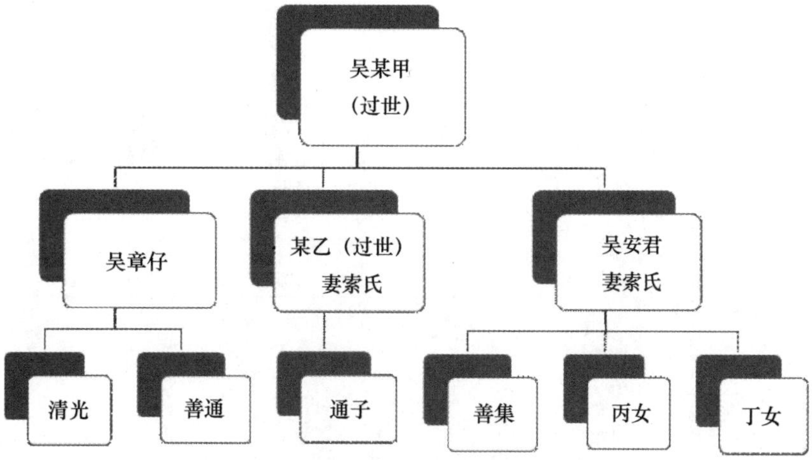

图1　吴安君亲属关系树状图

四　遗产的分配与方法

分家析产是百姓生活的大事。敦煌文书中的大量遗嘱样文、分书，体现了唐宋之际民众私有财产、物权观念的发展。其中对遗产的分配方法颇值得总结借鉴。

（一）遗产的分配

吴安君处分的财产中，既有安君和儿子劳动所得的物品，也有养子通子从生父处继承的物品。不仅有直接分的物品，还有售卖后的再分配，以及兄弟共享的财产等。物品分配如表1所示。

据表1可知，析产的物品主要有房舍、田地、生活用具（首饰、炊具、食器、柜子、床、衣服）、农具等生活生产用品。对比S. 343V《遗书（文样）》可知：“所是城外庄田城内屋舍、家活产业等，畜牧什物，恐后或有不亭争论偏并……今吾惺（醒）悟之时，所有家产、田庄、畜牧、什物等，已上并已分配。”安君所住为四合院的房屋，分家物品中没有鸡鸭牛羊等家禽家畜及粮食、树木，所分房舍、田地、什物等最重要的生活生产资料，[1] 与遗书样文基本一致。

表 1　**吴安君家财产分配表**

事项＼继承者	吴通子	吴善集	吴安君（妻索氏）
直接分得物品	东房一口、厨舍一口、南边厅一口、西边大房一口、巷东壁上庑舍一半、砂底新开地均分、新买地各拾亩、杜榆瀫车脚一只、旧破钏与小头钏一只	南边东房一口、厨舍一口、檐下西房一口、巷东壁上庑舍一半、砂底新开地均分、新买地各拾亩、杜榆瀫车脚一只、车盘一（兄弟合使）	西边小房一口（通子分内，恩义进与阿叔）新买地拾亩、银盏一只
售卖折钱物品	三㪷破锅一口、七升铛子一口、小主鏊子一面、柜一口、大床一张、白绵紬衫一领、干盛大瓮两口、五升铛子一口、六㪷古破釜一口（卖钱后，通子得 2/3、善集 1/3）	贰㪷铜锅一口（通子不得钱）、六㪷破釜一口（卖钱后，善集得 1/3，通子 2/3）、一㪷五升破铛一口	
共享物品	院落门道、鑺一具、锉大小两孔、旧耩金一副、应有镰刃陇具、兄弟存心转具、锹忍（刃）一、小鑺头子一	院落门道、鑺一具、锉大小两孔、旧耩金一副、应有镰刃陇具、兄弟存心转具、古锹忍（刃）一、小鑺头子一	叔侄合分：北边堂一口（准合，通子四分，内有一分，缘通子小失慈父，阿叔待养，恩义进与阿叔）

（二）遗产分割的方法

前人多已提及，兄弟均分是遗产分割的主要原则。按《宋刑统》引唐开元年间《户令》记载：“诸应分田宅者，及财物，兄弟均分（其祖父亡后，各自异居，又不同爨，经三载已上，逃亡经六载已上，若无父祖旧田宅、邸店、碾

[1] 沙知校注：《敦煌契约文书辑校》，江苏古籍出版社 1998 年版，第 1—55 页。

碨、部曲、奴婢，见在可分者，不得辄更论分。）……兄弟亡者，子承父分（继绝亦同。）兄弟俱亡，则诸子均分（其父祖永业田及赐田亦均分，口分田即准丁中老小法。若田少者，亦依此法为法。）其未娶妻者，别与聘财。”① 兄弟、诸子均分是法定继承（自然继承）的原则，但遗书继承则稍有不同。

遗嘱分产往往随父权家长制、立嘱者的家庭情况以及父祖处分财产的态度而发生差异。吴安君遗书中，养子吴通子所分得的财产，明显多于同母异父的弟弟善集的份额。一方面，主要是因为通子在继承叔父（继父）财产之外，也继承了生父的一份财产；另一方面，通子丧父后与叔吴安君同居共活，比弟弟善集年长，劳动贡献相应也较多，继承家产较多也是合情合理的，并且得到了弟弟的签押同意。从中可以看到，遗嘱继产既有传统法定继承兄弟均分观念的影响，也适当照顾了立嘱人的愿望及子女的贡献差异，比较灵活。

遗产继承中，不易分割或难以均分的物品，可以售卖进行折价，通过等价转化再分配。主要是：金属器皿，如“锅”“铛”“鏊”“釜”“瓮”。家具，如“柜子”“大床”。贵重服饰，如“白绵绸衫”。布匹是敦煌民众穿戴的主要衣料，并充当买卖、借贷、支付等经济活动的等价物。② 这些物品售卖后得钱各有所属，哪些售卖后谁不参与分配，都有明确规定。这种方法便于等价转化均分。吴家所卖物品以炊具食器为主。炊具的减少与家庭人口变化可能有一定的关系。之前家人较多，后来两个女儿出嫁，析分财产后用不了那么多炊具，遂变卖析分。

无法分割而不能轻易变卖的所有物共同使用。如“庑舍”，各分一半。“院落门道”兄弟合用。这种方法在其他分书也有体现，如 S. 11332 + P. 2685《戊申年（828）善护遂恩兄弟分书》：“院落西头小牛舞（庑）舍，合……院落并碨舍子，合。”羽 53 号遗产中有多种物品是兄弟共享的，合用集中地体现了均分观念。自古以来儒家倡导“不患寡而患不均”的平均思想，对民众生活影响深远。自唐以后，平均主义的社会理想，逐渐成为农民组织起来的目标。③ 如唐末王仙芝黄巢大起义，王仙芝称“天补平均大将军”，打出“平均”的旗号。吴安君遗书中反复提及“兄弟均分”即此朴素观念的体现。如 S. 4374《文书（样式）》云：“始立分书，既无偏坡，将为后验……右件家产，并以平量，更无偏党丝发差殊。”分家时不论结果，都会反复强调公平均等的基调，希望析产后家庭和睦。

---

① （宋）窦仪等撰，吴翊如点校：《宋刑统》卷 12“卑幼私用财”条，第 197 页。

② 金滢坤：《从敦煌文书看晚唐五代敦煌地区布纺织业》，《敦煌研究》1998 年第 2 期。

③ 金观涛、刘青峰：《兴盛与危机：论中国社会超稳定结构》，湖南人民出版社 1984 年版，第 117 页。

重要的生活、生产工具，如运输工具的车盘，只有一件时需要共享。即使分给一方也不能独占使用，须另一方也有了以后才能独自使用。如“钁”“铧”“穮金”“镰刃陇具”“锹刃”“小钁头子”等农具，在农耕文明中都是重要的生产工具。因为通常只在农作时使用，不必家家配齐。若家庭财力富裕，可一一置办，否则需要合用或借用。因为共同使用的物品，折耗一般比较大，且有“失脱”的可能。为警告这种行为，遗书规定，发生损坏时须按价赔偿，“若不勾当，各自手失脱后，便任当割却”，体现了时人处理析产的智慧。

需要强调的是，羽53号遗书中吴安君对两个继承人通子和善集的份额进行了说明，同时也为自己留了一部分财产，主要是房舍和土地，及“银盏一只与阿师（叔）”。“银盏”为银质的杯子，属于贵重物品。前面也提到安君之妻并未签字画押，没有相应的分产说明。考虑到安君可能不久于人世，在大哥吴章仔和外兄索仆仆的见证下，立下遗嘱主持分家事宜。吴安君名下的财产，更准确的理解应是为妻子索氏预留的，即山口先生所提到的养老分。安君与索氏夫妇一体，作为男主人代表妻子索氏预留了养老份额，索氏没有必要签署画押。索氏是独自生活，还是安排在儿子家里？遗嘱未有安排。从吴安君分得的房舍来看，她应搬回原先与通子生父生活的“西边小房”中住，有十亩地可以独自过活。

五　唐五代遗书格式及押署

唐代是遗嘱书写格式比较成熟的时期。[①] 此前公布的敦煌遗嘱文书，多是关于僧尼的财产处理，且大多残缺不全，而较为完整的主要是遗嘱样文，纪年不清。羽53号为本文提供了一个完整的文本，可以解决遗书中的一些难题认识。

（一）遗书格式与代笔

遗嘱书写的格式，前人多已涉及，通常由五部分组成：时间（某年月日）—立嘱缘由—财产的具体分配—遵守约定（不许争论，违约惩罚等）—当事人签字画押。

羽53号由立嘱人口述“付嘱口辞”“见人兼书守（手）兵马使阴安”为代写遗嘱提供了证据。以往发现的遗书析产中未见有明确的代写记载，对书写语言更多是推测，如S.4577号文书《英藏敦煌文献》定作“癸酉年十月五日杨

① 李润强：《唐代家庭财产的法律继承和遗嘱继承》，《甘肃政法学院学报》2005年第1期；李畅：《敦煌吐鲁番出土遗嘱探析》，硕士学位论文，陕西师范大学，2009年。

将头留与小妻等遗物书”①；《敦煌遗书总目索引新编》中定作“杨将头遗书分配字据（拟）”②，标题中有一些限定语，而实际上就是“杨将头遗书”。S. 4577号云：“癸酉年（973）十月五日申时，杨将头遗留与小妻富子伯师一口，又镜架匮子，又舍一院；妻仙子大锅壹口。”有学者指出，这道文书像是他人转述，不是杨将头的语气，不是正式文书，而且分家时正妻所得比小妾差很多等，有诸多不合理处，可能只是正式分家外的补充，属于多次析产。③ 结合羽53号遗书可知，遗嘱继承时，不同的继承人之间财产份额差异较大，本是由于遗嘱继承的特点所决定。吴安君因不识字而画指节押，④ 其他人的画押也都不成字形。由于文化水平低，请人代写较为常见，书写者转变立场，根据不同陈述人的语气变换称呼，出现人称混杂，是可以理解的，不能完全用遗嘱样文的语言套用实用遗书。

值得注意的是，当时遗书中的常用语“闻吾醒苏”“故立违书”与“前世因果”“无常之后”等套语有一定的程式化倾向，表明遗书继承在当时已比较成熟，也反映了佛教果报思想深入敦煌民众信仰生活，影响及于日常遗书的析产行为。

吴安君遗书的押署部分，有多位见证人，几乎都有押署，不押署的是立嘱者的后辈。作为实用遗书，未见官方钤印（写卷上的印章均为后人的收藏印）。遗书是否需要认证，如何理解见证签署的内涵？

（二）立嘱人、继承人的签押

以往发现的遗书中，立嘱人多不签押，如S. 2199《咸通六年（865）尼灵惠唯书》及P. 3410《沙州僧崇恩析产遗嘱》中立嘱人“灵惠”与“崇恩”都没有签押。据羽53号可知，立嘱人吴安君不仅在名下签押（字迹难以辨认），而且画了指节押。遗产继承人参与遗嘱的制定，可签押也可以不签，像P. 3410的遗产继承者“姪僧惠朗”等签押，而S. 2199中“潘娘”没有签押。羽53号中，继承人“姪男吴通子、男善集”均签押表示认可。尽管两人列于见人阴安之后，参与遗嘱制作，但并不代表两位继承者承担见证的作用。唐代遗嘱文书中，往往将在场者都写入遗书的签署部分，不宜理解为继承者都可以作为见证

① 《英藏敦煌文献》第6卷，四川人民出版社1990年版，第158页。

② 敦煌研究院编：《敦煌遗书总目索引新编》，中华书局2000年版，第142页。

③ 邢铁：《唐代家产继承方式述略》，《河北师范大学学报》2002年第3期。

④ 有关指节押（画指为记）的研究，李正宇《敦煌遗书一宗后晋时期敦煌民事诉讼档案》（《敦煌研究》2003年第2期）一文指出，“所见画法有三：一是画出男左手女右手中指侧视之形，勾勒出中指各节位置……二是比量标画男左女右中指长短及各节位置……三是并不画出中指全长，只点记男左手女右手中指各节所在，呈现距离不等的三点”。

者。现代遗书继承法规定，继承人不能作为证人出现，应是继承了这种习俗。

遗嘱见证最重要的一个环节是需要说话有分量的亲属或能主持公道的乡邻来知见公证，保障遗书的公正性、权威性，而无须惊动官府。见证人可多可少，其数量会随着此家庭的社会地位、亲属关系的不同而变化。不管如何，至少有一个重要的人物作为立嘱者的代言人主持析产，保证此遗嘱合乎礼法。遗书中阿舅索仆仆、大阿爷吴章仔即是这样的人物。见人兼书手阴安后面，除了两位继承者画押外，其他人并没有画押。特别是排在最后的吴安君的两位侄子，可能是随同其父吴章仔而来，作为协助者而出现，画押与否已不重要。

（三）遗嘱是否需要官方押署

为了保障遗嘱的真实性，立嘱时必须有见证人在场，即文书中常见的见人、知见人、保见人等称呼。① 前辈学者多已提及，遗嘱的见证者多是立嘱人的亲属、父老乡亲和地方实力派人物。② 宋代遗嘱须经过官府盖印。③ “在法：诸财产无承分人，愿遗嘱与内外缌麻以上亲者，听自陈，官给公凭……曾经官投印，可谓合法。”④ 相对此前，宋代“增加了官方的行为，即‘官中从中’，当地官府起到了公证的作用”⑤。而羽53号吴安君遗书中，未见官方的押署。

敦煌发现的S. 2199《咸通六年（865）尼灵惠唯（遗）书》提到见证人“索郎水官”“左都督成具”，S. 5674《遗嘱（样文）》中有“将此凭承官”等词语，以往认为唐代遗嘱的生效要经过官府盖印，唐代法律要求必须经过官府审核后“证验分明”的遗嘱才能执行。当时的官府会派遣官吏到制作遗嘱的现场进行见证并监督制作程序，其目的主要是为了防止立嘱人在神志模糊或受人胁迫的情况下订立遗嘱，持此观点的论著较多。这种说法似是而非，有待商榷。本文认为，遗书、分家契中出现的官员与当事人关系一般都比较密切，如S. 2199号文书中的见人“索家小娘子列在弟金刚之后，推测应为金刚之妻；索郎水官则应是索家小娘子的兄或弟”⑥。有官职的见证人主要是以当官的亲属身份出现，而不是代表官方去监督。见人在监督析产过程中和以后有可能的纷争

① 蒋礼鸿：《敦煌变文字义通释》（增补定本），第54页；杨慧丽：《敦煌契约文书中的保人、见人、口承人、同便人、同取人》，《敦煌研究》2002年第6期。

② 张国刚：《中国家庭史·隋唐五代时期》，广东人民出版社2007年版，第235页；熊铁基：《以敦煌资料证传统家庭》，《敦煌研究》1993年第3期。

③ 邢铁：《中国家庭史·宋辽金元时期》，广东人民出版社2007年版，第60页。

④ 《名公书判清明集》卷9《鼓诱寡妇盗卖夫家业》，中华书局1987年版，第304页。

⑤ 郑显文：《唐代律令制研究》，北京大学出版社2004年版，第193页。

⑥ 郝春文：《唐后期五代宋初敦煌僧尼的社会生活》，中国社会科学出版社1998年版，第371页。

中充当调停人的作用，自行预设处罚规定，并非由官府决定处罚。①

S. 5674《遗嘱（样文）》中“将此凭承官”的文义，强调的是立嘱人死后如果继承人不服从遗嘱处分，只要将遗嘱呈送官府，可以此为据，按照法律做出判决，而不是将遗嘱呈送官府，请求官府盖印。“唐代遗嘱须经官府盖印只是一种可能性极大的推测，目前尚无确凿的证据。”② 羽 53 号中虽然也有“兵马使阴安”，但此人的作用主要是充当书手代写遗书。吴安君的大哥和妻兄才是最重要的见证人，“今对阿旧（舅）索仆仆、大阿耶一一问患人，付嘱口辞，故立违嘱文书”，而不是在官方面前立下遗嘱。据九世纪末十世纪初阿拉伯人所撰《中国印度见闻录》记载，“中国人有仲裁人来排难解纷，而无须惊动政府官员”③。这是精于商业的民族从域外视角对传统中国的看法，比较客观。在经济高度繁荣的宋代尚且如此处理民间事务。羽 53 号更明确地证明了唐代遗嘱制作无须官方参与。

据遗书的样文亦可知，如果因析产而打官司，不仅有负立嘱人预为定分的目的，而且将面临“不取吾之语，生生莫见佛面，谨立遗书”（S. 6537V《遗书（样式）》的诅咒，受到精神和物质上的惩罚。羽 53 号吴安君遗书，同样强调今后若要争论，“罚白银五，决仗（杖）十五下，并不在论官之限”。先不论白银五两在当时的价值，决杖十五下也很可能把人杖毙、打废。因为是民事行为，民间处理纠纷有一套成熟的方法，通过基层自治可省去官府介入的麻烦。

结　语

本文以敦煌文书羽 53 号吴安君遗书为中心，探讨了遗书继承在敦煌的使用状况。在重新校录的基础上认为，羽 53 号“吴安君分家契”当定作“天复八年（908）吴安君遗书”为妥。吴通子的母亲再嫁于小叔子吴安君，是敦煌存在收继婚婚俗的写照。遗书中的人物关系复杂，“阿师”当为“阿叔”吴安君，“大阿耶”即吴安君的兄长。因为当时文化普及普遍较低，遗嘱书写存在书手代笔的情形，书写者主体立场、人称使用的混乱与遗书样文语言的差异，往往导致理解偏差。

遗嘱继承受到法定继承均分观念的影响，同时也重视立嘱者处分财产的权力。立嘱通常会请一些重要的亲属，或具有声望的乡邻担任见证人，保障遗嘱

---

① 金眉：《唐代婚姻家庭继承法研究：兼与西方法比较》，中国政法大学出版社 2009 年版，第 327 页。

② 岳纯之：《唐代民事法律制度论稿》，人民出版社 2006 年版，第 202 页。

③ 穆来根等译：《中国印度见闻录》，中华书局 1983 年版，第 23 页。

的公正性与权威性。不论如何分家，遗书中会反复强调均分与公平，希望析产后保持家庭和睦。唐五代遗嘱析产方式比较灵活，有一套成熟的模式，并不需要官方的介入，反映出传统中国处理民间事务的自主性以及国家对基层社会控制的张力。羽53号敦煌文书“天复八年（908）吴安君遗书”丰富了我们对唐宋之际敦煌遗书析产与家产继承的认识，沧海遗珠，弥足珍贵。

附记：本文曾以《唐代遗嘱分书之研究：以羽53号〈吴安君分家契〉为中心》为题，于2012.5.7京都大学人文科学研究所“中国中世写本研究班”发表，得到高田時雄、辻正博、山口正晃等先生的指教。2018.11.9—12在安徽师范大学承办的“第十七届中国社会史学会年会暨‘中国历史上的职业与社会’国际学术研讨会”上宣读，修改增订，在此一并致谢！

（林生海，安徽师范大学历史学院副教授）

论李渊和亲东突厥战略

刘兴成

摘　要： 隋末李渊欲以太原为基地起兵反隋，为化解内外困境，提出了和亲东突厥战略。开始这一战略只是李渊为解决边境问题提出的具体政策性质的政治策略，后来逐渐变成李渊反隋建国、经邦济时宏伟蓝图的重要组成部分。和亲东突厥战略使李渊获得东突厥政治认可与兵马支援的同时，还避免了直接称臣于东突厥的不利局面。此战略的提出，与当时特殊的东亚政治格局、李渊的政治智慧与素养、隋炀帝的失败民族政策及传统和亲政策等因素有关。

关键词： 李渊；东突厥；和亲战略

一

关于唐与东突厥是否和亲的问题，长期以来学界一直存在两种不同认识：一是王桐龄[①]、王寿南[②]、周佳荣、王双怀[③]、古晓凤[④]等认为无和亲；二是邝平樟[⑤]、林恩显[⑥]、任崇岳、罗贤佑[⑦]、崔明德[⑧]、龚荫[⑨]等认为有和亲。实际上从文献记载来看，唐与东突厥曾多次缔结和亲关系，对此，拙文《李渊与东突

---

① 王桐龄：《汉唐之和亲政策》，《史学年报》第1卷第1期。

② 王寿南：《唐朝的和亲政策》，"国立"编译馆主编、中国唐代学会编《唐代研究论集》（第四辑），台北：新文丰出版公司1992年版，第141—175页。

③ 周佳荣：《唐代"和亲"考略》，《陕西师范大学学报》（哲学社会科学版）2000年第1期；王双怀、周佳荣：《论唐代的和亲公主》，《唐史论丛》第八辑。

④ 古晓凤：《论唐王朝与突厥的和亲》，《陕西师范大学学报》（哲学社会科学版）2006年第S2期。

⑤ 邝平樟：《唐代和亲公主考》，《史学年报》第2卷第2期。

⑥ 林恩显：《隋唐两代对突厥的和亲政策研究》（《中华文化复兴月刊》1970年第3期）一文未见原稿，主要参见林恩显《中国古代和亲研究》（黑龙江教育出版社2012年版）第七章，第231—268页。

⑦ 任崇岳、罗贤佑：《试论唐代的和亲政策》，《中央民族学院学报》1981年第1期。

⑧ 崔明德自二十世纪八十年代开始先后撰写《对唐朝和亲的一些考察》（《历史教学》1983年第12期）、《汉唐和亲简表》（《历史教学》1990年第3期）、《唐与突厥和亲述论》（《中央民族大学学报》1992年第3期）等多篇论文，探讨唐代和亲问题。后来，又连续出版了几部专著。这些论著，除了最早的一篇论文认为唐与东突厥没有正式和亲之外，其他论著都认为唐与东突厥之间实现过和亲。

⑨ 龚荫：《唐代和亲政策述论》，《思想战线》2000年第1期。

厥首次和亲始末考》[1]《由君臣到兄弟：唐与东突厥和亲新论》[2] 均有所论述。不仅如此，早在太原起兵之前，李渊就已制定和亲东突厥战略。为更好地研究唐与东突厥和亲关系史，首先需对李渊和亲东突厥战略进行必要探讨。而从研究现状看，这一问题尚未有人关注。故笔者不揣浅陋，试对此做初步探讨，聊以引玉。

二

隋末东亚国际政治风雨变幻，异常复杂。一方面由于隋炀帝“负其富强之资，思逞无厌之欲……骄怒之兵屡动，土木之功不息，频出朔方，三驾辽左，旌旗万里，征税百端，猾吏侵渔，人不堪命。乃急令暴条以扰之，严刑峻法以临之，甲兵威武以董之”[3]。短短几年时间，强盛的隋帝国便出现了严重的社会政治危机，各种反叛与分裂势力纷纷建立地方割据政权，逐渐形成群雄割据局面。另一方面在与隋和亲背景下东突厥实力得到较快恢复和发展，国力日益强盛，逐渐取代隋帝国成为东亚霸主，[4] 不仅称雄草原，“几乎完全控制了东北亚地区”[5]；而且还“势陵中夏”[6]，时常派兵南下劫掠隋朝边境，并积极支持隋帝国境内各种反叛与分裂势力与中央抗衡。

在此复杂东亚国际政治背景下，太原留守李渊也暗中聚集力量准备以太原为基地起兵反隋，南下逐鹿中原。李渊祖父李虎是西魏“八柱国家”之一，是关陇集团核心人物，北周时“追封唐国公”。因父亲李昞早卒，李渊七岁便袭爵唐国公。[7] 因生母与隋文帝独孤皇后是亲姊妹，故李渊一直得到隋文帝特别关照，史称：“文帝独孤皇后，即高祖从母也，由是特见亲爱，累转谯、陇、岐三州刺史。”[8] 隋炀帝继位后，虽曾一度猜忌李渊，但总体上仍十分信任与器重于他，“大业初，为荥阳、楼烦二郡太守”[9]；不久后回京出任“殿内少监”[10]；大业九年（613），迁升为“卫尉少卿”；辽东之役爆发后受命“督运于怀远镇”；平杨玄感叛乱时，奉诏“驰驿镇弘化郡，兼知关右诸军事”[11]；大业十一

① 刘兴成：《李渊与东突厥首次和亲始末考》，《西北民族论丛》第二十一辑。
② 刘兴成：《由君臣到兄弟：唐与东突厥和亲新论》，《唐史论丛》第三十一辑。
③ 《隋书》卷 4《炀帝纪下》，中华书局 1973 年版，第 95—96 页。
④ 吴玉贵：《突厥汗国与隋唐关系史研究》，中国社会科学出版社 1998 年版，第 147—185 页。
⑤ 吴玉贵：《突厥汗国与隋唐关系史研究》，第 147—185 页。
⑥ 《隋书》卷 84《突厥传》，第 1876 页。
⑦ 《旧唐书》卷 1《高祖本纪》，中华书局 1975 年版，第 2 页。
⑧ 《旧唐书》卷 1《高祖本纪》，第 2 页。
⑨ 《旧唐书》卷 1《高祖本纪》，第 2 页。
⑩ 《旧唐书》卷 1《高祖本纪》，第 2 页。
⑪ 《旧唐书》卷 1《高祖本纪》，第 2 页。

年，任“太原道安抚大使”[①]，大业十二年，升任“右骁卫将军”[②]，同年年末至十三年初，又被任命为太原留守[③]。这样，在文帝与炀帝的信任与支持下，李渊“历试中外”[④]，不仅培养与锻炼了出色的军事与政治能力，而且还树立与积累了一定的威望与人脉，为后来起兵反隋奠定了基础。

太原地处河东北部，是河东政治军事中心。随着隋与东突厥和亲关系破裂，太原遂成抵抗东突厥南下的前沿重镇。大业十二年（616），隋炀帝任命李渊为太原留守，即是委他以抵抗东突厥南下的重任。太原留守掌握着整个河东北部地区军政大权，史称：“握五郡之兵。”[⑤] 所谓“五郡”，据胡三省解释，即指太原、雁门、马邑、楼烦、西河。[⑥] 显然，作为太原留守，李渊位高权重。尽管如此，李渊想在太原顺利起兵，也并非易事。

首先，李渊在太原根基尚浅，起兵准备不充分。从履历来看，太原起兵前，李渊虽曾多次在河东任职，但总体上他在太原地区根基尚浅，起兵准备不充分。

其一，任职时间短。李渊虽于大业初年出任过楼烦郡守，但很快就被调回朝廷任“殿内少监”[⑦]。此后他相继参与辽东之役及平定杨玄感叛乱，直到大业十一年（615），才以“河东抚慰大使”或“太原道安抚大使”的身份回到河东。不过，因讨伐“贼帅毋端儿”[⑧]，需在河东郡一带停留一段时间。同年八月，发生雁门之围，李渊率“所征兵”[⑨] 勤王。由能及时赶到雁门可知，李渊当时已在河东北部。不过，当时他似乎尚未控制太原兵马。[⑩] 雁门之围解后不久，李渊奉诏“率太原部兵马，与马邑郡守王仁恭北备边朔”[⑪]。与上次勤王不同，这次李渊能亲率太原部兵马出征。考虑到此事发生于就任太原留守之前以

---

① 《大唐创业起居注》卷1，上海古籍出版社1983年版，第1页。

② 《旧唐书》卷1《高祖本纪》，第2页。

③ 关于李渊被任命为太原留守的时间，《资治通鉴》记载为大业十二年（616），而《大唐创业起居注》则记载为大业十三年，据此笔者认为《资治通鉴》记载的是隋炀帝发布任命诏书的时间，而《大唐创业起居注》记载的则是诏书到达太原的时间。

④ 《旧唐书》卷1《高祖本纪》，第2页。

⑤ 《资治通鉴》卷183，中华书局2014年版，第5841页。

⑥ 《资治通鉴》卷183，第5841页。

⑦ 《旧唐书》卷1《高祖本纪》，第2页。

⑧ 《资治通鉴》卷182，第5805页。

⑨ 《大唐创业起居注》卷1，第1页。

⑩ 《大唐创业起居注》卷1记载：“炀帝自楼烦远至雁门，为突厥始毕所围，事甚平城之急。赖太原兵马及帝（李渊，笔者按）所征兵，声势继进，故得解围，仅而获免。”（第1页）显然，前来勤王的太原兵马并非由李渊领导，而李渊所率之兵是他临时所征，这说明李渊尚未主政太原，至少尚未控制太原兵马。另外，据记载，李世民也曾参与勤王，不过，值得注意的是，李世民并未与李渊一起，而是隶属于屯卫将军云定兴麾下。李世民当时只有17岁，尚未成年，按理说李渊不应让他离开自己身边，跟随其他将领参加战争；但结合李渊率领所征之兵参加勤王之事，则这件事情就不难理解，李渊当时还没有一支能够由自己指挥的军队，需要靠游说与动员其他地方势力才能参与勤王。李世民参与云定兴军队，可能就是去游说与动员他勤王。故笔者推论在雁门之围之前，李渊虽已在河东北部地区，但尚未控制太原地方兵马。

⑪ 《大唐创业起居注》卷1，第1页。

及大业十二年升任“右骁卫将军”等情况，此时李渊可能已成太原最高军事长官，控制了太原兵马。大业十二年末到十三年初，李渊又升任太原留守，成为河东北部地区最高军政长官。如此算来，太原起兵前李渊在太原任职时间前后只有一年多，其中任太原留守的时间仅不到半年。在如此之短的时间里，李渊很难完成对太原及周边各郡县军政系统的控制与整合。

其二，人脉不广。李渊虽善于网罗人才，史称：“素树恩德，及是结纳豪杰，众多款附”①，但太原起兵时，他在太原人脉关系并不广泛，并未获得原军政系统的广泛支持。当时李渊集团核心成员主要来源于太原军政系统之外，如刘弘基、长孙顺德均为“背征三卫，所犯当死”② 的亡命之徒。他们不仅负责招募新军，而且还率领新军直接参与逮捕王威与高君雅的行动，是李渊所依赖的主要将领，在起兵中发挥了重要作用。此外，当时还有很多这种亡命之徒，如李思行③、窦琮④等，都在起兵中发挥了重要作用。刘文静虽曾为晋阳县令，但当时已是身陷囹圄的罪人，⑤ 不能算作太原军政系统的成员。他自始自终参与谋划起兵，也是太原起兵的核心决策者之一。当然，李渊集团也有一些太原军政系统成员，如刘政会（太原鹰扬府司马）⑥、许世绪（鹰扬府司马）⑦、赵文恪（鹰扬府司马）⑧、张平高（鹰扬府校尉）⑨、杨毛（志节府鹰扬郎将）⑩、姜謩（晋阳长）⑪、殷开山（太谷长）⑫ 等。不过，这些人大多来自太原军政系统中下层，⑬ 且在太

① 《旧唐书》卷1《高祖本纪》，第2页。

② 《旧唐书》卷58《武士彟传》，第2317页。

③ 《旧唐书》卷57《李思行传》，第2297页。

④ 《旧唐书》卷61《窦琮传》，第2367页。

⑤ 《旧唐书》卷57《刘文静传》，第2290页。

⑥ 《旧唐书》卷58《姜謩传》，第2312—2313页。

⑦ 《旧唐书》卷57《许世绪传》，第2298页。

⑧ 《旧唐书》卷57《赵文恪传》，第2296页。

⑨ 《旧唐书》卷57《张平高传》，第2297页。

⑩ 《大唐创业起居注》卷1，第7页。

⑪ 《旧唐书》卷59《姜謩传》，第2332—2333页。

⑫ 《旧唐书》卷58《殷开山传》，第2311页。

⑬ 李渊在任太原留守前就已被任命为右骁卫将军。据《隋书·百官志下》记载：“十二卫，各置大将军一人，将军二人，总府事，并统诸鹰扬府。……每卫置护军四人，掌副贰将军。将军无则一人摄。寻改护军为武贲郎将，正四品，而置武牙郎将六人，副焉，从四品。诸卫皆置长史，从五品。……鹰扬府，每府置鹰扬郎将一人，正五品，副鹰扬郎将一人，从五品，各有司马及兵、仓两司。其府领亲、勋、武三侍，非翊卫府，皆无三侍。鹰扬每府置越骑校尉二人，掌骑士，步兵校尉二人，领步兵，并正六品。”（第800页）据此可知，右骁卫将军之下当有武贲郎将四人、武牙郎将六人，然后才是下辖各鹰扬府，鹰扬府置鹰扬郎将、副鹰扬郎将各一人，下设鹰扬府校尉、鹰扬府司马等。从上引各人职位来看，职位最高者是杨毛，是志节府鹰扬郎将，其余各人均为鹰扬府司马或校尉。显然，这些人都是府兵系统中下层官员，这是从军事系统来看。从行政系统来看，参与太原起兵的多为县令、县长之类的下层官员。李渊出任太原留守，是整个东北部地区最高军政长官，下辖五郡。从当时太原留守官员设置来看，有留守、副留守、留守司兵等一系列官员；另外，在郡县系统中，有郡守、郡丞、县长、县令等。而从参与太原起兵的人员来看，除了刘文静、姜謩等几位县令之外，尚未见其他更高级别的官员参与。这说明太原起兵实际上并未得到高层行政人员的支持。

原起兵过程中未发挥主导作用。这说明李渊在太原人脉关系并不广泛，他的起兵行动并未得到太原军政系统上层人物的广泛支持。

其三，没有军队支持。大业十一年（615），李渊担任“山西、河东抚慰大使”，有权“发河东兵讨捕群盗”①，但这只是临时征调地方军队的权力。担任留守后，李渊名义上“握五郡之兵”，但因独特的人事制度与安排，他的军权受到较大限制。《隋书·百官志下》记载：“十二卫，各置大将军一人，将军二人，总府事……每卫置护军四人，掌副贰将军。将军无则一人摄。寻改护军为武贲郎将，正四品，而置武牙郎将六人，副焉，从四品。”② 据研究，在隋代府兵制中，作为大将军与将军副手的武贲郎将与武牙郎将才是“实际统领府兵”的实权人物。③ 隋炀帝给李渊安排的两位副留守王威与高君雅正好是虎贲郎将与虎牙郎将。④ 这显然是刻意的人事安排。正因副留守控制着太原各府兵马，故李渊实际上并未控制兵权。因此，太原起兵前李渊才以“募兵备边”⑤ 为名大事招募新军，“旬月之间，众至万余人”⑥。为了控制新军，李渊不仅任用自己的亲信刘弘基、长孙顺德等负责招募之事，而且还将所招新军安置在兴国寺，理由是：“处之兴国，可谓嘉名。”李渊正是依靠这支新军成功发动政变，逮捕王威、高君雅等人。显然，太原起兵前，李渊并未获得地方军队的拥护与支持。

由此可见，李渊虽身为太原留守，但因任职时间短以及当时特殊人事制度与安排等原因，他未能完成对太原及其周边郡县军政系统的控制与整合，未能获得原有军政系统的普遍认可与支持。显然，在起兵前李渊在太原地区根基尚浅，起兵准备并不充分。

其次，从太原外部大环境来看，李渊至少受到三种力量的威胁。

其一，东突厥。如上所论，隋朝末年，东亚国际政治形势发生了巨大变化，东突厥逐渐取代隋朝成为了东亚霸主。正是在这种实力对比关系的逆转过程中，隋与东突厥和亲关系逐渐被破坏，双方关系不断紧张起来，东突厥经常武装侵扰隋朝边境，甚至一度将巡边的隋炀帝围困在雁门城；不仅如此，东突厥还积极扶持隋朝境内各种反叛与分裂势力，借以打击与削弱隋朝实力。在这种情况下，太原逐渐成为抵抗东突厥南下的前沿军事重镇，同时也是东突厥南下进攻

① 《资治通鉴》卷182，第5805页。

② 《隋书》卷28《百官志下》，第800页。

③ 熊伟：《隋代府兵军府机构设置与沿革释证》，《阴山学刊》2015年第2期。

④ 《资治通鉴》卷183，第5820—5821页。

⑤ 《大唐创业起居注》卷1，第6页。

⑥ 《旧唐书》卷58《刘弘基传》，第2308页。

的首要目标。李渊就任太原留守，成为河东北部地区的最高军政长官，承担了组织与领导军民防御与抵抗东突厥南下的艰巨任务。李渊担任太原留守前后多次组织军队与东突厥作战，大业十二年（616），“诏帝率太原部兵马，与马邑郡守王仁恭北备边朔”①。大业十三年，“会突厥寇马邑，（李）渊遣高君雅将兵与马邑太守王仁恭并力拒之”②。从这个角度来看，李渊就任太原留守后，与东突厥的矛盾冲突比较激烈，是隋与东突厥矛盾冲突的集中体现。在这种情况下，东突厥无疑是李渊面临的最大外部威胁。

其二，周边割据势力。与全国其他地区一样，大业末年河东地区也发生了各种反叛活动，建立了各种形式的地方割据政权。大业十一年（615），李渊出任山西、河东抚慰大使，就肩负了“发河东兵讨捕群盗”的职责。从“群盗”一词可知，当时河东已有不少反叛势力，见于记载的主要有离石刘苗王③、西河司马长安④、龙门毋端儿⑤、绛郡敬盘陀、柴保昌⑥、雁门翟松柏⑦、马邑刘武周⑧以及原起于河北上谷地区的历山飞⑨等。这些割据势力中，对李渊威胁最大的当为马邑刘武周。马邑郡位于太原郡北方。大业十三年二月，刘武周在马邑发动政变，起兵反隋，并制定与实施了“北连突厥”战略。在东突厥兵马支援与配合下，刘武周用了不到两个月时间就占领了马邑、楼烦、定襄、雁门等郡，控制了太原以北整个河东北部地区，成为李渊最直接的外部威胁。

其三，周边其他拥隋势力。尽管当时全国范围内，反叛活动此起彼伏，但仍有不少中央与地方势力效忠隋炀帝。如义宁元年（617）正月，“卢明月转掠河南，至于淮北，众号四十万，自称无上王；帝命江都通守王世充讨之。世充与战于南阳，大破之，斩明月，余众皆散”⑩。又刘武周起兵后十天左右即遭到周边拥隋势力的围剿，“雁门郡丞河东陈孝意与虎贲郎将王智辩共讨刘武周，围其桑干镇”⑪。太原周边就有这种拥隋势力存在，如李渊起兵后，“太原辽山县

① 《大唐创业起居注》卷1，第1页。
② 《资治通鉴》卷183，第5838页。
③ 《资治通鉴》卷182，第5800页。
④ 《隋书》卷4《炀帝纪下》，第89页。
⑤ 《资治通鉴》卷182，第5805页。
⑥ 《隋书》卷4《炀帝纪下》，第90页。
⑦ 《隋书》卷4《炀帝纪下》，第90页。
⑧ 《资治通鉴》卷183，第5827页。
⑨ 《资治通鉴》卷183，第5811页。
⑩ 《资治通鉴》卷183，第5827页。
⑪ 《资治通鉴》卷183，第5831页。

令高斌廉拒不从命，仍遣使间行往江都，奏帝主兵”[①]；又西河郡因“不时送款”[②] 而遭到李渊大军讨伐，郡丞高德儒被杀。这些事情的发生说明辽山县令高斌廉、西河郡丞高德儒等均为效忠隋炀帝、反对李渊起兵的保守派。这些人的存在，对李渊反隋活动构成严重威胁。因此，李渊起兵后首先就派兵进攻这些地方势力，为太原临时政府的巩固与发展以及进一步南下进攻关中创造有利环境。

再次，从太原内部小环境来看，李渊起兵也面临诸多不利因素。

其一，隋炀帝亲信的牵制。隋炀帝生性多疑，再加上“李氏当为天子”[③]的传言，故隋炀帝虽任命李渊为太原留守，但并未完全信任于他，于是将“旧左右”[④] 亲信高君雅任命为副留守，安插在李渊身边。所谓“旧左右”即长期伴随左右的心腹之人。隋炀帝任命“旧左右”高君雅为副留守显然是为牵制李渊。温大雅称高君雅“性庸佷”[⑤]，“庸”指才能平庸，“佷”指性格倔强，不顺从别人的意志，所谓“性庸佷”是指高君雅能力平庸，但性格倔强。当然，如果除去政敌的偏见甚至恶意贬低的成分，单从“佷”字来看，高君雅可能并非人云亦云之辈，当有一定的政治头脑和主见。这可从他在太原副留守任上的所作所为得到一定体现。高君雅不仅时时处处观察与留意李渊的一举一动，而且还十分注意拉拢太原各种势力组成制衡与对抗李渊的政治势力。他不仅与另一副留守王威关系很好，而且还得到留守司兵田德平[⑥]、军官王康达[⑦]等各级官员的拥护。不仅如此，他还与当时太原地方财团，如刘世龙、武士彟等关系都非同一般。高君雅的这些所作所为都与他积极组建制衡与对抗李渊的政治势力密切相关。显然，在太原起兵前，李渊应该承受了来自隋炀帝亲信力量的较大牵制。

其二，地方保守势力的抵制。尽管当时反叛活动此起彼伏，但毕竟叛乱不仅风险极大，而且还与主流的道德观念相违背，故除非迫不得已，一般人是不愿从事反叛活动的。李渊积极谋划起兵时，太原各方政治势力的反应不尽相同，虽有不少人积极回应，如晋阳宫监裴寂、原晋阳令刘文静、鹰扬府司马许世绪等，但同时也有很多人反对起兵，如副留守王威、留守司兵田德

① 《大唐创业起居注》卷1，第12页。

② 《大唐创业起居注》卷1，第12页。

③ 《资治通鉴》卷182，第5803页。

④ 《大唐创业起居注》卷1，第7页。

⑤ 《大唐创业起居注》卷1，第7页。

⑥ 据《资治通鉴》等文献记载，留守司兵田德平曾劝说王威、高君雅调查李渊私自招募军队的事情。

⑦ 在太原起兵过程中，李渊曾安排王康达率所部兵马伏击东突厥而全军覆没，笔者怀疑此事为李渊故意借助东突厥之手除掉王康达。对此，另有专文探讨。

平、军官王康达等。王威在担任副留守前已是太原郡丞,[①] 而且极有可能在府兵系统中也有任职,[②] 这说明他在太原军政系统中经营了较长时间，至少比李渊长得多。温大雅称王威“为人清恕”[③]，所谓“为人清恕”是指为人清正廉洁、忠诚宽厚，这是很高的正面评价。正因他“为人清恕”的品格，在太原军政系统中有一定威望和人脉。当然，也正因为他具有这样的品格，所以他忠于朝廷，反对任何形式的反叛行为，成为太原保守势力的代表人物和领袖。当时太原很多中高层军政官员都支持王威，如留守司兵田德平、军官王康达等。另外，李渊阵营中虽不乏太原军政系统成员，但多为中下层人物。这也从侧面反映出王威在太原军政系统中的威望与影响。因此，以王威为首的地方保守势力成为李渊起兵的直接障碍。

其三，地方财团的观望。任何军政活动都离不开经济力量的支持，故任何军政势力都会想方设法拉拢经济财团，使其为己所用。隋末太原也有不少财团，其中以武士彟、刘世龙等为代表。“武士彟，并州文水人也。家富于财，颇好交结。”[④]“有乡长刘龙者，晋阳之富人也。”[⑤] 据记载，武士彟、刘世龙等人和李渊、王威、高君雅等人均有密切接触。《大唐创业起居注》记载：刘（世）龙“先与宫监裴寂引之谒帝，帝虽知其微细，亦接待之，以招客。君雅又与龙相善，龙感帝恩眄，窃知雅等密意，具以启闻”[⑥]。《旧唐书·刘世龙传》记载：“高祖镇太原，裴寂数荐之，由是甚见接待，亦出入王威、高君雅家，然独归心于高祖。”[⑦]《旧唐书·武士彟传》记载：“高祖初行军于汾、晋，休止其家；因蒙顾接，及为太原留守，引为行军司铠。……初为义师将起，士彟不预知，及平京师，乃自说云：‘尝梦高祖入西京，升为天子。’高祖哂之曰：‘汝王威之党也。以汝能谏止弘基等，微心可录，故加酬效；今见事成，乃说迂诞而取媚也？’”[⑧] 从这些记载来看，刘世龙、武士彟等人与李渊、王威均有密切交往，说明当时太原地方财团在不同政治势力集团之间持观望态度。

基于反对与抵制反隋的相同立场，隋炀帝的亲信与地方保守派两大势力结合，并极力拉拢地方财团，形成了以王威与高君雅为首的强有力的反对派势力。

① 《旧唐书》卷1《高祖本纪》，第2页。
② 王威被任命为太原副留守时有一身份是虎贲郎将。这说明王威当时在太原府兵系统也有任职。
③ 《大唐创业起居注》卷1，第6页。
④ 《旧唐书》卷58《武士彟传》，第2316页。
⑤ 《大唐创业起居注》卷1，第7页。
⑥ 《大唐创业起居注》卷1，第7页。
⑦ 《旧唐书》卷57《刘世龙传》，第2295页。
⑧ 《旧唐书》卷58《武士彟传》，第2317页。

他们密切关注李渊的一举一动，对李渊密谋反隋一事一有察觉，便秘密策划阻止与破坏李渊的起兵计划，甚至准备趁“晋祠祈雨”[①]，除掉李渊。显然，对于李渊而言，太原内部也存在许多不利因素。

由此可见，在隋末东亚复杂的国际政治局面中，李渊不仅自身准备不足，而且所面临的内外形势也不容乐观，故想要顺利起兵，进而南下逐鹿中原，统一天下，他不仅需要在太原内部铲除异己，扫清障碍；而且还需要妥善处理与周边各种力量之间的关系，为顺利实施起兵计划创造有利外部环境，甚至争取可能的外部支援。

三

如上所论，太原起兵前，李渊不仅自身准备不足，而且还面临不容乐观的内外形势，既然如此，那么李渊究竟如何打破这种不利局面？从文献记载来看，李渊通过制定与实施和亲东突厥战略打破了这一不利局面。此战略的制定与实施，不仅为李渊化解了来自东突厥的威胁，而且还为其巧妙地取得了东突厥的政治认可与武力支援，为顺利起兵与南下逐鹿中原创造了有利环境。李渊在河东任职期间，与东突厥多有接触，在一定程度上说李渊是隋炀帝民族政策的执行者与见证者。正因长期接触，李渊对东突厥在当时东亚国际政治格局中的重要作用和影响有比较清醒的认识，对如何处理与东突厥关系问题有独特的见解和主张，明确提出了和亲东突厥战略。

大业十二年（616），隋炀帝命令李渊率太原兵马前往马邑，与郡守王仁恭一起抵抗东突厥南侵，“以帝地居外戚，赴难应机，乃诏帝率太原部兵马，与马邑郡守王仁恭北备边朔”[②]。面对东突厥不断南下骚扰、劫掠边境的现实，李渊首先从军事战术层面提出并实施了相应的防御与抵抗措施，并取得了不小的胜利。李渊在与王仁恭分析敌情时说：“突厥所长，惟恃骑射。见利即前，知难便走，风驰电卷，不恒其陈。以弓矢为爪牙，以甲胄为常服。队不列行，营无定所。逐水草为居室，以羊马为军粮，胜止求财，败无惭色。无警夜巡昼之劳，无构垒馈粮之费。中国兵行，皆反于是。与之角战，罕能立功。今若同其所为，习其所好，彼知无利，自然不来。”[③] 于是，李渊按照东突厥的习俗组建一支骑兵，经过一段时间训练，最后出其不意，一举击败东突厥，“纵兵击而大破之，

① 《资治通鉴》卷183，第5842页。

② 《大唐创业起居注》卷1，第1页。

③ 《大唐创业起居注》卷1，第2页。

获其特勤所乘骏马，斩首数百千级。自尔厥后，突厥丧胆，深服帝之能兵，收其所部，不敢南入”[①]。当然，需要说明的是，相关文献对李渊此次所取得的战果及其影响显然有所夸张。从记载来看，当时李渊与东突厥之间的这次战争规模并不大，双方所投入的兵力都只有数千人，李渊击败的并非东突厥主力部队，因此，这次战斗的胜利并不能使“突厥丧胆”“不敢南入”。此后不久，东突厥再次南下进攻马邑即是证明。

其次，李渊从战略层面对东突厥问题进行了深入思考，明确提出和亲东突厥战略。据《大唐创业起居注》记载，李渊在抵御东突厥的过程中，曾私下向人表达过自己对东突厥问题的看法，他说：“匈奴为害，自古患之。周秦及汉魏，历代所不能攘，相为勍敌者也。今上（指隋炀帝，笔者按）甚惮塞虏，远适江滨，反者多于猬毛，群盗所在蜂起。以此击胡，将求以济，天其或者殆以俾余。我当用长策以驭之，和亲而使之，令其畏威怀惠，在兹一举。”[②] 首先需要说明的是，李渊所谓“匈奴”与“塞虏”，均泛指北方草原民族。具体到李渊所生活的时代，北方草原民族主要是指东突厥。显然，李渊不仅对历史上中原王朝与北方民族关系问题有全面而深入的考察，而且还对当时隋炀帝失败的民族与外交政策有过深刻的总结与反思。在此基础上李渊对如何处理与东突厥关系问题，明确提出了自己的主张，即“用长策以驭之，和亲而使之”。从语法上来看，“长策以驭之”与“和亲而使之”是对仗句式，可见，李渊所谓“长策”，实即“和亲”。当然，由于相关记载过于简洁，“和亲”的具体内容，或者说李渊计划用何种方式实现双方和亲关系，现已不得而知。另外，李渊和亲东突厥的目的不仅仅在于要结束与东突厥的战争，缔结和亲关系，更是为了“令其畏威怀惠”。同样，由于记载过于简略，对于李渊究竟如何通过“用长策以驭之，和亲而使之”而使东突厥“畏威怀惠”，亦不得而知。

当然，肯定会有人认为，此处“和亲”一词只是语境需要，仅是一种修辞而已，它与历史上所谓和亲政策的“和亲”内涵完全不同，就是一般意义上的和平友好的意思。故单凭李渊这一句话很难断定他制定了和亲东突厥战略。笔者认为这一看法值得商榷，它完全是基于和亲即政治联姻这一片面的甚至是错误的和亲观的先入为主的成见。根据李渊首次给东突厥可汗写信时说要“共突厥和亲，更似开皇之时”[③]，以及后来唐与东突厥多次交往均被称为“和亲”的

① 《大唐创业起居注》卷1，第2页。

② 《大唐创业起居注》卷1，第1页。

③ 《大唐创业起居注》卷1，第9页。

历史事实，[①] 笔者认为李渊所说要对东突厥“用长策以驭之，和亲而使之”的话，清楚表明当时他已对如何处理与东突厥关系有了新的看法和认识，即主张通过和亲的办法来处理与东突厥关系，故笔者认为李渊所说的“和亲”不可能只是一种修辞，而是从战略层面提出的处理与东突厥关系问题的办法与措施，即和亲东突厥战略。显然，早在担任太原留守之前，李渊就已明确提出了和亲东突厥战略。不过，基于当时李渊尚未就任太原留守，尚未规划反隋立国、经邦济时宏伟蓝图，故此阶段李渊所提出的和亲东突厥战略，总体上来说应该还只是一种应对东突厥频繁南寇这一现实问题的比较单纯的具体战略决策，是基于对历代中原王朝与北方民族关系的考察以及隋炀帝失败的民族与外交政策的反思而提出来的，其目的在于缓和与改善隋与东突厥之间的紧张关系。这是李渊和亲东突厥战略的雏形。

后来李渊对和亲东突厥战略做了进一步的阐释与升华。大概在大业十二年（616）末到大业十三年初，隋炀帝任命李渊为太原留守。如上所言，当时李渊所面临的内外形势异常复杂，不容乐观。尽管如此，李渊仍十分兴奋与得意，他对李世民说：“唐固吾国，太原即其地焉。今我来斯，是为天与。与而不取，祸将斯及。然历山飞不破，突厥不和，无以经邦济时也。”[②] 如上所论，李渊祖上被封为“唐国公”，李渊本人七岁便袭爵“唐国公”，而古代一直传说陶唐氏尧帝曾建都于河东，而且西周也曾在河东分封唐国，故李渊将自己唐国公的身份与河东地区的唐国历史传统联系起来，说出了“唐固吾国，太原即其地焉”的话；不仅如此，他还将自己此次任职太原留守视为上天安排，于是开始规划“经邦济时”的宏伟蓝图。这充分暴露了李渊反隋建国的政治野心与抱负。李渊是一个非常成熟的政治家，他敏锐地洞悉了隋末河东政局的关键所在，认为以历山飞为代表的反叛势力与东突厥是影响河东乃至整个东亚政局的重要力量，同时也是影响自己“经邦济时”宏伟蓝图能否顺利实施的至关重要的因素，因此，如何处理与这两股政治势力的关系，成为李渊首先需要考虑的问题。他认为“历山飞不破，突厥不和，无以经邦济时也”，可见，李渊认为若不能妥善处理与这两股势力的关系，所谓“经邦济时”势必无从谈起。从“历山飞不破”的“破”与“突厥不和”的“和”来看，在李渊的规划中对这两股势力的处理方式完全不同，一个是“破”，就是消灭的意思；另一个是“和”，是要与它搞好关系。显然，李渊主张南灭历山飞、北和突厥，并将其视为实现“经

① 《旧唐书》记载：武德元年（618）八月李琛“与太常卿郑元璹赍女妓遗突厥始毕可汗以结和亲”。又同书记载武德四年四、五月唐高祖派李瑰“赍布帛数万段与结和亲”。类似的记载还有很多，据初步统计，唐初与东突厥之间曾先后和亲十次。限于篇幅，在此不再一一列举。

② 《大唐创业起居注》卷1，第2—3页。

邦济时”的宏伟蓝图的前提条件。

李渊所谓“北和突厥”实际上是基于新的现实需要从更高战略层面对和亲东突厥战略所做的进一步阐释与提升。拙文《“和亲”辨义——对“和亲”即政治联姻传统观念的质疑》认为“和”是一般意义上的和好，而“和亲”则是一种具有特殊内涵的“和”，是具有亲情底色的“和”，是通过缔结亲属或亲属化关系而实现的亲人之间的“和”。显然，“和亲”是实现“和”的有效途径与方式，而“和”则是对“和亲”内涵与实质的概括与提炼。李渊担任太原留守之前提出和亲东突厥战略，是具有浓厚具体措施性质的战略决策，其目的在于缓解与改善当时比较紧张的民族或外交关系。李渊担任太原留守后随即规划“经邦济时”的宏伟蓝图，于是他基于当时河东乃至整个东亚政局发展的现实需要，从更高的战略层面对如何处理与东突厥关系问题进行了重新思考，从而提出了“北和突厥”的新战略。所谓“北和突厥”战略实际上既是对先前和亲东突厥战略内容的进一步阐释，也是对这一战略的更上一层的实质升华，为其赋予了新的战略价值内涵与时代使命意义，使其成为化解时局困境、重建东亚秩序的战略方针与手段。于是和亲东突厥战略不再是局限于缓和与改善隋与东突厥之间关系的具体的民族或外交问题，不再是单纯的具体措施性质的战略决策，而是已经升华为李渊实现“经邦济时”的宏伟蓝图的总体战略的重要组成部分，既是李渊经邦济时宏伟蓝图的重要内容，同时也是实现经邦济时宏伟蓝图的战略方针与手段。在此需要说明的是，李渊的“北和突厥”战略与当时北方其他各地方割据势力的北和突厥战略具有实质性的差异，对此，后文将有详细论述。

后来在率军西进关中途中，李渊与李密曾有书信往来。正是在这些书信中，李渊再次阐释了自己的和亲东突厥战略。经过精心筹划与安排，大业十三年（617）五月甲子正式起兵，又经过大约一个半月的准备，于七月癸丑发兵向关中进发。[①] 与此同时，李密占据了洛口仓，“有众百万，围逼东都”[②]，“有自矜之志”[③]，“负其强盛，欲自为盟主”[④]。于是，他写信给李渊“请合纵以灭隋”[⑤]。李渊与李密反隋战略大不相同，李渊是假意尊隋，直取关中，而李密则是锐意灭隋，志在东都。故李密合纵灭隋的提议不可能得到李渊的认同与支持。

① 《资治通鉴》卷184，第5849页。

② 《资治通鉴》卷183，第5836页。

③ 《大唐创业起居注》卷2，第24页。

④ 《旧唐书》卷53《李密传》，第2220页。

⑤ 《旧唐书》卷53《李密传》，第2220页。

不过，为了麻痹与迷惑李密，李渊假意“卑辞推奖”① 李密。同时，李渊还对自己太原起兵及随后的军事行动进行解释。在解释中他再次提到了和亲东突厥战略，他说：“主忧臣辱，无义徒然。等袁公而流涕，极贾生之恸哭。所以仗旗投袂，大会义兵，绥抚河朔，和亲蕃塞，共匡天下，志在尊隋。”②《资治通鉴》也有大体相同的记载，其中也有“所以大会义兵，和亲北狄，共匡天下，志在尊隋”③ 的话。根据当时的形势推断，“蕃塞”“北狄”均指东突厥。李渊是在大业十三年七月己巳收到李密来信，当时李渊已成功实施了和亲东突厥战略，双方达成了和亲协议，实现了首次和亲；④ 不仅如此，双方都已开始积极落实和亲约定，李渊已派人员携大量财物前往东突厥商讨相关事宜，并承诺“若入长安，民众土地入唐公，金玉缯帛归突厥”⑤。东突厥不仅派兵配合与支持李渊太原起兵，并且还派遣兵马支援李渊进攻关中。故李渊“和亲蕃塞，共匡天下，志在尊隋”的话无疑是向李密陈述自己已与东突厥缔结和亲关系的事实。

结合太原起兵前后，李渊首次成功实施和亲东突厥战略的具体情况，李渊这段话还展现了和亲东突厥战略的发展与调整。如上所言，担任太原留守后，李渊从更高战略层面对和亲东突厥战略做了进一步的阐释与升华，将其纳入经邦济时宏伟蓝图总体战略，使其不仅成为总体战略的组成部分，而且还是实现总体战略的战略方针与手段。而在谋划与实施太原起兵过程中，李渊根据实际情况对反隋建国、经邦济时的总体战略进行了策略性调整，为其披上了“尊隋”外衣，使其具有了较强的可操作性。而总体战略的这一调整也引起了和亲东突厥战略的变化与调整，这主要体现在两个方面。

一方面，内涵的变化与调整。如上所论，李渊与李密不同，他在太原起兵之前就已确定了尊隋战略。所谓尊隋战略就是通过假意尊崇隋朝政统的方式尽可能多地继承和占有隋朝的政治资源，等到条件成熟后再取而代之的政治策略。李渊首次给东突厥可汗写信请求和亲时说：“欲宁天下，远迎主上，还共突厥和亲，更似开皇之时”，现在又说：“和亲蕃塞，共匡天下，志在尊隋”，这些都表明随着总体战略的策略性调整，和亲东突厥战略的内涵也发生了重大变化和调整，带上了浓厚的尊隋色彩，和亲东突厥的直接目的不再是为了李渊反隋建国、经邦济时，而是为了恢复隋朝与东突厥间的和亲关系，于是和亲东突厥战略就变成了尊隋战略的组成部分以及实现这一战略的战略方针与手段。当然，

① 《大唐创业起居注》卷2，第25页。
② 《大唐创业起居注》卷2，第25页。
③ 《资治通鉴》卷184，第5851页。
④ 刘兴成：《李渊与东突厥首次和亲始末考》，《西北民族论丛》第二十一辑。
⑤ 《资治通鉴》卷184，第5850页。

由于尊隋战略只是李渊经邦济时总体战略的策略性调整，因此，和亲东突厥战略的最终目的还是为李渊经邦济时总体战略服务。

另一方面，和亲方式探索。在和亲东突厥战略的首次实施过程中，李渊在与东突厥经过反复讨价还价过程中，探索出了双方都能接受的和亲方式。李渊首次给东突厥可汗写信时说，要“远迎主上，还共突厥和亲，更似开皇之时”。众所周知，东突厥启民可汗曾向隋文帝称臣，隋与东突厥确立君臣之国的关系，这是中国古代比较典型的君臣和亲关系。双方这一和亲关系在隋炀帝时期遭到破坏。现在李渊提出“还共突厥和亲，更似开皇之时”，实际上是希望恢复以东突厥向隋称臣为基础的和亲关系。但是东突厥坚决反对这种和亲方式，并提出了由李渊直接称臣于东突厥的和亲方式，即“唐公自为天子”以和亲。当然，李渊也无法接受这种和亲方式，于是再次提出“废皇帝而立代王”以和亲的折中方案。而这一方案的实质就是李渊拥立代王，由代王向东突厥称臣。史称李渊“诡臣”于东突厥。这样李渊就成功探索出了和亲东突厥的可行方式。

由此可见，早在太原起兵之前李渊就已从缓解与改善民族与外交关系的角度明确提出和亲东突厥战略，后来在制定与实施反隋建国、经邦济时的总体战略的过程中，又从更高战略层面对和亲东突厥战略做了进一步的阐释与升华，为其披上了“尊隋”外衣，使其具有了较强的可操作性。

从文献记载看，在反隋建国与巩固政权以及重建东亚国际秩序的过程中，李渊父子曾多次成功实施和亲东突厥战略。如太原起兵之前夕，李渊亲自给始毕可汗写信请求和亲，他说：“我今大举义兵，欲宁天下，远迎主上，还共突厥和亲，更似开皇之时，岂非好事。且今日陛下虽失可汗之意，可汗宁忘高祖之恩也？若能从我，不侵百姓，征伐所得，子女玉帛，皆可汗有之。必以路远，不能深入，见与和通，坐受宝玩，不劳兵马，亦任可汗，一二便宜，任量取中。”[①] 可见，李渊不仅请求和亲，而且还提出两种在和亲状态下的具体合作方案，以供东突厥选择。这是李渊首次实施和亲东突厥战略。最后，经过双方反复讨价还价，东突厥不仅同意了李渊的和亲请求，而且还选择了第一种合作方案，即派兵协助李渊南下拥立代王、复兴隋朝。义宁元年（617）八月“癸巳，（李）渊至龙门，刘文静、康鞘利以突厥兵五百人、马二千匹来至”[②]。显然，李渊首次实施和亲东突厥战略，取得了非常理想的效果。

李渊称帝后继续实施和亲东突厥战略。如武德元年（618）八、九月是唐与薛氏西秦的最后决战期，李渊派李琛与郑元璹“持女伎聘突厥始毕可汗，约

① 《大唐创业起居注》卷1，第9页。

② 《资治通鉴》卷184，第5857—5858页。

和亲”[1]，成功瓦解西秦与东突厥的联盟关系，并争取到东突厥的武力支援，一举消灭了西秦政权，稳固了长安西北大后方，为统一全国奠定了基础。又武德四年四、五月是唐军消灭王世充与窦建德的关键时期，唐高祖派李瑰“赍布帛数万段与（东突厥）结和亲”[2]。通过这次和亲，唐朝成功瓦解了王世充、窦建德与东突厥的联盟关系，缓解了来自北方的压力，为唐军全力进攻王世充、窦建德创造了有利条件。又武德五年东突厥两路大军进攻唐朝，唐高祖派郑元璹前往颉利可汗营帐劝说颉利可汗退兵，他说：“唐与突厥，风俗不同，突厥虽得唐地，不能居也。今掳掠所得，皆入国人，于可汗何有？不如旋师，复修和亲，可无跋涉之劳，坐受金币，又皆入可汗府库，孰与弃昆弟积年之欢，而结子孙无穷之怨乎！”[3] 颉利可汗听取了郑元璹的建议，停战撤兵，于是成功化解了这次危机。郑元璹“复修和亲”一语显示战前双方曾是和亲关系，而颉利可汗听从郑元璹建议退兵，说明双方再次恢复和亲关系。又武德七年八月颉利、突利二位可汗亲率大军由原州方向南下，唐朝派遣李世民、李元吉率军阻击，双方对阵于豳州城西。李世民临阵责问颉利可汗说：“国家与可汗和亲，何为负约，深入我地！”颉利可汗无言以对，再次派人“请和亲”。李世民同意和亲，于是东突厥与唐和亲北撤。[4] 显然，战争之前双方是和亲关系，战后双方再次恢复和亲关系。类似记载还很多，限于篇幅，不再一一列举。

可见，早在太原起兵之前，李渊就已制定和亲东突厥战略，并将其作为实现自己经邦济时宏伟蓝图的条件和基础。后来在太原起兵、反隋建国、巩固政权、统一全国以及重建东亚政治秩序等过程中，李渊父子都曾多次成功实施和亲东突厥战略，并取得了非常理想的效果。

四

根据笔者对和亲概念的重新界定，和亲的实质是政治关系亲属化、亲情化。而实现这一关系的途径就是在当事双方之间确立某种或某几种亲属或亲属化关系，如西汉与匈奴约为兄弟和亲、唐玄宗与后突厥约为父子和亲、宋与辽约为兄弟和亲等；又比如唐朝通过下嫁公主与吐蕃、回鹘、奚、契丹等周边民族或政权缔结政治联姻和亲等。另外，在中国古代君臣关系被固定地亲属化为父子关系，故君臣关系也被用来实现和亲，如汉武帝要求匈奴纳质称臣以和亲。对

① 《新唐书》卷78《李琛传》，中华书局1975年版，第3522页。
② 《旧唐书》卷60《李瑰传》，第2350页。
③ 《资治通鉴》卷190，第6067页。
④ 《资治通鉴》卷191，第6103—6105页。

此，拙文《中国古代“和亲”类型新论》[①]《中国古代“和亲”类型及相关问题新论》[②] 已有论述。那么，李渊制定和亲东突厥战略时对将与东突厥确立何种亲属或亲属化关系有何考虑与规划呢？

因文献缺失，现已无法从此战略的制定过程与内容本身探讨这一问题。尽管如此，笔者仍可通过考察此战略的实施过程获取一些有用信息。太原起兵前，李渊就已制定并实施和亲东突厥战略，亲自给始毕可汗写信，提出“还共突厥和亲，更似开皇之时”[③] 的和亲请求。在战略上李渊与当时其他各反隋势力有所不同，他并未一开始就旗帜鲜明地反隋，而是假意尊隋。正是在这种尊隋战略的影响下，李渊希望恢复文帝时隋与东突厥之间的和亲关系，他提出“还共突厥和亲，更似开皇之时”。显然，李渊和亲东突厥战略在初始阶段应该包含有君臣这一亲属化关系，是东突厥向隋称臣。由此可见，李渊和亲东突厥战略与中国历史上和亲政策，在内涵方面是一致的。

当然，在当时东亚国际背景下，东突厥不可能接受这一和亲方案，因为隋、突实力对比关系已经发生逆转，东突厥已经取代隋朝成为了东亚世界的霸主，它不可能再向隋称臣。于是东突厥提出李渊“自为天子”以和亲的修正方案，并表示只要李渊“自作天子”，东突厥愿意“不避时热”派兵支持李渊进攻关中。[④] 据研究，东突厥要李渊“自作天子”实际上是要李渊建立一个割据政权，并向东突厥称臣，使其成为东突厥汗国的附属。[⑤] 由于李渊不愿自作天子，最后双方确定李渊“废皇帝而立代王”[⑥] 以和亲的折中方案，实现首次和亲。对于这一折中方案的具体内容，学界研究者大多倾向于认为是李渊称臣于东突厥，这大概是没有问题的。显然，在李渊与东突厥的首次实现和亲关系中，双方仍然缔结了“君臣”这一亲属化关系，只不过这是由李渊向东突厥称臣，而非东突厥向隋朝或李渊称臣。

不过需要说明的是，李渊称臣于东突厥，与当时其他各割据者称臣于东突厥有很大不同。从文献记载来看，隋朝末年帝国境内北部地区的各割据势力纷纷制定与实施北连东突厥战略。如梁师都起兵反隋后，“自称大丞相，北连突厥……突厥始毕可汗遗以狼头纛，号为大度毗伽可汗”[⑦]；又刘武周“杀太守王

---

① 刘兴成：《中国古代“和亲”类型新论》，《北方民族大学学报》（哲学社会科学版）2013 年第 3 期。

② 刘兴成：《中国古代“和亲”类型及相关问题新论》，《西北民族论丛》第十辑。

③ 《大唐创业起居注》卷 1，第 9 页。

④ 《大唐创业起居注》卷 1，第 9 页。

⑤ 陈寅恪：《论唐高祖称臣于突厥事》，《岭南学报》第 11 卷第 2 期。

⑥ 《大唐创业起居注》卷 1，第 10 页。

⑦ 《旧唐书》卷 56《梁师都传》，第 2280 页。

仁恭，举兵作乱，北连突厥”①，东突厥“立武周为定杨可汗，遗以狼头纛”②。由此可见，所谓“北连突厥”战略实际上就是各割据势力直接称臣于东突厥的政治策略，不仅接受其册封，接受其可汗封号，而且还要接受狼头纛。这说明这些实施北连突厥战略的割据势力实际上已经失去了独立性，完全成为了东突厥汗国的实际组成部分，他们与东突厥之间的君臣关系不再是外交意义上的君臣之国，而是同一政治实体内部上下从属的君臣关系。

从记载来看，李渊称臣于东突厥的情况与当时其他各割据势力的做法却稍有不同。

首先，李渊明确拒绝东突厥册封。如上所论，李渊提出“还共突厥和亲，更似开皇之时”的初始和亲方案，是希望恢复东突厥向隋称臣的君臣和亲关系。不过，在当时东亚国际政治形势下，李渊的这一主张和愿望并不切实际。故始毕可汗否定了李渊的和亲方案，进而提出“唐公自为天子”以和亲的修正方案，要求李渊称臣并接受其封号。这实际上是要求李渊直接称臣，成为东突厥汗国的附属。显然，这一修正方案，较李渊的初始方案已有较大变化，由原来东突厥向隋称臣变成了李渊向东突厥称臣。为了避免直接称臣于东突厥的不利局面，李渊明确拒绝了东突厥“唐公自为天子”的建议，最后提出“废皇帝而立代王”的折中方案。东突厥认可了这一方案，双方达成和亲协议。显然，李渊没有接受东突厥的“唐公自为天子”的称臣要求，没有接受东突厥的册封。太原起兵后，李渊随即进行了临时政府的建设，自称大将军，成立了大将军府。《大唐创业起居注》记载：“裴寂等请进位大将军，以隆府号，不乖古今，权籍威名。帝曰：‘卿以二立相期，欲孤为霍光之任，威在将军，何关大也。必须仍旧，亦任加之，署置府僚长史已下，功次取之，量能受职。’”③ 又《资治通鉴》记载：“裴寂等上渊号为大将军，癸巳，建大将军府；以寂为长史，刘文静为司马，唐俭及前长安尉温大雅为记室……自余文武，随才授任。”④ 李渊自称大将军，而不是像刘武周等人称天子或可汗，说明他并未像其他割据者一样接受东突厥的册封，接受其封号。

其次，李渊没有接受东突厥的狼头纛。陈寅恪认为狼头纛是突厥爵位的标志，接受狼头纛表示服从称臣，表示其属于东突厥之系统。他还认为，李渊与当时其他称臣于东突厥的割据势力一样，也都接受了狼头纛。⑤ 笔者认

① 《隋书》卷4《炀帝纪下》，第92页。

② 《旧唐书》卷55《刘武周传》，第2253页。

③ 《大唐创业起居注》卷1，第11页。

④ 《资治通鉴》卷184，第5847—5848页。

⑤ 陈寅恪：《论唐高祖称臣于突厥事》，《岭南学报》第11卷第2期。

为，这一论断值得商榷。李渊提出“废皇帝而立代王”的折中方案时，确实也有“改旗帜以示突厥”[①] 的主张。但改易旗帜的具体内容并不是完全接受狼头纛，而是采用了“杂用绛白”[②] 的形式。《大唐创业起居注》明确记载：“裴寂等乃因太子、秦王等入启，请依伊尹放太甲、霍光废昌邑故事，废皇帝而立代王，兴义兵以檄郡县，改旗帜以示突厥……于是遣使以众议驰报突厥。始毕依旨，即遣其柱国康鞘利、级失、热寒、特勤、达官等，送马千匹来太原交市……康鞘利将至，军司以兵起甲子之日，又符谶尚白，请建武王所执白旗，以示突厥。帝曰：‘诛纣之旗，牧野临时所仗，未入西郊，无容预执，宜兼以绛，杂半续之。’诸军矟幡皆放此。营壁城垒，幡旗四合，赤白相映若花园。”[③] “杂用绛白”的旗帜，不管具体形式如何，显然都采用了白色这一元素。尽管李渊等人给出了各种各样的解释，比如“符谶尚白”“武王执白旗”等，但这些无疑都是在掩饰为了迎合东突厥而采用白旗元素的事实。[④] 尽管如此，但“杂用绛白”的旗帜与“狼头纛”毕竟不同，这说明李渊没有接受东突厥的狼头纛。

可见，李渊在称臣于东突厥一事方面的做法与其他割据势力明显不同，他不仅拒绝了东突厥的册封，而且还拒绝接受狼头纛，这说明李渊并没有像其他割据势力一样直接称臣于东突厥，而是通过某种方式既成功避免了直接称臣的不利局面，而又在一定程度上满足了东突厥的称臣要求。笔者认为这种方式可能就是李渊承诺拥立代王后由代王向东突厥称臣，而且这种君臣关系极有可能仅是外交意义上君臣之国的“君臣”，于是李渊与东突厥之间就是一种间接的君臣关系。这种特殊君臣关系具有一定的灵活性，为李渊提供了一定的独立活动的空间，保持了一定的独立性。对此，笔者将另撰专文探讨，在此暂不赘述。

李渊与东突厥间的君臣和亲关系可能并未持续多长时间，便调整为兄弟和亲关系。武德五年（622）郑元璹曾对颉利可汗说：“大唐初有天下，即与可汗结为兄弟。”[⑤] 这说明李渊占领长安后不久，就调整了与东突厥的和亲关系，由先前君臣和亲关系调整为兄弟和亲关系。双方这种兄弟和亲关系虽常遭到东突厥破坏，但唐朝方面总是不遗余力进行恢复，故双方这种兄弟和亲关系还是断断续续持续了相当长一段时间。巴费尔德在其《危险的边疆》一书中，说唐太

① 《大唐创业起居注》卷 1，第 10 页。
② 《资治通鉴》卷 184，第 5846 页。
③ 《大唐创业起居注》卷 1，第 10—11 页。
④ 参见陈寅恪《论唐高祖称臣于突厥事》，《岭南学报》第 11 卷第 2 期。
⑤ 《旧唐书》卷 62《郑元璹》，第 2380 页。

宗与颉利可汗便桥刑白马会盟和亲[①]即是结为兄弟。[②] 后来，随着唐与东突厥实力对比关系的逆转，东突厥主动向唐朝称臣，《资治通鉴》贞观三年（629）八月丙子条记载：突厥颉利可汗“始遣使称臣，请尚公主，修婿礼”[③]。当时唐朝并未接受东突厥政治联姻请求。这是唐与东突厥兄弟和亲关系最后终结时期，双方和亲关系再次调整，由兄弟和亲调整为君臣和亲。对于唐与东突厥和亲类型的变迁过程，拙文《由君臣到兄弟：唐与东突厥和亲新论》已有梳理，故不再赘述。

在中国古代，亲属关系划分十分细致，种类繁多，如父子、兄弟等，不仅如此，而且很多原本并无血缘关系的社会关系，也可通过某种途径亲属化，如君臣、师生等关系固定亲属化为父子。因此，中国古代实现和亲的途径有很多，如汉与匈奴约为兄弟和亲、武则天与突厥约为母子和亲、唐玄宗与突厥约为父子和亲、宋高宗与金约为君臣和亲等。对此，拙文《中国古代“和亲”类型新论》《中国古代“和亲”类型及相关问题新论》已有详细论述。从上述唐与东突厥和亲类型的这种由君臣到兄弟，再到君臣的复杂变化具体过程来看，李渊和亲东突厥战略本身应包含有政治关系亲属化的内容。这与笔者对和亲政策内涵与实质的重新界定完全吻合。

不过，需要补充的是李渊父子和亲东突厥战略之所以能够一再成功实施，除了艰难的外交谈判之外，还与李渊父子一直坚持对东突厥所采取“贿以金帛”的金钱收买政策有关。从文献记载来看，唐朝每次实施和亲东突厥战略时都会给东突厥送大量财物。如李渊第一次向东突厥请求和亲时，不仅派刘文静持“厚礼”前往东突厥，而且还承诺“若入长安，民众土地入唐公，金玉缯帛归突厥”[④]。又武德四年（621）四、五月间唐高祖派李瑰“赍布帛数万段与（东突厥）结和亲”[⑤]。又武德九年，唐太宗对东突厥使者说：“吾与汝可汗面结和亲，赠遗金帛，前后无算。”[⑥] 类似记载还很多，限于篇幅，不再一一列举。

可见，在唐与东突厥长期和亲过程中，双方始终都确立有亲属或亲属化关系，先是君臣关系，后来调整为兄弟关系，再后来又调整为君臣关系，这完全符合和亲政策的概念。不仅如此，伴随和亲，唐朝还馈赠大量财物给东突厥，

① 唐与东突厥便桥会盟，一般文献没有记载为“和亲”，但是《旧唐书·李靖传》却明确记载为“颉利可汗入泾阳，靖率兵倍道趋豳州，邀贼归路，既而与虏和亲而罢”。

② ［美］巴费尔德：《危险的边疆》，袁剑译，江苏人民出版社2011年版，第183页。

③ 《资治通鉴》卷193，第6177页。

④ 《资治通鉴》卷184，第5850页。

⑤ 《旧唐书》卷60《李瑰传》，第2350页。

⑥ 《资治通鉴》卷191，第6131页。

这与汉、匈“约为兄弟以和亲”的同时“岁奉匈奴絮缯酒食物各有数”① 的情况完全一致。显然，李渊和亲东突厥战略的内涵与中国历史上的和亲政策完全一致。

五

如上所言，李渊在河东北部地区任职期间，曾多次率军与东突厥交战，并取得辉煌战绩，展现了出色的军事才能与过人胆识。显然，李渊首先是以武将的身份与东突厥发生关系的。既然如此，那么李渊为何会提出和亲东突厥战略？

首先，和亲东突厥战略的提出与当时东亚国际政治环境有关。如上所论，隋末东亚政治格局发生了重大变化，隋帝国内部爆发了一系列的反叛与分裂活动，逐渐形成群雄割据局面，隋帝国行将分崩离析；同时，东突厥实力不断恢复和发展，与隋实力对比关系逐渐逆转，取代隋帝国成为东亚霸主。在此国际政治格局中，隋帝国境内的割据势力，尤其是北方地区割据势力因担心遭到帝国的镇压与东突厥的蚕食，纷纷制定与实施“北连突厥”战略，积极争取东突厥的政治认可及进一步的扶持与支援。如刘武周起兵后大概十来天，即遭到周边拥隋势力的围剿。刘武周正是通过实施“北连突厥”获得了东突厥政治认可，并在东突厥兵马的支援下击败隋朝平叛军队，巩固了马邑割据政权。不仅如此，他还在东突厥兵马支援下，在短短一两个月时间占领了除太原之外的几乎所有河东北部地区，扩大了地盘。另外，东突厥也希望进一步削弱与瓦解隋帝国的实力，故它在不断直接武力侵扰隋帝国的同时，还制定了类似于中原王朝“离强合弱”的战略，通过不断扶植隋帝国境内分裂与反叛势力，从而达到分裂与削弱、瓦解隋帝国的目的。史称：东突厥“浸以雄盛，豪杰虽建名号，莫不请好息民。于是分置官司，总统中国，子女玉帛，相继于道，使者之车，往来结辙。自古蕃夷骄僭，未有若斯之甚也”②。当时东突厥实际上已成隋帝国北部边疆地区的“太上皇”③。

显然，在此背景下，隋帝国境内割据政权，尤其是北部边疆地区的割据政权与东突厥汗国联合，符合双方利益，是在当时特殊国际政治背景下做出的最佳战略抉择。李渊是当时关陇集团核心成员之一，在隋末政局中具有极强政治影响力与号召力。现在他欲以太原为基地反隋，必然成为东突厥极力拉拢与扶

① 《汉书》卷94上《匈奴传上》，中华书局1962年版，第3754页。

② 《隋书》卷84《突厥传》，第1884页。

③ 吴玉贵：《突厥汗国与隋唐关系史研究》，第151页。

持的对象。从李渊的角度来看，如果没有东突厥的政治认可与扶持，太原起兵及太原临时政权的建设都可能很难顺利进行，更不要说南下争夺天下。故在此情况下，李渊提出和亲东突厥战略具有一定的必然性。

其次，和亲东突厥战略的提出是李渊卓越的政治智慧与素养的体现。传世文献大多将李渊描述成胸无大志的懦夫。实际上李渊不仅不是懦夫，而且还是卓越的军事家、政治家。李渊早在太原起兵之前就已经制定了一系列的非常高超的战略规划，如尊隋战略，他没有像当时其他各反隋势力的领袖一样，一开始就旗帜鲜明地提出反隋主张，称王称帝，而是首先提出尊隋主张，先是主张"远迎主上"[①]，后来又提出"立代王为帝"[②]的替代方案。占领关中后，李渊确实拥立过代王一段时间。李渊的这一主张，与李密"弑后主执代王"[③]以及其他各割据者纷纷称王称帝明然不同。又李渊在起兵之前就已制定了西定关中战略。李渊在给始毕可汗写信请求和亲时就说得很清楚，他先是说要"远迎"隋炀帝，后又说"废皇帝而立代王"，这都说明李渊一开始就没有打算建立以太原为中心的地方割据政权，而是要"中兴"隋朝，当然，这只是政治口号。从这一政治口号来看，李渊首要目的当在于占领关中，控制长安。长安是秦汉以来主要政治中心，而且也是隋朝的都城，控制长安具有十分重要的政治意义。李渊制定的这些战略，历史证明是十分正确的，为李渊反隋建国打下了坚实的基础。这反映出李渊本人卓越的政治智慧与素养。

同样，在当时异常复杂的东亚国际政治环境中，制定和亲东突厥战略，同样也是李渊政治智慧与素养的体现。这一战略的制定与实施，不仅巧妙地化解了来自东突厥与刘武周的压力，为太原起兵以及太原临时政权的建设创造了有利环境，而且还争取到了东突厥兵马支持，增强了实现攻占关中战略的信心和实力。不仅如此，和亲东突厥战略的制定与实施，还使李渊保持了一定的独立性，成功避免了直接称臣于东突厥的不利局面。

再次，吸取隋炀帝"绝和亲"外交政策的失败教训。隋文帝册封突利为启民可汗，启民可汗向隋文帝称臣，双方建立君臣之国的关系。另外，隋文帝还通过册封东突厥可汗可贺敦为公主及直接嫁亲王女给东突厥可汗等方式与东突厥缔结政治联姻关系。显然，文帝时隋与东突厥是君臣和亲与政治联姻和亲相混合的和亲。炀帝继位之初，双方维持了这种和亲关系。但随着东突厥势力的不断恢复与发展，炀帝试图分化与瓦解东突厥汗国，破坏了双方的和亲关系。

① 《大唐创业起居注》卷1，第9页。
② 《资治通鉴》卷184，第5846页。
③ 《旧唐书》卷53《李密传》，第2220页。

《隋书·裴矩传》记载："矩以始毕可汗部众渐盛，献策分其势，将以宗女嫁其弟叱吉设，拜为南面可汗。叱吉不敢受，始毕闻而渐怨。矩又言于帝曰：'突厥本淳易可离间，但由其内多有群胡，尽皆桀黠，教导之耳。臣闻史蜀胡悉尤多奸计，幸于始毕，请诱杀之。'"① 隋炀帝离间不成，便设计除掉了始毕可汗谋臣胡人史蜀胡悉。于是，始毕可汗非常生气，"由是不朝"②，不久便发生了雁门之围，隋与东突厥和亲关系彻底破坏。李密曾说："当今主昏于上，人怨于下，锐兵尽于辽东，和亲绝于突厥，方乃巡游扬、越，委弃京都，此亦刘、项奋起之会。以足下之雄才大略，士马精勇，席卷二京，诛灭暴虐，则隋氏之不足亡也。"③ 从李密的分析来看，隋炀帝破坏与放弃和亲东突厥的政策，是隋末困局的重要原因和表现。当时很多有识之士，都已认识到要想破解这种困局，就须妥善解决与东突厥的关系。当时各割据政权，尤其是北方各割据政权制定与实施"北连突厥"战略，在一定程度上也是吸取与借鉴隋炀帝"和亲绝于突厥"这一失败民族与外交政策的失败教训。

李渊虽一度遭到隋炀帝的猜忌，但其在朝廷上的地位却并不低，且还多次在北部边疆地区任职。故他不仅见证了隋炀帝绝和亲民族与外交政策的制定与实施，而且实际上还充当了隋炀帝民族与外交政策的执行者。故他对这一政策的消极影响定然有着更加深刻的认识，故他在准备起兵过程中，必然会重新审视隋炀帝的民族与外交政策，吸取"和亲绝于突厥"民族与外交政策的失败教训。

最后，传统和亲政策的影响。中国古代国家起源过程中，政治组织与血缘关系高度融合，家国一体，故中国古代政治与外交始终具有极强的亲缘性质。这种亲缘性主要表现为将家庭或家族管理原则运用于国家与天下的治理，将君臣、官民、族际、国际等关系亲缘化为兄弟、父子、叔侄、伯侄、翁婿、甥舅等关系。通过这种亲缘化途径，将政治、族际以及国际关系赋予了极强的亲缘色彩。正是在此观念影响下，中国古代民族与外交关系中，和亲就成为了一种非常重要的外交原则。班固对汉代人们对如何处理汉匈关系的意见与看法有过很到位的总结，他说："缙绅之儒则守和亲，介胄之士则言征伐。"④ 于是和亲就成为了中国古代传统外交政策的重要组成部分，历代都曾运用和亲政策来解决与周边民族或政权之间的关系。

李渊祖父李虎是西魏重要的军事贵族，八大柱国之一，被封为唐国公，父

① 《隋书》卷67《裴矩传》，第1582页。

② 《隋书》卷67《裴矩传》，第1582页。

③ 《旧唐书》卷53《李密传》，第2210页。

④ 《汉书》卷94下《匈奴传下》，第3830页。

亲李昞以及李渊本人均袭爵唐国公。故李氏家族在西魏、北周以及隋朝的社会地位一直都较高。另外，西魏、北周以及隋朝都比较重视传统文化，故李氏家族成员在保持较高军事素质的同时，也必然注重文化修养的提高。李渊出生于公元566年，隋朝建立时才十五岁。显然，由于年龄问题，他应该没有参与或者极少参与北周以及隋初的各种战争，因此，他有充分的时间接受系统的文化教育，他对古代历史应该比较熟悉。这可从他后来在制定和亲东突厥战略时对历代中原王朝与北方草原民族关系的总体分析中得到印证。他说："匈奴为害，自古患之。周秦及汉魏，历代所不能攘，相为勍敌者也。"① 上文已说过，和亲是中国古代传统民族与外交政策的重要内容，李渊应该对古代和亲政策比较了解，所以他在面对东突厥不断南下侵扰的残酷现实时，表现出了一个成熟政治家的胸怀和智慧，提出明确的和亲东突厥战略。

（刘兴成，宁夏师范学院政治与历史学院副教授）

① 《大唐创业起居注》卷1，第1页。

两宋《会计录》考论

夏盼盼　赵　龙

摘　要：宋代《会计录》是继唐《元和国计簿》之后，有关两宋朝廷财政收支情况的经济文献。自北宋真宗《景德会计录》至南宋理宗《端平会计录》，两宋《会计录》凡十多种。两宋《会计录》目前皆亡佚，只在传世文献中有零星记载，以王应麟《玉海》所载内容为最。然其所记北宋《庆历会计录》《皇祐会计录》等存有一定争议：其一，庆历元年（1041）宋仁宗诏裁浮费一事与《庆历会计录》实无联系；其二，《皇祐会计录》为皇祐二年（1050）田况始撰，但其成书应不早于至和二年（1055）；其三，《熙宁会计录》不见载于《玉海》，宋人所言熙宁一书或为熙宁年间编撰的其他会计之书。两宋《会计录》总体以量入为出为指导思想，为宋廷稽考帐籍、节财省费服务。

关键词：两宋；《会计录》；会计思想

引　言

宋代《会计录》是继唐朝李吉甫《元和国计簿》之后，有关政府财政收支情况的经济文献，多由中央财政机构（三司或元丰改制后的户部）编撰，汇编某年的户籍、计帐报告等国家规定的财政收支项目。自北宋真宗《景德会计录》至南宋理宗《端平会计录》，两宋共编撰《会计录》十多种。[①] 遗憾的是，受历史因素影响，两宋《会计录》目前皆亡佚，今人仅能从传世文献中了解一二，其详细内容却无法得知。

学界对宋代《会计录》的研究多集中于《会计录》编撰背景、目的及作用分析，对其会计思想仅简单梳理，也疏于对《会计录》文献本身进行细致

---

① （宋）王应麟纂：《玉海》卷185，江苏古籍出版社、上海书店1987年版，第3390—3397页。记两宋《会计录》有《景德会计录》《祥符会计录》《庆历会计录》《皇祐会计录》《治平会计录》《元祐会计录》《绍兴会计录》《乾道会计录》《绍熙会计录》《庆元会计录》及《端平会计录》等。

考证。[①] 本文基于学界既有研究成果，对宋代部分《会计录》的撰者、内容进行考证梳理，并对《会计录》体现的两宋会计思想进行分析总结，以期对学界此类研究有所助益。需要说明的是，本文讨论的两宋《会计录》仅指宋廷编撰的明确带有“会计录”之名的会计之书，宋代地方《会计录》因编撰机构不一，且“见于记载者较少”[②]，其内容与所用会计之法无法进行系统梳理，故不在本文讨论范围。

一　两宋《会计录》存佚概况

在传世文献中尚存两宋《会计录》的零星记载，其中又以王应麟《玉海》所载内容为最。观其所记，《玉海》对北宋《会计录》的撰者、卷数及大致内容较之南宋详细。

（一）北宋《会计录》概况

1.《景德会计录》

北宋真宗景德四年（1007）八月，“权三司使丁谓上《景德会稽录》六卷，诏奖之，以其书付秘阁”[③]。陈振孙《直斋书录解题》载其六卷：“一《户赋》，二《郡县》，三《课入》，四《岁用》，五《禄食》，六《杂记》。”[④]

《景德会计录》的具体内容今已无法确知，不过卷一《户赋》可从《玉海·景德会计录》中窥探一二，“景德四年七月丙子，权三司使丁谓言：‘户部状景德三年户口数，总户七百四十一万七千五百七十，口一千六百二十八万二百五十四，比咸平六年计增五十五万三千四百一十户，二百万二千二百一十四口。赋入之数总六千三百七十三万一千二百二十九贯石匹斤，比咸平六年计增

① 相关文章参见汪圣铎《两宋财政史》，中华书局1995年版；包伟民《宋代地方财政史》，上海古籍出版社2001年版；黄纯艳《宋代财政史》，云南大学出版社2013年版；以上著作集中概述两宋《会计录》编撰背景、目的，考证较为简略。郭道杨《会计史研究：历史·现实·未来》第三卷，中国财政经济出版社2008年版；方宝璋《宋代财经监督研究》，中国审计出版社2001年版；朱灵通、方宝璋《论宋代旁通与会计录设置思想》，《财会通讯》2011年第13期；陈扬《北宋帐籍与会计录制度浅析》，《甘肃理论学刊》2012年第1期；李娟娟、斯叶青《论宋代〈会计录〉中的现代财务呈报方式》，《会计之友》2014年第1期；以上成果将两宋《会计录》与宋代会计帐籍相联系，论述其区别与联系，分析《会计录》所含会计思想及作用。高磊《宋代〈会计录〉研究》（硕士学位论文，河北大学，2011年）多从政治、经济角度分析宋代中央《会计录》及地方《会计录》编撰情况，对会计思想略有涉及。顾宏义《宋朝〈会计录〉考》（《中国四库学》2018年第2期），对宋代《会计录》进行考证，部分考证稍显简略。

② 高磊：《宋代〈会计录〉研究》，硕士学位论文，河北大学，2011年。

③ （宋）李焘撰，上海师大古籍所、华东师大古籍所点校：《续资治通鉴长编》卷66，景德四年八月，中华书局2004年版，第1486页。

④ （宋）陈振孙撰，徐小蛮、顾美华点校：《直斋书录解题》，上海古籍出版社1987年版，第164页。

三百四十六万五千二百九……臣今以景德三年民赋、户口之籍较咸平六年，具上史馆，望岁较其数以闻。’从之”①。由此推测，《景德会计录》应记景德三年（1006）与咸平六年（1003）国家财政收支相关项目的会计数据，并对两者进行比较分析。

2. 《祥符会计录》

《玉海》载大中祥符八年（1015）林特为三司使，受命统计编撰当年国家户口财赋，并于次年正月辛酉，上三十卷《祥符会计录》。是书记载了大中祥符八年天下户口财赋之数，“凡户八百四十二万二千四百三，口一千八百八十八万一千九百三十，计入两税钱帛、粮斛二千二百七十六万四千一百三十三，丝棉鞋草二千二百八十三万六千六百三十六，茶盐酒税榷利钱帛金银二千八百万二千”②。

3. 《庆历会计录》

《玉海·食货》《通志·艺文略》《宋史·艺文志》载《庆历会计录》二卷，未录撰者。《玉海》载其为庆历三年（1043）由三司进呈，内容涉及“在京出纳及十九路钱帛刍粮之数”③。其后又将宋仁宗裁减浮费一事与《庆历会计录》联系，略显杂乱，有待考证。

4. 《皇祐会计录》

“皇祐二年，田况为三司使”④，始复钩考天下财赋出入虚实之数，认为国家“厚敛疾费，如此不可以持久，然欲有所扫除变更，兴起法度，使得百姓得完其蓄积，而县官以上亦有余在”⑤，故仿丁谓《景德会计录》撰《皇祐会计录》六卷。田况未取郡县疆理、宫馆祠宇之数，以为“粮刍运馈，国之大计，特为《储运》一篇，辅其缺”⑥，故其六卷为“一《户赋》，二《课入》，三《经费》，四《储运》，五《禄赐》，六《杂记》”⑦。其内容为皇祐年间国家财政出入之数，并“取一年最中者为准”⑧，以便与他年数据进行对比分析。

5. 《治平会计录》

《治平会计录》由蔡襄所撰，韩绛进呈，内容涉及皇祐与治平年间天下财

---

① 《玉海》卷185《食货·景德会计录》，第3390页。

② 《续资治通鉴长编》卷86，大中祥符九年正月辛酉，第1966页。

③ 《玉海》卷185《食货·庆历会计录》，第3391页。

④ 《玉海》卷185《食货·皇祐会计录》，第3391页。

⑤ （宋）杜大珪：《名臣碑传琬琰集》卷3《田太傅况墓志铭》，台北：文海出版社1969年版，第477页。

⑥ 《玉海》卷185《食货·皇祐会计录》，第3391页。

⑦ 《玉海》卷185《食货·皇祐会计录》，第3391页。

⑧ 《玉海》卷185《食货·皇祐会计录》，第3391页。

赋、兵数、宗室吏员数等项目的比较分析。“治平四年九月五日庚辰”①，三司使韩绛进呈《治平会计录》六卷，“岁入一亿一千余万，出一亿二千余万，诸路积一亿万，而京师不与。时兵数少损，隶籍者犹百十六万，而宗室吏员视皇祐亡虑，增十之三”②。

6.《元祐会计录》

李常著，三十卷。③ 元祐二年（1087）七月，户部以为“三司即今户部之职，自景德、皇祐、治平、熙宁并修《会计录》，事目类分，出纳具见，宜复讲修，以备观览”④，故宋哲宗诏户部编修《元祐会计录》。至元祐三年闰十二月庚戌，户部尚书韩忠彦、侍郎苏辙、韩宗道等言是书编成，取元丰八年（1085）钱帛刍粮之数，“其别有五，一曰《收支》，二曰《民赋》，三曰《课入》，四曰《储运》，五曰《经费》，五者既具，然后著之以见在，列之以通表。若内藏右曹之积，天下封桩之实，非昔三司所领，不入会计，将著之他书”⑤。

（二）南宋《会计录》概况

1.《绍兴会计录》

《玉海·绍兴会计录》记其由户部主持编修，略述其内容，但未述具体卷数。绍兴五年（1135），殿中侍御史张绚以“知国之财用，必得节制之法，节财之要，必资会计之书”⑥，奏请宋高宗依《景德会计录》《皇祐会计录》等书体例，汇总绍兴元年至绍兴四年天下财赋等收支数目，以编撰《绍兴会计录》。绍兴五年闰二月己酉，宋高宗诏令户部修《绍兴会计录》，网罗“天下赋入之数、官吏之数、养兵之数”⑦。是年四月戊申，户部“以为皇祐、治平会计天下财赋，当时取会，动经岁月，方可成录”⑧，故只以绍兴四年天下财赋收支等数申纳朝廷，而“所有已前年数，接续行下取索编录”⑨。

---

① 《玉海》卷185《食货·治平会计录》，第3392页。

② 《玉海》卷185《食货·治平会计录》，第3392页。

③ 顾宏义：《宋朝〈会计录〉考》（《中国四库学》2018年第2期），考《宋史·李常传》记有《元祐会计录》三十卷，《宋史·艺文志》则记三卷，认为“三卷”脱“十”字。

④ 《玉海》卷185《食货·元祐会计录》，第3393页。

⑤ （宋）苏辙著，曾枣庄、马德福校点：《栾城集·栾城后集》卷15《元祐会计录叙》，上海古籍出版社2009年版，第1328—1329页。

⑥ 《玉海》卷185《食货·绍兴会计录》，第3394页。

⑦ （宋）李心传编撰，胡坤点校：《建炎以来系年要录》卷86，绍兴五年闰二月己酉，中华书局2013年版，第1635页。

⑧ （宋）李心传编撰，胡坤点校：《建炎以来系年要录》卷88，绍兴五年四月，第1697页。

⑨ （清）徐松辑，刘琳等校点：《宋会要辑稿·食货》56之42至43，上海古籍出版社2014年版，第7307页。

2.《乾道会计录》

乾道六年（1170），黄中“奏请命有司作《乾道会计录》以制国用”①，未果。《玉海·乾道会计录》载：“（乾道）六年五月丁丑，诏依皇祐、元祐、绍兴作《会计录》，从发运史正志之请也。”② 是年十月十一日，户部侍郎、江浙京朝淮广福建等路都大发运使史正志再次上疏请修《乾道会计录》。史正志认为，南渡之后国家帐籍众多，杂乱无章，无法汇总稽核，以致“易于窜易，易于移兑，而乾没之患滋生”③，而解决方法“莫若谨帐状之上，续会计之书。是书一成，如镜之照，如权之称，尚何所逃哉”④。于是，宋廷“造《会计录》”⑤。

3.《绍熙会计录》

传世文献对是书主持者或撰者、编纂时间及编撰过程等内容大致有两种叙述。一种以《宋会要辑稿》为主，认为《绍熙会计录》由右谏议大夫何澹建议，宋光宗诏于绍熙元年（1190）编修。是年正月二十七日，“宰执进呈右谏议大夫何澹札子，乞置《绍熙会计录》……令何澹同赵彦逾依已得指挥稽考以闻。二十八日，又诏更差叶翥，仍令林大中、沈诜、杨经同共稽考闻奏”⑥。是书记绍兴二十一年（1151）、二十二年、二十七年、二十八年、三十二年，隆兴元年（1163），淳熙元年（1174）及淳熙十一年、十六年各地户赋、课入等财政收支相关项目数据。

另一种记载则认为《绍熙会计录》由户部侍郎赵彦逾上奏请修，宋光宗于绍熙二年（1191）诏户部主持编撰。淳熙十六年（1189），秘书郎郑湜转对，上言宗庙、两宫卫卒众多而待遇却差，“请明诏大臣裁定经费，上自乘舆，下至庶府，除奉宗庙、事两宫、给兵费之外，一切量事裁酌，罢其不急，损其太过”⑦。宋光宗于绍熙二年辛丑、丁未两次降旨修《绍熙会计录》。至“赵德老为户部侍郎，因请稽考内外财赋”⑧，请“自宫掖始，以庆历、隆兴为法”⑨，

① （宋）朱熹撰：《朱子全书·晦庵先生朱文公集》卷91《端明殿学士黄公墓志铭》，上海古籍出版社、安徽教育出版社2002年版，第4213页。

② 《玉海》卷185《食货·乾道会计录》，第3395页。

③ 《宋会要辑稿·食货》69之30，第8063页。

④ 《宋会要辑稿·食货》69之30，第8063页。

⑤ 汪圣铎点校：《宋史全文》卷25上《宋孝宗三》，乾道六年十月，中华书局2016年版，第2094页。

⑥ 《宋会要辑稿·食货》56之63，第7317—7318页。

⑦ （宋）李心传撰，徐规点校：《建炎以来朝野杂记》甲集卷17《财赋四·左藏库》，中华书局2000年版，第381页。

⑧ （宋）李心传撰，徐坤点校：《建炎以来朝野杂记》甲集卷17《财赋四·左藏库》，第381页。

⑨ 《玉海》卷185《食货·绍熙会计录》，第3395页。

置《绍熙会计录》。此后，宋光宗命叶翥、何澹等与彦逾共同商议《绍熙会计录》的编修。

上述两种记载虽在奏请者及编撰时间上有异，但参与编修《绍熙会计录》的官员却相同：叶翥、何澹、赵彦逾等。且编修时间仅有一岁之差，连修两部《会计录》的可能性较低，故上所记《绍熙会计录》应为同一部。其编撰时间虽无法细考，但可推内容大致将绍兴、隆兴及淳熙年间各地户赋、课入等财政收支相关项目进行对比分析。

4.《庆元会计录》

又称《庆元中外会计录》，赵师炳、杨文炳撰，五十八册。《玉海·庆元会计录》载："庆元二年三月，用殿中侍御史姚愈建请，命金部郎中赵师炳、户部郎中杨文炳编集，以《会计司》为名。三年三月，书成……为《庆元中外会计录》，分五十八册。"① 其内容大致为绍熙元年（1190）、绍熙四年及庆元元年（1195）中央及部分地区财赋之数。《宋会要辑稿》记庆元三年六月十九日，户部"参照姚愈所陈事理，将绍熙元年、绍熙四年、庆元元年各年行在左藏库、诸仓场等处，并淮东西、湖广总领所取支钱物比换增减因依……逐一究见源流、登耗、渗漏因依，已得详悉，分作五十八册，为《庆元中外会计录》"②。

5.《端平会计录》

《玉海·端平会计录》仅载其名，对其编撰内容及过程等都无叙述。《宋史全文》载："（端平元年）庚寅，都省言近来朝廷户部财赋会计不明，用度无节。诏令尚书省计簿房置局稽考，委都司官同枢密院编修官编类《端平会计录》，仍令条具来上。权置检阅文字二员，寻差宣教郎赵与訔、承事郎赵汝暨。"③ 从中可知《端平会计录》是为明帐籍、节用度所作，亦可探知其主持编修机构及审查人员。

二 《玉海》所载部分《会计录》考

《玉海》记宋代会计之书凡十八种，明确有"会计录"之名的共十二种，即《宣和两浙会计总录》与上述十一种《会计录》。而北宋部分《会计录》的编修存在一定争议，多集中于《皇祐会计录》与《熙宁会计录》。此外《庆历会计录》编修时间亦有待商榷。

① 《玉海》卷185《食货·庆元会计录》，第3396页。

② 《宋会要辑稿·食货》56之69，第7320—7321页。

③ 《宋史全文》卷32《宋理宗二》，端平元年四月庚寅，第2684—2685页。

（一）《庆历会计录》编撰时间考

汪圣铎认为《庆历会计录》为三司于庆历三年（1043）编修，仅记庆历三年在京及十九路钱帛刍粮之数。高磊继承此观点，并推测宋廷编修《庆历会计录》或与庆历新政有关。顾宏义《宋朝〈会计录〉考》则认为《庆历会计录》始编于庆历元年，至三年进呈，论据以《玉海》为主，内容如下：

> 书目二卷。庆历三年，三司具在京出纳及十九路钱帛刍粮之数。
>
> ……
>
> 庆历元年八月戊子，诏御药院内东门司取先帝时及天圣初帐籍，比较近年内中用度增损之数以闻。①

上述史料确记《庆历会计录》为三司于庆历三年（1043）进上，但其后所记的“取先帝时及天圣初帐籍”比较以闻一事与《庆历会计录》实无联系，此为宋仁宗时期宋廷裁减浮费之事。李焘《续资治通鉴长编》取张方平二疏论仁宗庆历二年裁减浮费之事。张方平建议：“若朝廷重于生事，欲乞且令三司将天圣中一年天下赋入之数及中外支费之籍，与昨一年比，并条上，则国家之大计可较而知矣。”②故庆历元年，“诏御药院内东门司取先帝时及天圣初帐籍，比较近年内中用度增损之数以闻”。至庆历二年四月戊寅，宋仁宗命贾昌朝、田况、张方平、张永和及姚仲孙商议裁减浮费。张方平等人在商讨过程中，认为节省一事应从禁中始，“自下而议上则于礼不顺，由上以率下则于名为正”③。是年六月，“御史中丞贾昌朝等言，今详定减省事毕”④。张方平等人目的是节省经费，即使以帐籍为依据，也应于事毕后进呈，于次年进上可能性不大，故此帐籍并不为《庆历会计录》。至于帐籍内容，杜大珪《名臣碑传琬琰集》卷二十八载：“御史中丞贾昌朝校景德以来迄于康定财用出入之数，内自宫掖，外及权贵而下，岁省浮费数百万。”⑤

综上，《庆历会计录》并不是始撰于庆历元年（1041）。《庆历会计录》成书于庆历三年，仅有两卷，且“仁宗皇帝庆历三年诏会国家之财赋，转一岁之中，而为定式”⑥，故是书很可能为庆历三年编修，仅载是年京师及十九路钱帛

---

① 《玉海》卷185《食货·庆历会计录》，第3391页。

② 《续资治通鉴长编》卷135，庆历二年四月，第3234页。

③ 《续资治通鉴长编》卷136，庆历二年五月，第3249页。

④ 《续资治通鉴长编》卷137，庆历二年六月，第3280页。

⑤ 《名臣碑传琬琰集》卷28《梁庄肃公适墓志铭》，第811页。

⑥ （宋）章如愚辑：《群书考索》续集卷46《财用门·东南财赋》，广陵书社2008年版，第1139页。

刍粮出纳数目。

（二）《皇祐会计录》与皇祐会计之书

《玉海·皇祐会计录》载是书六卷，为皇祐二年（1050）三司使田况所撰，其后又记皇祐二年至皇祐四年，王尧臣等人奉旨较天下每岁财赋出入之数，并“为书七卷，（皇祐四年）丙辰上之”。关于王尧臣等人所上之书是否为田况所撰的《皇祐会计录》，研究者各抒己见。汪圣铎以为两者可能是一书，即田况所著的《皇祐会计录》，至于时间差异之说可能与秉笔者认识及错误传闻有关。[①] 高磊继承其观点，认为二者相同，其卷数差异与田况所作《皇祐会计录序》有关，王尧臣等将其独立一卷，故为七卷。[②] 顾宏义在其文中未提王尧臣等人之书，认为《皇祐会计录》为皇祐二年田况所撰。[③] 陈扬亦持相同观点，认为皇祐二年三司使田况上《皇祐会计录》，王尧臣等人所著为其他会计之书。[④]

本文通过梳理《皇祐会计录》编修时间，认为其与王尧臣等人所上之书并不相同。据田况墓志：

> （田况）以为枢密直学士权三司使，即而又以为龙图阁学士、翰林学士，又迁尚书礼部侍郎，正其使号。自景德会计，至公始复钩考财赋，尽知其出入……故为《皇祐会计录》上之，论其故，冀以寤上。上固恃公，欲以为大臣，居顷之，遂以为枢密副使，又以检校太傅充枢密使。[⑤]

由此可知《皇祐会计录》为田况在三司任职时所著。田况于皇祐二年（1050）闰十一月己未除枢密直学士、权三司使，皇祐五年九月壬午，由权三司使、翰林学士、兼龙图阁学士、给事中除礼部侍郎、三司使，至和元年（1054）二月授枢密副使，故可推《皇祐会计录》应始撰于皇祐二年与至和元年之间。至于其成书时间，田况所作《皇祐会计录序》载：“先朝权三司使公事丁谓尝编《景德会计录》上之，逮今四纪余，利害赢亏，变通损益，多非近制矣。”[⑥] 考《景德会计录》撰于景德四年（1007），加之四纪，即宋仁宗至和

---

① 汪圣铎：《两宋财政史》，第641页。

② 高磊：《宋代〈会计录〉研究》，硕士学位论文，河北大学，2011年。

③ 顾宏义：《宋朝〈会计录〉考》，《中国四库学》2018年第2期。

④ 陈扬：《北宋帐籍与会计录制度浅析》，《甘肃理论学刊》2012年第1期。

⑤ （宋）王安石著，秦克、巩军标点：《王安石全集》卷88《太子太傅致仕田公墓志铭》，上海古籍出版社1999年版，第668页。

⑥ （宋）吕祖谦：《宋文鉴·二》卷87，上海古籍出版社1994年版，第21页。

二年，故《皇祐会计录》成书应不早于至和二年，与王尧臣等人所呈七卷之书并不相同。

（三）《熙宁会计录》与《熙宁会计式》

传世文献虽未明确记载《熙宁会计录》，然宋人在其奏疏中多次提及。哲宗元祐二年（1087）七月，户部言："窃以制国之用，量入为出……自景德、皇祐、治平、熙宁并修《会计录》，事目类分，出纳具见。"① 其后，苏辙《元祐会计录叙》云："唐李吉甫始簿录元和国计，并包巨细，无所不具。国朝三司使丁谓等因之，为《景德》、《皇祐》、《治平》、《熙宁》四书，网罗一时出纳之。"② 南宋绍兴时，张绚等亦认为熙宁年间修有《会计录》。至明代，《熙宁会计录》在明人笔下细化，其撰者被认为是韩绛。丘浚认为："自唐李吉甫为《元和国计录》，丁谓因之为《景德会计录》，其后林特作于祥符，田况作于皇祐，蔡襄作于治平，韩绛作于熙宁，苏辙作于元祐。"③ 黄道周《博物典汇》采丘浚之说，亦认为《熙宁会计录》为韩绛所著。

北宋神宗时期，国家注重理财，对三司帐籍与三司法令极为重视，臣僚多次上疏请求稽核三司帐籍，著为定式，神宗亦诏大臣编置会计簿籍。章如愚《山堂考索》卷六十三《财用门》云：

> 神宗《熙宁会计录》。国家自天圣以后，用度浸广，故于《会计录》加详。神宗嗣位，用王安石参预枢要，尤以理财为先务。熙宁三年，条例司始议取三司簿籍，考观本末，与使副同商度经久废置之宜，一岁用度及郊祀大费皆编著定式，诏用其议，以刘瑾等编三司岁计及南郊式，金君卿等编三司籍簿，条例司总领焉。熙宁五年，朝廷患天下文帐之繁，始命曾布删定法式……熙宁七年十月庚辰，诏三司置会计司，以宰相韩绛提举。先是绛奏三司总天下财赋，其出入之数并无总要……欲选官置司以天下户口人丁税赋及场务坑冶河渡房园之类祖额年课及一路钱榖出入之数，去其重复注籍，岁比较增亏及……如此则国计大纲，朝廷可以省察，议论政事，足宽民力，仍乞臣绛提举同上。④

上述引文并未明确指出《熙宁会计录》编修一事，只将熙宁三年（1070）

---

① 《续资治通鉴长编》卷403，元祐二年七月，第9800页。

② （宋）苏辙著，曾枣庄、马德福校点：《栾城集·栾城后集》卷15《元祐会计录叙》，第1326页。

③ （明）丘浚著，林冠群、周济夫校点：《大学衍义补》卷24《制国用·经制之义下》，京华出版社1999年版，第233—234页。

④ （宋）章如愚辑：《群书考索》后集卷63《财用门·会计录》，第821页。

编置三司岁计和簿籍之事与《熙宁会计录》相联系。然条例司考观及编定三司簿历实际发生于熙宁二年。《宋会要辑稿》载是年十二月三日，条例司言："三司岁计及南郊之费皆可编为定式。乞差官置局，与使副等编修。"① 以刘瑾、赵咸、杨蟠及李定编定《三司岁计》及《南郊式》，金君卿、吕嘉问与乔执中编定《三司簿历》。宋代会计帐籍可分为三类，即"登记统计资料的簿册、财政财务收支历和各种簿、帐、状、旁通等"②。宋代各类财会统计著作多以此为凭据进行编修，如《治平经费节要》，即对治平某年的经常出纳之数进行汇总分析；再如《至道三司著籍》《至道版籍式》《咸平占额图》《乾道度支都籍》等，对国家财政项目的某一方面进行统计分析。而刘瑾、金君卿等人很可能"只在清理三司帐务的基础上确定了三司岁计定额和郊祀支费定额"③。

熙宁初，韩绛奏请置司总要"天下户口人丁税赋及场务坑冶河渡房园之类祖额年课及一路钱谷出入之数"，以便国家省察，故熙宁七年（1074）十月，三司置会计司，以宰臣韩绛提举。至"八年六月二十三日，提举三司会计司上《一州一路会计式》"④。《续资治通鉴长编》亦载："（熙宁八年六月）癸丑，提举三司会计司上《一州一路会计式》，余天下会计候在京诸司库务帐足编次。从之。"⑤《一州一路会计式》以法令形式确定政府会计帐籍格式，便于宋廷稽查各地帐籍。至"（熙宁八年）九月十一日丁卯，绛奏罢会计司"⑥，事遂罢。而明人很可能依此认为韩绛撰有《熙宁会计录》。

三　《会计录》所见两宋会计思想

宋代是中国会计文化相对繁荣的时期，注重会计核算与监督。自宋仁宗起，宋廷多次裁减浮费，审计天下帐籍。两宋《会计录》集宋廷会计帐籍之大成，宋人会计思想亦从中可窥。

（一）量入为出，稽考监督

宋代《会计录》的编制与统计汇编会计帐籍不同，常有特定的政治、经济背景，往往能反映撰者或政府独特的会计思想。北宋仁宗时，国家"三冗"问题凸显，田况以一岁收不抵支，修《皇祐会计录》，以期省浮费，薄赋敛，使

① 《宋会要辑稿·职官》5之6，第3123页。
② 方宝璋：《宋代财经监督研究》，第161页。
③ 汪圣铎：《两宋财政史》，第642页。
④ 《玉海》卷186《食货·熙宁会计司》，第3403页。
⑤ 《续资治通鉴长编》卷265，熙宁八年癸丑，第6514页。
⑥ 《玉海》卷186《食货·熙宁会计司》，第3403—3404页。

百姓有积蓄，县官有余财。蔡襄《治平会计录》重收支对比，指出入不敷出，且兵员、吏员数量过多，亦有节省之意。宋哲宗时官吏请修《元祐会计录》，明确提出“量入为出”的会计思想。元祐元年（1086），“左正言朱光庭请置局，取户部天下一岁出入，与三年郊费、四夷岁赐，凡百经费，会计可省者省之，量入为出，著为令式”①，二年七月，户部奏请以《景德会计录》《皇祐会计录》等为例，修《元祐会计录》，使“事目类分，出纳具见”②。至元祐三年闰十二月庚戌，韩忠彦、苏辙、韩宗道等言《元祐会计录》已编成，“欲取费用详加裁节，多不伤财，少不害事。诏浮费并行裁省”③。以某年收入、支出为依据，对支出过多的部分详加分析，裁省浮费，与现今预算会计中的基数法相似，即以财务报告年度（当年）预算收支的执行数或预计执行数为基础，并对可能影响计划年度（下一年）预算收支的各种因素进行分析、预测，从而测算出计划年度预算收支数额。《元祐会计录》以某年实际发生额为基础，对未来支出计划裁减，体现了财务会计总结过去、管理会计面向未来的特点。

南宋《会计录》继承并发展了北宋“量入为出”的会计思想，既重视收支、费用分析，亦关注会计监督。绍兴五年（1135），殿中侍御史张绚请修《绍兴会计录》言：“是知国之财用，必得节制之法，节财之要，必资会计之书，所以察其登耗，量其多寡，参酌损益，因时制宜，故用度有常，而民力不困也……量入为出。”④《绍兴会计录》虽只记绍兴四年出入之数，但作为节财关键，体现着宋人“因时制宜”“量入为出”的会计思想。宋孝宗乾道年间，黄中、史正志等请修《乾道会计录》，以此稽考天下财赋。宋光宗绍熙时，何澹等编撰《绍熙会计录》，除有裁节经费目的外，更借此稽考财赋。何澹等一令两京诸司出具收支明细帐，“开具逐年出纳夹细窠名数目”⑤，若有模糊不全支出，“欲且据逐处供到及其他年分文字，参照稽考”⑥，限五日回报；又令淮东西、湖广、四川总领所，照上项年分，将全年（具体到月）收支之数，逐一立项分析，“亦要见见在的确之数”⑦；再令“从本所行下行在粮审院，各照上项年分，逐年批放过三衙、诸军、百司，并诸司、局所额管职次人数，应干请给名色、挨排月分年分，及都总计数目，逐一攒申，以凭参考”⑧。《绍熙会计

① 《玉海》卷185《食货·元祐会计录》，第3393页。
② 《玉海》卷185《食货·元祐会计录》，第3393页。
③ 《玉海》卷185《食货·元祐会计录》，第3393页。
④ 《玉海》卷185《食货·绍兴会计录》，第3394页。
⑤ 《宋会要辑稿·食货》56之64，第7318页。
⑥ 《宋会要辑稿·食货》56之64，第7318页。
⑦ 《宋会要辑稿·食货》56之64，第7318页。
⑧ 《宋会要辑稿·食货》56之64，第7318页。

录》为保证会计信息的真实性和合理性，对会计科目进行细分，即出纳之数逐一立项分析，对信息获取的时间、程序做出严格要求，是为会计监督的体现。此后，宋廷编撰《会计录》注重监察各地会计帐籍的真实性。宋宁宗时的《庆元会计录》对天下财赋参究源流。至宋理宗，则诏置局稽考各地帐籍，且权置检阅文字二员，以保障《端平会计录》的编撰。对经济业务进行监督是会计基本职能之一，宋廷稽考帐籍，不仅保障了《会计录》数据来源的真实性、合理性，更是对各地会计帐籍、财务机构的核查监督，是会计监督职能的体现。

（二）会计核算，比较分析

对经济业务进行核算是会计的另一大职能。两宋《会计录》为宋廷各类经济管理活动搜集、处理、存储和输送各种会计信息，是会计核算职能的体现。且部分国家《会计录》采用对比分析法，体现会计的可比性原则。

北宋国家《会计录》多用对比分析之法，反映国家财政处境，为统治者实行相关政策服务。《景德会计录》将景德三年（1006）国家财政收支等相关项目与咸平六年（1003）进行动态比较分析，凸显国家富庶，为宋真宗东封西祀、大兴土木服务，打消其经费不足的忧虑。《皇祐会计录》记天下户赋、课入、经费、储运、禄赐等数，“取一年最中者为准”，新增《储运》一篇，体现宋廷对漕运的重视。《治平会计录》将治平某年天下财赋、兵吏等数与皇祐时期进行对比，《元祐会计录》以元丰八年（1085）之数为准，与景德、皇祐某年之数进行比较。两书以数据动态变化，突显所处时期费用支出过多，期冀裁减浮费，减轻财政负担。至南宋，《绍熙会计录》取绍兴二十一年（1151）、二十二年、二十七年、二十八年、三十二年，隆兴元年（1163），淳熙元年（1174）及十一年、十六年天下户赋等财政项目进行对比分析，《庆元会计录》则比较绍熙元年（1190）、绍熙四年及庆元元年（1195）各地财赋出纳之数，两者选取较多样本，通过多年数据的动态比较，为宋廷裁减经费提供较为科学的凭据。

（三）四柱结算

在宋代，单式记账法不断完善，除收支记账外，宋廷亦采用四柱结算法编制会计簿籍。“四柱”指的是旧管、新收、开除及见在，分别相当于现今会计中的期初余额、本期增加额、本期减少额与期末余额。四者之间的关系为：旧管 + 新收 = 开除 + 见在，即期初余额 + 本期增加额 = 本期减少额 + 期末余额。这种平衡相等关系，是宋廷记账的基本原则，也是其核算编制会计帐籍的重要理论依据。本文目验所及，以四柱结算法编修《会计录》最早见于南宋绍兴年间。绍兴五年（1135），张绚奏请以四柱结算法修《绍兴会计录》，“以每岁所入之数列之于前，却以今岁计之，除预借已支费外，总计见今岁入实有之数，合计若干”[①]，即旧管 + 新收 - 开除 = 见在，得出今岁余额正负情况，据此考察财政收支的平衡情况。宋廷编修《会计录》多仿前人之书，《绍兴会计录》既采四柱结算法，其后的《乾道会计录》《绍熙会计录》《庆元会计录》及《端平会计录》很可能也使用此法进行编制。

结　语

随着“三冗”问题的日益显现，宋廷愈加重视《会计录》的编修，期冀以此为依据，缓解甚至是解决国家财政问题。除北宋前期丁谓、林特为迎合宋真宗著《景德会计录》《祥符会计录》外，余者多以量入为出为指导思想，为宋廷裁减浮费服务。从北宋至南宋，《会计录》不断发展，以日益进步的会计思想，追求相关数据的真实性、合理性与可比性。既能为统治者提供会计信息，又能对各地会计帐籍进行核查监督，且促成了地方《会计录》的编撰，如《宣和两者会计总录》、《河北根本录》等。尽管两宋《会计录》未能解决困扰统治者已久的国家财政问题，但其蕴含的会计思想在中式会计发展史上发挥着重要作用，继承并发展唐代四柱结算法，并促进明清时期《会计录》的编修。

（夏盼盼，上海师范大学古籍所硕士研究生；
赵龙，上海师范大学副研究馆员）

① 《玉海》卷 185《食货 · 绍兴会计录》，第 3394 页。

元代松江富户：个案与总况

杨晓春

摘　要：明代笔记《四友斋丛说》扼要揭示的元代松江富户问题，是元代江南社会、文化研究中一个值得深入的侧面。基于比较丰富的地方文献，我们可以获得元代松江府华亭县青龙任氏（任仁发家族）、小贞曹氏（曹知白家族）、吕巷吕氏（吕良佐家族）、祥泽张氏（张麒家族）、璜溪夏氏（夏椿家族）、谢氏（谢伯理家族）、黄氏（黄璋家族）、上海县下沙瞿氏（瞿霆发家族）、乌泥泾张氏（张瑄家族）、费氏（费寀家族）、海隅唐氏（唐昱家族）等十一个内涵比较丰富的富户家族个案，以及更多的松江富户的一般记载。正德《松江府志》所载《松江府助役田粮记》中的"田百亩之上人户一千四百二十户"，占松江总户数的比例为大约 0.86%，也许可以视作松江富户总体状况的一项数据。略加归纳，还可知松江富户多居住在乡村和市镇，城居的较少；松江富户之间通婚普遍，加强了富户的地方属性；至于致富的方式，除了农业为主之外，还有海运和盐业两种途径也比较突出。

关键词：松江；元朝；富户；正德《松江府志》

明代后期松江文士何良俊的笔记《四友斋丛说》中有一条云：

> 吾松不但文物之盛可与苏州并称，虽富繁亦不减于苏。胜国时，在青龙则有任水监家，小贞有曹云西家，下沙有瞿霆发家，张堰有杨竹西家，陶宅有陶与权家，吕巷有吕璜溪家，祥泽有张家，干巷又有一侯家。吕璜溪即开应奎文会者是也，走金帛聘四方能诗之士，请杨铁崖为主考，试毕，铁崖第甲乙，一时文士毕至，倾动三吴。瞿氏即志中所谓浙西园苑之盛惟下沙瞿氏为最者是也。曹云西即所谓东吴富家唯松江曹云西、无锡倪云林、昆山顾玉山，声华文物，可以并称，余不得与其列者是也。杨竹西即有不碍云山楼者是也。余尝见其像，吴绎写像，倪云林布景，元时诸名胜题赞皆满。干巷侯家亦好古，所藏甚富。一日遭回禄，其家有盈尺玉观音，白如凝脂，乃三代

物，至宝也，拾袭藏之楼上。火炽，主人至楼上取观音，为烟所蔽，不得下，抱观音焚死于楼梯者是也。张氏即有三味轩者是也。想吾松昔日之盛如此，则苏州亦岂敢裂眼争耶！今则萧索之甚，较之苏州盖十不逮一矣。①

何良俊追溯元代松江的“文物之盛”即文化发达与“富繁”即社会富庶、人口众多，颇为感慨，尤其是拿他所生活的明代后期的松江和苏州相比。为作说明，何氏引到松江青龙任氏、小贞曹氏、下沙瞿氏、张堰杨氏、陶宅陶氏、吕巷吕氏、祥泽张氏、干巷侯氏等多例，往往都有文化上的成就，至少也是有文化上的追求。其中，还特别说到“曹云西即所谓东吴富家唯松江曹云西、无锡倪云林、昆山顾玉山，声华文物，可以并称，余不得与其列者是也”，似乎暗示各家均在“富家”之列。何良俊的记述，揭示了富户与松江乃至江南②地方社会、文化之间有着密切关系的一个生动的历史现象，不免引人深思。

“富家”“富户”“富室”以及“豪民”“豪室”“巨室”“大家”等名词，屡屡见于中国古代文献，清晰地说明财富大量拥有者作为一个突出的社会现象

① （明）何良俊：《四友斋丛说》卷16，中华书局1997（1959）年版，第136页。

② “江南”的空间内涵问题，学界多有讨论，讨论的一般状况，可以参看范金民《江南社会经济史研究入门》，复旦大学出版社2012年版，第2—10页。长期以来，大致形成了太湖流域为狭义的江南的认识，本文即在这一层内涵上使用江南一词。当然，这和元代文献中一般所用的“江南”指长江中下游长江以南地区的概念是不一样的（通常使用的江南三省——江浙行省、江西行省、湖广行省——就大致是从这种含义的角度使用的，这样的使用，当源出于以“江南”代指南宋政权，最早可以追溯到北宋指称尚未被它吞并的南唐政权），而和“浙西”的概念大致相同。不过，元末成书的《南村辍耕录》称“淮人寇江南日”[（元）陶宗仪：《南村辍耕录》卷11“阿瘖瘖”条，中华书局1997（1959）年版，第142页]，这是指张士诚据浙西的史事，其中的“江南”即浙西；明初成书的《农田余话》中称“元初，（华亭）户版十七万，时江南六府，二十万升为上路总管府，十五万为下路”[（明）长谷真逸：《农田余话》卷上，《四库全书存目丛书》子部第239册影明万历绣水沈氏刻《宝颜堂秘笈》本，齐鲁书社1995年版，第320页]，其中的“六府”当指南宋末之临安府、嘉兴府、湖州、平江府、常州、镇江府四府二州，也即“浙西”的概念；更为明确的，如《元史·成宗纪》载大德二年二月乙丑“立浙西都水庸田司，专主水利”（《元史》卷19《成宗纪二》，中华书局校点本1976年版，第417页），又载大德七年二月壬午“罢江南都水庸田司”（《元史》卷20《成宗纪三》，第448页），又《泰定帝纪》载泰定三年正月壬子“置都水庸田司于松江，掌江南河渠水利”（《元史》卷30《泰定帝纪二》，第667页），其中的“江南”即均指浙西而言。在这一层含义上，元代的江南大致等同于江南浙西道肃政廉访司的辖区。另外，也有“江南”指江浙行省的例子。如《元史·成宗纪》载：“（大德三年秋七月）庚辰，中书省臣言：‘江南诸寺佃户五十余万，本皆编民，自杨总统冒入寺籍，宜加厘正。’从之。”（《元史》卷20《成宗纪三》，第428页。）《通制条格》卷3《户令》“寺院佃户”条载：“大德三年七月初三日中书省奏：‘江南有的种佃寺家田地的佃户每，依在前杨总统说谎奏了，俺寺家的佃户每根脚里，亡宋时分，在后寺家的册里也籍着来，不干他每事。管民官说俺合管么道，教生受有。依在前体例里，则教俺管呵，怎生？’么道，奏过，要了圣旨来。前者，又管和尚的官人每，依着在前杨总统朦胧奏来的奏了，‘有气力的教当差者，无气力的休教当者，管民官休管者。’么道，行了圣旨有。俺商量来，亡宋时分，百姓的数目里籍着来，后头世祖皇帝圣旨里虎儿年抄数户计时分，也百姓的册里籍有来，更兼‘俗人休教和尚管者。’么道，在先有行来的圣旨；则杭州省里管着寺家的佃户，约伍拾万户有余，教和尚每管呵，别着大体例的一般有。做佃户种田呵，依体例种佃也者。依在前圣旨体例里，则教管民官每管呵，怎生？商量来。’奏呵，奉圣旨：‘是也。和尚每休管者。教管民官管者。’钦此。”（方龄贵校注：《通制条格校注》，中华书局2001年版，第122—123页。按方龄贵先生注中引及《元史·成宗纪》的记载。）《通制条格》所载公文中的“杭州省”即指江浙行省，江浙行省“寺家的佃产”有超过五十万户，《元史·成宗纪》直接写作“江南诸寺佃户五十余万”。综合以上的元代及明初历史文献的记载和学界对于“江南”地域范围的使用习惯，本文将“江南”的地域范围界定为太湖流域，大致相当于元代的江南浙西道肃政廉访司辖区。按照元代稳定时期的行政区划，则包括杭州路、湖州路、嘉兴路、平江路、常州路、镇江路、建德路、松江府、江阴州七路一府一州。

的普遍存在。“富户”等词汇，当然不是一个有明确标准的用词，但是既然在文献中大量地出现，便足以说明时人对于此类人户有着相对明确的认识。财富集中在少数人手中，是引起人类社会向阶级社会发展的基本因素，因此也可以说富户是早已有之的现象。但是，富户在不同的历史阶段、不同的地域社会中起着不同的作用。并且，富户并非阶级，甚至也并非完全独立的社会阶层，我们可以找到他们的共性，我们也可以找到他们内在的明显差异。更何况，富户除了大量地拥有财富，同时还具有其他的社会、文化方面的属性，在经济方面也有具体的经营方式的不同。

元代的松江，富户作为一种社会现象比较突出，存世相关史料比较丰富，为相关问题的讨论提供了可能。不过具体的讨论还有待元代松江富户的个案史料和一般史料的充分积累，本文正是想在这方面做一些基础工作。现在所得，有内涵比较丰富的个案十一个，另外还有记录相对比较简单的个案二十多个。此外，还就松江富户普遍存在问题也作一些考察，对松江富户的家族性和地方性，松江富户致富的方式也略加讨论。

一　元代松江富户的十一个个案

以《四友斋丛说》的记载为线索，查检正德《松江府志》中的记载，并进一步检索墓志（除了少量出土品，主要为文集中所载者）等各类家世资料，可以获得有关松江富户的比较丰富的个案共十一例：华亭县青龙任氏（任仁发家族）、小贞曹氏（曹知白家族）、吕巷吕氏（吕良佐家族）、祥泽张氏（张麒家族）、璜溪夏氏（夏椿家族）、谢氏（谢伯理家族）、黄氏（黄璋家族）、上海县下沙瞿氏（瞿霆发家族）、乌泥泾张氏（张瑄家族）、费氏（费寀家族）、海隅唐氏（唐昱家族）。这些个案也是以后具体讨论富户与元代松江社会、文化之间关系的主要的史实基础。

（一）任仁发家族

1953年，上海青浦县发现一处元代家族墓地，发现不少珍贵的文物，其中有任仁发、任贤德、仁贤能、任士文妻钦察台氏守真荣（别里怯孙女）、任明（嗣于姑夫陈勇，称陈明）、任良祐等任氏家族六人的墓志，墓志的拓片和部分录文也得到了公布。[①]《新中国出土墓志·上海 天津》则完整地公布了任仁发、任良祐、任贤德、仁贤能、任良辅、陈明、任士文妻钦察台氏守真荣、任贤才、

① 宗典：《元任仁发墓志的发现》，《文物》1959年第11期；沈令昕、许勇翔：《上海市青浦县元代任氏墓葬记述》，《文物》1982年第7期。

任良佐九人的墓志拓片及录文。[①] 此后还出版了任仁发家族墓地的考古报告，其中也包括《新中国出土墓志》中刊布的任仁发家族多位成员的墓志。[②] 只是相去当年任仁发家族墓志的发现已经太为久远，而且当时的考古工作也比较简单，很多考古信息已经不可详知了。出土的部分文物，最近也得到了公布。[③] 由这一批任仁发家族墓志，可以比较详细地知道任仁发家族的详细情况。此外正德《松江府志》中还有任仁发的小传，称任仁发有三子：贤材、贤能、贤佐；另外，王逢的一则诗序则有较之任仁发墓志更为详细的生平记载，并称任仁发有子贤明、贤佐。[④] 综合起来，则任仁发似有四子。任仁发墓志称有子三人，而恰好出土墓志有贤德、贤明、贤才三人；又任仁发墓志称有孙男十二人，贤德、贤能、贤才三人墓志记各有子三人，似乎应当还有一子。以下暂且依照墓志列出任仁发家族世系。（参见表 1）[⑤]

表 1　**任仁发家族世系**

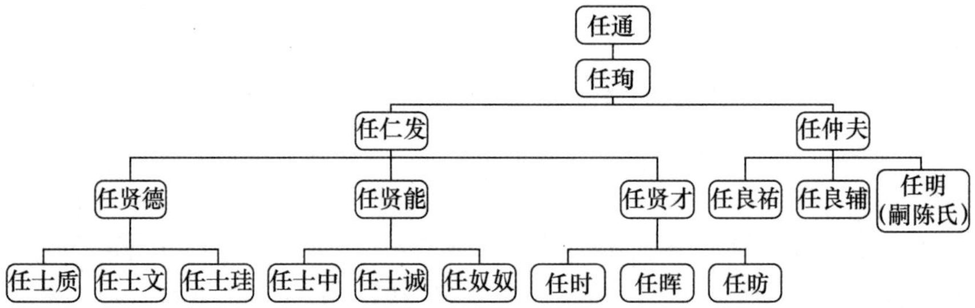

任仲夫，正德《松江府志》有小传，写作任仲孚。[⑥] 任仁发孙士质，杨维祯撰有传记。[⑦] 杨维祯《致天乐大尹诗帖》诗序中提及任叔达、任孟举，孙小力先生在《杨维祯全集校笺》的注释中引王逢《题任叔达母俞姊俞妇双节堂卷其曾

---

① 中国文化遗产研究院、上海博物馆、天津文化遗产保护中心编著：《新中国出土墓志·上海 天津》，文物出版社 2009 年版，上册，第 31—38 页；下册，第 19—23 页。

② 上海博物馆编著、何继英主编：《上海唐宋元墓》，科学出版社 2014 年版。

③ 上海市青浦区博物馆编：《月朗山高：元代青浦任仁发家族文物集萃》，上海人民出版社 2020 年版。

④ （元）王逢：《梧溪集》卷 6《谒浙东宣慰副使致仕任公及其子台州判官墓（有后序）》，李军点校，北京师范大学出版社 2016 年版，第 510—512 页。

⑤ 按：前文据墓志略述任仁发家族世系，很多细节特别是文献记载中不相一致之处，未予讨论。关于任仁发家族世系的讨论，可以参见后引杭素婧、舒健二文。

⑥ （明）正德《松江府志》卷 30《人物·节义》，《天一阁藏明代方志选刊续编》第 6 册影明正德刻本，上海书店 1990 年版，第 723—724 页。

⑦ （明）杨维祯：《杨铁崖先生文集全录》卷 3《云林散人传》，孙小力校笺《杨维祯全集校笺》第 8 册，上海古籍出版社 2019 年版，第 3071—3072 页。

祖开吴有功》，说明任叔达为任仁发曾孙，并认为任孟举为任叔达同辈兄弟。[①]

任氏世居于青龙镇。任仁发（1254—1327年），字子明，号月山。是元代知名的画家和水利学家，著《水利集》，今存。《任贤德墓志》称任仁发长于水利，为家传之学。入元官都水庸田副使，以浙东道宣慰副使致仕。有关任仁发的绘画和水利事业，研究较多。[②] 上海发现的志丹苑元代水闸遗址，被认为是任仁发所建。[③] 有关任氏家族的研究，以往并不多，近来则引起不少关注。[④]

除了前引《四友斋丛说》提及任仁发，文献中少有关于任仁发家族富裕的明确记载。任氏家族墓地虽未经科学发掘，追回的文物中仍有一批精美的器物，如景德镇枢府釉瓷器多件、疑为漆艺艺术家张成所制的雕漆山水人物圆盒，[⑤] 大致可以推测任氏家族富有的情形。

（二）曹知白家族

有关元代画家曹知白，多为绘画史角度的研究，偶有学者比较详细地涉及其家族的一般方面。[⑥] 曹知白生平资料较多，有贡师泰撰墓志，[⑦] 及文章名家为其斋室所作记文，[⑧] 正德《松江府志》、万历《青浦县志》有其小传。[⑨] 其子孙

---

① （明）杨维祯：《铁崖佚诗》下编《致天乐大尹诗帖》，孙小力校笺《杨维祯全集校笺》第9册，第3497—3498页。

② 前者如杨臣彬《元代任仁发〈二马图〉卷》，《文物》1965年第8期；徐邦达《任仁发父子事略》，载徐邦达《历代书画家传记考辨》，上海人民美术出版社1983年版，第28—29页；徐建融《元上海画坛三家综述》，《上海大学学报》1986年第Z1期；洪再新《任公钓江海 世人不识之——元任仁发〈张果见明皇图〉研究》，《故宫博物院院刊》2000年第3期；林树中《任仁发生平及其作品》，收入林树中《国宝海外寻踪——海外藏中国历代名画研究文集》，东南大学出版社2007年版，第278—286页；等等。后者如刘春燕《元代水利专家任仁发及其〈水利集〉》，《上海师范大学学报》2001年第2期；傅林祥《上海志丹苑水闸遗址考略》，《学术月刊》2005年第4期；向珊：《任仁发治水与元中期浙西基层社会》，《中西元史》第1辑，商务印书馆2023年版；等等。

③ 上海博物馆编著、宋健主编：《志丹苑：上海元代水闸遗址考古报告》，科学出版社2018年版。上海博物馆编著：《志丹苑：上海元代水闸遗址研究文集》，科学出版社2015年版。

④ 杭素婧：《元代江南家族通婚研究》，硕士学位论文，南京大学，2015年；舒健：《元代任仁发家族史实考述》，《元史及民族与边疆研究集刊》第34辑，上海古籍出版社2017年版。

⑤ 沈令昕、许勇翔：《上海市青浦县元代任氏墓葬记述》，《文物》1982年第7期。

⑥ 王颋：《筑堂依厚——曹知白的家世、居所与绘画》，收入王颋《古代文化史论集》，上海古籍出版社2007年版，第309—326页。

⑦ （元）贡师泰：《玩斋集》卷10《贞素先生墓志铭》，《景印文渊阁四库全书》第1215册，台湾商务印书馆股份有限公司1986年版，第695—696页；（明）正德《松江府志》卷17《冢墓》引，《天一阁藏明代方志选刊续编》第6册影明正德刻本，第19—22页。

⑧ （元）虞集：《厚堂记》，（明）正德《松江府志》卷16《第宅》引，《天一阁藏明代方志选刊续编》第5册影明正德刻本，第862—865页。（元）黄溍：《古斋记》，（明）正德《松江府志》卷16《第宅》引，《天一阁藏明代方志选刊续编》第5册影明正德刻本，第862—865页。

⑨ （明）正德《松江府志》卷30《人物·文学》，《天一阁藏明代方志选刊续编》第6册影明正德刻本，第733—734页。（明）万历《青浦县志》卷五《人物传·乡贤》，《稀见中国地方志汇刊》第1册影明万历刻本，中国书店1992年版，第1070页。

的生平资料保存较少，主要有邵亨贞所作曹知白子曹永墓志①。邵亨贞另撰有曹知白祭文，② 自称外从孙。邵亨贞祖父邵桂子娶曹泽之孙女，③ 因居小蒸，曹泽之当为曹知白祖父曹润之兄弟辈，④ 故而邵亨贞对曹知白自称外从孙。邵亨贞对于曹氏家族非常了解。曹知白族侄庆孙，有邵亨贞所撰行状，⑤ 详记曹泽之一支的家世情况。另外正德《松江府志》、万历《青浦县志》均有曹庆孙小传。⑥ 其斋室名安雅斋（堂），柯九思、杨维祯为作记。⑦ 庆孙祖应符，正德《松江府志》亦有小传。⑧ 庆孙子宗儒，陶宗仪为撰墓志。⑨（参见表2）

表2　**曹知白家族世系**

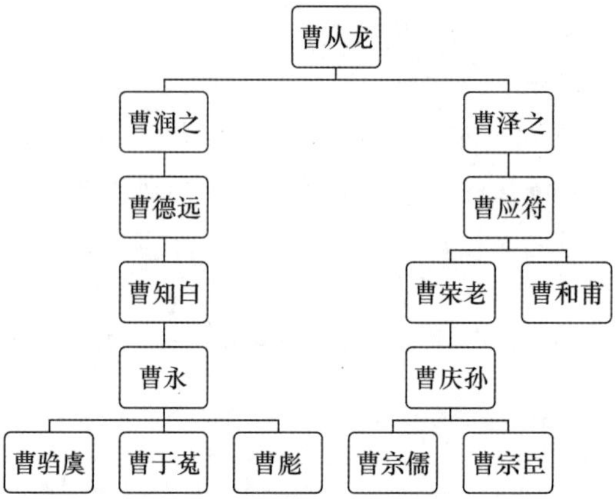

---

① （元）邵亨贞：《野处集》卷3《元故柳州路马平县都博镇巡检曹君墓志铭》，《景印文渊阁四库全书》第1215册，第216页。

② （元）邵亨贞：《野处集》卷3《祭曹云翁文》，《景印文渊阁四库全书》第1215册，第217页。

③ 按正德《松江府志》所载邵桂子小传记邵桂子娶曹泽之女，（正德《松江府志》卷31《人物·游寓》，《天一阁藏明代方志选刊续编》第6册影明正德刻本，第774页。）这是错误的。下引《居竹记》可以明确说明邵桂子与曹家的具体关系，邵桂子所娶为曹泽之孙女。

④ （明）正德《松江府志》卷31《人物·游寓》，《天一阁藏明代方志选刊续编》第6册影明正德刻本，第774页。

⑤ （元）邵亨贞：《野处集》卷3《元故建德路淳安县儒学教谕曹公行状》，《景印文渊阁四库全书》第1215册，第212—214页。

⑥ （明）正德《松江府志》卷30《人物·文学》，《天一阁藏明代方志选刊续编》第6册影明正德刻本，第733—734页。（明）万历《青浦县志》卷五《人物传·乡贤》，《稀见中国地方志汇刊》第1册影明万历刻本，第1070—1071页。

⑦ （明）正德《松江府志》卷16《第宅》引，《天一阁藏明代方志选刊续编》第5册影明正德刻本，第877—878页；（明）杨维祯：《东维子文集》卷19《安雅堂记》，孙小力校笺《杨维祯全集校笺》第6册，第2412页。

⑧ （明）正德《松江府志》卷30《人物·节义》，《天一阁藏明代方志选刊续编》第6册影明正德刻本，第706页。

⑨ （清）嘉庆《松江府志》卷79《名迹志·冢墓》引，上海市地方志办公室、上海市松江区地方志办公室编《上海府县旧志丛书·松江府卷》第8册，上海古籍出版社2011年版，第1827页。

有关元代松江曹氏家族，还有一件知名的碑刻资料《居竹记》，值得一说。大德二年（1298年），前建德路总管方回为华亭县修竹乡曹和甫撰写《居竹记》，由赵孟頫书丹，随后刻石。拓片今存国家图书馆、浙江省博物馆。（图1）碑文在《江苏金石记》（《江苏通志稿·艺文志·金石》）中已经完整收录，① 不过据浙江省博物馆藏拓，还可以再补充三字。此文收入方回文集《桐江集》，② 还全文收载正德《松江府志》。③ 碑文中记："予友古睦玄同居士邵君壻其家，为予言曹氏家世之盛。内子之弟和甫字仲达，祖守斋先生提干府君年八十余以寿终，考梅渚先生司户府君前太学两请、甲戌进士，蔚为一时闻人，仲达今年廿有五，俊特英发。"④ 而曹庆孙行状则记："曾祖讳泽之，宋秉义郎、户部犒赏所差监硖石酒库。祖讳应符，宋迪功郎、衢州司户参军。父讳荣老，宋宣教郎。公之系，实严陵邵氏子。本生父宋文林郎、处州州学教授讳桂子，处州娶司户公女曹氏而生公，公盖曹氏出也。宣教公早世，秉义府君命公后其

图1 《居竹记》拓片

资料来源：浙江省博物馆藏，据浙博网站 https：//www.zhejiangmuseum.com/Collection/ExcellentCollection/4119zonghepingtaiexhibit/4119zonghepingtaiexhibit.

① 《石刻史料新编》第1辑第13册影稿本，台北：新文丰出版公司1977年版，第9917—9918页。按：此书有整理本，不过此碑的文字中增加了新的错误，例如误"壻"为"培"。（缪荃孙著，张廷银、朱玉麒主编：《缪荃孙全集·金石》第3册，凤凰出版社2014年版，第621—622页。）

② （元）方回：《桐江集》卷2，影清抄《宛委别藏》本（第105册），江苏古籍出版社1988年版，第139—142页。按：《桐江集》中所载系据石刻。

③ （明）正德《松江府志》卷16《第宅》，《天一阁藏明代方志选刊续编》第5册影明正德刻本，第867—868页。

④ 上引《居竹记》据石刻拓本，并参考《江苏金石记》，缺字则据《桐江集》所载，外加"□"。

舅氏。公虽外继，而幼养于处州。”[①] 曹庆孙行状中的司户参军/司户公即《居竹记》中的司户府君，则曹和甫当为曹荣老弟，邵桂子娶曹和甫姐姐，生子过继给舅舅曹荣老，此子即曹庆孙。

曹氏本为温州瑞安人，南宋初年徙居华亭，盖即居小贞（小蒸）。曹知白（1272—1355年）字又玄，号云西，学者尊为贞素先生。至元甲午、大德戊戌开凿吴淞江，都曾参与，且有功劳，曾被荐举为昆山教谕，也曾北游京师，与王公巨族相交，但一直未出仕。其子曹永出仕，但都为低职。

正德《松江府志》载："曹云西孙幼文[②]号雪林，言乃祖盛时尝筑台，以锡涂之，月夜携客痛饮，称瑶台，其侈靡至是，盖元氏习俗也。一时惟常州倪云林、昆山顾玉山可相伯仲，他资富而文采不足者不与焉。要之，其富而不知节，可为后世戒也。"[③] 尤其可见曹氏豪富的程度。

（三）吕良佐家族

王颋先生曾专门研究过元代璜溪吕氏。[④] 元末文士杨维祯撰《故义士吕公墓志铭》[⑤] 详记吕良佐生平及家世。此志1962年出土，称《璜溪处士吕公圹志》，未署撰者名，文字有所残泐。[⑥] 比较杨维祯《故义士吕公墓志铭》，大致内容略同，但具体措辞多有不同，又似乎文集本有错简之处。[⑦] 杨维祯与吕良佐父子关系密切，良佐二子恒、恂皆师事杨维祯。[⑧] 杨维祯赴聘在至正九年春。[⑨] 杨维祯

① （元）邵亨贞：《野处集》卷3《元故建德路淳安县儒学教谕曹公行状》，《景印文渊阁四库全书》第1215册，第212页。

② 曹知白及其子曹永墓志均记曹永三子名，无有幼文。学者或以为幼文即驺虞（王颋：《筑堂依厚——曹知白的家世、居所与绘画》，载王颋《古代文化史论集》，第325页），按曹知白墓志和曹永墓志均谓之早世（早夭），且曹知白卒于至正十五年，至正十六年曹幼文还馆其师钱南金于家。[（元）邵亨贞：《野处集》卷1《一枝安记》，《景印文渊阁四库全书》第1215册，第188页]，则曹幼文应该不是驺虞。又按钱南金松江华亭人，善诗，诗人钱惟善"论淞上诗人，亦以君为称首"，徐一夔为其诗稿作序。[（明）徐一夔撰、徐永恩校注：《始丰稿校注》卷3《钱南金诗稿序》，浙江古籍出版社2008年版，第53页]

③ （明）正德《松江府志》卷32《遗事》，《天一阁藏明代方志选刊续编》第6册影明正德刻本，第898页。

④ 王颋：《应奎从杨——元、明之际的华亭"璜溪吕氏"》，收入王颋《古代文化史论集》，第385—402页。

⑤ （明）杨维祯：《东维子文集》卷24《故义士吕公墓志铭》，孙小力校笺《杨维祯全集校笺》第6册，第2566—2567页。

⑥ 中国文化遗产研究院、上海博物馆、天津文化遗产保护中心编著：《新中国出土墓志·上海 天津》，上册，第39页；下册，第24页。

⑦ 杨晓春：《元代墓志文集本与石刻本对读举例》，《元史论丛》第15辑（庆祝蔡美彪先生九十华诞元史论文集），天津古籍出版社2019年版。

⑧ （明）杨维祯：《东维子文集》卷19《吕氏楼真赏记》，孙小力校笺《杨维祯全集校笺》第6册，第2394页。按：此文题目，《全元文》第41册第468页（李修生主编：《全元文》第41册，凤凰出版社2014年版）据傅增湘校记改作《吕氏真赏楼记》。

⑨ （明）杨维祯：《东维子文集》卷17《桂隐记》，孙小力校笺《杨维祯全集校笺》第6册，第2350页。

还为吕氏父子的斋室作记铭多篇。[①] 吕恒志文亦存。[②]（参见表3）

表3 **吕良佐家族世系**

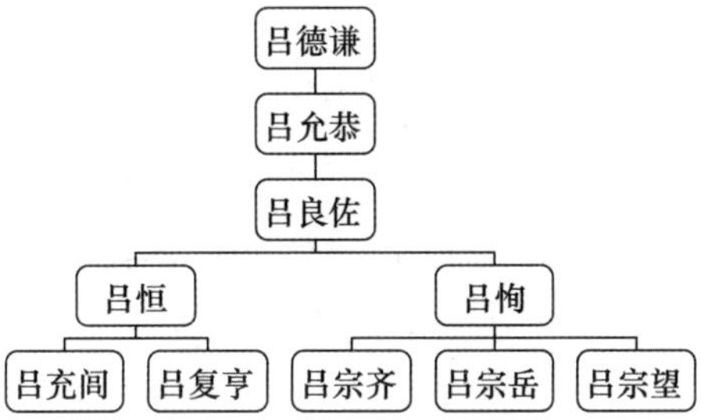

吕氏世居于松江华亭吕巷（吕港，又称璜溪）。吕良佐（1295—1359年），或作良弼，字辅之。良佐及其父、祖皆不出仕。不过他与地方政府之间有密切的关系，也曾娶征东万户宣武公孙女高氏。

吕恒墓志称“世饶资”[③]，可知吕氏是富户。

（四）张麒家族

有关张麒的家世资料主要有杨维祯撰《张氏通波阡表》和王逢撰《张氏通波阡表辞（有序）》。《张氏通波阡表》载于《杨铁崖先生文集全录》[④]、《铁崖漫稿》[⑤] 和正德《松江府志》（题作《通波阡表》）[⑥]，其中有关张麒家族世系部分有很大的差异；又有杨维祯墨迹存世，亦题作《张氏通波阡表》，今藏日本东京国立博物馆，有多种影印本。[⑦] 但是正如孙小力先生已经在《杨维祯全集

---

① 有《宾月轩记》《吕氏楼真赏记》《淑芳斋志》《宝俭堂铭》，分别载《东维子文集》卷17、19、22、23，孙小力校笺《杨维祯全集校笺》第6册，第2329—2330、2394、2485—2486、2528—2529页。又有《来德堂记》，文载正德《松江府志》卷16《宅第》引，《天一阁藏明代方志选刊续编》第5册影明正德刻本，第871—872页；收入《全元文》第39册（李修生主编：《全元文》第39册，凤凰出版社2014年版，第270页）；收入孙小力校笺《杨维祯全集校笺》第9册，第3609—3610页。而《东维子文集》卷19还收有一篇同名的《来德堂记》，那是为吴兴（今浙江湖州）医生庄子正所作的。

② （明）殷奎：《强斋集》卷4《吕德常权厝志》，《景印文渊阁四库全书》第1232册，第433—434页。

③ （明）殷奎：《强斋集》卷4《吕德常权厝志》，《景印文渊阁四库全书》第1232册，第434页。

④ （明）杨维祯：《杨铁崖先生文集全录》卷2《张氏通波阡表》，孙小力校笺《杨维祯全集校笺》第8册，第3051—3052页。此文还载《全元文》第42册第271—273页（李修生主编：《全元文》第42册，凤凰出版社2014年版），系据清抄本，当即《杨维祯全集校笺》所据国家图书馆藏清抄本。

⑤ 原书未见，据孙小力校笺《杨维祯全集校笺》中《张氏通波阡表》一文的校勘记，可知此本文字与《杨铁崖先生文集全录》非常接近。

⑥ （明）正德《松江府志》卷17《冢墓》，《天一阁藏明代方志选刊续编》第6册影明正德刻本，第22—23页。

⑦ 例如《杨维祯书张氏通波阡表》，上海书画出版社2002年版。

校笺》中指出的，墨迹本曾经拼接，并非完本，缺失了一百六十多字。① 墨迹本有关张麒家族世系，和《杨铁崖先生文集全录》本更为接近。对比墨迹本，还可知《杨铁崖先生文集全录》将张麒误作张麟，而正德《松江府志》本不误。《杨维祯全集校笺》还以《杨铁崖先生文集全录》为底本，校以正德《松江府志》本和墨迹本。此外，王逢撰《张氏通波阡表辞（有序）》② 所述与杨维祯撰《张氏通波阡表》大抵相同，包括其中的家族世系。综合看来，《杨铁崖先生文集全录》本和墨迹本《张氏通波阡表》所载世系不太可靠，正德《松江府志》本来自石刻，估计是经过张麒家族最后确认的世系，应该可靠。③ 以下据正德《松江府志》所载杨维祯《张氏通波阡表》列出张麒家族世系。（参见表4）

表4　**张麒家族世系**

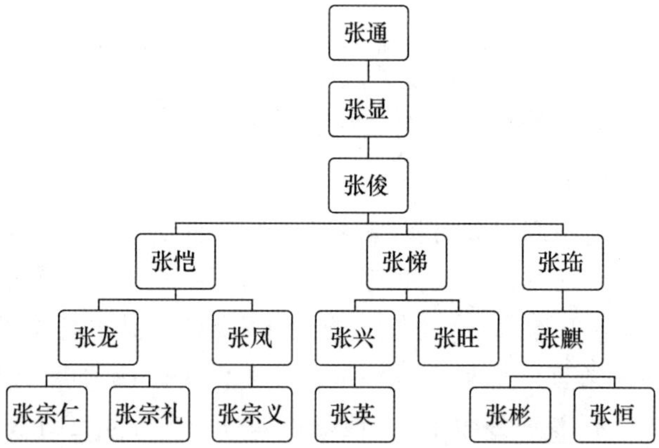

张麒曾从学杨维祯，杨维祯还为张氏作《三味轩记》④。“三味轩”一名，正是张氏自高为隐者的口号，出自西晋初年里人张翰辟为齐王冏官，秋风起而思故乡菰饭、莼羹、鲈脍三味遂归里的典故。

张氏出自青阳，先祖有北宋丞相张商英。⑤ 张商英子孙渡江，先居杭州，

---

① （明）杨维祯：《杨铁崖先生文集全录》卷2《张氏通波阡表》，孙小力校笺《杨维祯全集校笺》第8册，第3052—3053页，注①。

② （元）王逢：《梧溪集》卷5《张氏通波阡表辞（有序）》，李军点校，第373—375页。

③ 杨晓春：《杨维桢撰〈张氏通波阡表〉不同文本的差异及其成因探析——兼论正德〈松江府志〉在保存元代石刻文献方面的贡献》，《暨南学报》（哲学社会科学版）2021年第9期。

④ （明）正德《松江府志》卷16《第宅》引，《天一阁藏明代方志选刊续编》第5册影明正德刻本，第873—874页。

⑤ 《东维子文集》所存之《三味轩记》，首称“淞之集贤乡有张季鹰裔曰麒字国祥”，则张氏先世可以追溯到西晋时期的张翰（字季鹰）。而正德《松江府志》所引《三味轩记》，则作“松江之集贤乡有隐者张氏曰麒字国祥”。

后徙干山，又徙祥泽，迁居祥泽者为张麒五世祖。祥泽为塘名，又为村名，属泗泾市。南徙后数代至张麒均不出仕，故皆称居士。张麒，字国祥。

张麒家富裕的情况，亦史无明文，但是从他“建大石梁者三”[①] 来看，亦应有一定的财力。

（五）夏椿家族

陈高华先生曾利用多种文献资料，由夏文彦入手全面地讨论过夏椿家族的情况，[②] 日本学者近藤秀实在研究元末著名画史文献《图绘宝鉴》时曾就夏氏家世作有专门的梳理，并附有“夏文彦家世表”。[③] 利用的史料，除了一些斋室记之类，主要有邓文原撰《旌表义士夏君墓志铭》[④]、虞集撰《夏世泽墓志略并

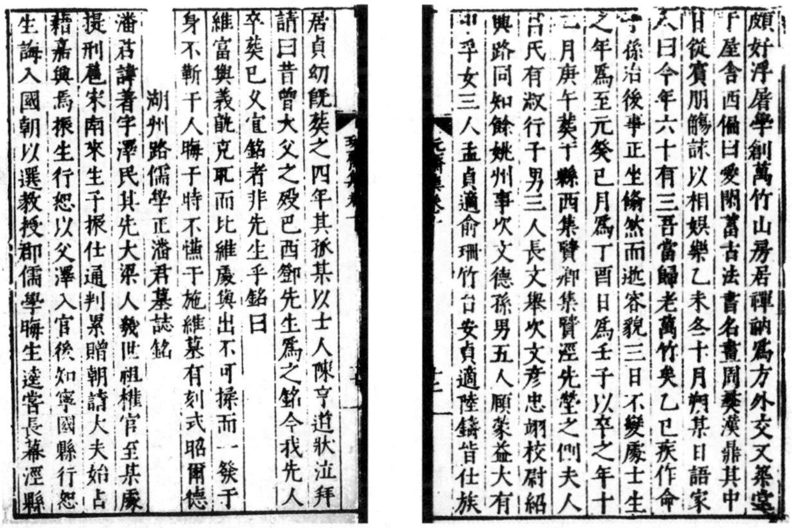

頗好浮屠學創萬竹山房居禪衲爲方外交又築室
于屋舍西偏曰愛閒蓄古法書名畫周彝漢鼎其中
日從賓朋觴詠以相娛樂乙未冬十月朔某日語家
人曰今年六十有三吾當歸老萬竹矣乙巳疾作命
子孫治後事正坐翛然而逝容貌三日不變處士生
之年爲至元癸巳月爲丁酉日爲壬子以卒之年十
二月庚午葬于縣西集賢鄉集賢涇先塋之側夫人
呂氏有淑行子男三人長文舉次文彥忠翊校尉紹
興路同知餘姚州事次文德孫男五人顧棻益大有
平孚女三人孟貞適俞珊竹台安貞適陸鑄皆仕族

居貞幼既葬之四年其孫某以士人陳亨道狀泣拜
請曰昔曾大父之殁巴西鄧先生爲之銘今我先人
卒葬已久宜銘者非先生乎銘曰
維富與義能克兼而比維慶與出不可揜而一發于
身不靳于人晦于時不憸于施維墓有刻式昭爾德
湖州路儒學正潘君墓誌銘
潘君諱著字澤民其先大梁人幾世祖椎官至某處
提刑扈宋南來生子振仕通判累贈朝請大夫始占
籍嘉興焉振生行恕以父澤入官後知寧國縣行恕
生誨入國朝以選教授郡儒學誨生逵嘗長幕涇縣

图2　明天顺刻嘉靖重修本《玩斋集》所载《元故处士夏君墓志铭》有关夏濬子孙部分

资料来源：据国图数字古籍。

① （元）杨维祯：《通波阡表》，（明）正德《松江府志》卷17《冢墓》引，《天一阁藏明代方志选刊续编》第6册影明正德刻本，第22—23页。

② 陈高华：《夏文彦事迹小考》，《美术研究》1981年第4期；收入陈高华《元史研究论稿》，中华书局1991年版，第325—328页。

③ ［日］近藤秀实：《夏文彦美学渊源》，何乐、南东译，载近藤秀实、何庆先《图绘宝鉴校勘与研究》，江苏古籍出版社1997年版，第305—326页。

④ （元）邓文原：《巴西邓先生文集》卷下《旌表义士夏君墓志铭》，《北京图书馆古籍珍本丛刊》第92册影明抄本，书目文献出版社1991年版，第783—784页。

铭》[1]、贡师泰撰《元故处士夏君墓志铭》[2]，墓主为夏椿、夏世泽、夏濬祖孙三人。

近藤秀实先生所作“夏文彦家世表”中，夏濬三子文举、文彦、文德之下的世系，以虚线列出文举二子颐蒙、颐贞，表示不肯定，以实线列出文彦子大有。查《元故处士夏君墓志铭》即夏濬墓志载：“子男三人，长文举；次文彦，忠翊校尉，绍兴路同知余姚州事；次文德。孙男五人，颐、蒙、益、大有、中孚。女三人，孟贞适俞珊竹台，安贞适陆铸，皆仕族，居贞幼。”[3]（图2）这段文献涉及“孙男五人颐蒙益大有中孚”的标点问题，近藤秀实先生引作“孙男五人，颐蒙甚大，有中孚”，是不准确的。其他文献涉及夏濬孙辈人物的，颐贞见于郑元祐撰《停云轩记》的详细记载，[4] 大有见于郑真《采芝生传》，称：“四皓夏黄公其一也。黄公为吾四明郡人，墓在慈溪县西南六十余里，至今其地呼为黄墓乡。先生内厚翰斋王公尝为之赞，载在郡史。其子孙散居江之南者，往往有之。在松江者尤号巨族，有名大有字原威者，以采芝生自号。”[5] 陶宗仪诗《哭马平主簿夏原威》，则注原威卒在丁卯（洪武二十年）。[6] 而孙女三人名为孟贞、安贞、居贞，均有“贞”字，则可知夏濬墓志中之颐、蒙、益即颐贞、蒙贞、益贞，加之大有、中孚，恰好五人。以上夏濬孙辈的取名，均直接或间接出自《周易》。据邵亨贞《满江红》词序：“己酉九日雨中家居，忆夏士安、颐贞、蒙亨叔侄，唐元望、元泰、元弘昆季六人，皆常年同萸菊者。一载之间，俱罹患难，各天一方，信笔纪怀，有不胜昔者矣。”[7] 可知夏颐贞有兄弟辈蒙亨，蒙亨当是夏濬墓志中的蒙贞，也出自《周易》，也有可能写作蒙亨是准确的。陈高华先生和近藤秀实先生均将大有列为夏文彦之子，不过没有说明文献依据。明初夏文彦被迁到了临淮，夏大有也在临淮，郑真有多篇诗文记之，夏文彦、夏大有为父子应该可信。按照夏濬墓志排列的顺序再来观察剩下的四人，中孚有可能是夏文德之子，颐贞、蒙贞、益贞有可能都是夏文举之子，颐

---

① （明）正德《松江府志》卷17《冢墓》引，《天一阁藏明代方志选刊续编》第6册影明正德刻本，第16—17页。《吴兴艺文补》卷27同。

② （元）贡师泰：《玩斋集》卷10《元故处士夏君墓志铭》，《景印文渊阁四库全书》第1215册，第696—698页。

③ （元）贡师泰：《玩斋集》卷10《元故处士夏君墓志铭》，《景印文渊阁四库全书》第1215册，第698页。核对明天顺沈性刻嘉靖十四年徐万璧重修本（07736，国图数字古籍），文字全同。

④ （元）郑元祐：《侨吴集》卷10《停云轩记》，《北京图书馆古籍珍本丛刊》第95册影明弘治九年张习刻本，书目文献出版社1995年版，第802—803页。

⑤ （明）郑真：《荥阳外史集》卷50《采芝生赞》，《景印文渊阁四库全书》第1234册，第335页。

⑥ （元）陶宗仪：《南村诗集》卷2，《景印文渊阁四库全书》第1231册，第593页。

⑦ （元）邵亨贞：《蚁术词选》卷2《满江红》，《续修四库全书》第1723册影清《宛委别藏》本，上海古籍出版社2002年版，第405页。

贞最有可能是夏文举之长子。夏文彦字士良，夏颐贞父字士贤，① 士安或是夏文举字，或是夏文德字，不能确定。（参见表5）

表5　　**夏椿家族世系**

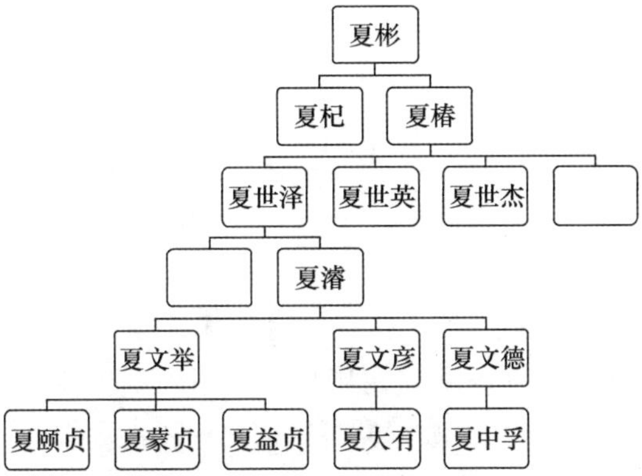

夏氏原居湖州长兴，从夏杞、夏椿兄弟开始，占籍为华亭人，居璜溪。②夏氏是元代知名的义门，始于至大元年（1308年）夏椿（1246—1320年）被朝廷旌表为“义士”。夏杞在宋时为华亭典押，夏椿则一直未仕，夏世泽任两浙都转运盐使司玉泉场监运、嘉兴澉浦税使、杭州狱丞，夏濬（1293—1355年）未仕，夏文彦任绍兴路余姚州同知。

夏椿家富裕的情形，夏椿墓志有间接的说明：“松江古华亭邑，其地多上腴。自鸱夷子皮，以善居积致累资巨万，故俗喜矜富。迩岁夏氏以义士闻于乡”③，以示夏氏也在“累资巨万”之列而非“喜矜富”者。夏濬墓志则有更明确的记载：“深自刻厉，课童树桑种果，力耕作，谨储蓄，久而家益饶。”④至于夏氏各代的大量施舍行为，当然也是需要有雄厚的资本为后盾的。

（六）谢伯理家族

有关谢伯理（一作伯礼）家族的历史记载，缺乏传记资料，考虑到谢氏为

① （元）郑元祐：《侨吴集》卷10《停云轩记》，《北京图书馆古籍珍本丛刊》第95册影明弘治九年张习刻本，第803页。

② （清）嘉庆《松江府志》卷78《名迹志·第宅》，上海市地方志办公室、上海市松江区地方志办公室编《上海府县旧志丛书·松江府卷》第8册，第1781页。

③ （元）邓文原：《巴西邓先生文集》卷下《旌表义士夏君墓志铭》，《北京图书馆古籍珍本丛刊》第92册影明抄本，第783—784页。

④ （元）贡师泰：《玩斋集》卷10《元故处士夏君墓志铭》，《景印文渊阁四库全书》第1215册，第697页。

元代平稳发展致富的例子，也列于此。所赖以窥知其家世情况的记载，主要有杨维祯所撰《知止堂记》《春草轩记》《悦亲堂记》[①] 和贝琼撰《归耕处记》[②]、郑真撰《归耕处记》[③]。现在所知谢氏谱系，也只有谢德喜、谢伯理父子二世。谢伯理与杨维祯交好，伯理弟恒、鼎曾从杨维祯学。（参见表6）

表6　**谢伯理家族世系**

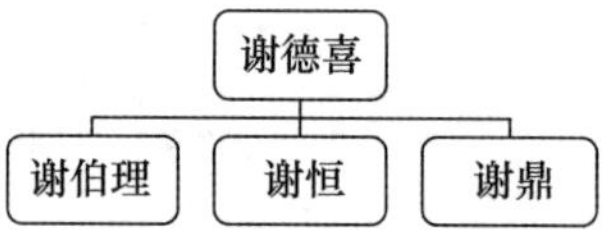

谢家先世为陈留人，但是徙居松江已有数代，“代有文行，为衣冠望族”[④]，只是详情不知。居住在泖湖，泖湖在华亭县。谢氏不出仕，只有谢伯理一人曾在至正十九年（1359年）张士诚据吴时短期出任松江同知。

谢家富裕的情况，文献中有明确的记载，如《悦亲堂记》载：“至德喜封君，养高弗仕，生产益饶，门第益大。”[⑤] 又《七修类稿》称谢伯理“富而好礼。”[⑥]

（七）黄璋家族

有关黄璋家族，元代知名文士黄溍撰《华亭黄君墓志铭》是最主要的史料。[⑦] 此志的撰写，缘于墓主黄允恭之孙黄璋参与乡试时黄溍为主考官并予录取。墓志记载了黄璋家族五代人的情况。（参见表7）除了《华亭黄君墓志铭》详细记载了黄允恭的生平，还有黄璋相关的史事零星见于其他文献的记载。

《华亭黄君墓志铭》载：“江南新附之处，愚民未洽于教化，多相率为盗。君年二十余，痛其家焚掠无遗，夙夜苦心劳形，期复先业，丝蓄粒聚，家以苟完，久益充裕。”可见至少到了元初的黄允恭［生于宋宝祐元年（1253年），卒

---

① （明）杨维祯：《东维子文集》卷13《知止堂记》、卷15《春草轩记》、《悦亲堂记》，孙小力校笺《杨维祯全集校笺》第7册，第2224—2225、2281—2282、2282—2283页。按：《东维子文集》卷13另有一篇《知止堂记》，系记松江夏颐贞之知止堂。

② （元）贝琼：《清江贝先生文集》卷25，《四部丛刊初编》影明初刻本。

③ （明）郑真：《荥阳外史集》卷11《归耕处记》，《景印文渊阁四库全书》第1234册，第45—46页。

④ （明）杨维祯：《东维子文集》卷15《悦亲堂记》，孙小力校笺《杨维祯全集校笺》第7册，第2282页。

⑤ （明）杨维祯：《东维子文集》卷15《悦亲堂记》，孙小力校笺《杨维祯全集校笺》第7册，第2282—2283页。

⑥ （明）郎瑛：《七修类稿》卷30《诗文类》“佛顶菊”条，上海书店出版社2001年版，第319页。

⑦ （元）黄溍：《金华黄先生文集》卷39《华亭黄君墓志铭》，《四部丛刊初编》二次印本影元刻本。

于元至元五年（1339年）］这一辈，积累了不少的财富。此前，似乎也是有些资财的，但是在宋元之际的动乱中丧失了。

表7　　**黄璋家族世系**

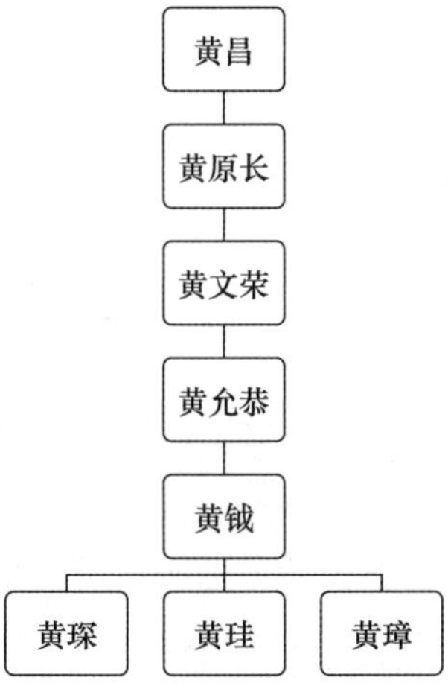

黄璋家族，松江华亭人。长期以来，黄璋家族并不出仕。直到黄璋一辈，才开始参与科举，并且出仕。黄珪为无锡州新安巡检，黄璋在天历二年、至正四年两度中乡试，在黄溍为其祖父撰写墓志时特恩当补官，但未任。

（八）瞿霆发家族

正德《松江府志》保存了张翥所撰瞿霆发墓志节文，[1]弘治《上海志》、正德《松江府志》有小传。[2]清代雍正《分建南汇县志》、光绪《南汇县志》列有瞿霆发家族前后四代人的名单和职官。[3]瞿霆发、瞿震发的关系，有谓兄弟，有谓堂兄弟，又震发亦作振发。植松正先生曾列出过瞿氏家族谱系，对于不同文献的记载，未能作出最终的意见。[4]瞿氏家谱《鹤砂瞿氏族谱》尚存，吴仁

---

① （明）正德《松江府志》卷17《冢墓》引，《天一阁藏明代方志选刊续编》第6册影明正德刻本，第14—15页。

② （明）弘治《上海志》卷8《人品志·节义》，《天一阁藏明代方志选刊续编》第7册影明弘治刻本，第305—306页。（明）正德《松江府志》卷28《人物二·名臣》，《天一阁藏明代方志选刊续编》第6册影明正德刻本，第635—636页。

③ 上海市地方志办公室、上海市南汇区地方志办公室编《上海府县旧志丛书·南汇县卷》，上海古籍出版社2009年版，上册，第174页；下册，第814页。

④ 植松正：《元末浙西の地方官と富民——江浙行省检校官王艮の议案なあぐつて》，《史窗》第56号，京都女子大学史学会，1999年。

安先生在研究中曾引用，他称瞿霆发、瞿震发、瞿电发为兄弟。① 经查原谱，可以比较完整复原元代瞿霆发家族的谱系。其中尤以瞿霆发的子嗣记录十分完整。② 以《鹤砂瞿氏族谱》为主要的依据，加上其他文献中的零星信息，可以列出同时见于《鹤砂瞿氏族谱》之外各种文献（元代为主）的瞿霆发家族自宋代后期到元代的主要成员的谱系。（参见表 8）

表 8　**瞿霆发家族世系**

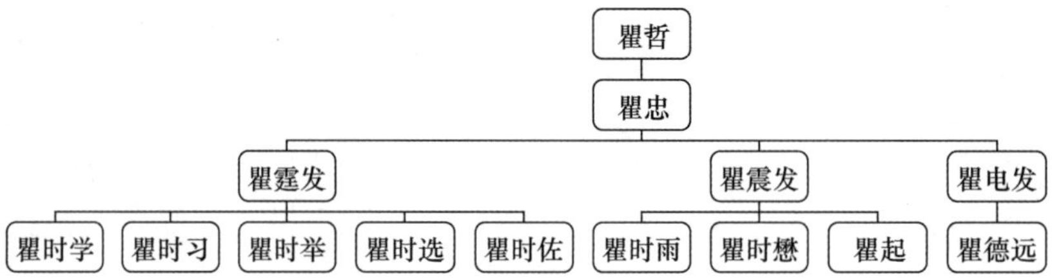

瞿氏其先为汴人，扈宋南渡，居于上海。所居下沙（下砂、鹤砂）为宋元时期两浙著名的盐场，瞿氏数代均任职盐场。瞿霆发（1251—1312 年），字声父。入元后，命为下沙盐场副使，擢进义校尉、同提举上海市舶，官至两浙都转运盐副使。父、祖均出仕，子瞿时学官至雅州知州。

元统二年（1334 年）陈椿《熬波图序》载："宋建炎中，始立盐监，地有瞿氏、唐氏为监场、为提干者。至元丙子，又为土著相副管勾官，皆无其任者也。提干讳守仁号乐山，弟守义号鹤山，诗礼传家，襟怀慷慨，二公行义，表表可仪，而鹤山尤为温克，端有古人风度。辅圣朝开海道，策上勋，膺宣命，授忠显校尉、运粮千户。深知煮海渊源，风土异同，法度终始，命工绘为长卷，名曰《熬波图》，将使后人知煎盐之法，工役之劳，而垂于无穷也，惜乎辞世之急。仆曩吏下砂场盐司，暇日访其子讳天禧号敬斋，于众绿园堂出示其父所图草卷，披览之余，瞭然在目，如示诸掌。"③ 守仁、守义兄弟及守义子天禧为唐姓还是瞿姓，不够明朗，有学者以为瞿姓的可能性较大。④ 只是名字与上列诸人完全不同，不知何故。

元末人杨瑀称："松江下砂场瞿霆发尝为两浙运使，延祐间以松江府拨属嘉

---

① 吴仁安：《明清时期上海地区的著姓望族》，上海人民出版社 1997 年版，第 37—38 页。文中称藏上海图书馆，查《中国家谱总目》，知上海市松江区博物馆有藏。

② 杨晓春：《元代松江富户瞿霆发家族谱系小考》，南京大学元史研究室主办"碑刻·文书与地域：12—14 世纪江南史研究的新探索学术工作坊暨第十九次江浙沪宋史青年学者沙龙"论文，2019 年 3 月 16 日；《中西元史》第 3 辑，商务印书馆（待刊）。

③ （元）陈椿：《熬波图》，《景印文渊阁四库全书》第 662 册，第 312 页。

④ ［日］吉田寅：《〈熬波图〉的一考察》，刘淼译，《盐业史研究》1995 年第 4 期、1996 年第 1 期。

兴路，括田定役，榜示其家，出等上户，有当役民田二千七百顷，并佃官田，共及万顷。浙西有田之家无出其右者，此可为多田翁矣。”[①] 其豪富可见一斑。至正七年（1347 年），杨瑀即在下沙（鹤砂），[②] 瞿霆发墓志之撰文，为瞿霆发子时举托他向张翥求文的，且由杨瑀书丹，所称其豪富的详情应该是十分可靠的。后人也有称瞿时学“富甲于邑”[③] 的。

（九）张瑄家族

崇明人朱清和嘉定人张瑄，原为海盗，元军南下后降元，以谙熟海上航行而得到忽必烈的赏识，漕粮北上大都，后立海道漕运万户府，二人皆任万户，成为元朝征服南宋之后炙手可热的南人，朱清官至河南行省参政，张瑄官至江西行省参政。张瑄子文虎官至江浙行省参政。朱、张二人不但政治地位在南人中显赫一时，也利用这样的机会，迅速豪富起来，“田园宅馆遍天下，库藏仓庾相望，巨艘大舶，帆交番夷中，舆骑塞隘门巷。”[④] 朱清治第太仓，而张瑄则治第上海县乌泥泾镇。[⑤] 其曾孙张守中于乌泥泾镇复建春光堂。[⑥] 张瑄墓在乌泥泾，[⑦] 子文龙墓也在乌泥泾。[⑧]

元史研究中涉及朱张的很多，除了传统的注重政治史的研究外，[⑨] 日本学者植松正的研究，还特别注重二人的家世，也比较注重社会经济层面的分析，[⑩] 中国学者申万里的研究，则强调了张瑄家族由武转文的变化。[⑪] 有关张瑄父子的史料散见各种文献，其中比较重要的有王逢撰《题元故参政张公

---

① （元）杨瑀：《山居新语》卷 4，余大钧点校，中华书局 2006 年版，第 233 页。

② （元）杨瑀：《山居新语》卷 2，余大钧点校，第 212 页。

③ （清）雍正《分建南汇县志》卷 10《人物志中》，上海市地方志办公室、上海市南汇区地方志办公室编《上海府县旧志丛书·南汇县卷》（上），第 174 页。

④ （元）陶宗仪《南村辍耕录》卷 5“朱张”条，第 64 页。（明）嘉靖《太仓州志》卷 8《杂传》，《天一阁藏明代方志选刊续编》第 20 册影明崇祯二年重刻本，第 608 页。

⑤ （明）正德《松江府志》卷 9《镇市》，《天一阁藏明代方志选刊续编》第 5 册影明正德刻本，第 479 页。

⑥ （明）弘治《上海志》卷 5《建设志·堂宇》，《天一阁藏明代方志选刊续编》第 7 册影明弘治刻本，第 208—209 页。

⑦ （元）王逢：《梧溪集》卷 4 下《张孝子（有序）》，李军点校，第 323—325 页。

⑧ （明）弘治《上海志》卷 6《古迹志·丘冢》，《天一阁藏明代方志选刊续编》第 7 册影明弘治刻本，第 230 页。

⑨ 夏定城：《元朱清张瑄事迹录》，《浙江大学文学院集刊》第三集，1943 年 8 月。植松正：《元代江南の豪民朱清、张瑄について——その诛杀と财产官没をめぐって》，《东洋史研究》第二十七卷第三号，1968 年。

⑩ 植松正：《元代の海运万户府と海运世家》，《京都女子大学东西洋文学研究科研究纪要》史学编第三号，2004 年。

⑪ 申万里：《从武到文——元代张瑄及其家族初探》，载申万里《理想、尊严与生存挣扎——元代江南士人与社会综合研究》，中华书局 2012 年版，第 353—367 页。

画像》[1]，有关张文虎孙张守中（张中）则有杨维祯撰《野政堂记》[2]。（参见表9）

表9 **张瑄家族世系**

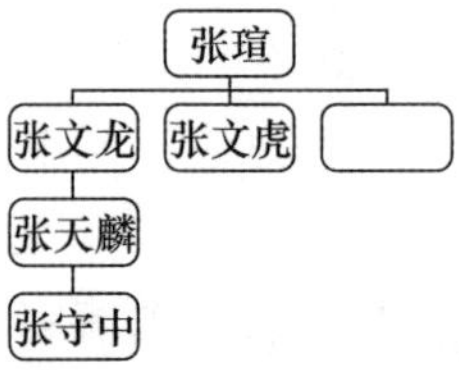

张家之豪富，文献中多有称之者，如元人孔齐称“朱、张首以海运为贡道，至于极品，天子又以特旨谕其户计，彼无敢挠之者，权豪奢侈，可谓穷于天下”[3]，王逢称“与河南左丞崇明朱清，贵富为江南望”[4]，明初人云“张之子官参政，富过封君，珠宝番赁以巨万万计”[5]。

大德七年（1303年），张瑄以行贿罪被处死。至大元年（1308年）六月“辛丑，以没入朱清、张瑄田产隶中宫，立江浙财赋总管府、提举司。”[6] 后平反。

（十）费寀家族

日本学者植松正在研究元代海运家族时，曾专门梳理过费寀的家世状况。[7] 主要利用了黄溍撰《费氏先墓石表》[8] 和郑文康撰《费钊墓志铭》[9]。此外，弘治《上海志》[10] 和正德《松江府志》[11] 也都列有费寀的小传。牟巘撰费寀墓志，

---

① （元）王逢：《梧溪集》卷4下《题元故参政张公画像（有序）》，李军点校，第360—362页。

② （明）杨维祯：《东维子文集》卷16《野政堂记》，孙小力校笺《杨维祯全集校笺》第6册，第2303—2304页。

③ （元）孔齐：《至正直记》卷3“势不可倚”条，上海古籍出版社1987年版，第97页。

④ （元）王逢：《梧溪集》卷4下《张孝子（有序）》，李军点校，第323页。

⑤ （明）长谷真逸：《农田余话》卷下，《四库全书存目丛书》子部第239册影明万历绣水沈氏刻《宝颜堂秘笈》本，第327页。

⑥ 《元史》卷22《武宗本纪》，第499页。

⑦ 植松正：《元代の海运万户府と海运世家》，《京都女子大学东西洋文学研究科研究纪要》史学编第三号，2004年。

⑧ （元）黄溍：《金华黄先生文集》卷30《费氏先墓石表》，《四部丛刊初编》二次印本影元刻本。

⑨ （明）郑文康：《平桥稿》卷13《费钊墓志铭》，《景印文渊阁四库全书》第1246册，第633—634页。

⑩ （明）弘治《上海志》卷8《人品志·节义》，《天一阁藏明代方志选刊续编》第7册影明弘治刻本，第304—305页。

⑪ （明）正德《松江府志》卷17《人物·名臣》，《天一阁藏明代方志选刊续编》第6册影明正德刻本，第632—634页。

正德《松江府志》所载为节文，[1] 嘉庆《松江府志》较为完整，[2] 似为全文，当有所本。《全元文》牟巘文收集了嘉庆《松江府志》和光绪《浙江通志》二书所载者，[3] 两文差异很大，而光绪《浙江通志》所载与正德《松江府志》所载小传相仿，怀疑系此书编纂时之疏误。（参见表 10）

表 10　**费寀家族世系**

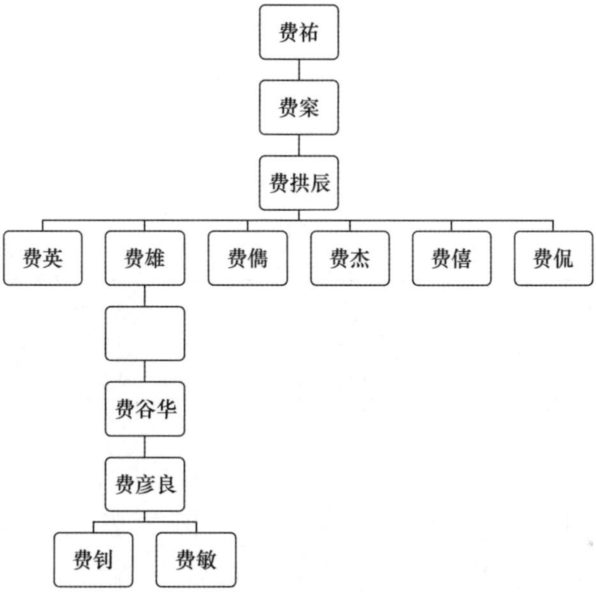

费寀（1219—1291 年），字子寿，号耐轩老人，湖州长兴人。南宋末，费寀先以入赘迁居嘉兴，后任浙西兵马钤辖权提举上海市舶司事，于是侨居上海，并占籍为松江上海人。入元后，仍措置上海市舶，后迁管军总管兼镇守上海总管府事、管领海船万户，以浙东宣慰使致仕。费寀子孙亦多出仕。子费拱辰任平江等处运粮万户，孙费雄任海盐等处海运千户、海道漕运副万户。

费家富裕的情况，史无明文，只是称“轻财乐施”，不过捐资建学数处，当有一定经济实力，费寀掌上海市舶二十年，且三代任漕运万户、千户，应为富户。而正德《松江府志》记白沙大姓私营巨斛剥削佃户事的同时，还以费寀

① （明）正德《松江府志》卷 17《冢墓》，《天一阁藏明代方志选刊续编》第 6 册影明正德刻本，第 13—14 页。

② （清）嘉庆《松江府志》卷 79《名迹志 · 冢墓》，上海市地方志办公室、上海市松江区地方志办公室编《上海府县旧志丛书 · 松江府卷》第 8 册，第 1850 页。

③ 李修生主编：《全元文》第 7 册，江苏古籍出版社 1999 年版，第 739—740 页。

斛铭“出以是，入以是”作为对比，[①] 看来，确实应该是富户。

（十一）唐昱家族

有关唐昱家族，元末松江文士邵亨贞《海隅唐氏先世事实状》《故忠翊校尉徽杭等处榷茶提举唐公行状》是最主要的史料。邵亨贞与唐昱家族交往密切，所以能详细记载相关状况，又特别详于家族成员的完整状况，便于进行家族状况的分析。（参见表 11）

表 11　**唐昱家族世系**

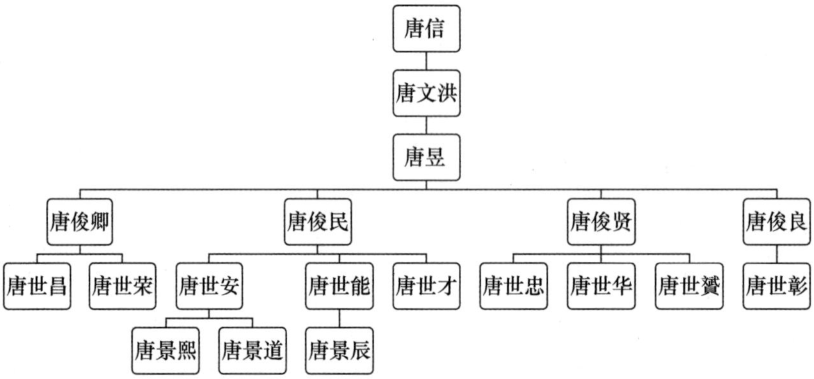

《故忠翊校尉徽杭等处榷茶提举唐公行状》载“（唐昱）善治生理，凡祖父产业，悉扩充之，十倍旧制。”[②]《海隅唐氏先世事实状》载“（唐昱）其祖父基业，初不逾中人家，能自致力，充广倍蓰旧制。”[③] 可见是富户，但是致富的方式不知。

唐昱家原居华亭集贤乡，至唐昱时迁居海隅乡，至元间设上海县，遂为上海人。唐昱家族从唐昱一代才开始致富，并且子孙也能保持，唐昱家族是入元以后平稳致富的富户家族典型。从唐昱开始，家族中有多人担任下级官员，唐昱任浙西袁部场司丞、江西芦潭批验所提领、徽杭等处榷茶副提举，子唐俊民任河南等处人匠提举，唐俊贤任湖州路杂造局副使，孙唐世安任内正司绣衲局大使，唐世能任管民提举司照磨，唐世才任绍兴路山阴县丞，唐世忠任中政院

① （明）正德《松江府志》卷 32《遗事》，《天一阁藏明代方志选刊续编》第 6 册影明正德刻本，第 879—880 页。

② （元）邵亨贞：《野处集》卷 3《故忠翊校尉徽杭等处榷茶提举唐公行状》，《景印文渊阁四库全书》第 1215 册，第 212 页。

③ （元）邵亨贞：《野处集》卷 3《海隅唐氏先世事实状》，《景印文渊阁四库全书》第 1215 册，第 214—215 页。

宣使，唐世华任平江路嘉定州医学正，多为经济方面的官僚，或许可以推测唐家致富与此也有关联。

二　元代松江富户的总体状况

（一）其他松江富户略况

除了上述史料较为丰富的典型富户外，《四友斋丛说》提及的陶宅陶与权家，元人黄玠《陶与权南园别业》诗云："琼田无恶土，玉树多好枝。鼎角匿犀者，自是名家儿。应门有暇日，颇作佳园池。朝临二王书，暮吟三谢诗。花边迎小车，竹下理残棋。宾至可命觞，亲在志无违。"① 展现了富户的闲适生活。《四友斋丛说》提及的张堰杨谦（字平山、号竹西），其不碍云山楼，贝琼为作赋，极尽其楼高而望远之状，② 杨维祯也曾为作记。③ 至于其画像，今仍存，藏故宫博物院，确是"元时诸名胜题赞皆满"。④ 其中扶风马琬（文璧）赞曰："挥金有五陵侠士之风，然爱客有四国公子之量。"其为富户无疑。陶宅、张堰均属华亭县。

元代松江富户知名的，还有上海县朱轸、管国英二人，"家富豪横……时在后至元中，丞相伯颜当国，戮二人于平江，并其党与。籍其家，厥后田土，拨赐丞相脱脱，立稻田提领所，于松丘主其事"⑤。上海县海隅乡⑥曹梦炎，官至浙东宣慰使，故称曹宣慰，"曹宣慰，其父知县，前宋福王府管庄田人也。至宣慰，日益盛大。时淀山湖为潮沙漂塞，大半曹氏占为湖田，九十三围，凡数万亩。相传其仓中米囤凡十二行，每行十，百二十枚。又一所少差，亦十二行，行（七），八十四枚。积粟百万，豪横甲一方，郡邑官又为之驱使。"⑦ 其豪富

① （元）黄玠：《弁山小隐吟录》卷1《陶与权南园别业》，《景印文渊阁四库全书》第1205册，第13页。

② （元）贝琼：《清江贝先生诗集》卷10《不碍云山楼赋》，《四部丛刊初编》影明初刻本。

③ （明）杨维祯：《东维子文集》卷19《不碍云山楼记》，孙小力校笺《杨维祯全集校笺》第6册，第2416—2417页。

④ 故宫博物院：《故宫博物院藏品大系·绘画卷》第5册《元代》，图66，紫禁城出版社2010年版，第220—223页。题跋录文，可另参（清）吴升辑《大观录》卷18《元名贤画·倪王合作杨竹西小像卷》，《续修四库全书》第1066册影民国九年武进李氏圣译廔铅印本，第786—787页。

⑤ （明）长谷真逸：《农田余话》卷下，《四库全书存目丛书》子部第239册影明万历绣水沈氏刻《宝颜堂秘笈》本，第327页。

⑥ 也有文献称曹梦炎为华亭人。[（元）任士林：《松乡集》卷2《曹氏舍田记》，《景印文渊阁四库全书》第1196册，第522页]

⑦ （明）长谷真逸：《农田余话》卷上，《四库全书存目丛书》子部第239册影明万历绣水沈氏刻《宝颜堂秘笈》本，第326页。

可见一斑。上海县宋末元初人唐时措，“家饶于资”[①]。长人乡徐诚，“有田二万亩，他货无算，遂雄一乡”[②]，后代方志则称“富甲一乡”[③]。夏宗显自华亭徙居长人乡，“家日殷富”[④]。元初乌泥泾镇有大姓赵如珪。[⑤] 乌泥泾又有明初人黄黼，先人“以农起家，致巨富”，父号双清翁。[⑥] 夏庭芝“素富贵而土苴富贵也。”[⑦] 杨港邵氏自邵天骥“致富饶”[⑧]。元末“上海蔡君思恭，以俭啬致裕。”[⑨]

“华亭枫泾戴君实，其家巨富”[⑩]。“华亭路华，以丁产甲吴中”[⑪]。“华亭之莺湖有大姓，为宋子正氏。……至正初客钱塘，属国家承平无事，池台苑囿，甲于三吴。……及来华亭也，海内兵变……今子正据莺湖之要，甲第连云，膏腴接壤，所欲既足，而无求于外。”[⑫] 元末华亭富户还有赵惠卿，“以富豪于一方”[⑬]。陆蒙，“家富而好礼”[⑭]。陈善，能够“出私帑，募勇壮三千人”，兵败“失资产以万计”，[⑮] 也是富户。

---

① （清）嘉庆《松江府志》卷50《古今人传二》，上海市地方志办公室、上海市松江区地方志办公室编《上海府县旧志丛书·松江府卷》第7册，第1197页。

② （元）贝琼：《清江贝先生文集》卷30《故徐居士碣铭》，《四部丛刊初编》影明初刻本。

③ （清）乾隆《南汇县新志》卷12《人物志上·类传》，上海市地方志办公室、上海市南汇区地方志办公室编《上海府县旧志丛书·南汇县卷》（上），第455页。《南汇县新志》盖系因袭正德《松江府志》而来，但是正德《松江府志》无“富甲一乡”句。

④ （明）宋濂：《上海夏君新圹铭》，黄灵庚编辑校点《宋濂全集》卷67，人民文学出版社2014年版，第1590页。

⑤ （明）正德《松江府志》卷32《遗事》，《天一阁藏明代方志选刊续编》第7册影明弘治刻本，第876页。

⑥ （明）郑真：《荥阳外史集》卷47《瀼东耕者传》，《景印文渊阁四库全书》第1234册，第300页。

⑦ （元）张择：《青楼集叙》，载（元）夏庭芝著，孙崇涛等笺注《青楼集笺注》，中国戏剧出版社1990年版，第34页。

⑧ （明）杨维祯：《东维子文集》卷19《邵氏享德堂记》，孙小力校笺《杨维祯全集校笺》第6册，第2414页。

⑨ （元）黄溍：《金华黄先生文集》卷11《天竺灵山教寺大殿记》，《四部丛刊初编》二次印本影元刻本。

⑩ （元）陶宗仪：《南村辍耕录》卷27“戴氏绝嗣”条，第340页。

⑪ （清）杨复吉：《梦阑琐笔》引《唐堂集路氏族谱序》，《丛书集成续编》第23册影《昭代丛书》癸集本，台北：新文丰出版股份有限公司1991年版，第673页上。

⑫ （元）贝琼：《清江贝先生文集》卷5《方壶记》，《四部丛刊初编》影明初刻本。

⑬ （明）吴宽：《匏翁家藏集》卷74《山西提刑按察司副使朱公墓表》，《四部丛刊初编》影明正德刻本。

⑭ （明）汪砢玉纂辑：《珊瑚网·法书题跋》卷9《陆宅之文》录洪武四年杨基跋，于淑娟、李保民点校，上海书画出版社2022年版，第276页。正德《松江府志》称“城东人”（然写作陆厚），杨维祯《东园散人录》称“家五茸东”，又称“家近三泖”，五茸为松江别名，陆蒙当为华亭人。

⑮ （明）郑真：《荥阳外史集》卷25《嘉兴宣公书院山长华亭陈君事绩诗序》，《景印文渊阁四库全书》第1234册，第117页。

此外，松江的富户还有王氏，“在宋季以资雄，宋亡，富尤甚”①。“云间朱孟闻氏，家饶于资。”②

清人杨复吉就路华的故事，提到松江富民还有“曹、瞿、吕、陶、金、倪诸家”。③ 曹、瞿、吕、陶已见前述，有元代文献记载宋崇禄同知乐平州，“他郡事难决者，行省系属公。复松江豪民曹孟炎、瞿、陶等匿田租四万五千余石、钱三万余贯”④，即上述之三家富户，曹孟炎当作曹梦炎，而金、倪二家是前文未涉及的，可想而知，文献不见记载的尚不在少数。而文献记载中有些富户并不明确记述其富豪的状况，但是从某些侧面尚可大致推断，如华亭小莱⑤钱鹤皋作纯白窝以云母片为窗⑥、小莱徐九龄“凿池数十里”⑦、华亭叶生杞“家有林塘之胜”⑧、北蔡徐亨“深庭别院，举木天也”⑨。钱鹤皋，有的文献中称“大姓”⑩，有的称“豪”⑪。还有华亭县青龙镇大姓章氏梦贤、泽之父子，均出资修建书院、义塾，置义庄，⑫ 应有一定的财力；徐进“割田万余亩建义塾”⑬，也应有相当的财力。

总之，富户在松江相当普遍的，并且，有的富户的经济实力是非常强的。

---

① （元）郑元祐：《遂昌杂录》卷1，《景印文渊阁四库全书》第1040册，第394页。

② （明）郑真：《荥阳外史集》卷10《乐胜云间记》，《景印文渊阁四库全书》第1234册，第35页。

③ （清）杨复吉：《梦阑琐笔》，《丛书集成续编》第23册影《昭代丛书》癸集本，第673页。

④ （元）许有壬：《至正集》卷63《有元故中奉大夫陕西诸道行御史台侍御史宋公墓志铭》，《北京图书馆古籍珍本丛刊》第95册影清抄本，第322页。

⑤ 或称上海人。

⑥ （明）杨维祯：《东维子文集》卷十五《纯白窝记》，孙小力校笺《杨维祯全集校笺》第6册，按文中只是称“其吴越裔孙为皋氏”，有学者以为其人为钱鹤皋（崔志伟：《元末明初松江文人群体研究》，上海大学出版社2013年版，第108页），现取其说。

⑦ （明）杨维祯：《东维子文集》卷15《芗林记》，孙小力校笺《杨维祯全集校笺》第6册，第2275页。

⑧ （明）杨维祯：《东维子文集》卷15《南漪堂记》，孙小力校笺《杨维祯全集校笺》第6册，第2273页。

⑨ （明）杨维祯：《东维子文集》卷15《五桧堂记》，孙小力校笺《杨维祯全集校笺》第6册，第2293页。

⑩ （元）王逢：《梧溪集》卷6《赠嘉定杨一溪道士》，李军点校，第537页。（明）弘治《上海志》卷7《官守志·忠节》引杨维祯撰《祝大夫碑》，《天一阁藏明代方志选刊续编》第7册影明弘治刻本，第235页。

⑪ （明）王世贞：《弇州史料》前集卷19《徐中山世家》，《四库全书存目丛书》史部第112册影明万历四十二年刻本，齐鲁书社1996年版，第551页。

⑫ （明）正德《松江府志》卷13《学校》，《天一阁藏明代方志选刊续编》第5册影明正德刻本，第730页。（明）正德《松江府志》卷17《冢墓》引揭傒斯撰《（章梦贤）墓志铭》，《天一阁藏明代方志选刊续编》第6册影明正德刻本，第18页。

⑬ （明）正德《松江府志》卷30《人物·节义》，《天一阁藏明代方志选刊续编》第6册影明正德刻本，第721—722页。

（二）松江富户普遍存在问题的考察

以上罗列各种富户的个案，不管是记载比较丰满的还是比较简单的，大致可以给人一种元代松江富户普遍存在的印象，但是很难明确地回答到底松江有多少富户或者松江富户在当地居民中占有多大比例这一类的问题。当然，用历史资料来回答这一类带有数据性质的问题往往也是比较困难的。首先，历史资料留存至今往往只是大浪淘沙之余的极不完整的片段，很难找到可以回答今天的研究者提出的问题的合适史料。其次，历史文献的记载和今天的研究者的提问之间往往是存在着落差的，历史上遗留下来的资料并非是为了回答今天的研究者的提问的。

不过，这个问题也并非完全不能回答。宋代以来实行户等制，由资财雄厚的民户即上户承担收粮、保安等各种事役，但是弊端很大。南宋之后，江南出现义役制度，改由上户捐田或出钱买田，专门雇人承担事役，而田地所得则用来支付给承担事役者，得到一定程度的推广。[①]

宋元时期义役在松江的具体情况，正德《松江府志》有比较系统的记载。南宋后期“端平甲午，知华亭县杨瑾停差保长，募民为直乡，（凡里正之事属焉）重置义役田，以充役费。”[②]“得钱八千四百缗，买田给之最，为田若地二万六千亩有奇，且复申明尽蠲其苗税，苗一千一百六石有奇，税一百三十一贯有奇，绢之以镪折者一百五十四匹有奇。”[③]入元后，义役之制仍得到延续，但是不免有一些弊端，于是学习江阴州的义役制度、腹里路分的包银制度，在松江推广出田助役之制。出田的标准是有田百亩，于是统计了松江各县有田百亩以上的户数以及出田的总数、相应的收益等数据，相关情况由前松江府儒学教授余卓撰成《松江府助役田粮记》，并于泰定元年（1324年）立碑。相关的统计数据，为了解松江富户的总体状况提供了可能。《松江府助役田粮记》的相关记载，转引如下：

> 至治三年（1323年）十月，松江府奉省札，准中书省咨，钦依至治三年四月十八日奏准事理，选委饶州路总管段通议等官提调，分委昌国州知州韩奉政诣华亭县、长洲县尹干承务诣上海县，委自本府达鲁花赤中顺及首领官一员提调，并各县正官分诣乡保，就与各处耆宿人等，斟酌彼中轻重、物力多寡，该出助役田粮数目、坐落、条段、主户花名，开申每岁储

① 参考漆侠《宋代经济史》（上），上海人民出版社1987年版，第483—502页。

② （明）正德《松江府志》卷6《徭役》，《天一阁藏明代方志选刊续编》第5册影明正德刻本，第269页。

③ （明）正德《松江府志》卷6《徭役》引《重建义役记》，《天一阁藏明代方志选刊续编》第5册影明正德刻本，第272页。

蓄，推举信义之家以充里正，掌管收租助役、轮流相沿交割，不许有司干预。各处攒造文册一样三本，内一本责付里正，一本路府用印封记收贮，一本解省，所用纸札，官为应副。如里正扰民，失误差役，侵欺钱粮，一切违枉，罪及推举上户均陪。各都人户，常切觉举，仍严行设法关防。华亭县达鲁花赤护都承务、上海县丞陈承事，照勘到各县有田百亩之上人户一千四百二十户，助田一万六千九十八段，计田一千四百六顷三十一亩八分九厘，该米六万三千五百四十四石二斗六升五合。推举定田多信义之人邵正三秀等二百四十三名，充应里正，掌管收租。泰定元年四月初七日奉省札，该元委段总管等呈所助义役田粮官司既已造册关防，合令乡都保于著中去处置立石碣，明白镌记出田人户姓名、条段、四至、字号、备细数目，仍于厅事之侧立石，依上镌刻。……本府总计助役民田一万六千九十八段，计田该米并与前同合纳税米五千一百二石一斗四升九合，实有助役米五万八千四百四十二石一斗一升六合。华亭田七千九十七段，计田六百八十九顷四十九亩五分二厘，该米三万四千五百一十七石二升五合，合纳税米二千三百九十四石四斗七升二合，实有助役米三万二千一百二十二石五斗五升三合。上海田九千一段，计田七百一十六顷八十二亩三分七厘，该米二万九千二十七石二斗四升，合纳税米二千七百十石六斗七升七合，实有助役十二万六千三百二十九石五斗六升三合。①

可见相关数据的获得，是经过严格的程序的，应该是可信的。而松江户数也是比较明确的，《元史·地理志》载松江府至顺（1330—1332年）钱粮数为一十六万三千九百三十一户，② 正德《松江府志》载至元二十七年（1290年）实在户一十六万三千九百二十六。③ 因此可以得到一个有田百亩以上的户数占松江总户数的比例，$1420 \div 164000 \approx 0.86\%$，这个数据，大致可以看成是富户在松江地方的比例。如此看来，似乎也不能说富户在松江是非常普遍的。不过，明初苏州府根据纳粮数量来判断是否为富户，纳粮达到100石以上的户数是554户，占元末明初苏州户数的0.12%，也大致反映了元代的情况。④ 元代江南民田税率不等，据陈高华先生的研究，通常税率的平均数在每亩3—4升之间。⑤

① （明）正德《松江府志》卷6《徭役》引，《天一阁藏明代方志选刊续编》第5册影明正德刻本，第275—277页。

② 《元史》卷62《地理志五》，第1495页。

③ （明）正德《松江府志》卷6《户口》，《天一阁藏明代方志选刊续编》第5册影明正德刻本，第260—261页。

④ 《明实录》第2册《明太祖实录》卷49，影抄本，台北："中研院"历史语言研究所1962年版，第965—966页。

⑤ 陈高华：《元代江南税粮制度新证——读〈上虞县五乡水利本末〉》，《中国社会科学院研究生院学报》1998年第5期；收入陈高华《元史研究新论》，上海社会科学院出版社2005年版，第49—64页。

江南税粮每年分夏、秋两季征收，粗略地以夏、秋平均征收估计，那么100石的税粮大致可以对应大约1250—1650亩的民田。不过纳粮多的民户往往也是官田的租佃户，官田税率又要高很多，普遍在2斗以上，[①] 且苏州的官田非常多，那么实际上纳粮100石以上的民户拥有土地不可能高达1000多亩。如果粗略地以税粮平均来自民田和官田来估计，那么拥有的民田在625—825亩。也就是说，明初苏州根据纳粮数来定的富户标准，要比元代松江根据民田数量定的助役出田的标准要高很多。如果按比例粗略地横向比较，松江单一富户拥有土地的绝对数量和富户数量在地方所占比例，似乎都和苏州差不多。

（三）松江富户的家族性与地方性

正如《四友斋丛说》提及时均称某某家，松江富户的家族性是一个突出的特点。所以，前文在列举松江的典型富户时，优先选择了家族性的富户例子。其中延续三代以上者，所在多有。能够延续数代，而富裕的特征仍能够保持，说明在江南社会中富户是一个相对稳定的社会群体。虽然也有如张瑄、朱轸、管国英、曹梦炎等受到国家打击的例子，但是相对来讲是少数，且是富户中的最突出的群体。对于大多数富户而言，并不存在如张瑄等富户的喜剧性的结果，或许，可以考虑为一般的富户与国家之间并不存在严重冲突。

松江富户多居住在乡村和市镇，城居的较少。从明确所知居住地的来看，居于市镇的尤其多，如任仁发居青龙镇、曹知白居小蒸（贞）镇、瞿霆发居下沙镇、陶与权居陶宅镇、杨谦居张堰镇、张瑄居乌泥泾镇等等。[②] 乃至有些市镇以富户命名，[③] 如华亭县陶宅镇，明代称青村镇，史载“在十五保，去县东南八十里。村旧作墩，元时有著姓陶氏家焉，俗呼为陶家宅头。其南十八里岸

---

① 陈高华：《元代江南税粮制度新证——读〈上虞县五乡水利本末〉》，《中国社会科学院研究生院学报》1998年第5期；收入陈高华《元史研究新论》，第49—64页。

② 上述所举，元代是否为市镇，大都很难确认。多数并无镇的建置，只是姑且这么称，取其集镇的含义而已。《至元嘉禾志》卷3《镇市》松江府下只有青龙镇一镇，可以认为反映了至元二十五之时松江市镇的基本情况。略可补充的是上海镇。［谭其骧：《上海得名和建镇的年代问题》，收入谭其骧《长水集》（上），人民出版社2011年版，第198—205页］《上海历史地图集》元代图幅标出了15个集镇级的地名（周振鹤主编：《上海历史地图集》，上海人民出版社1999年版，第22页），用“集镇”一词，大约就是为了模糊化处理此类问题，其中只有以往为大家熟知的宋代始设的青龙镇缀以“镇”字。经过学者确认的，还有乌泥泾镇。（樊树志：《江南市镇：传统的变革》，复旦大学出版社2005年版，第308页）此外，据后文引《荥阳外史集》卷25《嘉兴宣公书院山长华亭陈君事绩诗序》，有“朱泾市镇”的称法。不过参照正德《松江府志》卷9《镇市》和弘治《上海志》卷2《山川志·镇市》反映出的明代中期这些地方都是市镇来看，元代特别是元代后期至少应是准市镇的商业中心。或许，可以认为元代是明代松江地区市镇大量发展起来的一个重要的准备阶段。

③ 《上海通史》在分析大量村落、市镇原来由一姓聚族或以其为核心姓氏而成的现象时，曾略有提及。（马学强：《上海通史》第2卷《古代》，上海人民出版社1999年版，第157页）

海即青村场，北负横溪里，国朝金山中前千户所治焉。"① 又如上海县唐行镇，"在五十保，控淀湖，为吴门要冲。元时有大姓唐氏居此，商贩竹木，遂成大市，因名镇。"② 陆蒙"家五葺东，有田十双，③ 庐一区，所居旧曰东园，因自号东园散人"，兵变之后，则漂泊浙西各处。"兵息，反故园。家近三泖，与沧浪老渔鼓枻，或竟日夕忘返。岸泖有芙蓉村、候农桥，约荷蓧丈人辈说耕道，量晴较雨，占若风鸟。"④ 夏杞、夏椿兄弟居松江府城之内，但是元末时夏椿曾孙文彦则居于城北之泗泾。富户居于市镇是宋代以来江南市镇发展的一种表现，同时富户的消费能力较高，也可以认为富户居于市镇对于江南市镇的快速发展也是一种促进的因素。

而松江富户之间的通婚，更加强了富户的地方属性。其中特别典型的是曹氏、瞿氏、邵氏、章氏、任氏之间的通婚关系。曹知白"女五人，长适上海瞿天佑，早卒，继室以季女"⑤，按前引《熬波图序》又下沙盐官名天禧，似乎此

---

① （明）正德《松江府志》卷9《镇市》，《天一阁藏明代方志选刊续编》第5册影明正德刻本，第474页。

② （明）正德《松江府志》卷9《镇市》，《天一阁藏明代方志选刊续编》第5册影明正德刻本，第481页。弘治《上海志》卷2《山川志·镇市》（《天一阁藏明代方志选刊续编》第7册影明弘治刻本，第81页）所载略同，但无"元时"字样。

③ 按"双"作为田亩的单位，普遍出现在元代的云南行省，如《元史·地理志》及《兵志》记云南行省的屯田数量，如云南晋宁《盘龙禅庵诸人舍施常住记碑》。方国瑜《云南史料目录概说》录有《盘龙禅庵诸人舍施常住记碑》，并考察了舍施田地用字，注意到了"双"，认为是当时的常用词，但不能确说。同时，专作"计算田地面积名称"一节，作专门考证。（方国瑜：《云南史料目录概说》，中华书局1984年版，第1105—1115页）引录如下：

> 云南田亩以双记，支渭兴撰《中庆路增置学田记》曰："方言双者，四亩也。"李京《云南志略·诸夷风俗》"白人"条曰："多水田谓五亩一双。"《元史·兵志》载云南行省所辖军民屯田一十二处，记屯田之数，都称若干双。《元史·地理志》于各路府所载屯田，亦都称若干双。所见田双记载甚多，即当时之制度，在南诏时已如此。樊绰《云南志》卷八曰："田曰双，汉五亩也。"（亦见《新唐书·南诏传》）又樊《志》卷九曰："上官授与四十双，汉二顷也，上户三十顷，汉一顷五十亩也，中户、下户各有差降"（亦见《南诏传》）。此授田多寡之数，以双记之，双以下之位数不详。惟陶宗仪《辍耕录》卷二十九"称地为双"条，引《云南杂志》曰："夷有田皆种稻，其佃作三人，使二牛前前，中压而后驱之。犁一日为一双，以二乏为己，四己为角，四角为双，约有中原四亩地。"按所引《云南杂志》当是李京《云南志略》之《杂志》。陶宗仪获见此书之全本也。所说田地面积之双、角、己、乏，见于《盘龙庵常住碑》可以概见当时之制度。

据此，则陆蒙家有田五十亩，并不算多。杨维祯撰《东园散人录》说"年益状，家益贫，所收益固"，所谓"田十双"，应该是"家益贫"之后的状况吧。

④ （明）杨维祯：《东园散人录》，孙小力校笺《杨维祯全集校笺》第7册，第2813页。（明）正德《松江府志》卷30《人物·隐逸》，《天一阁藏明代方志选刊续编》第6册影明正德刻本，第768—769页。

⑤ （元）贡师泰：《玩斋集》卷10《曹知白墓志铭》，《景印文渊阁四库全书》第1215册，第696页；按《松江府志》所引只云"女五人"。[（明）正德《松江府志》卷17《冢墓》引，《天一阁藏明代方志选刊续编》第6册影明正德刻本，第19—22页]

处之天祐即同族。曹知白从祖曹泽之一女嫁邵亨贞祖邵桂子;[1] 曹泽之玄孙宗臣娶章梦贤孙女;[2] 又王逢称“儿掖，娶任月山孙女，公（章泽之）之甥女也”[3]，即任仁发一子娶章泽之的姐妹，查任仁发三子墓志，无人娶章氏女，但是子贤能子士诚娶章氏，即任仁发有一孙娶章氏，或是。张通娶华亭陆氏，又娶夏氏,[4] 或许就是当地的富户陆氏和夏氏。

（四）致富的方式

受傅衣凌先生的启发,[5] 就松江富户的致富方式，也在此略作归纳、讨论。从中可以发现松江富户致富的一般情况和地域特色。

首先，多数富户是以农业致富的，如下沙瞿氏，有田万顷；海隅曹氏，占淀山湖为田过半；祥泽张氏“开圻凿井以养其亲”[6]，张麒自称“世力农”[7]；徐诚“有田二万亩”；黄黼先人“以农起家”。

农业对于传统中国的经济活动有着独特的含义。其一，农业是传统时代最为主要的、支柱性的经济门类，也势必成为富户致富的一般的、主要的手段。其二，农业的收益是以土地的占有为基础的，于是农业还成为致富（包括农业，以及其他的致富方式）之后进一步投入的主要方向，所谓的“以本守之”。

其次，松江富户通过海运而致富者十分突出，成为地方特色。张瑄、费案家族均依赖海运而致富，亦同时获得优越的政治地位。《农田余话》记张瑄豪富时称，“每岁海运许称没于风波，私自转入外番货卖。”[8] 原来张瑄还在国家许可之下从事不需要成本的海上走私贸易。松江濒海，宋代青龙镇因海舶可达而兴盛，后河道淤塞，南宋末于上海镇设市舶司，元初承袭。加之元代灭南宋后征日需要利用海军，注重海外交通，仰仗江南的粮食海运北上，三方面的因

---

① （明）正德《松江府志》卷31《人物·游寓》,《天一阁藏明代方志选刊续编》第6册影明正德刻本，第774页。

② （元）邵亨贞:《野处集》卷3《元故建德路淳安县儒学教谕曹公行状》,《景印文渊阁四库全书》第1215册，第214页。

③ （元）王逢:《梧溪集》卷4上《故江淮财赋府副总管致仕彰德路同知章公挽辞》，李军点校，第246页。

④ （明）杨维祯:《杨铁崖先生文集全录》卷2《张氏通波阡表》，孙小力校笺《杨维祯全集校笺》第8册，第3052页。

⑤ 傅衣凌:《明代江南富户经济的分析》,《厦门大学学报》1956年第1期；收入傅衣凌《明代江南市民经济试探》，上海人民出版社1957年版，第233—265页。

⑥ （元）杨维祯:《通波阡表》,（明）正德《松江府志》卷17《冢墓》引,《天一阁藏明代方志选刊续编》第6册影明正德刻本，第22页。

⑦ （明）正德《松江府志》卷16《第宅》引杨维祯撰《三味轩记》,《天一阁藏明代方志选刊续编》第5册影明正德刻本，第873页。

⑧ （明）长谷真逸:《农田余话》卷下,《四库全书存目丛书》子部第239册影明万历绣水沈氏刻《宝颜堂秘笈》本，第327页。

素促使海运在元代的地位较高。至元二十年首次海运成功，元代始设两处海运万户府，朱清、张瑄分任中万户和千户。二十四年，增设两个万户府。四年后，又削减为以朱、张为首的两所海道漕运都万户府，各领千户多员，按驻地划分为翼，驻地在苏南沿海地区，其中张瑄所管在松江的千户有江湾上海翼、青浦翼、青龙翼（后合并为青浦江湾翼、青龙顾迳翼，又分为江湾和字翼黑号、青浦仁字翼红号、青龙义字翼白号）。至元三十年又增一处万户府。大德七年后，因朱张失势，三所万户府合并为一，十一处千户所分设各地，其中在松江的为松江等处千户所。至大四年，千户所并为七所，松江嘉定等处千户所也同万户府一样置司平江路（此为《大元海运记》所载，《元史·百官志》则共五所且无松江嘉定等处千户所）。[①] 这样，除了张瑄、费案家族，还有一批与海运相关的千户及其家族固定地在松江活动。此外，元初任仁发曾在“至元二十五年，擢海道副千户，以功转正千户。会征交趾，改海船上千户”[②]，或称任海运千户长[③]，瞿霆发曾提举上海市舶。总之，松江富户与海运的关系是非常密切的。

再次，松江富户利用地利之便，以盐业而致富的。两浙沿海为重要的产盐地区，元代设两浙都转运盐使司以管辖，辖下盐场初为44处（《元典章》作45处），至元三十一年后合并为34处。[④] 合并之后，其中位于松江的有下沙、浦东、横浦、青村、袁部五场。[⑤] 而且，两浙盐运司还设分司于松江。[⑥] 至元至正间，两浙共办盐额27万引，其中松江占15.6万引，实办约7.5万引，而下沙场产盐尤多。[⑦] 于是涌现出一些与盐业相关的富户，其中特别突出的是下沙瞿氏。瞿氏数代均为盐场的官僚，瞿霆发入元后为下沙盐场副使，文献中称其子

① 陈得芝主编：《中国通史》第13册《中古时代·元时期（上）》，上海人民出版社1999（1997）年版，第880—882页。植松正：《元代の海运万户府と海运世家》，《京都女子大学东西洋文学研究科研究纪要》史学编第三号，2004年。

② （元）王逢：《梧溪集》卷6《谒浙东宣慰副使致仕任公及其子台州判官墓（有后序）》，李军点校，第511页。

③ （元）苏天爵辑撰：《元朝名臣事略》卷4《平章武宁正宪王》引《吴松江记》，姚景安点校，中华书局1996年版，第70页。

④ 《元典章》卷9《吏部》三《官制三·场务官》“盐场窠阙处所”条，陈高华、张帆、刘晓、党宝海点校，中华书局、天津古籍出版社2011年版，第343—344页。《元史》卷91《百官志七》，第2313页。

⑤ （明）正德《松江府志》卷8《盐课》，《天一阁藏明代方志选刊续编》第5册影明正德刻本，第403页。

⑥ 张国旺：《元代榷盐与社会》，天津古籍出版社2009年版，第21页。

⑦ （明）正德《松江府志》卷8《田赋下·盐课》，《天一阁藏明代方志选刊续编》第5册影明正德刻本，第402—403页。

瞿时学为灶户，[①] 似乎瞿家盐场官僚的身份为世袭。还有夏世泽，曾任玉泉场监运；唐昱，曾任浙西袁部场司丞。

即便如此，这些以海运和海盐致富的富户仍是大量占有土地的，如下沙瞿氏家族、张瑄家族皆然。

（杨晓春，南京大学历史学院教授）

① （明）正德《松江府志》卷6《田赋上》引江浙行省所委检校官王艮《议免增科田粮案》，《天一阁藏明代方志选刊续编》第5册影明正德刻本，第315页。

从息讼源到弭讼端：元代地方治理中的息讼机制*

郑　鹏

摘　要：元代地方官员在司法实践中表现出强烈的息讼倾向，这既与儒家崇尚“无讼”的司法理念有着直接关系，亦与地方官员的制度角色以及其背后的治理目标和治理资源密不可分。为实现息讼，元代地方官员尝试通过道德教化和法律普及构建“无争”的社会秩序，从源头上防止诉讼的产生。在讼争发生以后，通过限制告诉和分流诉讼，减少进入正式司法程序的案件数量。即使在案件已经进入审理阶段，依然可以通过官员调解或诉讼双方主动告拦达成和息。这些广泛存在于诉讼发生前后不同阶段的息讼措施对于减轻地方官府的诉讼压力有着积极意义，但案件数量的减少并不一定意味着纠纷的解决，民众的正常诉讼需求往往被漠视。

关键词：元代；地方治理；息讼；无讼

近年来，随着中国法律史研究范式的转换与史料的拓展，尤其是大量民间文书和诉讼档案的整理和利用，学者们逐渐走出“厌讼”幻象的遮蔽，揭示出中国古代诉讼的复杂图景：中国传统社会并不尽如费孝通笔下无讼的“乡土社会”①，而是呈现出“诉讼社会与非诉讼社会并存的局面”②。尤其自中唐以降，江南、江西等众多地区皆出现了不同程度的“好讼”“健讼”现象。与此同时，地方官员在司法实践中则强调“息讼”“弭讼”，力求诉讼不经正式审判而由两造和解予以解决。从宋代开始，“和息呈现出制度化的趋势”③，至元代，又出现告拦制度以及社长调解纠纷等新动向。

在以往研究中，学者主要围绕息讼理念的产生以及息讼的途径进行了讨论，

* 安徽省哲学社会科学规划青年项目“金元之际北方地区秩序重建研究”（AHSKQ2021D209）。

① 参见费孝通《乡土社会》，上海人民出版社 2007 年版，第 51—55 页。

② ［日］夫马进：《中国诉讼社会史概论》，《中国古代法律文献研究》第 6 辑，范愉译，社会科学文献出版社 2012 年版，第 1—74 页。

③ 张晋藩：《中国法律传统与近代转型》，法律出版社 1997 年版，第 283 页。

已有不少颇具启发性的成果。[①] 不过现有研究多从司法运作的层面理解息讼，主要关注诉讼发生后的调解平息之术，而现实中的息讼其实广泛存在于诉讼发生前后的不同阶段。换言之，息讼不仅仅是地方官员处理具体诉讼案件的司法实践，更是面对诉讼增多的现实状况，力求防止和减少诉讼的综合治理策略，有必要将其置于地方治理的视角下予以更深入和全面的检视。同时，从研究时段来看，现有研究或在中国传统法文化视阈下对息讼进行整体性考察，或集中于宋代与明清。有关元代息讼问题，学者虽然已围绕民事纠纷的调解机制展开讨论，[②] 并对告拦制度、社长调解纠纷职能等具体问题给予了一定关注，[③] 但系统且深入的研究尚付诸阙如。作为中国古代息讼机制建立和完善的关键时期，对于元代相关问题研究的不足极大阻碍了我们对中国近世以降息讼的长时段理解。本文拟对元代地方治理中的息讼机制及其实际运作进行系统研究，就正于学界方家。

一 从“无讼”到“息讼”：基于地方治理的审视

在司法实践中，元代地方官员表现出强烈的息讼倾向，有些官员甚至不顾案情一概息讼，影响到正常的司法运作。按元制，调解息讼一般适用于婚姻、田产、钱粮、债负等民事纠纷，刑名案件通常不允许私下和息。如元代规定，在盗窃案件中，“诸事主及盗私相休和者，同罪”[④]。在命案中，如果有司已经抓获案犯却不检尸，纵令两造休和，并将案犯释放，“正官杖六十七，解见任，降先职一等叙；首领官及承吏各笞五十七，罢役，通记过名”[⑤]。然而在现实中，常有司法官员违例准许刑名案件中两造“私自休和”，甚至“强令休和”。

① 参见邓建鹏《健讼与息讼——中国传统诉讼文化的矛盾解析》，《清华法学》第 4 辑，清华大学出版社 2004 年版；郭东旭《宋代法律与社会》，人民出版社 2008 年版，第 137—154 页；徐忠明《情感、循吏与明清时期司法实践》，上海三联出版社 2009 年版，第 119—138 页；陈丽蓉《息讼、健讼以及惩治唆讼》，《中西法律传统》（第 10 卷），中国政法大学出版社 2014 年版；张丽霞《明代息讼制度探究——以判牍为中心的考察》，《郑州大学学报》（哲学社会科学版）2017 年第 4 期；柴荣、李竹《传统中国民事诉讼的价值取向与实现路径：“息讼”与“教化”》，《政法论丛》2018 年第 2 期。

② 参见陈高华《元朝的审判机构和审判程序》，收入《陈高华文集》，上海辞书出版社 2005 年版，第 118 页；胡兴东《元代民事审判制度研究》，《民族研究》2003 年第 1 期；王盼《由黑水城文书看亦集乃路民事纠纷的调解机制》，《西夏研究》2010 年第 2 期；张斌《从黑城汉文书看元代地方社会民事纠纷的解决机制》，《青海社会科学》2012 年第 1 期。

③ 参见苏力《黑城出土 F116：W98 号元代文书研究》，《古代文明》2011 年第 4 期；杨讷《元代农村社制研究》，《历史研究》1965 年第 4 期；鲁西奇《元代乡里制度及其实行的北南方差异》，《思想战线》2019 年第 5 期。

④ 《元史》卷 104《刑法志三》，中华书局 1976 年版，第 2660 页。

⑤ 黄时鉴辑点：《元代法律资料辑存・大元检尸记》，浙江古籍出版社 1988 年版，第 103 页。

至元六年（1269）彰德路薛天祐与宁氏通奸一案，路总管府准告休和，被按察司刷卷时发现，定为“违错”[①]。大德六年（1302），定襄县张仲恩告禁山官速剌浑男忻都伯用弓梢将其侄男桃儿推落崖下致死，县尹杜行简等不检验尸伤，纵令休和，将忻都伯释放。[②] 在这些案件中，司法官员违例允许或强制诉讼两造和解，一方面因畏惧被告人权势或收受贿赂，另一方面亦不乏以此达到息讼目的。

元代地方官员之所以执着于息讼，与儒家“无讼”思想有着密切联系。随着儒家思想在汉代以降成为中国古代国家的主流意识形态，“无讼”思想在整个帝制时代皆极受推崇，成为中国古代普遍的司法理念。孔子言：“听讼，吾犹人也。必也使无讼乎！”[③] 元人对这句话的理解大致如许衡所言：“若论判断词讼，使曲直分明，我与人也一般相似。必是能使那百姓每自然无有词讼，不待判断，方才是好。”[④] 很大程度上，“无讼”所指向的是一种“无需法律的社会秩序”：在儒家伦理的支配下，整个社会井然有序，民众没有纷争，自然无须诉讼。

在元代，“无讼”是人们品评官员是否为良吏的重要标准，继而成为他人对官员的普遍期待和官员的自我期待。虞集则称陈俨“论礼则欲修一代之经，司刑则知先无讼之本”[⑤]，王沂在送友人汪臣良赴余姚为官时说“但使民无讼，何烦里有讴”[⑥]，谢应芳在给新任知府的贺信中说“省刑驯致于无刑，听讼当期于无讼”[⑦]。不过，元人也认识到虽然“无讼”是一种理想的社会秩序，但纠纷和争讼是民众同居共处的必然产物，现实中无时不有。张养浩指出：“惟民之生，狥安狃逸，乌能无疾？林林而居，恶能无讼？”[⑧] 又言：“人不能独处，必资众以遂其生，众以相资，此讼之所从起也。”[⑨]《经世大典·宪典总序》中亦承认：“《易》著讼卦，《书》称嚚讼，则虽五帝三王之世，不能无讼。人有不

---

① 陈高华等点校：《元典章》卷45《刑部七·诸奸·凡奸·犯奸休和理断》，天津古籍出版社、中华书局2011年版，第1533页。

② 黄时鉴辑点：《元代法律资料辑存·大元检尸记》，第103页。

③《论语注疏》卷12《颜渊》，阮元校刻《十三经注疏》本，中华书局1980年版，第2504页上。

④ 许衡：《鲁斋遗书》卷4《大学直解》，《景印文渊阁四库全书》第1198册，台北：台湾商务印书馆股份有限公司1986年版，第324页下。

⑤ 虞集：《道园学古录》卷12《陈文靖公谥议》，《四部丛刊初编》本。

⑥ 王沂：《伊滨集》卷9《送汪臣良余姚守十韵》，《景印文渊阁四库全书》第1208册，第467页下。

⑦ 谢应芳：《龟巢稿》卷17《贺偰知府到任启》，《四部丛刊三编》本。

⑧ 张养浩：《归田类稿》卷4《棣州重修夫子庙记》，《景印文渊阁四库全书》第1192册，第512页上。

⑨ 张养浩：《三事忠告》卷1《牧民忠告上·听讼·察情》，《景印文渊阁四库全书》第602册，第735页下。

平，形之于讼，情也。”① 既然诉讼有其必然性，欲臻至“无讼”则要求牧民者平息诉讼。“郡县得一贤守宰，苟能行之以道，虽无讼可也”②，在元人看来，通过地方官员的努力，“无讼”并非遥不可及。

孔子虽强调“无讼”，但并没有因此否定“听讼”。严格来说，高效、公正地审理诉讼恰恰是解决纷争、平息诉讼的重要途径。然而元人接受宋儒的阐发，贵“无讼”的同时轻“听讼”，并没有把听讼视为息讼的题中之义。许衡曰：“听讼非难，使民无讼然后为难。”③ 许谦曰：“听讼是新民之末节。”④ 张养浩甚至在《牧民忠告》中告诫牧民者“勿恃能听讼为得”⑤。这种思想甚至在术数之书中也有所体现，陆森《玉灵聚义·词讼胜负章》中说：“圣人不以听讼为难，而以使民无讼为贵，乃刑期于无刑之意。故曰：‘以讼受服，不足敬。’”⑥

质言之，如果说儒家“无讼”所追求的是“无争”的理想社会秩序，元代地方官员息讼则转向否定和避免诉讼本身。这种息讼倾向一方面源自其对儒家“无讼”理想的片面追求，更多则是出自现实需求的治理策略。所谓“既为民父母，当作子孙看”⑦，地方官员“父母官”的制度角色当然有义务回应民众的“冤抑”，但作为肩负征收赋税、调节纠纷和维持公共秩序等广泛职责的地方治理者，其司法实践又不仅仅依循法律逻辑，而是基于地方治理的综合考量。

首先，息讼本身是元代考课地方守令的重要内容。至元元年（1264），元政府定地方官考课标准：“以五事考较而为升殿：户口增、田野辟、词讼简、盗贼息、赋役平，五事备者为上选，内三事成者为中选，五事俱不举者黜。”⑧ 这一考课标准直接继承自金代，金兴定元年（1217）定考课“六事”：“一曰田野辟，二曰户口增，三曰赋役平，四曰盗贼息，五曰军民和，六曰词讼简。”⑨元代除省去“军民和”外，余并相同。其中对狱讼的要求是“词讼简”，《吏学指南》释为：“谓治事之最，听断详明，讼无停留，狱无冤滞者。”⑩《吏学指南》

① 《经世大典·宪典总序》，苏天爵《国朝文类》卷42，《四部丛刊初编》本。

② 《经世大典·宪典总序》，苏天爵《国朝文类》卷42，《四部丛刊初编》本。

③ 许衡：《鲁斋遗书》卷4《大学直解》，《景印文渊阁四库全书》第1198册，第324页下。

④ 许谦：《读四书丛说》卷1《读大学丛说·传四章》，《四部丛刊续编》本。

⑤ 张养浩：《三事忠告》卷1《牧民忠告上·听讼·察情》，《景印文渊阁四库全书》第602册，第735页下。

⑥ 陆森：《玉灵聚义》卷5《词讼胜负章》，《四库全书存目丛书·子部》第66册，齐鲁书社1997年版，第77页下。

⑦ 王恽：《秋涧先生大全文集》卷62《谕平阳路官吏文》，《四部丛刊初编》本。

⑧ 陈高华等点校：《元典章》卷2《圣政一·饬官吏》，第39页。

⑨ 《金史》卷55《百官志一》，中华书局1975年版，第1228页。

⑩ 徐元瑞：《吏学指南》，浙江古籍出版社1988年版，第30页。

这一解释与唐宋时期的考课标准颇接近，唐代考课“四善二十七罪”中有“决断不滞，与夺合理，为判事之最”[①]，宋代州县考核“四善三最”有“狱讼无冤、催科不扰为治事之最”[②]，皆是以公正、高效作为处理狱讼的标准。然而更多材料显示，元代所谓“词讼简”更强调的是案件数量。《元史·立智理威传》中言，至元十八年（1281）立智理威任嘉定路达鲁花赤，“时方以辟田、均赋、弭盗、息讼诸事课守令”[③]，即将“词讼简”理解为“息讼”。顺帝时期考课标由“五事”变为“六事”，明言狱讼的标准为“词讼简少”[④]。相对唐宋时期，元代对狱讼的考课重心由“狱讼无冤”转向“词讼简少”，这一考课标准必然会对地方官员的日常息讼实践产生导向作用。

其次就现实情况来看，元代地方官员始终面对着理讼能力不足与民众旺盛的诉讼需求之间的矛盾。一方面，许多州郡人口繁多，诉讼数量水涨船高。元代文献中众多有关江南“好讼”的言论正是对这种诉讼状况的一种话语呈现。另一方面，“集约型”的地方官府根本无力应对如此繁多的诉讼案件。元政府规定诉讼、赋税等公务皆正官提调，但各级官府正官不过数员，正所谓“正官有限，公务无穷”，以至“簿书堆积，狱犴填满，民讼冤滞”[⑤]。即从司法者自身来说，大多并没有系统的法律训练，其法律素养在实践中往往捉襟见肘。如县令为亲民之官，“十分为率，大半不识文墨，不通案牍，署衔书名题日落笔，一出于文吏之手。事至物来，是非缓急，闭口不能裁断，袖手不能指画，颠倒错缪，莫知其非”[⑥]。地方“狱讼烦滋”，即使是“长才敏识”之人，也只是“期不旷事而已”[⑦]。一般任州县者，则“匪朝伊夕，惴惴焉奔命共事”，“往往翘足瓜代，知幸免责而去”[⑧]。对于听讼，官员即使有心为之，亦力有不足。

除开理讼能力的不足，听讼的风险与成效亦足以使地方官员产生顾虑。在元代的司法监察制度下，地方官员在司法中同时面对来自上级官府和地方监察机关的严密监督，特别是由行台与肃政廉访司构成的监察网络，对地方官员的司法监察尤为有力。《行台体察等例》中规定：“刑名词讼，若审听不明及拟断

---

① 《新唐书》卷46《百官志一》，中华书局1975年版，第1190页。

② 《宋史》卷163《职官志三》，中华书局1985年版，第3839页。

③ 《元史》卷120《立智理威传》，第2958页。

④ 梁寅：《新喻梁石门先生集》卷10《策略二·考课》，《北京图书馆古籍珍本丛刊》第96册，书目文献出版社1998年版，第509页下。

⑤ 胡祇遹：《紫山大全集》卷21《论臣道》，《景印文渊阁四库全书》第1196册，第370页下。

⑥ 胡祇遹：《紫山大全集》卷23《精选县令》，《景印文渊阁四库全书》第1196册，第413页上。

⑦ 高明：《丽水县尹梁君政绩记》，（成化）《处州府志》卷4，成化22年刻本。

⑧ 王恽：《秋涧先生大全文集》卷38《重修录事司厅壁记》，《四部丛刊初编》本。

不当，释其有罪，刑及无辜，或官吏受财，故有出入，一切违枉者，纠察。”① 从案件受理、审断到最后判决，无论官员故意枉法还是失误违错，皆会受到监察官员的纠察，进而受到相应惩罚。其轻者受笞杖、记过、罚俸，重者黜降乃至解职。在现实中，由于审断失误而获罪者十分常见。对于官员来说，听讼其实是充满风险的，如若能使民息讼而免于刑名违错之忧，不失为上上之策。

与此同时，官府听讼的现实效果往往亦并不尽如人意，许多案件虽经审结，但两造之间的纠纷并没有解决，反复争讼。以湖州路胡瑗坟地案为例，安定先生胡瑗为北宋理学大家，墓地在湖州路乌程县三碑乡七都何山，南宋时曾专门建安定书院负责祭祀。元代至元至泰定间，安定书院与何山寺围绕胡瑗坟地归属进行了长达四十余年的争讼。先是至元二十二年（1285），何山寺侵占胡瑗坟地并进行破坏，书院儒生告至湖州路总管府，经总管府与江南释教总统所约会审问，“将胡安定先生坟墓、山地、书堂、房屋归还秀才依旧管业”。然而此判决并没有消弭争端，何山寺僧人依然阻挠书院儒生祭祀，书院“连年陈诉不绝”。延祐二年（1315），安定书院再次提起诉讼，湖州路总管郝鉴在委托归安县尹李承直审断效果不佳后亲诣何山寺，双方遂和解。然而至泰定初，安定书院儒生在修缮因大雨损坏的胡瑗墓时又遭到僧众阻挠，不得不再次兴讼，最终在乌程县尹于承德“亲诣地所，从实相视”后，何山寺与安定书院达成和议，“两下拦和，永远息讼”②。这一案件中，在胡瑗坟地产权清晰的情况下，官府多次做出判决却没有做到定纷止争，背后固然有元代释教势力强大等因素，但也在很大程度上展现出听讼本身的局限性。③ 案件的最终解决则是通过僧、儒双方和解息讼实现，而非由官府再次判决。

简而言之，元代地方官员之所以致力于息讼，一方面与儒家崇尚“无讼”的司法理念有着直接关系，更与地方官员的制度角色以及其背后的治理目标和治理资源密不可分。息讼不仅是对“无讼”理想的身体力行，更是地方官员在充分衡量成本与风险后所选择的最为有利的治理策略。由于元代地方官员“牧民官”而非“司法官”的本质角色，他们在司法资源方面有着先天缺陷，但另一方面也因此拥有司法之外的其他资本：他们不仅因代表国家治理地方而拥有政治权威，同时还以士大夫的身份拥有文化权威。这些资本虽然与听讼无太大关联，却可以转换为息讼的资本。因此，元代地方官员在实践中往往利用各种

---

① 赵承禧等：《宪台通纪·行台体察等例》，浙江古籍出版社 2002 年版，第 21 页。

② 陆心源：《吴兴金石记》卷 14《胡文昭公墓据碑》，《历代石刻史料汇编》第 12 册，北京图书馆出版社 2000 年版，第 258—263 页。

③ 关于本案的相关讨论详见沈伕琼《元代江南寺院侵占儒学田产现象探析》，《史学集刊》2017 年第 1 期。

资源，在诉讼的各个阶段进行息讼的努力。

二　息讼源："无争"社会秩序的构建

正如前文所言，"无讼"的本质是"无争"，因而"百姓每自然无有词讼"，那么构建"无争"的社会秩序也就成为息讼的根本途径。

（一）厚风俗：息词讼之源

元人孙以忠在为温州路学撰写的记文中寄语说："校官者，当厚风俗，息词讼之源。"① 其意概以教化为息讼之本，此亦《经世大典·宪典总序》所说："化行俗美，无讼而狱空者，上也。"② 元人对以教化息讼的思想多有表述。陈天祥说："使民无讼，非教化不能，教化乃新民之事也。"③ 张养浩说："无讼者救过于未然，非以德化民，何由及此？"④ 皆是主张通过道德教化以息讼。出身宋宗室的学者赵偕隐居慈溪，他在给慈溪县令陈文昭所撰的《治县权宜》中建议"明人伦兴古学校"，认为如此不仅"有父子兄弟者无不悦"，"且有使无讼之妙"。他同时又建议"彰善良以弭邪恶"，"果能使善良之风渐兴，邪恶之风渐消，各乡争讼，必不至如今日之多"⑤。有元历代皇帝亦屡屡颁降诏旨，敦促地方官"宣明教化，肃清风俗"⑥。

同时，元人还将诉讼繁冗归因于教化不行，认为"有民不教，则五品不逊而有讼"⑦。胡祗遹指出，文、武、周、孔、颜、孟以下之为君者不能正本清源，却以法令刑罚督责，法令虽严，"民不兴行，放僻邪侈，奸伪烂漫而不可遏"，刑罚虽苛，"凶顽嚚滋，炽而不可止"⑧。陈栎也认为："珥笔当禁，哗讦当惩，今禁权豪亦严矣，然或上下相蒙，而嚚讦未可变，毋乃徒为其事，而未修教化之道，以生其逊悌之心欤？"⑨ 针对时人对江南"好讼"的非议，苏天爵亦从教化与民俗的关系出发对此进行了批驳，认为江淮之民之所以有"好讼"

---

① 孙以忠：《温州路儒学记》，（弘治）《温州府志》卷19，《天一阁藏明代方志选刊续编》第32册，上海书店1990年版，第926页。

② 《经世大典·宪典总序》，苏天爵《国朝文类》卷42，《四部丛刊初编》本。

③ 陈天祥：《四书辨疑》卷1《大学》，《景印文渊阁四库全书》第202册，第353页上。

④ 张养浩：《三事忠告》卷1《牧民忠告上·听讼·察情》，《景印文渊阁四库全书》第602册，第735页下。

⑤ 赵偕：《赵宝峰先生文集》卷1《治县权宜为邑宰陈文昭设》，《续修四库全书》第1321册，上海古籍出版社2002年版，第140页下。

⑥ 王结：《文忠集》卷6《善俗要义》，《景印文渊阁四库全书》第1206册，第250页上。

⑦ 程端学：《积斋集》卷4《瑞州路推厅记》，《景印文渊阁四库全书》第1212册，第351页上。

⑧ 胡祗遹：《紫山大全集》卷20《原教》，《景印文渊阁四库全书》第1196册，第330页上。

⑨ 陈栎：《定宇集》卷13《经史实务策一道》，《景印文渊阁四库全书》第1205册，第371页下。

之称，一个很重要的原因是官员没有真正重视道德教化，而要变江淮之俗，则需要“训之以诗书，迪之以礼让”，只要崇尚名教，自然风俗淳厚而无嚚讼之习。①

吴师道作邑建德时建崇化堂，其好友柳贯在记文中言：“夫讲道修政，仕者均有责焉。然其所施有缓急，所就有厚薄，要未可以概论之也。故令之去民为最近，而其教民为最切，朝发一言于堂序之上，而夕可以达之荒村陋落之陬。所教者不一二，而感以化者已十百，其效简且易致如此。”② 究其意，概以地方官员亲临治民，故其不仅肩负教化职责，且有教化之便。正如学者研究中所提出的，广义上来说，兴学校、教育吏员、兴修或修复先贤人遗迹、纠正不良风俗、表彰人物、施行乡约、劝农等皆为“循吏”推广教化的内容。③ 除此之外，地方官主持和参加的一些仪式，如乡饮酒礼以及祭祀岳镇海渎的活动，同样具有教化的性质。④ 毋庸赘言，这些多样化的教化措施对于化民成俗、息讼止争皆有直接或间接的作用。而着眼于劝善诫讼，地方官员亦有许多针对性的教化措施。

元代地方官员十分重视利用各种公众性场合宣扬教化，其中庙学讲书是一种重要的制度性教化实践。所谓“庙学”即儒学学校，包括中央之国学与地方之官学、社学。⑤ 元代在路、府、州、县皆建有官学，社学更是广布天下。至元六年（1269）制定官吏诣庙学烧香讲书之制：

> 如遇朔望，自长次以下正官，同首领官率领僚属吏员，俱诣文庙烧香。礼毕，从学官主善诣讲堂，同诸生并民家子弟愿从学者讲议经史，更相授受。日就月将，教化可明，人材可冀。⑥

从这段材料可见，庙学每月朔、望两次讲学，参加者不仅有学官、诸生，

① 苏天爵撰，陈高华、孟繁清点校：《滋溪文稿》卷3《镇江路新修庙学记》，中华书局1997年版，第44页。

② 柳贯：《柳待制文集》卷15《崇化堂记》，《四部丛刊初编》本。

③ 张延昭：《下沉与渗透：多元文化背景下的元代教化研究》，博士学位论文，华东师范大学，2010年。

④ 申万里先生在有关元代乡饮酒礼的研究中指出，其最主要的功能就是形成尊贤、礼让、敬老的社会风气。见氏著《宋元乡饮酒礼考》，《史学月刊》2005年第2期。马晓林在有关元代岳镇海渎祭祀的研究中指出，祭祀仪式勾画出一幅以蒙古为中心、各民族协调建立秩序的景象，这对民众无疑也是一种图景式的宣传统治秩序的教化方式。见氏著《元代国家祭祀研究》，博士学位论文，南开大学，2012年。

⑤ 有关元代庙学的研究参见申万里《元代庙学考辨》，《内蒙古大学学报》（人文社会科学版）2002年第2期。

⑥ 王颋点校：《庙学典礼》卷1《官吏诣庙学烧香讲书》，浙江古籍出版社1992年版，第13页。

亦有地方行政官吏与民家子弟，这时的庙学成为一个公众广泛参与的空间，亦成为一个很好的宣传场合。申万里先生认为，庙学本身空间并不足以容纳过多人员，朔望讲书其实并不是面向社会民众的教育活动。又由于大部分官员学问有限，亦很少亲自讲学。这应是实情。不过也有一部分贤能者能够积极参与，甚至不拘于朔望讲学，利用庙学宣扬教化。大德元年（1297），于九思于任诸暨州知州，其地“俗尚气而喜争，牒诉纠纷，为长吏者，恒患其不易治”。为培育民俗，于九思暇日则召集民人子弟于州学，劝以“孝弟忠信之说”，“嚣哗之风，为之寖衰”①。

春月劝农是另一种制度性的教化实践，且相比庙学讲书更具仪式性和公众性。春月劝农之制源自先秦，其典载于《礼记·月令》。② 秦汉以降，劝农之制日趋完善，成为地方官员日常行政的重要职责之一。特别到宋代，州县长官皆兼劝农使，每年春季二月出郊劝农，成为定制。③ 元代对劝农尤为重视，不仅在中央以司农司总领农事，地方监察官员以及路、府、州、县长官皆“以劝农事三字系之职衔之下”④。黄溍感慨说：“我朝参稽故典，郡邑守令悉以劝农入衔，事莫重焉。”⑤ 与宋代一样，元代地方长官每年春季二月出郊，“率其属以延见父老”⑥。有时正官缺员，则以他官代行，如东莞县缺正官，郭应木就曾“摄其事”⑦。劝谕的目的不仅是促进农业生产，同时也是以此为机进行道德教化，有的官员将此视为虚文，有的官员则将此视为深入民众的良机，颇为重视。如李天佑大德间任象山县尹时就曾言“劭农兴学，王政之始，朝廷屡降德音，而郡县视为虚文，夫我则不敢”，逢春秋则“亲行乡社，谕民孝弟忠信，察其勤惰而赏责之”⑧。陆文圭、叶岘则一再强调，劝农并非“文具”“应故事”⑨。地方官员劝农时多写就劝农文，而为便于民众理解，一些官员还十分注意文章

① 黄溍：《金华黄先生文集》卷23《元故中奉大夫湖南道宣慰使于公行状》，《四部丛刊初编》本。

② 《礼记·月令》：“（孟春之月）王命布农事，命田舍东郊。皆修封疆，审端径术，善相丘陵、阪险、原隰土地所宜。五谷所殖，以教道，民必躬亲之。田事既饬，先定准直，农乃不惑。”见《礼记正义》卷14《月令》，阮元校刻《十三经注疏》本，第1356页下—1357页上。

③ 参见包伟民、吴铮强《形式的背后：两宋劝农制度的历史分析》，《浙江大学学报》（人文社会科学版）2004年第1期。

④ 陆文圭：《墙东类稿》卷10《劝农文二首》，《元人文集珍本丛刊》第4册，台北：新文丰出版公司1985年版，第581页上。

⑤ 黄溍：《金华黄先生文集》卷20《诸暨州劝农文》，《四部丛刊初编》本。

⑥ 陆文圭：《墙东类稿》卷10《劝农文二首》，《元人文集珍本丛刊》第4册，第581页上。

⑦ 郭应木：《劝农文》，（民国）《东莞县志》卷49《宦迹略一》，《中国方志丛书》，台北：成文出版社1966年版，第1852页。

⑧ 苏天爵撰，陈高华、孟繁清点校：《滋溪文稿》卷18《故承事郎象山县尹李侯墓碑》，第299页。

⑨ 陆文圭：《墙东类稿》卷10《劝农文二首》，《元人文集珍本丛刊》第4册，第581页；叶岘：《劝农文》，（雍正）《处州府志》卷17，《中国方志丛书》，台北：成文出版社1983年版，第2216页。

的行文，力图浅显易懂。如王毅作劝农文以四字为句，“浅近明白”①。叶岘劝农青田县，鉴于民众“生长阡陌”“知书不深”，选择诵读广泛的《孝经》之《庶人》一章，系以四字韵语，使其“易为解晓”②。现将地方官员所作劝农文中除农事以外的劝诫内容抄录于下，以做进一步分析：

材料一：尚气嚣讼，毁家求直之害于耕者，倘不惩其忿，则俯伏于讼庭者，其能安居于田里乎？好勇斗狠，背理伤道之害于耕者，倘不革其非，则桎梏于囹圄之间者，其能耒耜于田畴乎？出理入法，逃刑遁身之害于耕者，倘不悔其祸，则（漂）〔飘〕泊于异乡者，其能回顾于田庐乎？③

材料二：尔父老率乡之子弟惟勤惟谨，勿惰勿游，勿好勇斗（很）〔狠〕，勿饮博争讼，惟耕蚕是务。④

材料三：继自今父训其子，兄诏其弟，妨农之事，一切不为，毋游手好闲，毋沉酗于酒，毋好勇犯上，毋不孝不友，有一于此，官有常刑。⑤

材料四：又须孝养父母，逊兄长，毋淫于逸、于游……其或好勇斗（很）〔狠〕，博弈饮酒，聚其淫祀，驱诱良民，邦有常刑，罪及尔身，弗可悔。⑥

材料五：且衣食足然后知礼义，今天下郡县有学，乡社有学，门塾有学，皆立教法，使人趋善而避恶也。尔父老重告子弟曰：父慈子孝，兄友弟恭，则家道肥；男耕女织，不事游荡，则衣食裕。毋赌博纵酒食以破家，毋犯上讦阴私以败俗。斗狠违法者伤身，欺诈反复者致祸。皆尔农所当戒也。⑦

材料六：先行孝道，奉养双亲，睦乃宗族，和彼乡邻。劝尔农人，莫学赌博，博奕之人，家必萧索。劝尔农人，莫去奸淫，他人之妻，莫起邪心。劝尔农人，莫从贼侣，他人之物，一毫莫取。劝尔农人，莫杀牛畜，耕田得力，莫食其肉。劝尔农人，妇勤丝麻，贞洁节俭，助夫起家。莫好酒食，莫贪妆束，布衣菜粥，易于饱足。人不读书，梦无所觉，日事于农，

---

① 王毅：《木讷斋文集》卷2《劝农文》，《续修四库全书》第1324册，第231页下。

② 叶岘：《劝农文》，（雍正）《处州府志》卷17，《中国方志丛书》，台北：成文出版社1983年版，第2216页。

③ 郭应木：《劝农文》，（民国）《东莞县志》卷49《宦迹略一》，《中国方志丛书》，台北：成文出版社1966年版，第1852页。

④ 陆文圭：《墙东类稿》卷10《劝农文二首》，《元人文集珍本丛刊》第4册，第581页上。

⑤ 陆文圭：《墙东类稿》卷10《劝农文二首》，《元人文集珍本丛刊》第4册，第581页上。

⑥ 陆文圭：《墙东类稿》卷10《戊辰劝农文》，《元人文集珍本丛刊》第4册，第581页下。

⑦ 唐元：《筠轩集》卷13《本路劝农文》，《景印文渊阁四库全书》第1213册，第589页上。

夜当向学。言温气和，恭敬田主，租课早还，粮差官府。休学无藉，莫待催取，推已及人，事无妄语。莫强人佃，自然无事，能依此言，风移俗易。男务耕耘，女勤纺织，勿使斯文，徒挂墙壁。不遵劝谕，是谓愚痴，刑责及身，虽悔何追。[①]

材料七：谨身节用，循理违法，常务谨饬。省费啬用，常思爱惜。莫斗莫狠，斗狠罹灾。莫饮莫博，饮博坏材。尔身克谨，善名所归。尔能用节，起家之基。以养父母，五常百行。爱义父母，必敬必虔。昆季宗族，兄弟同气。常务和睦，勿生乖异。周有典贤，汉有举孝。归语子弟，尔训尔教！[②]

从劝农文来看，地方官员在劝农中通常从以下三个方面对民众进行劝诫：一为“劝善”，主要是和睦乡土社会中的人伦关系，包括父子之间、夫妻之间、兄弟之间乃至同族之间的关系。良好的人伦秩序是儒家伦理的核心要求，亲族之间相讼则是牧民者最为痛心疾首的。赵偕多次向慈溪县的地方官建言：“若待其父子兄弟夫妇有讼于官，然后听之，纵断之不失，则已乖和气，何以感动人心。”[③] 二为“诫恶”，包括好勇斗狠、酗酒赌博等。这些行为皆是常见的不良习俗，很多还是国家法律明确禁止的。这些行为不仅不利于社会秩序的稳定，更是纠纷的源头，极易引发诉讼。杜绝这些恶习，很大程度上也就减少了诉讼的可能。三为“止讼”，即直接告诫民众勿要争讼。其告诫话语中除纯粹的道德说辞外，更多的是现实的“利”与“害”。前者既包括“善名”，也有更为现实的经济利益。后者一方面是“害于耕”“破家”等经济损失，更重要的是违法后受刑之苦。概而言之，官员在告诫中不仅晓以利害劝民众勿讼，亦着眼于“止争”，从而杜绝诉讼之源。

除亲行宣谕外，各式各样的劝谕性文字亦是地方官劝诫百姓的重要途径，而元代版刻的发达使得低成本的批量印刷成为可能，更大大扩展了这一措施的可行性。元代有名的官箴《善俗要义》就是王结在任顺德路总管时撰写，然后颁给下属各正官、社长人等，让他们“以时训诲社众”[④]。许多地方官员同样将自己撰写或前贤所作的劝谕性文字予以刊刻或抄写，广加传播。如宋儒陈古灵

① 王毅：《木讷斋文集》卷2《劝农文》，《续修四库全书》第1324册，第231页下。

② 叶岘：《劝农文》，（雍正）《处州府志》卷17，《中国方志丛书》，台北：成文出版社1983年版，第2216页。

③ 赵偕：《赵宝峰先生文集》卷1《治县权宜为邑宰陈文昭设》，《续修四库全书》第1321册，第140页下。

④ 王结：《文忠集》卷6《善俗要义》，《景印文渊阁四库全书》第1206册，第250页上。

的《谕俗文》是一篇有名的劝谕文章，朱熹守漳州时就曾刊刻此文训谕民众。买住任信州路总管时同样刊刻此文以教民，徐明善称其“匹休朱夫子”[①]。丁成之任镇江路录事司达鲁花赤，亦手抄陈古灵之《谕俗文》，然后“刻施民间”[②]。

“化”者，“教行也”，“教行于上，则化成于下”[③]。所谓“教化”，即统治者通过各种非强制的宣传、教育手段，将官方的意识形态与价值观念灌输给民众，从而规范民众的认知、思维与行动，其核心是使民众发生“极其深刻的精神转变”[④]。质言之，教化其实是一个“大传统”向“小传统”渗透的过程，亦是国家构建统治秩序的一个重要措施。“道之以政，齐之以刑，民免而无耻；道之以德，齐之以礼，有耻且格”[⑤]，教化行则意味着民众的日常行为皆遵循儒家伦理，自然“绝起讼之源”。而从现实来说，以教化息讼耗费的行政成本最少，故而尤其受到元代地方官员重视。

（二）法律的宣传与普及

在元代官方语境里，教化以儒家伦理——或者说宋代以来重新阐发的理学为本，元代的教化其实就是“儒学教化”。“鞭笞斧钺，礼乐教化，相为表里”[⑥]，现实社会秩序的构建不仅需要道德与伦理，法律亦是重要一环。元代地方官员在敦厚人伦的同时，还非常重视宣传和普及国家法律。徐忠明指出：“法律的公布和宣传乃是一种非常古老的传统，不但为儒家所崇尚，而且也被法家所重视，因此它才能一直延续到帝制时代的结束。”[⑦] 而之所以重视宣传法律，其原因亦不难理解。法律由秘密走向公开是世界各民族法律的共同趋向，[⑧] 法律的制定本为实现社会控制、构建统治秩序，而要使法律起作用就必须让民众知晓法律。

延祐六年（1319）颁布《盗贼通例》，首先便明言“明示宪章使民易避”[⑨]之意。顺帝初年，苏天爵请求续编《大元通制》时亦提出，法律与礼教同样是治国工具，国家必须适时向民众宣示法律的内容，如此才能使“民知所

---

① 徐明善：《芳谷集》卷上《信州路迈珠总管刊陈古灵谕俗文序》，《景印文渊阁四库全书》第1202册，第581页下。

② 朱德润：《存复斋续集·善政诗序》，《续修四库全书》第1324册，第356页上。

③ 许慎撰，段玉裁注：《说文解字注》，上海古籍出版社1981年版，第384页下。

④ ［德］汉斯·格奥尔格·伽达默尔：《真理与方法》，洪汉鼎译，上海译文出版社1999年版，第14页。

⑤ 《论语注疏》卷2《为政》，阮元校刻《十三经注疏》本，第2461页下。

⑥ 孛术鲁翀：《大元通制序》，苏天爵《国朝文类》卷36，《四部丛刊初编》本。

⑦ 徐忠明：《明清国家的法律宣传：路径与意图》，《法制与社会发展》2010年第1期。

⑧ ［英］梅因：《古代法》，沈景一译，商务印书馆1959年版，第1—12页。

⑨ 陈高华等点校：《元典章·新集·刑部·诸盗·总例·盗贼通例》，第2166页。

避，吏有所守”[①]。质言之，其初衷概是希望民众能够知法而后守法。从地方官员的角度来说，即使不能使民众完全做到明德循礼的理想境界，若民众能够守法，同样能够减少诉讼的发生。当然，法律知识水平与好讼与否并非呈单向关联，民众知法守法自然使诉讼减少，但另一方面，由于对法律的熟悉，在遇到纷争时却反而会倾向于诉讼，遑论少数讼师本就是倚仗对法律的熟悉而起灭词讼。对于治理者来说，民众法律知识的培育或许本身就是一把双刃剑。

通过榜文、粉壁等渠道颁布法令是元代国家宣传法律最为主要的方式。其中粉壁是经过简单粉刷用以书写和绘画的墙壁，广泛设置于各种场所，其中最重要的是挨家挨户设立的“排门粉壁”。[②] 榜文主要为纸质，以手写或印刷的方式制作，张贴于衙署、城门、市曹、通衢、津度、驿铺、邸店等人群聚集之处，有时亦制成“手榜”散发与民众。此外还有石刻榜文，多颁发给寺观、学校等机构。每当有新的法令颁降，往往要求“所在官司多出文榜，排门粉壁，明白晓谕”[③]，这当然是地方官员的分内之事。而除按照省部要求将下行文书张榜公告外，地方官府亦经常根据需要发布大量文告。当然，无论榜文或者粉壁，作为官民之间的信息传播渠道，其内容本身是十分丰富的，而就律例内容来说，往往有以下两种。

一为针对性的政令，如大德五年（1301），江浙行省曾据福建盐运司的申请，发下九道有关禁治砂盐的榜文，命各官司“收管张挂，更为出榜禁治”[④]。《元典章》较为完整地保存了江西行省至元三十一年（1294）的一道榜文，从中可见这类法律榜文之一斑：

> 至元三十一年□月，江西行省榜文内一款：今后凡雇乘船之人，须要经由管船、饭头人等三面说合，明白写立雇船文约。船户端的籍贯、姓名，不得书写“无籍贯”并“长河船户”等不明字样，及保结如揽载已后，倘有疏失，元保饭头人等与贼人一体断罪。仍将保载讫船户并客旅姓名、前往何处勾当，置立文簿，明白开写，上下半月于所属官司呈押，以凭稽考。[⑤]

---

① 苏天爵撰，陈高华、孟繁清点校：《滋溪文稿》卷26《乞续编通制》，第434—435页。

② 有关元代的粉壁，参见申万里《元代的粉壁及其社会职能》，《中国史研究》2008年第1期；徐忠明《老乞大与朴通事：蒙元时期庶民的日常法律生活》，上海三联书店2012年版，第107—108页；李漫《元代传播考：概貌、问题及限度》，北京大学出版社2013年版，第111—115页。

③ 陈高华等点校：《元典章·新集·刑部·诸盗·总例·盗贼通例》，第2166页。

④ 陈高华等点校：《元典章》卷22《户部八·课程·盐课·禁治砂盐》，第854—855页。

⑤ 陈高华等点校：《元典章》卷59《工部二·造作·船只·船户揽载立约》，第1984—1985页。

这段文字并非完全是当时榜文的原貌，而是编纂《元典章》的吏胥所抄录原榜文中一部分内容。其主要内容是对雇船文约的规定，本意在于通过规范文约来保证旅客的安全。在元代，类似这种榜文或粉壁应是十分常见的。由于榜文多张贴于市曹、通衢、官署门首等“人烟辏集去处”①，而排门粉壁更是将法令宣布到每家每户，其宣传作用是显而易见的。从实际效果来看，民众确实通过榜文、粉壁知晓国家法律，进而规范自己的行为。如永州路站户唐子赞等以自家粮米买到茶货若干，前往潭州路发卖，本来已在永州路按例纳税，但在永州路看到当地榜文中禁卖私茶后仍然不敢买卖，而向官府申告。②

二为法律摘要，即选取国家法律中与民众息息相关的内容张榜公布。高陵县张密的事迹可备一观。高陵为大县，前任官员由贪贿引起民讼，最后经宪司审断，贪官污吏被罢免，但却使高陵留下“俗喜告讦”的污名。张密赴任前高陵滞讼之弊甚重，特别是户婚案件，“至有十余年不杜绝者”。张密仿《周礼》“悬法象魏”③之法，“悬示法例”，“既灼见情实，山判不摇，旬时之间，吏民厌服，惟所命是听。是后县厅寂然，无复斗讼声”④。

除张挂榜文、排门粉壁外，口头宣谕亦是一个很好的普法方式，此亦即《周礼》中“读法”之典⑤。元代许多地方官员皆以这种方式进行法律宣传实践，如乌古孙泽任岭北海南道肃正廉访使时的事迹：

> 又患愚民无知，狱讼烦多，印摹格例三千余本，犯某事者抵某罪，名曰《社长须知》，月集老幼以听之，仿《周礼》月吉读书之意。于是人知自重，犯刑者寡。⑥

这里有两点需要注意：一是读法的内容。乌古孙泽倡导读法的动机很明确，即使民众知法而能守法，减少诉讼。故而其所编制的读法教材——《社长须

① 有关元代榜文张挂地点的讨论参见易舜《元代榜文研究》，硕士学位论文，武汉大学，2015年。

② 陈高华等点校：《元典章》卷22《户部八·课程·茶课·茶法》，第810—811页。

③ 《周礼》中载大宰“县（通“悬”——笔者注）治象之法于象魏，使万民观治象”，即在宫外立柱——“阙”上悬挂法令来宣传法律。参见《周礼注疏》卷2《周官·天官·大宰》，阮元校刻《十三经注疏》本，第648页下。

④ 郭松年：《县令张密去思碑》，（嘉靖）《高陵县志》卷4《官师传》，《中国地方志集成·陕西府县志辑》第6册，凤凰出版社2007年版，第428页下。

⑤ 《周礼·地官·州长》：“州长各掌其州之教治政令之法。正月之吉，各属其州之民而读法，以考其德行道艺而劝之，以纠其过恶而戒之。若以岁时祭祀州社，则属其民而读法，亦如之。”见《周礼注疏》卷12《地官·州长》，阮元校刻《十三经注疏》本，第717页中、下。

⑥ 陆文圭：《墙东类稿》卷12《中大夫江东肃政廉访使孙公墓志铭》，《元人文集珍本丛刊》第4册，第590页下。

知》的内容虽来自格例，但主要是提取其中规范民众行为的部分，即所谓“犯某事者抵某罪”。这其实应是地方官员普法的共通之处，普法并非要民众获得高深的法律知识，亦不是让民众知晓法律在哪些方面保障了他们的“权利”，而是使民众不违犯法律所禁之事，从而维护统治秩序。二是读法的方式。元政府设立社长，本身就寄予其教化民众的厚望，“设立社长，劝课农桑，使民知务本，兴举学校，申明孝悌，使彝伦攸叙，纠斥凶顽，检察非违，使风俗归厚，皆非细务”①。以社长组织读法当然再适合不过，这种方式为明代所继承，成为宣讲法律的一项制度性措施。② 可以想见，通过读法的方式宣传法律不仅弥补了文字传播的现实局限，其仪式性和感染力也是民众自行从文告上习知法律所不能比拟的。

概而言之，站在地方官的角度，从源头上杜绝诉讼的产生无疑是息讼的最理想状况，而这种“无争”社会的构建既有赖于伦理秩序，法律秩序亦不可或缺。因此，地方官员在治理实践中一方面重视道德教化，另一方面亦力图使民众知法、守法。

三　弭讼端：讼争产生后的平息之术

许有壬言：“词讼，群居之不能已，盗贼，隆古之不能无，化之使息，上也，简之屏之，次也。”③ 通过教化消除诉讼的源头固然是息讼的最佳路径，但正如“化行俗美”更多地属于一种政治理想，完全杜绝诉讼的发生其实很难在现实中做到。实际上，元代地方官员面对的现实处境是，伦理秩序在社会经济的发展下日益被消解，不仅普通人之间的诉讼无法避免，甚至夫妻、父子、兄弟之间亦常对簿公堂。在这种情形下，更为实际的问题是如何通过合理的应对措施平息诉讼，最终做到“始不免讼而卒无讼”④。

（一）告诉的限制

元代诉讼制度本身对告诉有着多方面限制，正如大德十年（1306）宁国路军资库大使黄镃牒文中所言，“事有合论不合论，罪有应告不应告”⑤。根据元

① 陈高华等点校：《元典章》卷23《户部九·农桑·立社·更替社长》，第925页。

② 据《明会典》：“嘉靖八年题准，每州县村落为会，每月朔日，社首社正率一会之人，捧读圣祖《教民榜文》，申致警戒，有抗拒者，重则告官，轻则罚米入义仓，以备赈济。”参见申时行等《明会典》卷20《户部七·户口二·读法》，中华书局1989年版，第135页。

③ 许有壬：《至正集》卷35《六事备要序》，《北京图书馆古籍珍本丛刊》第95册，书目文献出版社2003年版，第183页下。

④ 程端学：《积斋集》卷4《瑞州路推厅记》，《景印文渊阁四库全书》第1212册，第351页上。

⑤ 陈高华等点校：《元典章》卷53《刑部十五·诉讼·禁例·禁搜草检簿籍事》，第1793页。

代诉讼制度，所谓“不应告”无非两种情形。

1. 告诉者本身不具备告诉资格

至顺本《事林广记》所载《告状新式》文首有这样一段文字：

> 按条格，凡陈词年七十岁以上、十五岁以下、笃废疾，法度不合加刑，令以次少壮人丁代诉。若委无代替之人，许自告。妇人不得代替男子告诉词讼。若寡居无依，及有男子因故妨碍，事须告理者，不拘此例。若年老笃废残疾人等，如告谋反、叛逆及子孙不孝者，听。其余公事，合令同居亲属人代诉，若有诬告，合行抵罪，反坐代告之人。子证父、奴讦主、及妻妾弟侄干犯义犯者，一切禁止。①

所谓“按条格”，表明这段文字应摘自当时的法律条文，其内容为法律对告诉主体的相关规定。从中可见，以下群体的告诉资格受到了严格限制。

老、幼、笃废残疾人等。在元代，七十岁以上为“老”，十五岁以下为“幼”，一目盲、二耳聋、手无二指、足无三指、手足无大拇指、久漏下、重大瘿肿为“残疾”，痴、哑、侏儒、腰脊、折一肢疾为“废疾”，哑疾癫狂、二肢折、双目盲为“笃疾”。② 这些人等因年龄或身体健康方面的原因本身属于弱势群体，当其向官府陈告时往往因此而受到哀悯，同时在刑罚方面亦有所优待，但他们实际上往往乘便“诬罔陈诉”。由于他们本身受到法律保护不任刑责，发生诬告时亦无法以反坐予以惩治。至元九年（1272）规定：“年老、笃废残疾人等如告谋反、叛逆、子孙不孝及同居之内为人侵犯者听，其余公事，若许陈告，诚恐诬枉难以治罪，合令同居亲属人代诉。”③

妇人。对于女性参与告诉，元代以前并没有限制，但从元代中期开始，情况产生了变化。随着理学的浸润，士大夫越来越强调“男女之防”，认为妇人的角色为“主中馈”，理应“不出闺门”。④ 但事实上，女性在现实中的角色远比这丰富得多，特别在江南地区，很多女性婚后有着积极的社会活动。元末江

---

① 黄时鉴辑点：《元代法律资料辑存·告状新式》，第228页。

② 徐元瑞：《吏学指南·老幼疾病》，第86—87页。

③ 陈高华等点校：《元典章》卷53《刑部十五·诉讼·代诉·老疾合令代诉》，第1774页。这里没有提到年幼者，但据前引《事林广记·告状新式》，十五以下年幼者同样适用这一规定。

④ 杜芳琴认为，元代是理学初渐并从士大夫阶层向民间普及的关键时代，理学所强调的治国齐家修身从而维护三纲五常的思想理论使家庭中的妇女失却了独立人格和人身自由。见杜芳琴《元代理学初渐对妇女的影响》，《山西师大学报》1996年第4期。一个典型例子是浦江郑氏家范中的规定：“诸妇必须安详恭敬，奉舅姑以孝，事丈夫以礼，待娣姒以和。无故不出中门，夜行以烛，无烛则止。”见郑太和《郑氏规范》，《丛书集成初编》第975册，中华书局1985年版，第16页。

南文人孔齐在《至正直记》中描写了大量女性不遵礼法的现象，浙西甚至有妇人“自理生计，直欲与夫相抗”①。其中一些“好讼之妇”，“不离官府，甘受捶挞，绝无羞愧”②，给地方官府带来很大困扰。皇庆二年（1313），彰德路判官田奉训牒文中言：

> 照得元告、被论人等，于内有一等不畏公法、素无惭耻妇人，自嗜斗争，妄生词讼，桩饰捏合，往往代替儿夫、子侄、叔伯、兄弟赴官争理。及有一等对证明白、自知无理倚赖妇人，又行抗拒，起生侥幸，不肯供说实词，甚者别生事端。在后体知，复有一等年幼寡妇，意逞姿色，故延其事，日逐随衙，乐与人众杂言戏谑，勾引出入茶肆酒家宿食，寄止僧房道院，中间非理，无所不为，习以为常。③

鉴于以上原因，刑部认为“不加禁约，败俗弥深”，规定禁止妇人代男子告诉，“若果寡居无依，及虽有子男，别因他故妨碍，事须论诉者，不拘此例”④。

卑幼告尊长。在儒家化的中国传统法律中，伦理秩序驾乎法律秩序之上，故而提倡“亲亲相隐”，除谋反、谋逆、谋叛等罪外，卑幼举告尊长皆以“干名犯义”予以禁止，唐代甚至对尊长举告卑幼亦予以处罚。⑤ 元代至元八年（1271）以前依《泰和律》断案，容隐之制很可能亦得到继承。但至元八年废除《泰和律》后，元政府在相当长一段时间内没有就这一问题重新做出规定，司法实践中也就失去了相关依据。如大德九年（1305）一个案例中，李阿邓告夫李先强奸继男妇阿李，司法官认为“纲常之道夫妇许相容隐”，但因没有妻告夫的相关法令，不得不专门向中书省申文。⑥ 大德十年，刑部指出“人伦之大，莫大于君臣、父子、夫妇、兄弟之叙，至如刑法之设，正为裨补教化，当以人伦为本”，但当时现实情况是“有罪者子证其父、弟证其兄、妇证其夫、奴证其主”⑦。武宗即位后，重立尚书省，变更旧制，其中之一便是重申前代容隐之制。至大二年（1309）九月圣旨：“风化，王道之始。宜令所司表率敦劝，

---

① 孔齐：《至正直记》卷3《浙西风俗》，上海古籍出版社1987年版，第69页。

② 王结：《文忠集》卷6《善俗要义·别男女》，《景印文渊阁四库全书》第1206册，第256页上。

③ 陈高华等点校：《元典章》卷53《刑部十五·诉讼·代诉·不许妇人诉》，第1776页。

④ 陈高华等点校：《元典章》卷53《刑部十五·诉讼·代诉·不许妇人诉》，第1777页。

⑤ 有关这一问题，瞿同祖有系统论述，参见氏著《中国法律与中国社会》，商务印书馆2010年版，第67—72页。

⑥ 陈高华等点校：《元典章》卷41《刑部三·诸恶·内乱·妻告夫奸男妇断离》，第1420页。

⑦ 陈高华等点校：《元典章》卷53《刑部十五·诉讼·折证·词讼不指亲属干证》，第1779页。

以复淳古。如有子证其父，奴讦其主，及妻妾弟侄干名犯义者，一切禁止。”[①]至大三年四月，根据福建廉访司提议，强调除反逆、谋故杀人等事外，以奴告主者皆予以禁止。[②]

2. 告诉内容不当

早在中统五年（1264），元政府便规定：“诸告人罪者，皆须明注年月，指陈实事，不得称疑，诬告者，抵罪反坐。”[③] 质言之，告诉内容必须真实且确切无疑。相应地，若以传言告诉，则受到禁止。至元六年（1269）圣旨中说：“随处凶徒恶党，不务本业，以风闻公事妄构饰词，告论官吏，恐吓钱物，沮坏官府。此等之人并行究治。”[④] 至大四年（1311）诏书中亦强调：“近年以来，哗讦成风，下陵上替。今后诸取受己之钱物者，许以实诉。其传闻取他人物者，不许言告。”[⑤] 为了确保这一点，告诉人在诉状中必须写下“甘结”，即担保告诉内容真实，如《事林广记》中所载之告殴伤状式，末尾即云“所告如虚，甘罪不词执结是实”[⑥]。同时，元政府多次颁降严令，禁止匿名告发。按照大德七年（1303）的规定：“若是写的重呵，将本人敲了，将他的媳妇、孩儿，拿住的人根底断与，更他的赏钱与二十定的，与一百定。若写底轻呵，将本人流远，他的媳妇、孩儿，拿住的人根底断与，更他的赏钱与十定的，与五十定。”[⑦]

除须确保告诉内容真实外，若所告事涉及以下两种情形，亦禁止告诉：一为赦前事。元代经常举行大赦，赦免相应罪犯，对于发生在大赦以前的罪行，无论是否已经发觉，皆不再允许举告，违者严惩。对此，赦令中通常有明确说明，如至元三十一年（1294）四月成宗即位诏中说：“自四月十五日昧爽以前，除杀祖父母父母、妻妾杀夫、奴婢杀主不赦外，其余一切罪犯，已发觉未发觉，已结正未结正，罪无轻重，咸赦除之。敢以赦前事相告者，以其罪罪之。”[⑧] 二为已告拦之事。“告拦”又称“拦告”，即原告人与被告人和解，自愿撤回诉状。元代允许婚姻、家财、田宅、债负等案件中告拦，但告拦后一般不再允许再就此告诉，违者治罪。[⑨]

在司法实践中，元代地方官员通常会对妄告者痛加绳治，从而对民众予以

---

① 陈高华等点校：《元典章》卷53《刑部十五·诉讼·禁例·禁止干名犯义》，第1795页。
② 陈高华等点校：《元典章》卷53《刑部十五·诉讼·禁例·禁止干名犯义》，第1795页。
③ 陈高华等点校：《元典章》卷53《刑部十五·诉讼·告事·告罪不得称疑》，第1754页。
④ 陈高华等点校：《元典章》卷53《刑部十五·诉讼·禁例·禁治风闻公事》，第1791页。
⑤ 陈高华等点校：《元典章》卷53《刑部十五·诉讼·禁例·传闻不许言告》，第1796页。
⑥ 黄时鉴辑点：《元代法律资料辑存·告状新式》，第230—231页。
⑦ 陈高华等点校：《元典章》卷53《刑部十五·诉讼·禁例·禁撇无头文字》，第1792页。
⑧ 陈高华等点校：《元典章》卷3《圣政二·霈恩宥》，第117页。
⑨ 陈高华等点校：《元典章》卷53《刑部十五·诉讼·告拦·田土告拦》，第1790页。

警示，减少妄告的发生。而为达到良好的警示效果，其具体惩治措施通常是枷项、红泥粉壁等带有“耻辱刑”色彩的刑罚。其中枷号刑是以强制犯罪人戴枷示众为主要形式的刑罚，沈家本曾认为其产生于明初，[①] 其实宋代枷号刑的使用已经十分普遍。[②] 在元代，有关“枷项令众”“枷令示众”的记载十分常见，成为惩治健讼者的常见措施。如赵偕在《治县权宜为邑宰陈文昭设》中即建议，对妄告者“枷项严行令众”[③]。大德十年（1306）刑部针对杭州路豪民把持官府、妄告官吏等现象，规定“枷项于犯人门首示众”[④]。粉壁用作耻辱刑是元代首创，且在后世少见沿用，其大致施刑方式为在受惩罚人门口置以用红泥装饰的粉壁，同时将其罪行用大字书写。申万里先生指出，这种粉壁“使犯过错之人受到社会谴责，感到耻辱，以达到惩戒的目的”[⑤]。红泥粉壁是惩治健讼和妄告的常见刑罚，如袁州路万载县萧瑀诬告万载县官吏取受一案中，黄鼎此前两度因起灭词讼而被断以红泥粉壁，后又教唆萧瑀诬告本县官吏，虽经遇赦免罪，仍被断“门首红泥粉壁，标示过名”[⑥]。通过枷项或者红泥粉壁，不仅惩罚了妄告者本身，更重要的是使民众知惧而免于妄告。如吉安路永新州为一大郡，“讼牒山委”，杨贤可任判官时，凡民众告诉，“择其尤无情者，痛绳之，众知畏，讼乃简”[⑦]。

（二）受理的策略

从地方官府的角度来说，凡“不应告”即为“不应理”。那么在司法实践中如何发现不合理的告诉呢？写状人在其中起着不可忽视的作用。《至元新格》中规定，写状人应知晓“应告不应告之例”，“以塞起讼之原”。[⑧] 即希望通过写状人将不合理的告诉阻止在衙门之外。张养浩在《牧民忠告》中极为重视写状人的作用，认为“蚩蚩之氓暗于刑宪，书讼者诚能开之以枉直，而晓之以利害，鲜有不愧服，两释而退者”。因此他建议选择“老成炼事者”负责书状，由官府按月、季对其考核，“酌其功过而加赏罚焉”。对于“不切之讼”，写状人有

---

① 沈家本：《历代刑法考》，中华书局 2013 年版，第 327 页。

② 刘馨珺：《明镜高悬：南宋县衙的狱讼》，北京大学出版社 2007 年版，第 302—305 页。

③ 赵偕：《赵宝峰先生文集》卷 1《治县权宜为邑宰陈文昭设》，《续修四库全书》第 1321 册，第 142 页上。

④ 陈高华等点校：《元典章》卷 57《刑部十九·诸禁·禁豪霸·札忽儿歹陈言二件》，第 1919 页。

⑤ 申万里：《元代的粉壁及其社会职能》，《中国史研究》2008 年第 1 期。

⑥ 陈高华等点校：《元典章·新集·刑部·刑禁·禁奸恶·把持人再犯禀例迁徙》，第 2250—2252 页。

⑦ 欧阳玄：《元故翰林待制朝列大夫致事西昌杨公墓碑铭》，卞永誉《式古堂书画汇考》卷 18《书十八》，《景印文渊阁四库全书》第 827 册，820 页下。

⑧ 陈高华等点校：《元典章》卷 53《刑部十五·诉讼·听讼·至元新格》，第 1748 页。

责任“从宜谕遣之”。[①] 大德三年（1299），为防止书状人起灭词讼，元政府又制定了待缺吏员书状制度，“令有司于籍记吏员内，遴选行止谨慎、吏事熟闲者，轮差一名，专管书状”[②]。

当然，写状人对告诉的审核并不一定可靠，实际上很多写状人本身就是通过起灭词讼牟取利益。在这种情况下，作为司法者的地方官员在受状时就应仔细分辨，所告事理是否应该受理。其中尤难辨别的是，告诉本身是不是妄告？要做到这一点，很大程度上依赖于诉状本身呈现的信息，故《至元新格》中规定，有司在接受诉状后应仔细审查诉状内容，“若指陈不明、及无证验者，省会别具的实文状，以凭勾问”[③]。在地方官员的司法实践中，当告诉者不能提供足够证据时，往往拒绝受理。吉安路万安县一个案例，当地豪民刘仲一杀邹君瑞父子五人，邹妻向官府告诉，当地官员因惧无法发现尸体而“弗录妪辞”[④]。有的官员经验相对丰富，能够察觉出告诉中的诬枉之辞，进而不予受理。林泉生是天历庚午（1330）科进士，他任福清知州时有这样一个案例：

> 俗喜杀孤幼诬人取财，公立追逮法，诬者罪及亲属邻保，由是民不敢犯。有媪与兄诉其子僧为人所毙，投之江中，公拒不受。媪诉大府取符下，又不受。僚属请曰：“杀人重事，奈何?”公曰：“以吾观其情，必自匿之，欲诬仇家，俟受牒即杀之。是我杀一人又祸一家也。”竟不受。数月，僧果出，众服其识。[⑤]

林泉生之所以认定此案为诬告，首先是基于对当地“喜杀孤幼诬人取财”的习俗的认识，同时仔细斟酌案情得出的结论。

不过，仅凭主观判断便拒绝受状，其实是一种极为消极且有风险的应对方式，若判断失误无疑使告诉者蒙受冤抑。相比之下，赵偕在给慈溪县令陈文昭的《治县权宜》中的建议更为合理：

> 今后凡有告诉，除所告至明至实者即与受状外，其余疑似者，宜不问

① 张养浩：《三事忠告》卷1《牧民忠告上·听讼·弭讼》，《景印文渊阁四库全书》第602册，第735页下。

② 陈高华等点校：《元典章》卷12《吏部六·吏制·司吏·待缺吏充书铺》，第489页。

③ 陈高华等点校：《元典章》卷53《刑部十五·诉讼·听讼·至元新格》，第1748页。

④ 宋濂：《宋学士全集》卷10《书万安丞》，浙江古籍出版社1999年版，第547页。

⑤ 吴海：《闻过斋集》卷5《故翰林直学士奉议大夫知制诰同修国史林公行状》，《元人文集珍本丛刊》第8册，第275页上。

虚实，悉令书状。当官用簿，附口抄下，令告人于上书名画字，召保听候。将所抄告词附入吾杜妄告簿内，以备吾静中参详。责令近上里正、主首正身多方体勘，必使有始有终，从实回报。仍潜委知识里正及各主社暗行体察。所告如虚，重治诳官之罪，必枷项严行令众，不易疏放。承该里正主首，须用近上正身。不行从实体勘者，必有罪责。自然妄告之风颇息。①

赵偕之意，地方官对于告状疑似者既不能立即受状，亦不立即拒绝，而是通过里正、社长等基层人员对告诉内容进行调查。里正、社长等人居于乡里，更容易知晓民间实情，既弥补了官民之间信息不畅的缺陷，也大大节约了官府的成本。

此外，有时告诉本身虽“应告”“应理”，但并不意味着诉状会被立即受理。地方官员往往试图通过劝谕等措施，使诉讼两造放弃争讼。以下两段材料分别为龙泉县主簿九住以及江西道廉访使沙剌班理讼之事迹：

材料一：先是，牒诉甚繁，是非眩瞀。讼人、讼于人者，资费不相上下。君虽佐贰，专摄之日居多，择其不可不受者，问听数事，余悉抚谕，治以简静，民便安之。宗族乡鄙鲜相告讦，俗以寖厚。②

材料二：有司受讼牒甚繁，吏舞法，两造无与决，赀尽破家而止。公戒之曰：“可喻以义理者喻之，为欺者力辩之，毋留讼。其必当辩者，书诸籍，给印纸与之，俾书其辞，期以月日，必竟其法乃已。”以南昌论之，日数十牒。此法行月余，当受者不及一二纸，诸郡仿而行之。③

从材料可见，九住与沙剌班面临的处境皆是讼牒繁多，为了减轻词讼压力，他们采取的策略是在民众告诉之时予以劝解，使他们放弃告诉，从而减少官府实际处理的案件数量。

（三）诉讼的分流

在一个“理想型”的乡土社会中之所以“无讼”，十分关键的一点是，由于有地方长老的调解，大量纠纷不必进入司法程序。地方长老这一地方权威扮演了非正式司法力量的角色，代替地方官府承担了部分司法职责。元代与明清

① 赵偕：《赵宝峰先生文集》卷1《治县权宜为邑宰陈文昭设》，《续修四库全书》第1321册，第142页上。

② 王毅：《木讷斋文集》卷1《送九住主簿之浙省传序》，《续修四库全书》第1324册，第227页上。

③ 虞集：《道园类稿》卷39《江西监宪刘公去思碑》，《元人文集珍本丛刊》第6册，第221页上。

相比，地方社会中缺乏足够的非正式司法力量，但一些地方官员也尝试通过在基层社会中建立一定的纠纷解决渠道，将诉讼“分流”，以此减轻地方官府的司法压力。

元代同时设立了乡都与社两套基层组织，其中乡都系统继承自前代，在乡村为乡、都，城市为隅、坊，分别设里正、主首、坊正、隅正。与宋代一样，元代的里正、主首等“以民供事于官为役”①，为一种职役。与宋代以前的乡官不同，他们不再具有正式的“官”的身份，而是“民办官事”②。但由于他们承办官事，在民众眼中其实依然有代表国家权力的色彩，故而地方官员亦常赋予他们解决民间纠纷的任务。如慈溪县令陈文昭之事迹：

> 君以古者党正、族师、闾胥、比长皆辅成王化以教民。今民有小事，不能至公庭，则命乡正处决，上下相维，情不可隐。卒使乡之大小偷皆自首归其物，夺人婚姻田宅者皆实自新，及有父子、兄弟、夫妻、妇姑之不相能者，亦莫不交责改行。长老以为，自开国以来，治慈溪者莫能及。③

这里的“乡正”即里正。从材料可见，慈溪县的里正在事实上成为一种非正式的司法人员，代替地方官员承担了处决“小事”即轻微词讼的任务。李乐道任金溪县尹时亦采用了类似的做法，当有民众告诉而确实需要辩争时“责之乡都”，使诉讼“罔有留滞”。④

社是元代新设的基层社会组织，大致以五十户为一社，各设社长一名。按照立社时的规定，社长应由社众推举“年高、通晓农事、有兼丁”者承担，⑤这与里正、主首以“资产之殷者”差充有着很大区别。⑥虽然在具体施行中社长逐渐成为一种变相的“役”，⑦但元代设立社长的本意很大程度上有前代乡官之遗意。社长的职责除劝课农桑外，还负责劝善惩恶、维护风纪与治安，是国家进行地方控制的“末梢”。由于社长居于村社，对于社众之间的日常冲突熟知原委，其本身又有一定威望，由其调停纠纷是一种比较理想的结果。因此在

---

① 《皇朝文献通考》卷21《职役考一》，《景印文渊阁四库全书》第632册，第441页下。

② 李治安：《宋元明清基层社会秩序的新构建》，《南开学报》（哲学社会科学版）2008年第3期。

③ 戴良：《九灵山房集》卷23《元中顺大夫秘书监丞陈君墓志铭并序》，《四部丛刊初编》本。

④ 吴澄：《吴文正公集》卷19《廉吏前金溪县尹李侯生祠记》，《元人文集珍本丛刊》第3册，第358页下。

⑤ 方龄贵校注：《通制条格校注》卷16《农桑》，中华书局2001年版，第457页。

⑥ 陈旅：《安雅堂集》卷12《刘程甫墓志铭》，《元代珍本文集汇刊》，台北：“中央”图书馆1970年版，第519页。

⑦ 参见高树林《元代赋役制度研究》，河北大学出版社1997年版，第99页。

至元二十八年（1291）的《至元新格》中规定："诸论诉婚姻、家财、田宅、债负，若不系违法重事，并听社长以理谕解，免使妨废农务，烦紊官司。"[①] 社长被明确赋予调解民事纠纷、处理轻微违法案件的职权。王结在《善俗要义》中即指出，社长负有"谕解词讼"之责，社众应当"尊敬其人，听其教诲"。[②] 在司法实践中，社长成为分流官府诉讼压力的重要臂助。如章丘县"素多词讼"，汴梁人李彦任县尹后每月两次"稽考讼之繁简"，将此作为考核社长的重要标准，于是社长"悉心谕解民讼"。[③] 香河人张辑皇庆、延祐中任柏乡县尹，遇有民讼不实者即在讼牒中批言"送尔社长，毋使无情者再至"[④]。

除基层职事人员外，耆老（或称耆长、里老等）亦是元代地方社会中的一个重要群体。他们"年高德劭"，熟悉地方情况，为民众信服，本身具有相当权威。正如柳田节子指出的，耆老不仅是深谙故实的老人，还是地方社会的领导层，他们"从社会基层支持地方官对农民的统治，起到了维持民间社会秩序的作用"[⑤]。苏力曾对元代耆老在基层社会控制中的作用进行过专门研究，他认为耆老们参与地方事务管理的主要内容是向地方官员提供咨询，以及向民众传达国家政令。[⑥] 换言之，耆老的角色主要是充当官府与民众的"中介"。而在元代某些地方，耆老的作用并不限于此。郑千龄任徽州路祁门县尉时告谕当地耆老说："为我约束乡闾，勤固门户，谨守望，慎毋犯法。"[⑦] 即希望通过耆老维护地方治安。有时，地方官员甚至会赋予耆老处理纠纷的权力。如李拱辰任绍兴路新昌县尹时，"有斗争，悉送耆长，使质其是非而戒谕焉"[⑧]。

虽然元代非正式司法力量与明清相比尚不可同日而语，社长等职事人员的司法参与亦受到诸多限制，但由其将一部分诉讼分流，无疑对减轻官府的司法压力大有裨益。这种纠纷的非正式解决机制影响深远，正如日本学者中岛乐章

---

① 陈高华等点校：《元典章》卷53《刑部十五·诉讼·听讼·至元新格》，第1748页。

② 王结：《文忠集》卷6《善俗要义·尊官长》，《景印文渊阁四库全书》第1206册，第256页上。

③ 张友谅：《章邱县尹李彦表德政碑》，（道光）《章邱县志》卷14《金石录》，《中国地方志集成·山东府县志辑》第68册，凤凰出版社2004年版，第418页下。

④ 元明善：《县尹张侯德政碑》，（正德）《赵州志》卷7，《天一阁藏明代方志选刊续编》第2册，上海书店1990年版，第452页。

⑤ ［日］柳田节子：《宋代の父老：宋朝专制权力の农民支配に关连して》，《东洋学报》第81号，1999年。

⑥ 苏力：《耆老与元代基层社会的控制》，《民族史研究》第7辑，民族出版社2007年版，第119页。

⑦ 程文：《贞白先生郑公（千龄）行状》，程敏政编《新安文献志》卷86，《景印文渊阁四库全书》第1376册，第410页下。

⑧ 黄溍：《金华黄先生文集》卷31《奉议大夫御史台都事李公墓志铭》，《四部丛刊初编》本。

指出的，元代社长调解民间纠纷的职能与明代地方社会的“里老制”一脉相承①。

（四）教谕与告拦

即使案件已经受理，并不意味着息讼的结束，鉴于审理案件所要消耗的巨大行政成本，以及官府判决止争效果的不确定性，如若能使两造在官府判决前和解撤诉，亦不啻为理想的结果。概括来说，审理阶段案件的休和可分为两种情况：一是司法官员教谕调解，二是诉讼双方主动告拦。

许多司法者在审断中并不进行真正的判决，而是予以“教谕式调停”。如奉元人叠卜泰任乌江县达鲁花赤时，“民之讼者，晓之以礼义法，人皆感服”。时有狄氏兄弟九人，分异十余年，争讼至庭，经叠卜泰劝谕，“九人感悟，复同居”②。又青州人郭筠任江南浙西道提刑按察副使，时平江有兄弟因家财诉讼，郭筠劝谕曰：“兄弟同气，财外物，奈何以外物之啬，而忘同气之爱乎？若是，天伦丧矣。今以三日假汝，往归与汝所亲耆德者共议，以来，吾为汝决。”三日后二人悔过和好，言曰：“小人不识义理，为贪墨吏所误，微公教，几堕禽兽。愿自新，由今日始。”③

大致来说，司法官员劝谕息讼无非动之以情、晓之以理，通过道德教化敦促双方放弃争讼。同时，正如张养浩在《牧民忠告》中建议的：“亲族相讼，宜徐而不宜亟，宜宽而不宜猛。徐则或悟其非，猛则益滋其恶。第下其里中开谕之，斯得体矣。”④ 许多地方官员常采取拖延策略，促使诉讼双方和解。赵素在《为政九要》中亦建议，对于父子兄弟不和，应“封禁延迟，日月勿断，日久自和，不伤亲义”⑤。据《明公书判清明集》，南宋时地方官员在调解后，诉讼双方须写具书面的“无争状”。元代虽尚未发现相关记载，但参考下文所要论述的“告拦状”，地方官员在调解中很可能也有类似做法。

除由官府调解外，元代还允许诉讼两造在正式审结前私下休和，并向官府申请撤诉，元人称之为“拦告”或“告拦”。其适用范围主要为婚姻、田产、钱财、债负等“民事纠纷”，关于此，大德十一年（1307）五月的中书省咨文

① 参见［日］中岛乐章《明代乡村纠纷与秩序：以徽州文书为中心》，郭万平、高飞译，江苏人民出版社2010年版，第51—114页。

② （光绪）《直隶和州志》卷12《职官志·名宦》，《中国地方志集成·安徽府县志辑》第7册，江苏古籍出版社1998年版，第261页上。

③ 刘敏中：《中庵先生刘文简公文集》卷7《昭文馆大学士资善大夫司农郭公神道碑铭》，《北京图书馆古籍珍本丛刊》第92册，书目文献出版社1991年版，第326页下。

④ 张养浩：《三事忠告》卷1《牧民忠告上·听讼·亲族之讼宜缓》，《景印文渊阁四库全书》第602册，第736页上—736页下。

⑤ 赵素：《为政九要·正婚第四》，收入徐元瑞《吏学指南》，第147页。

中有明确规定："今后凡告婚姻、田宅、家财、债负，若有愿告拦，详审别无违枉，准告。"① 刑名案件绝大部分不在告拦之列，如至元八年（1271），监察御史就针对大都左右警巡院受理殴詈告拦的现象进行纠察，指出"殴人、詈人，俱系刑名事理，旧来并无拦告体例"②，言外之意刑名案件不许告拦。不过据《元史·刑法志》，刑名案件中有两类特殊案件是允许休和的：一为蒙古人斫伤他人奴婢，"诸蒙古人斫伤他人奴，知罪愿休和者听"③。二为戏杀，"诸戏伤人命，自愿休和者听"④。如至元七年太原路一例案件：陈猪狗在与其小舅赵羊头嬉戏时误伤其性命，赔偿赵羊头家人店舍、地基、牲畜以及其他财务，双方私和。后因争夺店舍，事发到官，中书省和兵刑部对其双方此前的和解依然予以承认。⑤ 这两类案件既然允许休和，应当也在可告拦之列。

有关告拦的运作程序，学者依据黑城出土文书中的告拦文状已有深入研究，不再赘述。⑥ 需要指出的是，告拦虽出自诉讼双方之"私意"，官府须对案情予以"详审"，然后才能"准告"，一些重大案件的告拦往往还需要经过多级审核。如前述胡瑗墓地一案，安定书院与何山寺向乌程县申请告拦得到批准后又申覆湖州路总管府，涉案双方以及参与劝和的天宁等寺院主持一同至总管府"当官审问"，其重点为案件告拦是否"两相情愿，中间并无不尽不实事意"。总管府审问后，又牒呈廉访司分司，同时呈江浙行省照详。⑦

若案件本身不在可告拦之列，即使当事人提出申请，亦不会得到官府允准。如太原路一例案件：谢英与刘谢五妻王丑哥通奸，二人合谋将刘谢五杀死。后苦主刘恩受谢英烧埋银六锭，拦告休和，地方官府断谢英七十七下，王丑哥三十七下，后法司仍改断二人死刑。⑧ 若有司违律准许私和，甚至强迫告拦休和，则属于"违错"，由监察机关予以纠治并重新审断。如至元六年（1269），河北道按察司在照刷彰德路文卷时发现，薛天祐与甯氏通奸一案被本路总管府"准告休和"，在申呈御史台后，由朝廷派遣官员，对案件本身以及彰德路总管府刑名违错事宜予以审理。⑨

① 陈高华等点校：《元典章》卷53《刑部十五·听讼·告拦·田土告拦》，第1790页。

② 陈高华等点校：《元典章》卷44《刑部六·诸殴·杂例·殴詈不准拦告》，第1514页。

③ 《元史》卷105《刑法志四》，第2673页。

④ 《元史》卷105《刑法志四》，第2678页。

⑤ 陈高华等点校：《元典章》卷42《刑部四·诸杀一·戏杀·戏杀准和》，第1445—1446页。

⑥ 有关拦状的内容和格式，苏力在《黑城出土F116：W98号元代文书研究》（《古代文明》2011年第4期）一文中有深入研究。

⑦ 陆心源：《吴兴金石记》卷14《胡文昭公墓据碑》，《历代石刻史料汇编》第12册，第262页。

⑧ 陈高华等点校：《元典章》卷42《刑部四·诸杀一·谋杀·因奸谋杀本夫》，第1431页。

⑨ 陈高华等点校：《元典章》卷45《刑部七·诸奸·凡奸·犯奸休和理断》，第1533页。

相比前代，元代告拦制度的适用范围、运作程序和效力得到进一步规范。这一制度提供了一种官—民互动下的纠纷解决方式：在社会力量的参与下，诉讼两造实现庭外和解，然后由官府“准告”，确认其司法效力。相比正式审判，诉讼双方在自愿的前提下达成和议，理论上更能达到止争的效果；相比官府调解，当事人主动告拦无疑更为节省行政资源。不过从实际情况来看，告拦制度的运行也有不少弊端：一方面，民间词讼中“肯自休和者十无一二”，能够主动告拦的并不多，许多案件中原告人虽同意休和，其实并非出于自愿，造成“冤抑”；另一方面，诉讼双方虽然暂时达成和议，且约定违反和议的惩罚措施，但其约束力并没有足够保证，常有告拦之后“复兴讼端”的现象。鉴于此，元大德十一年（1307）规定，告拦经官府审核批准后，“不许妄生词讼，违者治罪”①。

综上所述，真正做到“息诉讼之源”，在现实中其实是很难的，但告诉最终是否能够成功进入司法程序则取决于官府，这就为地方官员寻求息讼提供了机会。从实践来看，元代地方官员通常采用“堵”与“疏”相结合的方式息讼：一方面限制告诉，防止不合理的告诉进入司法程序。另一方面对诉讼予以分流，建立非官方的纠纷解决渠道疏解官府的司法压力。其核心思想其实皆是减少官府需要正式进行审判的案件数量，节省本已十分有限的司法资源。

结　语

按照日本学者滋贺秀三的观点，清代乃至整个帝制中国时期的民事审判为“教谕式的调停”——一种带有强烈调解色彩的审判，② 这种审判“以特定争讼的平息为目的”③，换言之，所谓“听讼”本身就是一种息讼实践。黄宗智虽然不同意滋贺秀三对清代民事审判性质的论断，但其有关“第三领域”中半官半民纠纷调解机制的研究，同样揭示了司法运作中明显的息讼倾向。④

若纯粹从法律的立场出发，司法者无疑应关注审判的公平与公正，但元代的司法官员本质上是地方的治理者——“父母官”，故而其行动逻辑并不局限

① 陈高华等点校：《元典章》卷53《刑部十五·听讼·告拦·田土告拦》，第1790页。

② ［日］滋贺秀三著，王亚新译：《清代民事制度之民事法源的概括性考察：情、理、法》，《中国法文化的考察——以诉讼的形态为素材》，收入［日］滋贺秀三等著，王亚新等编译《明清时期的民事审判与民间契约》，法律出版社1998年版，第21页。

③ ［日］滋贺秀三著，王亚新译：《中国法文化的考察——以诉讼的形态为素材》，收入［日］滋贺秀三等著，王亚新等编译《明清时期的民事审判与民间契约》，第15页。

④ 参见黄宗智《清代以来民事法律的表达与实践：历史、理论与现实》（卷一），法律出版社2014年版，第91—111页。

于司法本身。具体来说，元代地方官员致力于息讼主要有两方面原因：一是思想动因。儒家以“无讼”为理想的社会秩序，但诉讼本身是社会中的必然存在，这就导致了息讼理念的产生。无论是外界舆论，还是官员的自我期待，都将息讼作为一种追求。二是现实动因。元代自从建立考课制度以后，“词讼简”一直是考核地方官员的重要标准，而要做到“词讼简”，息讼是重中之重。不仅如此，面对元代严苛的司法监督，息讼本身也是避免违错之责的上上之策。即使地方官员不惧诉讼之累，理讼能力与诉讼繁冗之间的矛盾亦使其疲于应对。无论出于何种考量，由息讼致“无讼”都是地方官员的最佳选择。

由于元代地方官员“牧民官”而非“司法官”的本质角色，其自身知识结构、法律素养以及处理地方诉讼案件的时间与精力等方面都有一定的缺陷。但同时，他们却拥有司法之外的政治与文化资源，这些都可以转换为息讼的资本。从实践来看，元代地方官员的息讼实践可分为两个阶段：其一，通过对民众施行教化，从源头上防止诉讼的产生，同时尝试建立社会性的纠纷解决渠道，分流官府的诉讼压力。其二，在诉讼的受理阶段，减少进入正式司法程序的案件数量。其具体途径首先是“堵”，即对“不应告”的诉讼不予受理。其次是“疏”，在审判中予以调解，同时通过告拦制度，杜绝后续诉讼的发生。

息讼既是地方官员对“无讼”理想的实践，也是权衡利弊下的策略选择，对于减轻诉讼压力有着积极意义。但不可忽视的是，民众之所以告诉本身是希望获得官府对纠纷的权威解决，如拉德布鲁赫（Gustav Radbruch）所言，法律欲从一种用以评价的规范成为产生效果的力量，是通过司法者的审断得以实现。① 过度强调息讼的结果意味着民众的正常需求受到漠视。更有甚者，有些地方官员求词讼之简而“将应理之事亦付不问”②，息讼变为“怠讼”，虽然官府的诉讼案件数量得以减少，但纠纷本身并没有解决。

（郑鹏，华中农业大学马克思主义学院副教授）

① ［德］拉德布鲁赫：《法学导论》，米健、朱林译，中国大百科全书出版社 1997 年版，第 100 页。

② 许有壬：《至正集》卷 74《风宪十事·荐举官员》，《北京图书馆古籍珍本丛刊》第 95 册，第 377 页上。

“滇南沐氏十二代画像”的史料价值及其传承

邵　磊

摘　要：历史上一度存于昆明太华寺、现藏云南省博物馆的“滇南沐氏十二代画像”长卷，绘有明代世镇云南的黔国沐氏家族主要成员十二代、共计二十人的半身肖像，画像旁均有包括各人名号、世系、职衔等内容在内的墨书题记，颇可补证明代黔国沐氏家族史事。方国瑜先生认为现存的“滇南沐氏十二代画像”长卷，并非有明一朝次第完成的原稿，而是末代黔国公沐天波死后，由沐氏子孙所作并供奉于康熙三十年所建“沐氏祠”的“大小一致”的摹本，不知何故归于昆明太华寺。但结合地方文献、碑刻材料与明代开国功臣岐阳王李文忠世家明清两代十六世共四十多幅画像来看，现存次第绘成的“滇南沐氏十二代画像”不太可能是后世摹本，而是早在明代就张挂于昆明太华寺内的黔宁祠或曰沐氏祠，甚至入清以后的沐氏后裔还曾在独立的“沐氏祠”建成之前与昆明太华寺僧就“滇南沐氏十二代画像”的存留奉祀而对簿公堂。因此，“滇南沐氏十二代画像”的绘制年代与流传经历，在更深的层面上涉及的，其实是明代黔国沐氏家族与昆明太华寺的渊源问题。

关键词：黔国沐氏；画像；昆明太华寺

引　言

在明代开国功臣中，黔宁王沐英是与中山王徐达、开平王常遇春、岐阳王李文忠、宁河王邓愈、东瓯王汤和位望相埒的“六王”之一。沐英幼失怙恃，为明太祖朱元璋抚以为子，爱如己出。及长，从太祖征伐，克忠职守，屡著功勋，封西平侯。洪武十四年（1381）九月，沐英随颍川侯傅友德、永昌侯蓝玉征伐云南，至次年闰二月正式将云南纳入明帝国版图。为了抚绥经营这一“诸夷杂处、地险人顽”① 的新附疆土，明太祖朱元璋于洪武十六年诏命沐英留镇

① 语出《明太祖实录》卷215，洪武二十五年正月癸亥，台北：“中研院”历史语言研究所校印本1962年版，第3175页。按，本文所引《明实录》，皆据此版本而来，不另出注。

云南而为屏藩，自此创建了与明祚相始终的黔国世家。洪武二十八年，明廷虽一度封珉王朱楩于云南开府，然未久即废，唯以沐氏镇守，拟于亲王。沐英洪武二十五年死后以西平侯超赠黔宁王，谥昭靖，赐葬于京师（南京）南郊长泰北乡观音山之原，即今南京江宁殷巷将军山南麓，侑享太庙，塑像祀于功臣庙。①

明朝开国功臣传世久而克保令终者，寥寥无几，黔国沐氏世守云南，自沐英至沐天波，其爵号凡二王、一侯、一伯、九国公、四都督，尊荣煊赫，无出其右。由于黔国沐氏家族几乎从未遭受过来自政治方面的冲击，故史籍文献中关于明代黔国沐氏家族的记载颇为详备，包括墓志等新史料的发现亦层出不穷，而早年在云南昆明发现的“滇南沐氏十二代画像”长卷，就是其中很引人瞩目的一种。

画卷内容为有明一朝黔国沐氏十二世族长暨主要家族成员的肖像，旧存昆明太华寺，辛亥革命后因重修位于昆明城南聚奎楼外的沐氏宗祠，当政者遂命将太华寺内的“滇南沐氏十二代画像”交由沐氏宗祠保存。1937 年冬，方国瑜先生至昆明沐氏宗祠访碑，经宗祠管理者及沐氏子弟介绍，辗转访得保管“滇南沐氏十二代画像”长卷的沐氏长房，然而由于这位沐氏长房“业屠宰，设肉案，市甚忙”，以至方国瑜一直未能得到前往其位于昆明云津街的家中观览画卷的机会。直到抗战结束后的 1946 年，在沐氏宗祠内创办五华中学，出任校长的李希泌遂出赀购得此卷，方国瑜复据李希泌分段摄影黏贴并重新影印的长卷照片，撰写发表《滇南沐氏十二代画像长卷概说》（以下简称《概说》）② 一文，画卷的内容与相关信息始为世人所知。

二十世纪五十年代，李希泌将“滇南沐氏十二代画像”长卷捐赠云南省博物馆，自此“养在深闺”，几乎从未在展览中公开露过面，故方国瑜的《概说》一文仍是了解“滇南沐氏十二代画像”的唯一材料。但在这篇并不算长的介绍文字里，尚有不少扞格难安之处，故颇疑《概说》一文在付梓之际或有误植；另一方面，画像的墨书题记虽已藉《概说》公布，但作为史料本身存在的史源问题乃至相应的价值，也还未能完全得以揭示，因此对“滇南沐氏十二代画像”长卷仍然值得做进一步的挖掘。

一 “滇南沐氏十二代画像”题记校订

方国瑜先生寓目的“滇南沐氏十二代画像”横卷，总长约 7 米，每幅画芯

---

① （清）张廷玉撰：《明史》卷 126《沐英传》，中华书局 1974 年版，第 3756—3759 页。

② 方国瑜：《〈滇南沐氏十二代画像长卷〉概说》，载方国瑜主编《云南史料丛刊》第 7 卷，云南大学出版社 2001 年版，第 228—233 页。

高约24厘米、宽约16厘米，画面上的黔国沐氏家族成员均为服衣冠的半身肖像，共计二十人，依次为第一世沐英，第二世沐春、沐晟、沐昂、沐昕，第三世沐斌（原名“俨”）、沐僖，第四世沐琮、沐璘、沐瓒，第五世沐诚、沐详，第六世沐崑，第七世沐绍勋，第八世沐朝辅、沐朝弼，第九世沐昌祚，第十世沐睿，第十一世沐启元，第十二世沐天波，画像旁均有墨书题记，题记内容包括各人的名号、世系、职衔。今结合文献记载与近数十年来明代黔国沐氏家族遗存的考古发现，对照画像的墨书题记，逐一覆核考订，以为补苴云。

（一）第一世沐英画像题记

《概说》过录的沐英画像题记云：“沐英字文英，赠西平侯，后克平云南，即留守。故年四十岁，追封黔宁王，谥昭靖，生五子。”

史载沐英洪武十年（1377）充征西副将军，以讨西番功多而封西平侯。题记谓沐英“赠西平侯”不妥，赠官属未履职之虚位，不宜用于沐英生前授封的爵位。

题记又云“（沐英）故年四十岁，追封黔宁王，谥昭靖”。然据明代王景撰《沐英神道碑》，沐英“既薨……时年四十又八”①。此外，《明太祖实录》等也都有关于沐英卒于洪武二十五年（1392）六月、时年四十八岁的确凿记载。②可知题记谓沐英“故年四十岁”亦误。

关于沐英息出，《明史》谓为沐春、沐晟、沐昂、沐昕四人，③ 然较《明史》成书早的文献多谓沐英有五子四女，不过关于沐英五子所出，却众说纷纭。大学士杨荣撰沐英次子沐晟的生母耿氏墓志称：“王先夫人冯氏，一子，曰春，袭侯爵而卒。夫人子男四人，曰晟……曰昂……曰昶，早卒；曰昕，驸马都尉，尚常宁公主。……女四人……”④ 耿氏墓志将沐英长子沐春以外的诸子皆归诸己出，然据王景为沐英侧室夫人、元平章明善之女方氏所撰墓志有云：方氏“生子昂，有文武才能，为右军都督府右都督……昂之异母弟驸马都尉昕，夫人期服子也”⑤，庶知沐昂实为沐英侧室方氏所出。至于驸马都尉沐昕的生母也并

① （明）王景：《皇明开国辅运推诚宣力武臣荣禄大夫柱国西平侯追封黔宁王谥昭靖沐公神道碑》，载程敏政编《明文衡》卷73，《景印文渊阁四库全书》，第1374册，台北：台湾商务印书馆股份有限公司1986年版，第518—522页。

② 《明太祖实录》卷218，洪武二十五年六月丁卯，第3205页；（明）谈迁撰，张宗祥校点：《国榷》卷9，洪武二十五年六月丁卯，中华书局1958年版，第730页。

③ （清）张廷玉撰：《明史》卷126《沐英传》，第3759页。

④ （明）杨荣撰：《文敏集》卷20《黔宁昭靖夫人耿氏墓志铭》，《景印文渊阁四库全书》，第1240册，第336—337页。沐英继室夫人耿氏墓志原石二十世纪五十年代经考古发掘出土，现藏南京市博物馆，志文内容与传世文本相较，仅有若干细微之处稍异。

⑤ （明）王景：《故沐夫人方氏墓志铭》，载程敏政编《明文衡》卷89，《景印文渊阁四库全书》，第1374册，第688—689页。

非耿氏，而是直至正统五年（1440）十一月才得到“夫人”封号、八年后即去世的颜氏。[①] 前引同为王景所撰的《沐英神道碑》则称沐英“子男五人，曰椿（春），冯夫人出也，上赐以名，由后军都督佥事袭爵西平侯……曰某，耿夫人出也，佥后军都督府事。曰昌、曰景、曰昂，侧室出也。女四人。”是谓沐英诸子中，唯有沐晟一人为耿氏所出。

沐英死后，嗣西平侯沐春延请滇池鱼课宣课大使张适撰《西平侯追封黔宁王谥昭靖沐公圹志》，世存清钞本，[②] 圹志原石亦于二十世纪四十年代末出土。[③] 需要指出的是，出土的沐英圹志是现存沐英史传资料中时代最早的一种，因而也最值得重视。据沐英圹志原石记载，沐英身后实有“子男六人，曰春，冯氏出也……曰晟，耿氏出也；曰昂、曰景、曰昌、曰旻，皆侧室之子。女五人”[④]。

沐英子女的数量与名讳，史载互歧，所反映出的信息颇值得留意，主要表现在如下几点：沐英诸子的名讳，除沐春、沐晟、沐昂三人外，余皆互有出入。除了仅见于沐英圹志原石的幼子沐旻外，沐英诸子的行第依次为沐春、沐晟、沐昂、沐景、沐昌，而成文于宣德年间的沐英继室耿氏墓志则记沐英诸子为沐春、沐晟、沐昂、沐昶、沐昕。两相对照，沐英圹志中的沐昌与沐景，应分别就是宣德年间耿氏墓志中的沐昶与沐昕，可能沐昌与沐景二人在沐英去世后分别易名为沐昶与沐昕。

由于幼子沐旻早在洪武二十五年（1392）沐英去世之前即已夭亡，而沐昶（沐昌）不久后也随之“早卒”[⑤]，故成文更晚的史料遂将沐昶（沐昌）与沐旻悉从沐英诸子中“剔除”，这样一来，为人们所熟知的沐英诸子便只剩《明史》沐英本传记载的沐春、沐晟、沐昂、沐昕四人。

《沐英神道碑》与沐英继室耿氏墓志等皆谓沐英有四女，分别适指挥戴玉、右府右都督追封定国公徐增寿、营州卫指挥孙毅、朔州卫指挥周忠。然沐英圹志却谓沐英有五女，据南京古陶瓷收藏爱好者赵瑞民先生告知，他曾在二十世

---

① 详见《明英宗实录》卷73，正统五年十一月己未，第1419页；同书卷170，正统十三年九月辛卯，第3278页。

② （明）张适：《西平侯追封黔宁王谥昭靖沐公圹志》，见录氏著《甘白先生文集》，南京图书馆藏清代王氏十万卷楼钞本。

③ 据宋伯胤等执笔的《“国立”南京博物院清理牛首山附近古墓准备工作报告》，明代黔宁王沐英墓早在新中国成立前后即遭盗掘，盗掘出土的沐英墓志为沐英墓附近的上应塘村民魏某取回，并藏匿于上应塘村旁的池塘内，至新中国成立初南京博物院派宋伯胤、张正祥前往调查核实后，因运输不便，一度仍寄存魏某处，后运回南京博物院。

④ 沐英墓志清钞本所记载的沐英子嗣，颇多误植，如将“沐”皆误作“沭”，“曰景”误作“曰累”等。

⑤ （清）查继佐：《罪惟录·列传》卷8上《启运诸臣列传上》，北京图书馆出版社2006年版，第2册，第180页。

纪九十年代后期搜集到西平侯沐英亡女的石墓志一方，墓志很精致，镌制规整，每行十字，共计十行，通篇恰为一百字。沐英此女以早亡且无出，应即《沐英神道碑》与沐英继室耿氏墓志等俱失载的未及出阁之女。

（二）第二世沐春、沐晟、沐昂、沐昕画像题记

《概说》过录的黔国沐氏第二世沐春、沐晟、沐昂、沐昕的画像题记云：“沐春字景泰，英长男，袭西平侯，挂征虏将军印，镇守云南，谥忠襄，故，无嗣。沐晟字景茂，英次男，袭西平侯，镇守云南，征讨交阯等处有功，赠黔国公，加太傅，赐征南将军印，征麓川有功，班师至楚雄莪菉驿尽忠，追封定远王，谥忠敬。沐昂字景颙，英三男，先袭左卫，带俸指挥功升右军都督同知，挂征南将军印，赠定远伯，谥武襄，生三子。沐昕字景昇，英五男，授驸马都尉，移住南京。”

沐英长子沐春，王景撰《沐英神道碑》又称沐椿，洪武二十五年（1392）袭西平侯爵，夙有战功，处事有方。题记谓沐春袭职后“挂征虏将军印，镇守云南”，然据《明史》沐英本传，沐春于洪武三十年奉命率何福、徐凯等讨刀幹孟之际，曾拜征虏前将军，而非征虏将军。另据《明史》沐英本传并及其他相关的史传资料，皆谓沐春字景春、谥惠襄，[①] 固非《概说》过录的“沐春字景泰……谥忠襄”。沐春在镇七年，以洪武三十一年九月病故，朝廷赐祭葬礼一如乃父。因沐春无子嗣，遂兄终弟及，由沐英次子沐晟袭西平侯爵，镇守云南。

沐晟在镇逾四十年，永乐六年（1408）以战功进黔国公，食禄三千石，授铁券，俾子孙世袭，成祖亲制诗褒美之，卒赠定远王。尽管是黔国世家历任族长在品秩上唯一堪与始祖沐英比肩的人物，但《明史》本传却评价沐晟“席父兄业，用兵非所长，战数不利”。沐晟之死，史籍多谓病故，实则有难言之隐，画像题记称沐晟“至楚雄莪菉驿[②]尽忠”，是谓沐晟麓川之役兵败而于正统四年（1439）三月二十九日在楚雄莪菉驿自尽之事，“尽忠”云云，固为尊者讳。因其时麓川之乱方炽，朝廷正值用人之际，故对于沐晟之死仍然给予了很高的礼遇。

沐昂字景高，后更字景颙，号素轩，年十九授散骑舍人，明成祖登基后升府军左卫指挥佥事，辅沐晟出镇云南，传世有《沧海遗珠》诗集。然《概说》所过录沐昂画像题记的句读、录文皆有讹误，其中，“先袭左卫”后的逗号，应移至“带俸指挥”之后，是谓沐昂洪武年间出幼袭府军左卫带俸指挥佥事；“赠定远伯”，固为“赠定边伯”之误。则沐昂题记全文应作“沐昂字景颙，英

① （明）谈迁撰，张宗祥校点：《国榷》卷19，洪武三十一年九月甲子朔，第791页。

② 沐晟身死之莪菉驿，南京将军山出土沐晟弟、定远伯沐昂墓志谓为“峨㟴驿”。

三男，先袭左卫带俸指挥，功升右军都督同知，挂征南将军印，赠定边伯，谥武襄，生三子”。

题记谓沐昂“功升右军（都督府）都督同知”，为仁宗登基后所授，然并非沐昂终官。宣宗登基，继升沐昂为右军都督府右都督。由于沐晟身死楚雄莪菉驿，朝廷遂于正统四年（1439）五月命沐昂擢迁右军都督府左都督，佩征南将军印，充总兵官以代之。故沐昂佩征南将军印充总兵官之际，所官实为右军都督府左都督。

题记谓沐昂“生三子”，参酌传世文献，沐昂的这三个儿子应是指沐僖、沐俊、沐佐。然据2006年南京南郊将军山沐昂墓出土陈敬宗撰文、郑雍言篆盖、魏骥书丹的定边伯沐昂墓志暨夫人文氏墓志，[①] 咸谓沐昂有四子，皆文氏所出，依次为沐僖以及沐俊、沐佐、沐佑，其中的第四子沐佑可能因早亡且无子嗣之故，也终不免被从史传里“剔除”。

据沐英圹志，沐昕或曾名“沐景”，原本是沐英第五子，其行第在早亡的两子沐昶（昌）与沐昺之间，但若撇除早亡的沐昶（昌）与沐昺，那么在沐英长大成人的四子之中，沐昕则为第四子。“沐昕字景昇”，似仅见于方国瑜过录的画像题记，但与其兄长沐春字景春、沐晟字景茂、沐昂字景颙（先字景高）的辈字吻合，应可信从。

沐昕永乐元年（1403）六月尚明成祖朱棣第五女常宁公主而为驸马都尉，[②] 移住南京，历事永乐、洪熙、宣德、正统、景泰五朝，曾两度执掌南京后军都督府，并掌祭南京太庙、孝陵四时祭祀行礼事。位于云南昆明北郊的龙泉观，至今仍保存着末代黔国公沐天波撰题的“玉陛丹霄”“紫极玄都”两匾，其上均钤长条形印面、内容为“王公侯驸马伯乘家”的引首章，可见在明代后期黔国沐氏家族成员的心目中，身为驸马都尉的沐昕的家族地位，犹高于沐崑直至沐天波历任沐氏族长的远祖、定边伯沐昂，此颇令人玩味。沐昕卒于景泰四年（1453），祔葬南京牛首山南麓的常宁公主墓，二十世纪八十年代初经文博部门发掘清理。

（三）第三世沐斌、沐僖画像题记

《概说》过录的黔国沐氏第三世沐斌、沐僖画像题记云：“沐斌字文辉，晟长男，袭黔国公，挂镇南将军印，镇守云南，谥荣康，生二子。沐僖字可怡，昂长男，袭左卫指挥，随征麓川有功，升锦衣卫千户，赠都督同知。有《继轩集》。生四子。”

---

① 南京市博物馆等：《南京将军山明代沐昂夫妇合葬墓及M6发掘简报》，《东南文化》2013年第2期。

② 《明太宗实录》卷21，永乐元年六月戊申，第377页。

沐斌为黔宁王沐英次子、首任黔国公沐晟的长子，初名沐俨，字可观。沐斌虽值沐晟身死楚雄莪菉驿之后得以袭黔国公爵，但朝廷仍命沐斌的叔父沐昂佩征南将军印代镇云南，可能也是对沐晟征剿麓川思任发失机兵败的追罚。直至正统十年（1445），沐斌叔父、代镇云南的定边伯沐昂病故，沐斌蒙钦赐改今名，改字文辉，佩征南将军印，充总兵官镇守云南。方国瑜《概说》过录的的题记谓沐斌“袭黔国公”之后“挂镇南将军印”，非是，实为“征南将军印”。

沐斌卒于景泰元年（1450），年五十四岁，谥荣康。2008 年 4 月，南京市博物馆在南京将军山发掘了沐斌与原配夫人张氏与继室夫人、靖难功臣蔡国公徐忠之女徐氏的合葬墓，以及沐斌侧室、沐琮生母梅氏的墓葬。[①] 两座墓葬保存均完好，未遭盗掘，但却并未发现沐斌的原配夫人张氏的墓志，此亦间接印证了沐斌所“生二子”沐祀、沐琮，应分别出继室徐氏与侧室梅氏之实。

沐僖为定边伯沐昂的长子，终官为正统八年（1443）五月所授南京锦衣卫左所副千户，[②]《概说》过录的画像题记略为“锦衣卫千户”。由于沐斌嗣子沐琮尚未出幼，沐僖的两个儿子沐璘与沐瓒一度先后充总兵官代镇云南，沐僖则以子（沐璘）贵而获赠右军都督府都督同知，即画像题记所述“赠都督同知”。

沐僖其人，史载颇简，以至云南省博物馆张增祺先生在整理云南呈贡王家营明代黔国沐氏家族墓时，曾经认为墓主沐详的祖父沐僖并未见载于《明史》与《明实录》，故出土的沐详墓志所谓“祖讳僖，初官锦衣千户，赠都督同知”云云，可补史载之阙。[③] 实则不然，沐僖史载虽简略，但亦数见录于《明英宗实录》与《明宪宗实录》，如正统八年（1443）五月丁卯，因云南总兵官、右都督沐昂奏请，录其子沐僖为南京锦衣卫副千户；[④] 至景泰三年（1452）五月癸巳朔，时任总兵官的都督沐璘又奏请以弟沐瓒袭其父沐僖的旧职“南京锦衣卫副千户”[⑤]，至于《明宪宗实录》内的沐瓒传略也述及自己景泰三年代父沐僖“南京锦衣卫副千户”之职的经历。[⑥] 此外，传世由胡濙撰制的《定边伯沐公（昂）神道碑》文本亦载沐昂有“子男四，长（沐）僖，授锦衣卫副千户，先

① 南京市博物馆等：《南京将军山明代沐斌夫妇合葬墓发掘简报》，《东南文化》2013 年第 2 期；南京市博物馆等：《南京江宁将军山明代沐斌夫人梅氏墓发掘简报》，《文物》2014 年第 5 期。

② 沐璘曾于正统十一年“荫父（沐僖）职为云南左卫指挥佥事……”，详见《明英宗实录》卷 292，天顺二年六月乙丑，第 6237 页。但实际上沐僖终官为南京锦衣卫副千户，故可知《明英宗实录》卷 292 所述当是沐璘初袭其父千户俸后，继而进袭了祖父沐昂所官指挥佥事之职。

③ 云南省文物工作队（张增祺执笔）：《云南呈贡王家营明清墓清理简报》，《考古》1965 年第 9 期。

④ 《明英宗实录》卷 104，第 2105 页。

⑤ 《明英宗实录》卷 216，第 4641 页。

⑥ 《明宪宗实录》卷 214，第 3279 页。

公二年卒”①，而传世《右军都督府都督同知沐公（瓒）神道碑铭》文本亦云“考讳僖，字可怡，初授南京锦衣（左所）副千户，后以子贵，赠都督同知，妣封太夫人徐氏”。庶可知，无须新出土的沐详墓志，也足以从传世文献中钩稽出沐僖生平历官的相关信息。

明代黔国沐氏家族成员的诗文结集，多以其别号命名，沐僖号“敬轩”，故有《敬轩集》二卷，② 而《概说》过录的画像题记记述沐僖“有《继轩集》”，应是将号“继轩”的沐僖之子沐璘的《继轩诗集》误为沐僖之作了。

沐僖子嗣，向仅知有沐璘与沐瓒二人，画像题记谓沐僖“生四子”，据前述南京将军山出土沐僖之父、定边伯沐昂墓志记载，沐昂卒葬之际有“孙男四”，依次为沐璘、沐瓛、沐瓒、沐琬，由于沐僖“先公（沐昂）二年卒”，庶几可知，沐僖所“生四子”应即是沐璘、沐瓛、沐瓒、沐琬。

（四）第四世沐琮、沐璘、沐瓒画像题记

《概说》过录的黔国沐氏第四世沐琮、沐璘、沐瓒三人的画像题记云：“沐琮字廷芳，斌次男，袭黔国公，挂镇南将军印，镇守云南，加太子太傅，赠太师，谥武僖。有《益庵集》。故，无嗣。沐璘字廷章，僖长男，袭都督同知，挂印总兵官，镇守云南，挂征南将军印。有《继轩诗集》。故，无嗣。沐瓒字廷器，僖三男，袭指挥，功升都督同知，挂征南将军印，镇守云南，赞理金、腾地方，兼管参将事，生四子。”

史载，沐琮出镇云南期间，为政宽恕，嗜学擅书，亦专注于阴阳、卜筮、星命之说。倪岳撰《黔国公赠特进光禄大夫右柱国太师谥武僖沐琮墓志铭》有云：“弘治丙辰九月七日，镇守云南总兵官征南将军太子太傅黔国沐公（琮）以疾卒于镇”③，据此可知，沐琮出镇云南时循例亦佩征南将军印，而非题记所谓“镇南将军印”。复据志文，沐琮字廷芳，别号益庵，又号东山居士，而画像题记里的沐琮“有《益庵集》”云云，是黔国沐氏以别号命名诗文集的又一例证。

黔国沐氏家族成员多崇奉佛教，而以沐琮尤甚，今检其荦荦大者约有三事：其一，成化十三年（1477），沐琮于滇池西岸石嘴山建观音殿，由于“民敬畏之，遂以观音山名焉”④。石嘴山观音殿至嘉靖年间历经募建增修，今故址所存

① （明）胡濙：《定边伯沐公（昂）神道碑》，载周季凤纂修《正德云南志》卷27《文章五》，《天一阁藏明代方志选刊续编》本，上海书店1990年版，第71册，第202页。

② （明）周季凤纂修：《正德云南志》卷19上《名宦四》，《天一阁藏明代方志选刊续编》本，第70册，第756页。

③ （明）倪岳撰：《黔国公赠特进光禄大夫右柱国太师谥武僖沐琮墓志铭》，载焦竑编《国朝献征录》卷5，《续修四库全书》史部传记类，上海古籍出版社2002年版，第525册，第155—157页。

④ 语出明人卢文焕所撰《增修观音山寺碑》，隆庆五年（1571）观音山寺住持明善与明泉等僧众立石，今仍存原址。

之“小南海”牌坊，相传犹是明代隆庆年间的遗存。其二，成化二十一年沐琮于昆明金马山奉敕迁建归化寺，寺原名观音寺，已废圮无存。[①] 其三，约成化十八年至二十二年之间，沐琮复于南都南郊祖堂山献花岩捐建“盖覆盘踞，甚得构山之宜”的花岩寺。[②] 沐琮奉佛建寺事所费不赀，乃至专注于阴阳、卜筮、星命之说，在沐氏历任族长中实无出其右者，究其原委，应是画像题记里所谓沐琮“无嗣”之故。

沐璘字廷章，号继轩，又号东楼居士。沐璘初荫乃父沐僖南京锦衣卫副千户，继而袭乃祖云南左卫指挥佥事。景泰元年（1450）十一月授右军都督同知，佩征南将军印，为云南总兵官，代镇云南。天顺元年（1457）升右军右都督。次年六月病故，时年二十八岁。沐璘有古儒将风，明代周季凤纂修《正德云南志》卷十九上《名宦四》记载黔国沐氏家族中的沐昂、沐僖、沐崑、沐朝辅等俱有著述，而沐璘亦有所积诗文若干卷付梓，画像题记谓沐璘“有《继轩诗集》”，可补益史载。

明代黔国沐氏家族出镇云南的历任族长，除了竭忠扈主殁于缅甸的末代黔国公沐天波外，仅有沐璘未能归葬具有家族荣誉性质的南京南郊将军山（观音山）钦赐祖茔，而是于天顺二年（1458）十二月十九日卜葬云南昆明商山普吉村之原，据李贤所撰《总兵官都督沐公（璘）神道碑》屡屡以叹惋的笔触叙述沐璘“生女二俱夭”与“今乃夭而无嗣”，并结合云南呈贡王家营明代黔国沐氏家族墓的考古发现来看，沐璘之所以未葬归南京钦赐祖茔，实与其后嗣乏人有关。[③]

沐璘弟沐瓒，善骑射，有膂力，景泰三年（1452）袭南京锦衣卫副千户，乃兄沐璘死后擢右军都督同知，并佩征南将军印，充总兵官继续代镇云南。值沐琮出幼以后，遂改任云南副总兵而镇守金齿、腾冲地方，亦即画像题记所谓“赞理金、腾地方，兼管参将事”。位于南京南郊将军山钦赐祖茔的沐瓒夫妇合葬墓于2005年6月经考古发掘，出土沐瓒暨妻贾氏、刘氏的墓志共计三合，其中，尹直所撰的沐瓒墓志内容大致不出王偰撰《沐瓒神道碑》的范畴，[④] 王偰

① 龙云等纂修，李春龙等点校：《新纂云南通志》卷105《宗教考五》，云南人民出版社2007年版，第530—531页。

② 邵磊、刘文庆：《云南沐氏与花岩寺——从花岩寺钟铭的发现谈起》，《南方文物》2004年第2期。

③ （明）李贤：《总兵官都督沐公（璘）神道碑》，载周季凤纂修《正德云南志》卷27《文章五》，《天一阁藏明代方志选刊续编》本，第71册，第221页。

④ （明）王偰：《王文肃公集》卷7《右军都督府都督同知沐公（瓒）神道碑铭》，《四库全书存目丛书》集部，齐鲁书社1997年版，第36册，第378—379页。又见（明）王偰《思轩文集》卷13《荣禄大夫右军都督府都督同知沐公（瓒）神道碑铭》，《续修四库全书》集部，上海古籍出版社1995年版，第1329册，第557—558页。

所撰贾氏墓志仍存录于氏著《思轩文集》,[①] 唯独杭淮所撰刘氏墓志提供了一定的史料信息。

画像题记谓沐瓒"生四子",其伦序据王偁撰《沐瓒神道碑》与出土的沐瓒夫妇墓志的记载,依次为:沐瓒正室夫人、前都察院右副都御史贾铨之女贾氏所出的长子沐诚与次子沐谦,未知母氏为何人的第三子沐详,沐瓒庶室刘氏(瑞)所出的第四子沐诔。

(五)第五世沐诚、沐详画像题记

《概说》过录的黔国沐氏第五世沐诚、沐详画像题记云:"沐诚字择善,(沐)瓒长男,授骠骑将军,升锦衣卫都指挥,充金、腾参将,世守地方,赠都督同知,生一子。沐详字择明,瓒次男,袭金、腾参将,镇守地方,生二子。"

沐诚为代镇云南的都督同知沐瓒的长子,史载,沐诚七岁通《孝经》《论语》诸书,长袭曾祖沐昂指挥佥事之职,娴韬略,工吟咏,善草书,深为黔国沐氏第五任族长、叔父沐琮器重,继乃父沐瓒充参将镇领金齿、腾冲地方,年二十六岁卒。

前述都督同知沐瓒所生四子,皆辈"择"字,其中,长子沐诚字择善、第二子沐详字择明、季子沐诔字择仁[②]等。题记云沐诚"生一子",即沐崑。由于沐琮无嗣,遂以沐诚之子沐崑过继为冢孙以袭黔国公爵,这也意味着明代黔国沐氏族长的传承,在经历了由沐英长子沐春"兄终弟及"地转承至沐英次子沐晟之后,复由沐晟一系转承至沐英第三子沐昂一系。

由于沐诚之子沐崑过继沐琮为嗣孙,沐诚同母弟沐谦早亡,故由三弟沐详承父、兄而继充金齿、腾冲参将。沐详与妻吴氏、妾刘氏的合葬墓于二十世纪五十年代在云南呈贡王家营经考古发掘,同时经考古发掘的还有沐详长子右军都督佥事沐崧夫妇墓暨其孙明威将军沐绍勳夫妇墓。据明代云南左布政使刘元撰《明故昭勇将军锦衣卫都指挥佥事沐公墓志铭》可知,沐详在镇颇有战功,却因坐累而罢归昆明,虽"念咎读书,冀复用以图报",然终无果。题记谓沐详"生二子",然值沐详卒葬之际,其长子沐崧年方六岁、次子沐岳年方五岁,因"子幼稚,不克扶榇归葬于江宁(南京)观音山祖茔之侧,卜兆得呈贡隆山之原"[③]。可见,沐详之所以未能归葬南京钦赐祖茔,也实属迫不得已,无关乎其秩级与身份。

---

① (明)王偁:《思轩文集》卷21《都督同知沐公夫人贾氏墓志铭》,《续修四库全书》集部,第1329册,第643页。

② 沐瓒季子沐诔字择仁,见载于南京江宁区博物馆藏沐诔墓志。

③ 云南省文物工作队(张增祺执笔):《云南呈贡王家营明清墓清理简报》,《考古》1965年第9期。

已发现的卜葬云南昆明的明代黔国沐氏家族的主要成员中，沐详的位望、影响仅次于以右军都督同知充总兵官代镇云南的伯父沐璘，而沐详夫妇墓的发掘也进一步揭示出，终明一朝，出镇云南的黔国沐氏家族成员，循例皆可归葬钦赐南京观音山旧茔，至于未能归葬南京者，主要还是由于后嗣乏人或子孙年幼之故，与是否为沐氏家族族长、有无黔国公爵位之类，都没有直接的关系。

（六）第六世沐崑、第七世沐绍勋画像题记

《概说》过录的第四任黔国公沐崑、第五任黔国公沐绍勋画像题记云："沐崑字玉岗，诚长男，袭黔国公，挂印镇守云南，征贵州等处有功，加俸一百石，授太子太傅，赠太师，谥庄襄，生一子。沐绍勋字世承，崑长男，袭黔国公，挂征南将军印，镇守云南，征讨广西州临安、武定、寻甸地方有功，加俸五十石，赠太师，谥敏靖，生二子。"

沐崑初袭南京锦衣卫指挥佥事，后过继沐琮为嗣孙，以袭封黔国公，在镇二十三年。据蒋冕撰《黔国公谥庄襄沐公崑墓志铭》记载，沐崑字元中，别号玉冈，① 而方国瑜过录的画像题记谓"沐崑字玉岗"，则是将别号误作了表字。沐崑遗稿由其嗣子沐绍勋编订为六卷，后经沐绍勋之子、嗣任黔国公沐朝弼整理并定名为《玉冈集》刊行。明代黔国沐氏成员的遗世诗文结集多以别号命名，此亦沐崑号"玉冈"之旁证。

沐崑嗣子沐绍勋在镇十五年，屡次用兵，对稳定滇黔局势起到积极作用。2012 年 6 月至 2013 年 1 月，南京市博物馆对位于南京将军山东南麓、明代黔国公沐氏家族墓群位置所在的九间堂项目开发地块进行了考古调查与勘探，先后发掘了沐崑与沐绍勋两辈黔国公的夫妇合葬墓，并清理出布局完整的墓上建筑遗迹。② 其中，沐绍勋墓系由横前堂与并列的四后室组成的砖构多室墓，但被破坏得很厉害，出土了沐绍勋墓志的志盖暨其继室夫人李氏与贺氏二人的两合墓志。据出土墓志推断，沐绍勋墓并列四后室内的被埋葬者，应分别是沐绍勋本人、沐绍勋元配夫人朱氏、沐绍勋继室夫人李氏与贺氏。画像题记谓"沐绍勋字世承"，而据明代杨慎撰《祭黔国敏靖公文》所述，沐绍勋字"世承"，亦字"世臣"，号"五山"③。所谓"五山"云云，或与沐绍勋是继沐晟、沐斌、沐琮、沐崑之后的第五任黔国公相关。然考古出土的沐绍勋继室李氏与贺氏两

① （明）蒋冕：《黔国公谥庄襄沐公崑墓志铭》，载焦竑编《国朝献征录》卷 5，《续修四库全书》史部传记类，第 525 册，第 157—158 页。

② 王宏：《江宁区将军山九间堂地块 2013 年度考古发掘》，南京市博物馆编《2013 南京考古工作报告》，2014 年，第 24—27 页。

③ 据丰家骅《杨慎与云南沐氏——杨慎交游考述之一》转引，《南京师范大学文学院学报》2009 年第 3 期。

位夫人的墓志，皆记载沐绍勋号“笃庵”①，则“笃庵”应是沐绍勋的另一个别号。

（七）第八世沐朝辅、沐朝弼画像题记

《概说》过录的第六任黔国公沐朝辅、第九任黔国公沐朝弼画像题记云：“沐朝辅字崇文，勋长男，袭黔国公，挂征南将军印，镇守云南。勘处安南，事平，加太子太保。谥恭僖。生二子。沐朝弼字崇道，勋次男，先授右军都督同知，挂征南将军印，镇守云南；后袭黔国公，致仕，闲住南京。生六子。”

南京市博物馆1979年在南京将军山南麓发掘一座明代黔国沐氏成员的墓葬，编号为79JJSM4。此墓由偏于左侧的甬道与横前堂、并列的双后室构成，紧贴横前堂左右两壁，各自竖立置放石墓志一合，其中，紧贴左壁的墓志文字已剥蚀无存，紧贴右壁的墓志下部尚未泐尽，考古简报据志文首行所辨识出的“……配今太子太保世阶上公沐昌祚”等内容，判定79JJSM4为隆庆四年（1570）五月袭黔国公的沐英九世孙沐昌祚夫妇合葬墓。②

然而经重新释读墓志残文，又发现了诸如“十二月十有九日开圹与文楼上公合窆”之类的关键线索，而沐氏历任族长中唯沐昌祚的伯父沐朝辅别署“文楼”③。庶几可知，79JJSM4实为沐朝辅及妻陈氏的合葬墓。

沐朝辅嘉靖十五年（1536）十二月承袭黔国公爵位，但因年纪尚幼，地方军政仍长年由云南巡抚等官代为处理。然沐朝辅出幼后袭爵不过“三数年卒”（语出2013年发掘出土之沐朝辅生母黔国太夫人贺氏墓志），时为嘉靖二十六年六月，这也为黔国沐氏家族盛极而衰的沧桑巨变埋下了伏笔。

由于沐朝辅病故之际只有二十岁，两个儿子尚年幼，循前例由沐朝辅之弟沐朝弼代镇云南，但沐朝辅所“生二子”、相继被授予黔国公爵位的沐融与沐巩接连病故，被外界普遍认为即是野心勃勃的沐朝弼做的手脚，而几乎与此同时，沐朝辅妻陈氏与沐朝弼叔嫂之间也因发生通奸乱伦之事而屡遭云南抚按诸臣劾奏，家族声誉一落千丈。

沐朝辅弟沐朝弼声名狼藉，是黔国沐氏历任族长中遭罢免的第一人。沐朝弼墓于2006年遭盗掘，随葬品几乎被席卷一空。④ 据出土墓志，沐朝弼号“云

① 王宏：《将军山明代黔国公沐绍勋墓地考古发掘的主要收获》，南京市江宁区政协教卫文体和文史委编《江宁春秋》第14辑，南京出版社2015年版，第165—172页。

② 南京市博物馆（阮国林等执笔）：《江苏南京市明黔国公沐昌祚、沐睿墓》，《考古》1999年第10期。

③ 沐朝辅能文并有《文楼漫稿》，庶知沐朝辅别号为“文楼”。参见范承勋等修纂《康熙云南府志》卷14《封建志·黔国公沐朝辅》，《中国西南文献丛书》之《西南稀见方志文献》影印康熙三十五年（1696）刊本，兰州大学出版社2003年版，第367页。

④ 李冀等：《疯狂盗墓“挖痛”十朝古都 专家呼吁斩断销赃渠道》，《南京日报》2006年3月18日。

楼”，生于嘉靖十年（1531），卒于万历五年（1577）四月十二日，享年四十六岁。据出土墓志记载，沐朝弼所“生六子”，依次为沐昌祚、沐昌祀、沐昌祯、沐昌祥、沐昌禧、沐昌祖。

（八）第九世沐昌祚、第十世沐睿画像题记

《概说》过录的第十任黔国公沐昌祚、第十一任黔国公沐睿画像题记云："沐昌祚，字维禄，弼长男，先授后军都督，挂征南将军印，镇守云南；后袭黔国公，擒逆有功，加太子太保，加俸一百石，又加太师，谥武靖，生四子。沐睿，字振宇，祚长男，袭都督同知，挂征南将军印，镇守云南，生四子。"

前文述及，南京市博物馆于1979年在南京将军山南麓发掘了第六任黔国公沐朝辅墓（编号为79JJSM4），但在发表的考古简报中却将此墓误为沐昌祚墓，其实沐昌祚墓迄今仍未被发现。

明代黔国世家凡二王、一侯、一伯、九国公，于例宜皆有谥，然其谥号见诸史载者却只有九人，依次是沐英谥昭靖、沐春谥惠襄、沐晟谥忠敬、沐昂谥武襄、沐斌谥荣康、沐琮谥武僖、沐崑谥庄襄、沐绍勋谥敏靖、沐朝辅谥恭僖。至于此后的五任黔国公，如沐朝弼因稔恶有年被革职为民、沐睿以“滇南失事”之罪而遭逮治囚死、沐启元以暴横悍悖而死于非命、沐天波以明亡国除身死异乡，故皆未谥。只有沐昌祚直至亡故次年八月，工部差官造坟、兵部护柩至南京安葬之际，“仍议谥”而未决。[①] 方国瑜过录的画像题记谓沐昌祚“谥武靖”，但毕竟是孤证，直至有学者重新释读出1974年出土的沐启元墓[②]出土墓志第15—17行志文“……九传而太师武靖公……太师公复仗钺”，遂可证“武靖”为两度任黔国公并加太师的沐昌祚的谥号，殆无疑议。[③]

沐昌祚的长子、第十一任黔国公沐睿于万历三十六年（1608）八月因“滇南失事”之罪被解送京师问拟，[④] 次年二月下狱，[⑤] 九月瘐死狱中。[⑥] 沐睿是黔国世家唯一被朝廷逮治囚死的革任公爵，方国瑜过录的画像题记只说沐睿曾“挂征南将军印，镇守云南”，未提及曾嗣黔国公的经历，这与沐睿次子沐培元万历四十年五月袭替沐睿原荫锦衣卫世袭百户之际，称沐睿衔名犹为其早年所

① 《明熹宗实录》卷62：“（天启五年八月丙戌），予黔国公沐昌祚特进光禄大夫、右柱国、太师，祭十六坛，工部给价，差官造坟，兵部行文该省护柩至南京祖茔安葬，仍议谥。”第2916页。

② 考古工作者一度曾将沐启元墓误断为沐启元之父沐睿的墓葬，详见南京市博物馆（阮国林等执笔）《江苏南京市明黔国公沐昌祚、沐睿墓》，《考古》1999年第10期。

③ 力子：《明黔国公沐睿墓辨讹》，《东南文化》2012年第4期。

④ 详见《明神宗实录》卷449所载万历三十六年八月诏治滇南失事诸臣罪状及兵部言事，第8499—8507页。

⑤ 《明神宗实录》卷455，万历三十七年二月丙子，第8590页。

⑥ 《明神宗实录》卷462，万历三十七年九月丁酉，第8721页。

职“正千户”颇可相互印证，可见沐睿死后并未得到朝廷的宽宥，亦无恢复其爵位与名誉之举措。[①] 关于这一点，其实在《滇南沐氏十二代画像》之沐睿像的题记里，也得以清晰反映出来。

值得一提的是，除了谥号之外，上述明代黔国世家的后五位黔国公的表字、别号，竟然在文献里也鲜有记载，或者歧异不一。沐昌祚画像题记谓“沐昌祚字维禄”，沐睿画像题记谓“沐睿字振宇”，皆可补史载之阙。

（九）第十一世沐启元、第十二世沐天波画像题记

《概说》过录的第十二任黔国公沐启元、第十三任黔国公沐天波画像题记云：“沐启元，字德初，睿长男，先授后军都督，挂征南将军印；后袭黔国公，镇守云南，生四子。沐天波号玉液，启元长男，袭黔国公，挂征南将军印，镇守云南，加太子太师，生三子。”

南京市文物部门1974年在南郊将军山南麓发掘了一座明代黔国沐氏家族成员墓，编号为74JJSM3。该墓出土金、玉、琥珀、玛瑙、水晶等质地的珍贵文物180余件，特别是“黔宁王遗记”金牌、渔翁攫鱼戏荷造型的琥珀杯、“瑶池春熟”金链琥珀挂件、双螭耳玉杯、梅竹纹碧玉簪、乾纲独立铭白玉簪、鸳荷纹金佩饰、錾刻山水人物纹的金多宝串（又称金事件或金三事）、嵌宝石金镶玉腰带等，皆为文博界耳熟能详的明代文物珍品。关于此墓的墓主，考古简报根据出土墓志上残存有“太保公讳睿”等片段内容，推断为第十一任黔国公沐睿。[②] 但通过对出土墓志残存志文的重新释读以及相关考古学现象的分析，可以断定74JJSM3的墓主其实是沐睿之子、第十二任黔国公沐启元。[③]

不过，《概说》过录的画像题记谓沐启元字“德初”，与考古发掘出土的沐启元墓志所谓“（沐）启元字乹鉴”彼此不符，当然，也不排除画像题记误号为字的可能。这就如沐启元长子、末代黔国公沐天波的画像题记所述“沐天波号玉液”，但在清代张履程撰《明黔宁王沐氏世袭事略》中却记载“沐天波字玉液”[④]，然据清代徐鼒《小腆纪传》记载，沐天波又字“星海”[⑤]。则对于沐天波而言，“玉

① 沐睿于万历三十七年（1609）九月瘐死狱中，至其子沐培元万历四十年五月袭替沐睿原荫锦衣卫中所世袭百户之际，称沐睿衔名犹为沐睿早年所升“正千户”，此可证沐睿死后亦未得到朝廷的宽宥。详见《卫所武职选簿》之《亲军指挥使司所属卫所·亲军卫·锦衣卫·中所官员》，载中国第一历史档案馆、辽宁省档案馆编《中国明初档案总汇》，广西师范大学出版社2001年版，第49册，第211页。

② 南京市博物馆（阮国林等执笔）《江苏南京市明黔国公沐昌祚、沐睿墓》，《考古》1999年第10期。

③ 力子：《明黔国公沐睿墓辨讹》，《东南文化》2012年第4期。

④ （清）王崧编纂，李春龙点校：《云南备征志》卷21，云南人民出版社2010年版，第1169页。

⑤ （清）徐鼒撰：《小腆纪传》卷20，收入沈云龙编《明清史料汇编·四集》，台北：文海出版社1968年版，第36册，第499页。

液”与“星海”，究竟孰是字、孰是号，也还有待更多的材料来证实。

二 “滇南沐氏十二代画像”与昆明太华寺

对于现存云南省博物馆的“滇南沐氏十二代画像”长卷，方国瑜先生早年据康熙《云南通志》的相关记载推断认为：“画像原稿当是先后所作，不详描绘人名。此卷盖摹本，大小一致，旁有题记，略具名号、世系、职衔，并甚简约，惟可供考校。……按此卷不言为何人作，亦不记年月，惟画像止于沐天波已留须。天波袭职在崇祯元年，时年十二岁，卒于永历十三年，终年四十三岁，则为天波死后沐氏子孙所作，而不详其事。……明亡后沐氏一败涂地，惟康熙三十年建沐氏祠，列于典祀，则有奉祀者而作此图卷否？此画卷当是沐祠故物，不知何时归昆明太华寺。”[①] 约而言之，方国瑜先生认为现存的“滇南沐氏十二代画像”长卷，并非有明一朝次第完成的原稿，而是末代黔国公沐天波死后由沐氏子孙所作的“大小一致”的摹本，摹本原先属于“沐氏祠”，但不知何故流落昆明太华寺。这一段文字，不仅探讨了“滇南沐氏十二代画像”长卷的绘制年代与流传经历，而在更深的层面上涉及的，则是明代黔国沐氏家族与昆明太华寺的渊源问题。

（一）关于“滇南沐氏十二代画像”的时代

首先，笔者并不是很赞同方国瑜先生因画幅“大小一致”、画像题记格式体例相近，便认为“滇南沐氏十二代画像”长卷系出自“（沐）天波死后沐氏子孙所作”之“摹本”的观点。毕竟，在类似的这种世家大族前后相承的家族成员画像中，后嗣的裔孙画像在形制、尺幅上保持与先祖画像的“步调一致”，显然有亦步亦趋、谨依前轨之意。在这一方面，除了昆明发现的“滇南沐氏十二代画像”之外，还可以列举二十世纪三十年代朱启钤先生在北京为中国营造学社购藏的明代另一位开国功臣岐阳王李文忠世家明清两代十六世共四十多幅画像来加以说明。[②]

明代岐阳世家的这批画像序列完整，尺幅前后亦皆相同，如果连同其时在李文忠后人处一并发现的《岐阳武靖王（李文忠）像册》《岐阳李氏历代行像》《张三丰画像》与《平蕃得胜图》组画，其数量甚为庞大，并非家道中落的李文忠后裔能够请画工逐一重摹清绘完成的大工程。“滇南沐氏十二代画像”长

① 方国瑜：《〈滇南沐氏十二代画像长卷〉概说》，载《云南史料丛刊》第7卷，第228—233页。

② 中国营造学社编印：《岐阳世家文物图相册（附考述一卷）》，北平故宫印刷所，民国二十一年（1932）九月。

卷的画幅数量虽然少于岐阳世家明清两代十六世画像，但彼此性质相近，均属次第完成、奕世相传之物，恐怕不会是经历了明清易代之后业已沦为编氓、势微力薄的沐氏子弟“革故鼎新”之物。

“滇南沐氏十二代画像”的题记内容虽然不可避免地存在私修谱牒的弊端，但在所存录的黔国沐氏人物的字、号等细节方面，仍然具有重要的考察价值。

黔国沐氏家族历世族长与显要人物的字号，如沐英字文英，沐春字景春，沐晟字景茂，沐昂字景高（后更字景颙）、号素轩，沐斌字文辉（初名俨，字可观）、沐璘字廷章、号继轩（又号东楼），沐瓒字廷器，沐琮字廷方（芳）、号益庵，沐崑字元中、号玉岗（冈），沐绍勋字世承，沐朝辅字崇文、号文楼，沐朝弼字崇道、号云楼，沐天波字玉液（又字星海），皆见诸史载。但沐昕字景昇、沐昌祚字维禄、沐睿字振宇、沐启元字德初等，却是仅见录于“滇南沐氏十二代画像”的相应题记之中。这其中，驸马都尉沐昕字景昇，与其兄长沐春、沐晟、沐昂三人的辈字皆相符，可以信从；第十任黔国公沐昌祚字维禄，亦可藉由考古出土的沐启元墓志得到印证。凡此种种，不仅可补益史载，另一方面也排除了“滇南沐氏十二代画像”出于明代以后的好事者向壁虚造的可能性。

在此基础上，笔者还注意到这样一个问题，即“滇南沐氏十二代画像”在关于末代黔国公沐天波画像的题记中，丝毫也未涉及明亡以后沐天波历尽艰辛扈从永历帝入缅，并在永历十五年（1661）七月十九日的“咒水之难”中杀身成仁的忠勇壮烈事迹，如果说画像是在沐天波死后绘制，抑或如方国瑜先生所推断的，“滇南沐氏十二代画像”俱是入清以后的摹本，似无可能不在沐天波画像的题记中加此载笔，否则于情于理都没法说得过去，因为即便是明清易代后，清廷对于明代黔国沐氏世镇云南、捍御边疆的功绩也是赞誉有加。有关这一点，从康熙二十七年（1688）云南督抚范承勋撰《重建太华寺碑记》有云“沐国公守滇功绩，载之史册，历历可见”，便可见一斑。所以从这个层面上来说，末代黔国公沐天波画像应绘制于沐天波扈从永历帝入缅之前。

古人的肖像并不全都是绘制于死后，往往生前亦有绘制肖像张挂以供观瞻者，明代黔国沐氏家族亦不乏其例，早如黔宁王沐英之子、尚明成祖朱棣常宁公主的驸马都尉沐昕在生前即有画像供人观瞻，时文渊阁大学士杨荣并曾撰《沐驸马像赞》云：“侯门华胄，皇家懿戚。秉德廉虚，小心翼翼。资兼文武，志乐书诗。煌煌勋业，光照鼎彝。有峨其冠，有伟其服。允矣君子，其温如玉。”[①] 所以末代黔国公沐天波在生前即有绘制肖像，也并不是让人感到突兀的事。

---

① （明）杨荣撰：《文敏集》卷16，《景印文渊阁四库全书》，第1240册，第253页。

（二）“滇南沐氏十二代画像”的传承

上述方国瑜先生关于“此画卷当是沐祠（康熙三十年建）故物，不知何时归昆明太华寺”的疑惑，则可能是由于未能细读黄美椿专门为他抄录的《昆明县（知县杨某）批示太华寺供奉沐国公遗像执照》碑拓片的缘故，又或者是他见到的黄美椿录副的碑文内容并不完整所致。

原本立于昆明太华寺内的清乾隆四十三年（1778）十二月《昆明县（知县杨某）批示太华寺供奉沐国公遗像执照》碑，[①] 内开明代黔国世家的后人沐龙光等与太华寺僧悟虔为了“滇南沐氏十二代画像”的存留奉祀而横生冲突以至兴起诉讼一案，碑文云：“云南府昆明县正堂加二级纪录二次、记大功一次□，遵批给照事：照得沐国公后裔沐龙光等，与太华寺僧悟虔等互争案，经禀奉抚宪（裴宗锡）批查，康熙二十七年（1688）前督（范承勋）《重建太华寺碑记》已载入，谓太华寺虽非沐氏家庙，但遗像在寺日久，且沐国公守滇功绩载之史册，历历可见。无论太华寺之是否沐氏家庙，均应虔诚供奉，断难任其推诿。所有沐氏遗像，请永远责令太华寺僧敬谨供奉，春秋祭祀等情，禀奉抚宪批开。经昆明县知县杨某查讯明确，批示发给太华寺住持僧悟虔：‘将沐氏遗像责令太华寺永远供奉，如敢亵慢损失，即提该寺僧究处。沐氏后裔亦□得藉端兴讼，余并悉缴碑摹存，等因奉此，合行给照。’为此照给太华寺僧悟虔等遵照嗣□，务将沐氏像轴敬谨供奉，春秋祭祀，不得亵慢损失，致干查究。并将供奉处所，上禀兴□□补，禀明本县，捐制神龛，以昭诚敬，均毋违延，切切须至。执照者遵。”

据上述执照碑文可知，入清以后的黔国沐氏后裔其实早在康熙二十七年（1688），就曾与昆明太华寺僧之间因为“滇南沐氏十二代画像”的存留奉祀等问题起过纷争，以至不惜对簿公堂。推究碑文，可知引发双方争执的原因，可能是由于明清易代、时过境迁之下，太华寺僧不愿再将寺院内的房产拿来奉祀前明的“滇南沐氏十二代画像”，而黔国沐氏的后裔却执意要求太华寺僧仍一以贯之继续加以供奉，双方争执的焦点，或与“滇南沐氏十二代画像”的奉祀与否，有可能引起潜在的对庋藏“滇南沐氏十二代画像”的太华寺玉皇阁等部分房产的使用权以至所有权的争端，故而太华寺僧与黔国沐氏后人各不相让，遂不得不报官裁夺。由此可证，“滇南沐氏十二代画像”早在康熙二十七年之前即已存于太华寺，故不可能如方国瑜先生怀疑的那样，系康熙三十年兴建沐氏祠时由奉祀者所作。

---

① 清乾隆四十三年十二月所示《昆明县（知县杨某）批示太华寺供奉沐国公遗像执照》碑，原石已亡佚不存，云南省博物馆藏拓本，收入李昆生主编《中国西南地区历代石刻汇编·云南省博物馆卷》，天津古籍出版社1998年版，第14册，第136页。

直至辛亥革命后，"滇南沐氏十二代画像"始由太华寺转交昆明城南聚奎楼外的沐氏宗祠，并由沐氏长房具体保管，笔者推断，"滇南沐氏十二代画像"之所以由可资张挂展示、各自独立的画幅而被装裱为横卷，也可能正是忙于生计的沐氏长房为了保管收藏之需。抗战胜利后，画卷为李希泌先生购得，继而捐赠予云南省博物馆。

（三）黔国沐氏家族与太华寺的渊源

太华寺位于昆明西山（元明时称太华山），初名佛严寺，是元大德十年（1306）梁王把匝剌瓦尔密为高僧玄鉴所建。太华山及其附近区域，虽然遍布古刹名蓝，但却"惟太华寺最胜"①。

云南正式纳入明朝版图后，留镇云南的西平侯沐英颇欲借助太华寺的影响，以发挥佛教"迁善去恶"的教化作用，在拨款修寺的同时，又撰《题太华山佛严禅寺文》并镌石立碑，以纪久远。② 沐英长子西平侯沐春与次子黔国公沐晟、定边伯沐昂兄弟三人曾多次前往太华寺游观，沐昂长子沐僖、沐僖长子沐璘也曾屡屡往游太华寺，并都留下了诸多壮游的篇什。③

复据郑颙《思召堂记》记载："太华山佛岩寺旧有黔宁昭靖文一通，今主僧才师大用惧其久而漫灭，为堂奉之，而名其堂曰'思召'，来请言为记。予诺之，而未暇为也。景泰乙亥春二月壬午，总戎继轩沐公（沐璘）偕予劝农于郊，因过其寺，坐思召堂，才师复申前请……"④。庶几可知，太华寺住持僧大用曾于沐璘代镇云南期间，围绕沐英《题太华山佛严禅寺文》碑原石，建起了一座"思召堂"，堂名"思召（昭）"，固有缅怀黔国沐氏的始祖黔宁昭靖王沐英之意。由此可见，沐英子孙之所以频频游历太华寺，主要还是为了凭吊以《题太华山佛严禅寺文》石碑为象征的先祖沐英乃至其抚绥云南的历史功绩。

综上所述，可知昆明太华寺与明代黔国沐氏家族之间甚有渊源，而这种渊源更因为住持僧大用于景泰六年（1455）或稍早兴建"思召堂"，而逐渐发生了质的变化。据嘉靖二十年（1541）所立《太华山佛严寺续增田记》碑有云：

---

① 《正德云南志》卷34《外志一·寺观·太华寺》，《天一阁藏明代方志选刊续编》本，第71册，第583页。

② 余嘉华等编：《云南风物志》之《仙人掌上梵王台——太华寺》，云南人民出版社1986年版，第90—94页。

③ 参见（明）曾烜撰《陪西平侯（沐春）游太华寺即事二十韵》，定边伯沐昂相继撰有《定边伯陪兄定远王（沐晟）游太华寺》诗、《定边伯陪兄定远王又游太华寺》诗、《定边伯陪兄定远王赠太华僧解制下山》诗，沐昂长子沐僖有《题太华寺一碧万顷阁》诗、《重游太华寺》诗，沐僖长子沐璘挂征南将军印代镇云南期间也屡屡往游太华寺，有《游太华寺》诗二首，俱见《云南史料丛刊》第6卷，云南大学出版社2000年版，第485—488页。

④ 明人郑颙撰《思召堂记》全文，收入方国瑜主编《云南史料丛刊》第6卷，第499页。

“佛严寺建寺有年，僧□□□衔供费□□，先是常住□□增置田亩虽多，所入□□□月而岁，莫能周□。黔国家老广君钺尝棘棘曰：伟哉，斯寺首祝国釐，次奉先王香火，次守尔教法。矧给不周，僧用为厉，乃捐若干金，为其加拓之。”① 碑文中的“黔国家老广君钺”，应是黔国沐氏家臣中讳名“钺”的阍者之流，“老广”可能是其籍贯，而出自黔国家臣之口的“奉先王香火”云云，更是一语道破了至迟在明嘉靖朝以前的太华寺之内，可能已经创建供奉黔宁王沐英及其以下黔国沐氏先祖神位的祠宇的事实，从这个意义上来说，太华寺内供奉以黔宁王沐英为首的黔国沐氏先祖的祠宇，显然已兼有世镇滇南的黔国沐氏家庙之意，其性质与南都（南京）南郊的花岩寺之于黔国沐氏家族而言，具有非常相似的一面。②

前述嘉靖二十年（1541）所立《太华山佛严寺续增田记》碑所谓“奉（黔国世家）先王香火”的祠宇，应即万历十九年（1591）春王士性游太华寺之际览黔国沐氏“世像”的“黔宁祠”。据王士性《泛舟昆明池历太华诸峰记》一文语及：“及太华山门，蕊宫琳宇，辉煌金碧，倚山隆起，拟于紫霄碧云之间。余右陟飞磴，历龙藏，东下黔宁祠，览其世像，出文陛前，两楃山茶八本，高三丈，万花霞明，飞丹如茵，列绣如幄。”③

又，明代张佳胤《游滇太华山记》亦云：“至（太华）寺，僧鸣钟磬礼礼空王出，视两楃山茶树八本，皆高二丈余，枝叶团扶，万花如锦，杂以黄杨，绕以松桧，红绿争奇，光彩夺目，兼佛宇翚飞，金碧辉映，胜地良辰，游人之稀观也。由殿右登石磴上，一殿岿然，石栏缭绕，万象毕呈，最为胜览。复下磴道，历左廊，观沐氏世像，转入聚星堂。”④

以中国古代大中型建筑群皆取中轴线并采用坐北朝南的格局为前提，王士性循太华寺山门入，陟石阶而上，继而东下并观览张挂沐氏世像的黔宁祠，与张佳胤自“岿然”的大殿而出，“复下磴道，历左廊，观沐氏世像”的所在，方位相同，均为两楃植山茶树八株的“文陛”左侧，也就是太华寺大殿之东庑。

有明一朝，尚左为尊。故而将太华寺大殿的东庑亦即左向之廊庑，来作为供奉黔国沐氏家族画像的祠宇，正与黔国沐氏“王公侯驸马伯乘家”的贵显乃至其世镇云南的煊赫威势相谐应，略无违和之处。由此可推断，“滇南沐氏十二

① （明）姜恩：《太华山佛严寺续增田记》，收入李坤声主编《中国西南地区历代石刻汇编·云南省博物馆卷》，第14册，第44页。

② 邵磊等：《云南沐氏与花岩寺——从花岩寺钟铭的发现谈起》，《南方文物》2004年第2期。

③ （清）师范撰：《滇系》八之二《艺文》四五，载《中国方志丛书》第139号，台北：成文出版社1967年版，第658页。

④ （清）师范撰：《滇系》八之二《艺文》六六，第668页。

代画像”作为黔国沐氏家族奕世相传的先世肖像，原本一向都张挂于太华寺东庑之“黔宁祠”内，是一组次第完成、流传有序的遗存。

入清以后，原本置于太华寺“黔宁祠”内的“滇南沐氏十二代画像”，又被视为前朝古迹而一度“羽流收度”于位置更为高耸、“可以凭眺”的玉皇阁内，香客“有愿观者，率以香金酹之”，一时寓目者固众，① 套用“乱花渐欲迷人眼”的字面意义，也就难免遮掩了“滇南沐氏十二代画像”原先张挂于太华寺之“黔宁祠”的本意。

所以说，“滇南沐氏十二代画像”既然一直都存在于太华寺，那么方国瑜先生关于“此画卷当是沐祠故物，不知何时归昆明太华寺”的疑惑，也就无从谈起了。而从嘉靖二十年（1541）《太华山佛严寺续增田记》碑关于“斯寺首祝国釐，次奉先王香火”的性质来看，则位于太华寺东庑的“黔宁祠”，其实正是世镇云南的黔国沐氏奉祀先祖的所在。

值得一提的是，在明代王士性与张佳胤分别关于“黔宁祠”的诗文中，丝毫也未提及太华寺内的明初黔宁王沐英所撰《题太华山佛严禅寺文》石碑。由此可见，这座张挂“滇南沐氏十二代画像”的黔宁祠或曰沐氏祠，与太华寺主僧大用在景泰年间为庇护黔宁王沐英《题太华山佛严禅寺文》石碑而建的“思召堂”，并非同一所建筑。换言之，在昆明太华寺内可供黔国沐氏后嗣子孙凭吊先祖遗烈、具有礼制意义的建筑遗存并不止一处，这足以让人从更深刻的层面来理解世镇云南的黔国沐氏家族与昆明太华寺渊源之深。

（邵磊，南京市博物总馆研究员）

① 清乾隆年间以后，前往太华寺观览“滇南沐氏十二代画像”并留下诗文者，据方国瑜《〈滇南沐氏十二代画像长卷〉概说》一文的统计，大致有云南呈贡人戴淳《晚翠轩诗续钞》卷3收录的《金马山怀傅颍公诗》，戴淳《晚翠轩诗三钞》卷7收录的《沐氏十二代画像诗》，张训铭《藕航诗草》卷九收录的《题沐将军十二世遗像诗》，尹尚廉《玉案山房诗草》卷4收录的《太华寺瞻前沐公遗像诗》，以及李文熙叔豹题于“滇南沐氏十二代画像”之上的《观黔宁王沐英画像诗》。然诸家观览所及，误会亦复不少，如清乾隆年间吴大勋《滇南闻见录》称之为“明世黔国公累世遗像”，实则并不确切，毕竟画卷内的黔国沐氏成员包括沐英、沐春、沐昂、沐昕、沐僖、沐璘、沐瓒、沐诚、沐详在内的九人，均未授黔国公，其中，黔国世家的开创者沐英卒赠黔宁王，生前止封西平侯，是明初“六王”之中唯一未授公爵者，沐英嗣子沐春亦止袭西平侯爵；定边伯沐昂的两个儿子沐璘与沐瓒因沐琮年幼而先后佩征南将军印代镇云南，但只是代职，并未借袭黔国公爵位。还有，第八任族长沐朝辅的两个儿子沐融与沐巩虽然相继袭封黔国公爵，但却分别于六岁和四岁夭亡，所以画卷也未及此两位早殇的黔国公。此外，江都人萧霖《太华寺瞻明黔宁王历代遗像诗》注曰：“旧有像二十幅，今存十二幅，始昭靖（沐英），讫忠节（沐天波），凡十二世。”然所谓画像“今存十二幅”云云，根本是无稽之谈，可见萧霖对于《滇南沐氏十二代画像》可能也只是道听途说，未必目察亲验。以上所引述诸家诗述，俱见方国瑜主编《云南史料丛刊》第7卷，第228—233页。

明清徽州医家的训练与知识来源*

董晓艳

摘　要： 本文以明清时期徽州医家训练方式作为研究对象，发现这一时期徽州医家训练方式主要是家传、自学、拜师以及在此基础上的游学，这几种方式在徽州医家群体知识获得途径中所起作用并非是无差别的，而是有着主次轻重之分。其中，家传是最主要形式，并且通过家传获得医学知识的医家群体在医疗市场中也更具市场竞争力，但数代相传为家族积攒的代际久远的优势外，一个容易产生的弊端则是医学知识的固化，脱离辨证融通的医学正道。因此，有儒学背景的人，由于其知识背景的优势，通过自学、拜师和游学的漫长过程，往往能成为第一等医生。

关键词： 明清时期；徽州医家；家传；拜师；游学

明清时期，中国上演着与欧洲国家行政和专业的医药监管日渐严格不一样的剧情：官府干预的放松和医学知识的普及。① 在这样的情境下，这一时期医家的训练也呈现出异于前代的特点与面貌，并为当前不少研究者注意到。他们主要对最为典型的三种方式——师徒相授、家族内传及自学——分别进行了细致的阐述，但在如下诸多问题上，尚有进一步探讨的空间。时常见诸明清文献的另一训练方式“游学”究竟在医家养成中扮演着怎样的角色？上述几种训练方式是无差别地，还是程度不同地塑造着医家的知识获取？以往研究着墨颇多的“家族内传”究竟有怎样的弊端？为回答这些问题，本文主要立足于作为观察传统中国之“样本”的徽州地区，审视明清时期新安医家的训练方式和医学知识来源，以期为当今的中医人才培养提供历史镜鉴。

---

* 2018 年度安徽省哲学社会科学规划一般项目“明清徽州疾疫史料整理与研究”（AHSKF2018D82）的阶段性成果。

① 梁其姿：《面对疾病——传统中国社会的医疗观念与组织》，中国人民大学出版社 2012 年版，第 176 页。

一　家传是明清新安医家培养的最主要形式

家族作为医学知识传承主要体系的角色从远古时期就开始了，六朝时，门阀大族是医学知识的保存者。[①] 宋代，很多名医都在他们自己的家庭或宗族内部接受培养。金元医学大家也是既由他们的家人培养，也热衷于培养他们自己的孩子。[②] 例如，张元素教自己的儿子张壁行医，张从正也声称由家人传授其医学知识。[③] 可以说，家族作为医学知识传承的方式在中国是一种文化传统。

在明初由政府颁布的职业管理规定的加固下，这种文化传统，到了明清时期更为普遍，尤其是在浙江、江苏和徽州地区。[④] 明初沿袭了元代分定职业管理户籍的规定，强调从事医疗等技术工作的平民不得随意转变职业。“凡军、民、医、匠、阴阳诸色户，许各以原报抄籍内定，不许妄行变乱，违者治罪，仍从原籍。”[⑤] 不仅如此，还须“在医籍人户，各以正枝一人为首，备查宗派立册，以后止据见在各户，核实造报”，强调医户管理上须区分医户正枝与旁枝、远族的不同，并且只能以正枝一人为户首，其余“备查宗派立册”，以此掌握医户衍变的真实情况。[⑥] 凡医户因生老病死影响其传承的，允许在其亲枝弟侄中选出一人以保持医户的延续性，冀望他们拥有良好的医术，作为储备、选拔各级医官的重要依据。

家族作为医学知识传承主要角色的文化传统，加之明初的这种职业管理规定与徽州特殊的宗族医疗保障体系的现实需要，使家传成为当时徽州医家医学知识来源的重要方式之一，进而直接促进了新安医学的传承与发展。[⑦] 通过对徽州家族链的数量和医家人数进行的统计，可以发现，明清徽州地区通过家族链传承医学知识的现象十分明显。童光东利用新安医著的序跋、艺文志、地方志等资料，以三代或三代以上相传为一个家族链，统计的从宋代至清末徽州医家家族链达50多条，涉及医家250余人，其中对家族链传承记述不清或不详的并未包含在内。文献记载的匮乏并不意味着后人无从推断，相反，他推断，家

---

① 范行准：《中国医学史略》，中医古籍出版社1986年版，第57—62页。

② 梁其姿：《面对疾病——传统中国社会的医疗观念与组织》，第19页。

③ ［日］丹波元胤编：《中国医籍考》，人民卫生出版社1956年版，第210页；张从正《儒门事亲》卷1，见（金）张子和撰，邓铁涛主编《子和医籍》，人民卫生出版社2000年版，第39页。

④ 梁其姿：《面对疾病——传统中国社会的医疗观念与组织》，第20页。

⑤ 李东阳：《大明会典》，广陵书社2007年版，第341页。

⑥ 李东阳：《大明会典》，第346页。

⑦ 童光东：《论新安医家家族链是新安医学发展的重要形式》，《安徽中医学院学报》1990年第2期。

族链记述不清的医家数目更为可观。如海阳丁氏自宋业医，明代嘉靖以前医家记述不清，嘉靖时医家就有丁绳、丁瑞、丁瓒、丁云鹏4人，从宋到嘉靖至少有400年，以20年为一代，也有20多位医家。① 另外，据20世纪八九十年代时洪芳度的不完全统计，从北宋以来，世医家传三代以上至三十多代的共有63家，286人，同时，他还制作成“新安名医世家表”，据此表，明清有54条，其中清代43条，占绝对多数。② 冯丽梅统计传三代以上的有63家，涉及316人，其中明清世医54家，医家286人。③ 王键统计北宋以来传三代以上至三十代的有139家，医家达300余人。④ 更让人惊讶的比例是，梁其姿在其“中国近代医疗与社会”的专题研究计划报告中，统计了各省份的医生训练途径比较，发现，徽州自宋代到近代，通过家族途径习医的人达到409人，在各种途径中（自学、家学、拜师、家学+拜师、自学+拜师共计为570人）占比71.8%，可见表1。虽然统计的家族链条数和涉及医家人数难以精确，但不可否认的是，徽州地区医学知识的家族传承是极其显著的。基于上述统计，大致可以推断，应当不少于300人，占徽州医家总数（763人）⑤ 的几乎一半。这在医学知识习得多元化的明清时期，应当是相当高的比例。可见，家学传承是明清徽州人们医学训练的最主要形式，远远超过自学、拜师等其他途径。

表1　**宋至清代徽州自学、家学、拜师的比例**

	宋	金	元	明	清	近代	总计
自学	1		1	16	34		52
家学	14		26	204	157	8	409
拜师	4		1	33	42	5	85
家学+拜师			1	6	5	2	14
自学+拜师				6	4		10

数据来源：梁其姿：《面对疾病——传统中国社会的医疗观念与组织》，中国人民大学出版社2012年版，第150—154页。

在家学传承中，最常见的莫过于父子、祖孙、兄弟之间的薪火相传，这是中

① 童光东：《论新安医家家族链是新安医学发展的重要形式》，《安徽中医学院学报》1990年第2期。
② 洪芳度编：《新安医学史略》，歙县卫生局1990年版，第64页。
③ 冯丽梅：《医学地域化：明清吴中医家与新安医家比较研究》，博士学位论文，北京中医药大学，2007年。
④ 王键：《新安医学流派研究》，人民卫生出版社2016年版。
⑤ 洪芳度编：《新安医学史略》，第21页。

国历来不证自明的文化传统。除此之外，在医家无法继续行医而后代无男丁的情况下，才会让女性涉足家学知识，并且女性往往是辅助丈夫的角色。在徽州寥若晨星的女性医者中，蒋女医便是如此。蒋氏，名字不详，是歙县篁墩人，青年时嫁给擅长儿科的休宁名医程邦贤为妻，即便是自己懂医术，其承担的也往往是“协助丈夫行医”的角色。她之所以名垂后世，除去女医的身份外，还与她成功地为一名小儿做的先天性肛门闭锁的手术有相当大的关系。尽管如此，她做这一手术的机会仍然是趁着丈夫外出才得到的。[①] 女性的独立行医也只有在丈夫实在无法依靠的情况下才会进行。被称为“西园女先生”的许氏是歙县郑村的西园喉科第四代传人郑尘之妻，许氏 17 岁时和郑尘结婚，后佐助丈夫行医。然而，郑尘不幸于咸丰元年（1851）因病早逝，许氏才开始独立行医，以喉科名世。[②]

以往的研究涉及上述女医时，大多着重于歌颂为数极少的女医在当时的贡献，旨在当今关注边缘群体医史研究潮流中，弥补以男性为主的医学传统之下对女医这一现象的忽视和贬抑。尽管如此，其中涉及的以男性为主导的权力关系仍然显著。这种失衡的权力关系一直到民国时期才开始有所改善，如徽州歙县的王氏医学第三代传人王仲奇[③]将医术不只是教授长子樾亭，还传给大女儿王蕙娱和二女儿王燕娱，并让两个女儿和弟弟、长子、门人一同，在自己日常诊疗时抄写门诊处方。[④] 这种性别权力关系又是如何变动的、变动的社会文化意涵以及与医学的互动关系等议题，可以弥补医疗史和性别史研究的缺失，可以作为今后研究的重要一环。那么，目前需要解决的问题是，如此众多的医家跻身于家学传承，是否意味着当时医疗市场上，有家学渊源的医家会更有竞争力呢？另外，数代传承又会酿出什么样的弊端？

可以说，在医学知识开放获取的明清时期，出生于世医家族的医家是颇具市场竞争力的。这或许主要源于中医知识理论与实践不一致的情况多有出现，加之医学临症性强的特点，家传和拜师往往成为理论医学走向临症的主要方式。清代的徽州医家汪纯粹在其《孝慈备览伤寒编》凡例中说道，由于“习是业者，非得父师口传心授，鲜不自误误人”，因此，他童年时便由父亲教授脉诀药性以及医理，十三岁以后师从老师韩耐庵学医。[⑤] 医家眼中如此，病家眼中亦

① 黄孝周、黄熙：《杏林第一枝》，黄山书社 2000 年版，第 114—115 页。

② 黄孝周、黄熙：《杏林第一枝》，第 91 页。

③ 自曾祖王履中习岐黄始，传至其先人王养涵，称为“新安王氏医学”，王仲奇 15 岁随父学医，22 岁悬壶执诊。

④ 王宏毅口述，王刚石整理：《〈王仲奇医案〉近百年浮沉记》，《中华读书报》2015 年 9 月 2 日第 15 版。

⑤ 汪纯粹：《孝慈备览伤寒编·凡例》，王乐匋主编《新安医籍考》，安徽科学技术出版社 1999 年版，第 147 页。

如此。我们可以从孙一奎留存的一则医案一窥究竟。孙一奎族内有一位女性长辈戴氏，因患痢而急于求医。孙一奎虽然与病家素有交情，但因戴氏家属信赖黄氏女科而没有出面。直到戴氏的孙子尔嘉看到祖母病情恶化，请求孙一奎出手帮忙，他才坦言自己非不愿帮忙，只怕一开口有诋毁黄氏医者之嫌疑，反而招致家属们的流言蜚语。他因此感谢尔嘉给他治病救人的机会。只是才刚诊脉完毕方觉不妙。因为戴氏的病情已急，家中那些不谙医药的妇女们却可能理念不同而阻碍医疗的进行。孙一奎于是要求尔嘉尽快找回戴氏的丈夫回来主持家务。但戴氏的丈夫正在浙江一带，如何能即时赶回徽州？尔嘉的朋友建议，不如将黄氏医者留下，以安定家中妇女之心，再把孙一奎的药方伪装成黄氏医者之剂，让戴氏服下。尔嘉与孙一奎欣然同意，果然奏效。只是黄氏妇科还认为戴氏的康复是自己的功劳，洋洋得意地说："寒家业医五代，似此大病也不多见。"① 这个故事虽然有个完美的结局，但其中情节却让我们看到，即便是孙一奎这样一位出色的内科医者，在与家传黄氏医者的竞争中仍然处于弱势，他居然需要采用"偷渡"的手法才能进行自己的医疗。

很显然，强大的市场竞争力与家族内医学知识不外传的传统直接相关。尽管从理论上说，宋代的社会风气较之前代发生了转变，"禁方"的公开成为时代风尚和道德要求，② 但从实际情形来看，明清时期"各秘其术"仍然是非常普遍的做法。郑氏喉科的例子可以很好地说明这一点。康熙五十年（1711），于蕃、于丰兄弟随父客商江西南丰时，遇见福建人黄明生。黄明生精于喉科，治愈了郑父的阴结病。兄弟见其治病，轻症用药物，重症用针灸，救治病人很多。兄弟俩拜他为师，但明生屡不应允。兄弟俩于是备了厚礼送去，恳求收为弟子，于是开始了双方的对话：

> 黄氏叹气说："我不是秘而不传，实在是事出有因。以前老师传授时，我曾立下绝不外传的誓言。老师的谆谆教诲好像还在耳内回响，既然以前发过誓言，现在怎么能违背呢？"
>
> 于蕃说："现在恳请先生传授秘诀，确实是我们心存治病救人的信念罢了。如果能广泛用来治病救人，等于是老师您自己在救治，老师何乐而不为呢？"③

结果当然是美好的，黄明生被郑氏的为人至诚所感动，便把自己喉科秘术

---

① （明）孙一奎撰，许霞、张玉才校注：《孙文垣医案》卷4，中国中医药出版社2009年版，第197—199页。

② 阎瑞雪：《宋代医学知识的扩散》，《自然科学史研究》2009年第4期。

③ 黄孝周、黄熙：《杏林第一枝》，第83—84页。

两卷传给他俩。兄弟俩认真读书，学医 3 年，深得喉科精髓，于是，返乡以医为业。一开始，郑氏喉科采取的是与内科医家有所区别的针刀、吹药与外敷等疗法，这些疗法原本是郑氏喉科的不传之秘，但到了郑承瀚行医之时，针刀等手法已经普遍于喉科医者间。按照郑承瀚的叙述，这是由于在他父亲的时代，喉科秘术“被仆人思穷过半，贪利而售之于外”，结果外人开始传抄，进而“家有其本，迩来业是科者，皆执此书为圭臬焉”。即刻，郑承瀚便开始批评针刀疗法。这种批评所表明的就不只是观念的差异，也是身份认同的移动，现在他要区隔的是那些徒知用刀的二流喉科。①

郑氏喉科的例子向我们揭示了以下事实：一方面，明清社会医学家族传承各秘其术直接关系到家族医者的市场竞争力；另一方面，自珍其方的行为自宋代开始受到严厉批评，至少是一种与当时道德并不一致的行为。那么，郑氏医者如何消解这种道德压力？郑梅涧称，之所以迟迟不愿把家传秘方公开，是怕有些人将这些技术卖了赚钱。②

按照人们一般常识，家族秘术传得愈久，就愈有市场竞争力。但数代相传为家族积攒的代际久远的优势外，容易产生的弊端则是中医知识的固化，脱离辨证融通的医学正道。当时有些医家对此颇为不满，黟县医家汪香在其《讽时医》中，抨击道时医在对医学理论与技术的掌握上，“不念思求经旨以演其所知……相对斯须，便处汤药，按寸不及尺，握手不及足”，所能做的“不过家技相传，终始述旧而已”③。凭着“古今一辙”的家传技艺，孜孜汲汲于口给之需。汪氏还在附文部分用小字写着“可叹可恨”，表达自己的情绪。清代医家吴楚也对此颇为不满，指出当时不少医家只是满足于“止守其家传秘授之法，第择药性之无力无味者二三十种，一任男妇老幼、新旧危困者，悉以此投之”④，而不去进行医理上的研究之学，如此一来，“既守其一成不易之规，则必昧乎神明变化之理”⑤。许豫和说得更为直接“若不能读书，徒恃家传，卖药而已”⑥。鉴于此，能弥补徒执家技之缺憾的则是对传统医学理论的心领神会，并在理论的框架下，结合具体临症特点进行辨证论治。其中，对医学理论的自

① 涂丰恩：《从徽州医案看明清的医病关系（1500—1800）》，硕士学位论文，“国立”台湾大学，2008 年。

② （清）郑梅涧著，李玉清、步瑞兰、曹金虎校注：《重楼玉钥》（第二版）原序，中国医药科技出版社 2019 年版。

③ 王剑辉：《珍稀中医稿钞本丛刊·新安卷续编（第 1 册）》，上海大学出版社 2021 年版，第 191 页。

④ 吴楚：《吴氏医验录》，中国中医药出版社 2019 年版，第 167—168 页。

⑤ 吴楚：《吴氏医验录》，第 187 页。

⑥ （清）许豫和著，项长生点校：《散记续编》，安徽科学技术出版社 1990 年版，第 12 页。

学，对有一定哲学基础的文人士大夫而言，是一件极其能发挥自身优势的事。而要使理论走向临症实践，由于经验医学的特性，拜临症经验丰富的老师往往是必不可少的环节，梁其姿也注意到，家族传承与师徒关系相比“更重务实而轻理论”[①]。就此而论，明清时期第一等的医生往往是由“自学＋拜师”方式训练而成。

二　自学与拜师是明清徽州第一等医生养成的关键

明清时期的医疗技艺虽在有些方面取得了不小的进展，但整体的基础理论和治疗水准，并没有根本性的变化。[②] 由于当时国家对执行医生缺乏管理，医生的执业门槛甚低，使得医生良莠不齐，庸医甚多。当时士人对于社会上的医生普遍充满着不信任感。比如清代士人孙研之将“劝人莫服药，不如劝人莫行医，医少则服药者少”视为出现大量不良现象的“探本之论”[③]。而且即便是医生，也往往不讳言这一点。比如，清代著名的温病学家吴瑭在其《温病条辨序》中一语道破地认为：“生民何辜，不死于病而死于医，是有医不若无医也。学医不精，不若不学医也。”[④] 在这样的背景下，对于文人士大夫而言，与其得病求医，不如利用自身儒学背景的优势自学医学。需要指出的是，这里所说的“自学”，专指有古代哲学知识背景的人研习医学典籍，并不包括那些脱离医学经典知识、自习经方时方为人疗疾的医者。

自学医经对于当时有儒学知识背景的文人士大夫而言，不只是一件自然而然的事，同时也是发挥自身专长，进而与其他医家区隔开来的关键。如清末民初的医家王少峰常说：“业医必先熟读《内经》、《伤寒》、《金匮》，处方自有灵机把握，故余好无方之书。”为医以后，广购医书，虽价昂不惜。临证之余，朝夕研读，略有心得，即朱笔评注，家藏医籍，圈点几满，故晚年，双目失明。[⑤] 歙县的一代名医程正通，小时候学习儒学，长大后弃儒习医。职业生涯伊始，“有邻村大家女，以痞积延治，适以罗悦蒙头，先生误诊之，答以玉燕投怀等语，乃大受挞辱”。于是，到歙县的黄山文殊院自学医学，“埋头于岐黄术中，足迹不

---

① 梁其姿：《面对疾病——传统中国社会的医疗观念与组织》，第183页。

② 这一论点，在拙作《生活化与专业化的较量——明清自疗现象研究》中有详细的论述，可参见董晓艳《生活化与专业化的较量——明清自疗现象研究》，Korean Journal of Medical History，2022年第1期。

③ 孙研之：《半吾堂文钞》，道光二十三年刊本，第14a—15a页。

④ 吴瑭：《温病条辨》，科学技术文献出版社2010年版，第8页。

⑤ （清末民初）王少峰：《伤寒从新·王仲衡跋》，王乐匋主编《新安医籍考》，第150页。

下山者十余年”①。类似这样的例子颇为多见，从上述二位医者身上可以看出，对医经的研习，往往是良医培养的必不可少的一个环节。因为，这直接关系到是否能够在临症实践中做到辨证论治。

在他们对医学经典知识有较为系统的掌握之后，由于中医知识理论与实践不一致的情况多有出现，加之医学临症性强的特点，拜师往往成为理论医学走向临症的主要方式。例如，徽州幼科名医许豫和根据自己行医经验，总结出从师临症对于学医的重要性，他在一篇名为《读经》的文章中，他也说医者除了通读全经外，亦“当随时临症对症详经……若徒恃经文，虽朝诵夕讲，不知随时印证，茫茫沧海，反有望洋之叹”②，尤其是急症当前，“理不及谈，药不及议，全凭见识以为拯救。医者意也，此其时矣”③。甚至当时“读虽勤；不得师，仍事倍而功半”④ 成为人们常常提及的谚语。师徒相授，在徽州应当是颇为常见的。据歙县洪芳度的考证，徽州少数医家从外地求师学习医术，大多数还是从本地带徒传授给门人，也有不少名医寓居外地带徒传授医术。这并非只是推断，而是建立在其坚实的统计数据的基础上：据洪氏统计，从宋代至近代，将父子、祖孙两代相承的也包含在内，徽州医家师承关系链条多达60条。⑤

综上，要想成为一代良医，离不开对医学理论知识的醇熟与使其走向临症方式——拜师。对于病家而言，判别医者优劣的关键也在于这两点，《医界镜》作者在教授人们如何择医时，便把名师传授以及对古典医学知识的醇熟视为医者本领高的体现，指出“事先打听，看是否有名师传授，然后去请。请来时细说病情，脉诊后先问病名，次问古人以何方主治，豫后如何？如他能一一回答明白晓畅，无一句支吾，这便是如今第一等医生”⑥。上述材料的撰写者为有师承的名医，抛却这位医者写作时的主观立场和个人情感等限制史料客观性的因素，根据中医学人的常识判断，拜师对于一位医者而言，其重要性绝不亚于通读经书，在当时甚至影响到一位医者的职业声望。正所谓“读书欲多，析理欲精，从师欲众，临症欲广。书不多无以知理之源，然于理有未精，书虽多亦无益也”⑦。

正源于此，即便家传作为明清徽州医者最主要的训练方式，但其中有一些

① 程瑜：《眼科秘方·江鼎臣序》，王乐匋主编《新安医籍考》，第488页。
② （清）许豫和著，项长生点校：《散记续编》“读经”，第1页。
③ （清）许豫和著，项长生点校：《散记续编》，第13—14页。
④ （清末民初）王少峰：《伤寒从新·王仲衡跋》，王乐匋主编《新安医籍考》，第150页。
⑤ 洪芳度编：《新安医学史略》，第82页。
⑥ 儒林医隐：《卫生小说——医界镜》卷4，光绪三十四年铅印本，第72页。
⑦ （清）江之兰：《医津一筏·张潮跋》，王乐匋主编《新安医籍考》，第32页。

人认识到如上文所述及的“古今一辙”的家传技艺的局限，并不满足于此，徽州医家汪纯粹便是这样的人。他童年时期父亲就不只是教他一些脉诀、药性，同时还秉承祖训为其讲授医理。十三岁时，他在师从韩耐庵学习举业时，韩师的父亲正好是世习医学，便与其交流医学学术、辨疑问难，历经十年而成。①如果说汪氏拜师学医并非自己主观意向，而是在拜访韩师学习举业时的意外收获，那么明代医者程嘉祥便是不满足于家传秘方，积极主动地通过游学拜访名师的方式为自己累积行医资本。他在《经验痧麻痘疹秘要集》自序中谈自己的医学训练经历时，称自己的父亲举业不顺，祖父就安慰父亲说：“学何必为儒，诚有裨于世，何非儒行乎。”与此同时，“出其所秘授于诸明公者，以示先大人，大人学而思之”。但他并不为家传技艺所局限，开始“访天下之明医，如方龙山、方嗣塘、何肖充、姚少琼、汪炉峰、黄万山、夏少江诸君，与上其议论，博极群书，学问益准”②。按当时很多人的做法，靠着家传秘术开业行医足矣，但他是一个在自身医术上不满足于现状的人，除了家学之外，访天下明医，终于成为一代良医。

由上可知，拜师是成为一位良医必不可少的环节，但却不是每个人都有如此机会。与家传世医的数量相比，通过拜师习医的医者就数量而言，是处于弱势，据表1梁其姿的统计，拜师、自学+拜师、家学+拜师的总人数为109人，占家传世医数量（409人）的四分之一多；但就医者训练的质量，一般而言，当为良医。这在一定程度上也可以解释明清城乡良医难遇的社会现实。

三 游学是明清徽州医家训练的拔高环节

由于中国各方域地势、气候、其民习俗体质禀赋各异，不同方位的人常得疾病的原因、种类等也自然地被认为有基本上的分别。③因此，在与外界交流越来越多的明中叶以后的徽州，仅仅局限于一地区的临症学习已经不能胜任为各色人等诊病的需要，这就让不少医者通过外出游学的方式累积自己的从医资本。吴正伦和吴昆的习医经历可以说明这一点。正伦小时候贫苦无依，就开始养鸡，用卖鸡蛋的钱买医书阅读，有了自学医的理论功底以后，青年时乘船沿新安江而下，转陆路到浙江德清拜名医陆声野为师，学医三年满师。回到家乡

① （清）汪纯粹：《孝慈备览伤寒编·凡例》，王乐匋主编《新安医籍考》，第147页。

② （明）程嘉祥：《经验痧麻痘疹秘要集·自序》，王乐匋主编《新安医籍考》，第449页。

③ 对疾病与方土的关系问题进行过系统研究的莫过于《疾病与方土之关系：元至清间医界的看法》，收入梁其姿《面对疾病——传统中国社会的医疗观念与组织》，第217—251页。

行医一段时间后，为了深造，又负笈游学齐、燕等地，边学习边行医，造诣越来越高。最后到了北京，他治愈很多百姓和公卿官吏的重病，名声响彻京城。皇宫里因慕他的名气，诏他入宫治愈，深得明穆宗器重。以后他又以平民身份应诏入宫，治愈穆宗贵妃的病，穆宗赏赐他的财礼更加丰厚。后遭到太医的嫉妒，被太医毒死。① 他的族侄孙吴昆亦如此。师从名医余午亭学医三年，余很喜爱他，勉励他广交天下名医为友。吴昆遵从师命，足迹踏遍徽州、江苏、浙江、湖北、河北、北京等地，广访有真才实学的医家，拜他们为师，从而学业大有长进，十多年竟拜师72人以上，毫无门户之见，后返回安徽悬壶。② 类似这样游历各地访师求学的医者，据歙县洪芳度的统计，从宋代至近代，将父子、祖孙两代相承的也包含在内，虽然徽州医家师承关系链条多达60条，③ 但游学的仅有16人。④ 而恰恰是这部分外出游学实践的医家，成为我们理论上⑤认为的“明医”。

表2　**明清徽州医家游历各地访师求学情况**

朝代	出处	姓名	游历情况
明	祁门	汪副护	师祁门汪机，又至姑苏、京口访名师。
明	休宁	孙一奎	师黟县黄古潭，又游彭蠡、庐浮、沅、湘、三吴求学。
明	歙县	江应宿	继父志，赴云南、吴、越、齐、楚、赵，博采先贤验方，编成《名医类案》。
明	歙县	吴正伦	游三吴，师平湖陆声野。
明	歙县	吴昆	师余午亭后，又游三吴、浙江、荆、襄、燕、赵，未及壮年，负笈万里，拜访名师72人。
明	歙县	程仑	负笈三吴、三楚、梁、宋、燕、赵、齐、鲁，历20载。
明	休宁	汪汝桂	游姑苏，得名师传。
明	歙县	罗慕庵	南游吴楚，北涉淮泗。
明	歙县	程心宇	访各地名医。

① 黄孝周、黄熙：《杏林第一枝》，第25页。

② 黄孝周、黄熙：《杏林第一枝》，第27页。

③ 洪芳度编：《新安医学史略》，第82页。

④ 洪芳度编：《新安医学史略》，第87页。

⑤ 之所以说“理论上认为是金字塔顶端的医者”，主要是考虑到在病家的眼里，也许并没有太明显的医者之间的层级问题。

续表

朝代	出处	姓名	游历情况
清	绩溪	周镜玉	武林、虎邱访名师。
清	休宁	程履新	师李士材学医后，游十余省。
清	歙县	王勋	乾隆末年，游浙江，留心医学三十余年。
清	歙县	许豫和	少谒虎邱尤松年学针灸。
清	黟县	卢云乘	历诸省访师求教。
清	黟县	汪燕亭	游吴、越、齐、鲁、赵，入京都。
清	黟县	江少薇	游十余省访友求师。

数据来源：洪芳度编：《新安医学史略》，第87页。

以上两个人结局迥然不同，但从两位明医养成的经历来看，外出游学一方面是为了增长实地的见识，另一方面也在途中不间断地访求名师。这在当时是名医养成的一个拔高环节，并非必须环节。笔者想藉此进一步思考的是，他们外出游学的动机是拜访名师、增长见识，但如果从当时具体的情境和对多位名医游学地点的梳理来看，是否还夹杂着其他的心态？这些未中科举的士人弃儒从医，但开始从医生涯后，心心念念的仍然是一官半职，于是如果条件许可，他们便通过四方行医游学来把握一些偶然的机会，从而最终靠向当时的政治权力中心。对此，史料当然不会记载，但我们可以通过对现存史料的“幽暗处”的解读，隐约可以发现这一点。此处只是抛出观点，容笔者在未来的研究中详细论述。

结　语

综上所述，我们可以看到，明清时期徽州医家训练方式主要是家传、自学与拜师以及在此基础上的游学，这几种方式在明清徽州医家群体知识获得途径中所起作用并非是无差别的，而是有着主次轻重之分。其中，尽管家传是明清徽州医家培养的最主要形式，并且通过家传获得医学知识的医家群体在医疗市场中也更具市场竞争力，但一个不可否认的事实是，数代相传为家族积攒的代际久远的优势外，容易产生的弊端则是医学知识的固化，脱离辨证融通的医学正道。因此，有儒学背景的人，由于其知识背景的优势，通过自学、拜师和游学的漫长过程，往往能成为第一等医生。这与程国斌的研究相吻合，他指出：“在正统医家群体内部，存在着一条由儒医而世医、而普通业医、而女性医者的歧视链，至于补充医疗从业者，如走方游医、三姑六婆和巫医等，又更等而次之。”① 可见，世医在数量上占据压倒性优势，但质量上始终较儒医逊色。

笔者想藉此进一步思考的是，从史料记载来看，我们得出了世医就质量而言逊于儒医的结论，那么，该如何解释文中提及的——即便是孙一奎这样出色的内科医者，在与家传黄氏医者的竞争中仍然处于弱势，他居然需要采用“偷渡”的手法才能进行自己的医疗——这一现象呢？家传世医的强大市场竞争力在明清医疗史料记载中并非少数。这种矛盾的现象提示我们，拥有著书立说能力的多为儒医，他们在史料书写及修辞运用上，站在自身立场上将其他医家边缘化，这是无可厚非的。但同样值得注意的是，病家眼中的医家形象与史料书写中的医家形象是一回事吗？在病家看来，是否存在着一条由儒医而世医、而普通业医、而女性医者、而补充医疗从业者的歧视链呢？这是将来需要研究的议题。

（董晓艳，皖南医学院马克思主义学院副教授）

① 程国斌：《明清江南地区的医疗生活》，东南大学出版社 2022 年版，第 110 页。

北京三大殿火灾与明永乐年间迁都之议*

余　焜

摘　要：明成祖朱棣在“靖难之役”后夺得帝位，随即筹划肇建北京以待迁都。永乐十九年（1421），修建完工不久的北京三大殿突遭火灾，永乐君臣在天命观念作用下采取诸多应灾之策以图消弭灾变。火灾出现后流言四起，围绕迁都问题不同主张的斗争再一次掀起政治波澜，其实质是永乐君臣之间以迁都问题为中心的政治博弈。君臣在火灾背景下流露出的迁都意向使得永乐年间的君臣关系及政治思想鲜明凸显出来。

关键词：永乐年间；北京三大殿；火灾；迁都问题；政治博弈

引　言

明成祖朱棣在取得“靖难之役”的胜利后夺得建文帝位，改元“永乐”。[①]成祖即位后，即开始筹划迁都事宜。永乐元年（1403），明成祖接受礼部尚书李至刚等人的建议，正式确定“以北平为北京”[②]。若从明初北方蒙古铁骑不断南下骚扰的政治及军事形势来看，为有力抵御来敌进犯，将北京作为新的全国政治中心，较南京更有优势。在明清时人看来，北京“左环沧海，右拥太行，北枕居庸，南襟河济，形胜甲于天下”[③]，于此定都有利于巩固北部边防，加强对全国的控驭与统治。同时，北京作为明成祖朱棣的发祥地，又是辽、金、元

* 本文为安徽省2021年高校人文社会科学研究重点项目“明代君臣修省与政治生态研究”（项目号：SK2021A0141）的阶段性成果。

① 朱棣庙号本为“明太宗”，嘉靖十七年（1538）“大礼议”基本尘埃落定后升为“明成祖”，本文统一称“明成祖”。

② 张廷玉等：《明史》卷6《成祖本纪二》，中华书局1974年版，第79页。明王朝先后出现过两个“北京”，此处北京指的是明成祖朱棣称帝之前就藩地北平府；另一个则是明太祖于洪武元年八月定河南开封府为“北京”，后于洪武十一年撤销。另可参见［日］新宫学《明代迁都北京研究》，贾临宇、董科译，外文出版社2021年版。

③ 吴长元：《宸垣识略》卷1《形胜》，北京古籍出版社1983年版，第2页。

等王朝的故都，不论从心理归属还是营建基础层面，都成为迁都首善之地。但在中国古代传统社会，成祖以靖难为旗号夺得帝位，即位后为镇压反对派又大肆屠杀建文旧臣，与传统儒家所倡导的道德框架、政治理念以及权力更迭规则严重相悖。由此，迁都问题在永乐朝一直成为君臣之间产生政治分歧的焦点之一。在正式迁都之际突发的异常火灾，使得这一渐趋沉寂的政治话题再次浮出水面。在传统社会人们的观念中，"天"是道德行为的终极裁判，新建三大殿遭遇火灾，是上天示警。"天地之物有不常之变者，谓之异，小者谓之灾。灾常先至而异乃随之。灾者，天之谴也；异者，天之威也。"① 在这种思想观念影响下，时人认为三大殿火灾来源于上天降灾，是对统治者所行政策的严厉警告，以使其"觉悟其行，欲令悔过修德，深思虑也"②。北京三大殿火灾的出现，为反对迁都的朝臣提供了口实，成祖一面下诏修省，诏求直言；一面打击反对派，激化朝堂风波。

近年来，对永乐年间迁都问题进行研究的成果较少，而从灾异视角对北京三大殿火灾及其相关问题进行探讨的研究成果更为匮乏，大多集中于叙事层面，且对明代灾害治理与政治运作的相互关系关注较少。③ 本文拟以永乐十九年（1421）北京三大殿火灾为研究视角，在分析传统社会火灾所包含的政治文化内涵基础上，探讨永乐君臣面对异常灾变所施行的应对举措，并进一步窥探围绕迁都问题君臣之间的政治博弈及政治思想等。不当之处，敬祈方家指正。

一　传统社会中火灾的政治文化意涵

中国传统社会中，人们的思想观念往往深受原始信仰和自然崇拜的影响。加之科学技术不尚昌明和天命观念的熏陶，人们很容易对一些自然现象加以附会。王朝统治者通常对灾害变异进行政治解释，以期实现巩固统治、稳定社稷的愿望。不可忽略的是，传统社会中人们始终信奉天意，"作为至上神'天'或'上帝'的地位没有发生动摇，不仅孔子、孟子这样的思想家都鼓吹天命论，就连代表手工业小生产者利益的墨子也宣传'尊天'、'顺天意'的思想"④。这一思想降至

① 苏舆撰，钟哲点校：《春秋繁露义证》卷8《必仁且智第三十》，中华书局2015年版，第253页。

② 陈立撰，吴则虞点校：《白虎通疏证》卷6《灾变》，中华书局1994年版，第267页。

③ 相关研究成果可参见张洪彬《灾异论式微与天道信仰之现代困境》，《史林》2015年第2期；张首先《天人感应与灾异天谴：传统中国自然与政治的逻辑关联及历史面相》，《深圳大学学报》（人文社会科学版）2019年第1期；余焜《明代君臣祈雨活动的政治诉求与民生关怀》，《历史教学问题》2022年第3期。

④ 阴法鲁等：《中国古代文化史》，北京大学出版社2008年版，第448页。

明代，依然为统治者所利用和奉行。其中，宫廷罕见火灾通常被解释为上天示警，是以下凌上的表现，预示着君主权威受到挑战。

认为“火灾”是上天示警，预示着人间灾祸并对其进行官方解释，大致滥觞于先秦时期。《春秋左传注》记载道：“凡火，人火曰火，天火曰灾”①，从政治层面进行解释，人们往往视之为“天谴”。《唐开元占经》对其进一步做解释：“天火烧正殿，此必人君不听谏，戮大臣，佞人持政”②，这一解释将火灾示变直接与人君的政治作为相联系。至宋代，诸多士大夫均持“天火为灾”的观念，认为上天降灾烧毁宫殿，是“人君苟饰宫室，不知百姓空竭”的缘故，“故天应之以旱火，从高殿上起也”③。随着宋代新儒学的兴起，理学观念在宋明时期思想界产生了重要影响，人们对“灾”的认识日渐去神学化，但基于天命观念并借之对君主言行进行规谏的灾异论调依然为人所接受。明中叶政治家、思想家丘濬曾指出，“凡宫殿门阙有所灾变，皆天示之儆也。所儆不同，天意必有所在”④，仍是将宫廷火灾与上天意志结合起来，反映在现实政治生活中，便是君主自身言行抑或政治举措与上天意志相悖。

应当注意的是，在传统社会中人们的思想观念中，火灾之所以有异于其他灾变，是将其直接定义为“天火”，是上天否定意志的间接表达，且与人君行政联系紧密。基于此种对火灾的认识，传统社会中称“火星”为“荧惑”，将灾害附会天体运行和天象变异，视其为刀兵之象。⑤ 火灾的突发往往引起人们内心的恐慌，更遑论修建完工亟待迁都之际象征帝国最高权威的三大殿被焚毁，这一事件的突发给永乐君臣心理上笼罩了前所未有的阴影和恐慌。正如清人张怡所论，“吉凶每肇于几微，福祸无庸其趋避。惟通神明之德，为能知人以知天”⑥，正是对人间政治秩序与上天意志表达相互关系的合理解释。为此，永乐十九年（1421）三大殿火灾突发之时，永乐君臣随即采取相应灾害应对举措，以上回天意、下安民心，从而希望达到“膺历数于天，顺时令以颁政教”⑦ 的理想状态。

---

① 杨伯峻：《春秋左传注》，《宣公十六年》，中华书局 2016 年版，第 769 页。

② 瞿昙悉达撰，常秉义点校：《开元占经》卷 3《天占》，中央编译出版社 2011 年版，第 33 页。

③ 王钦若等：《册府元龟》卷 104《帝王部・访问》，中华书局 1960 年版，第 1235—1236 页。

④ 丘濬撰，林冠群、周济夫校点：《大学衍义补》卷 88《治国平天下之要》，京华出版社 1999 年版，第 742 页。

⑤ 参见赵运涛《符号里的中国》，中华书局 2021 年版。该书指出，基于人们对“火”的崇拜与对火灾的认识，催生了传统的火神信仰。

⑥ 张怡撰，魏连科点校：《玉光剑气集》卷 28《徵异》，中华书局 2006 年版，第 976 页。

⑦ 朱升撰，刘尚恒点校：《朱枫林集》卷 1《太史令刘基诰》，黄山书社 2014 年版，第 7 页。

二 北京三大殿火灾与永乐君臣的弭灾之策

所谓“北京三大殿”，是明成祖朱棣下诏肇建北京后，在元大都旧宫的基础上所建新皇城中的“奉天”“华盖”“谨身”三殿，其规格“悉如金陵之制，而弘敞过之”①。据孟凡人先生考证，“明北京城的形制布局既体现了皇权至上和封建礼制的要求，又达到了都城传统布局艺术的最高境界”②，而象征至高无上皇权的三大殿尤其如此。永乐十八年（1420）九月，“己巳，上定都北京。钦天监奏明年正旦吉，宜御新殿”③，成祖同时下诏改京师为南京，北京为京师，设六部官署，去行在之称，正式确立北京的国都地位。永乐十九年春正月，明成祖于北京新殿接受百官朝贺，并下诏称“仿成周卜洛之规，建立两都为永远之业”④，俨然一派欣欣向荣的景象。出乎意料之外的是，当年四月，“奉天、华盖、谨身三殿灾”⑤，三殿被雷火击中，顿成一片废墟。

新建宫殿突遭雷火，加之是在刚刚迁都北京御朝之后不久，无疑引起朝野一片恐慌。早在永乐四年（1406），明成祖就向翰林侍臣表明自己敬天的态度。在明成祖看来，应吸取前朝治国之经验与教训，“惟德动天，盖不德亦动天；善则降祥，不善则降殃，但各以类应之”⑥，意在表明对天之崇敬，当修德政来应对上天受命，同时还借此为自身权力合法性继承提供依据。与明代其他帝王不同的是，明成祖是通过武力夺取侄儿建文帝帝位的，违背了传统伦序等级观念，即位之初颇受儒家士大夫的指摘和攻讦。成祖始终认为“靖难之役”的胜利是上天眷佑，能够登极称帝更是天命所归，因此很自然地将上天意志与政治统治紧密结合起来，且对天命观念笃信不疑。基于这种畏惧天命的灾异观念，在火灾出现之际，明成祖在震惊惶恐之余立即下诏修省，反省自身言行乖谬，要求百官上言指陈时政缺失。

“天人相关论的灾异和祥瑞不是由‘天’单方面下达的，‘天子’自己伦理上、政治上的善与恶也会对‘天’发生作用”⑦，这种论断即表明上天意志与人

① 孙承泽撰：《天府广记》卷5《宫殿》，北京古籍出版社1982年版，第51页。

② 孟凡人：《明朝都城》，南京出版社2013年版，第114页。

③ 夏燮撰，沈仲九点校：《明通鉴》卷17《成祖永乐十八年》，中华书局2013年版，第759页。

④ 夏燮撰，沈仲九点校：《明通鉴》卷17《成祖永乐十九年》，第762页。

⑤ 《明太宗实录》卷236，永乐十九年四月庚子，台湾“中研院”历史语言研究所1962年校印本，第2263页。本文所引明实录及宝训均为此版本。

⑥ 《明太宗宝训》卷1《敬天》，第5页。

⑦ ［日］池田知久：《中国古代的天人相关论》，《中国的思维世界》，［日］沟口雄三、小岛毅主编，孙歌译，江苏人民出版社2006年版，第84页。

间统治者之间的互动关系，上天降灾后统治者应积极应对，且常被王朝统治者作为应对灾害危机的思想动因。永乐君臣在三大殿火灾发生后即因灾修省，正是对天降灾害的能动回应。明成祖首先下诏罪己，其在诏书中称："朕心兢惕，寝食不宁，方反躬省愆，惶惶夙夜"①，认为火灾的突发是自身不德导致的。在修省罪己的同时，明成祖还颇为关注民生，采取诸多举措以减轻百姓负担，从而达到回应天意的目的。火灾发生后，成祖"以三殿灾，诏罢不便于民及不急诸务，蠲十七年以前逋赋，免去年被灾田粮"②，实行一系列惠民政策。这一弭灾举措的实施，实与成祖"治天下者，以天下之心为心；治一方者，以一方之心为心"③ 的施政理念别无二致。几天后，恰逢成祖生辰之期，理当置办各种庆贺礼仪④，成祖为表对上天的崇敬之心，下旨称"万寿节，以三殿灾止贺"⑤。在灾异突发之际，明成祖秉承敬天理念，反省自身缺失，尤其是调整与民事相关的诸多政策，具有一定的积极意义。这一系列灾害应对措施的施行，虽然只是源于内心对天谴产生的恐惧感，但更为主要的目的还是在当时人心惶惶的政治环境下为稳固统治、消除对迁都提出异议的声音，从而迅速稳定迁都北京后的政治和社会秩序。"统治者和天的关系对于朱氏一脉的继统合法性而言至关重要"⑥，而对于靖难夺位的明成祖而言更加需要借助天的权威来为自己的统治合法性正名。正如汉儒王符所言，"凡人君之治，莫大于和阴阳。阴阳者，以天为本。天心顺则阴阳和，天心逆则阴阳乖"⑦，上天降灾，示警统治秩序出现错乱，使得本已颇受争议的统治合法性受到挑战。成祖正是通过虔诚修省以敬天，以实现天人和谐意愿，反映在现实政治生活中，则是使得统治秩序恢复稳定。

在明成祖进行修省的同时，朝臣也采取相关应对措施以期消弭灾害。通常情况下，"古之人君，多因灾异策免公卿"⑧，这种因灾修省的方式在中国传统

① 朱瞻基：《五伦书》卷5《君道四》，明正统十二年内府刻本。

② 夏燮撰，沈仲九点校：《明通鉴》卷17《成祖永乐十九年》，第763页。

③ 《明太宗宝训》卷2《恤民》，第123页。

④ 明代皇帝生辰之期称为"万寿节"，是明代三大节之一。每逢万寿节，皇帝携百官共同庆贺。据明人黄景昉《国史唯疑》卷2记载，"永乐元年，定万寿节宴百官礼。在京僧道官大兴隆寺住持，得与文武四品以上同宴奉天殿内"，可见"万寿节"颇受皇家重视，并制定详尽且高规格的庆贺礼仪。[(明)黄景昉著，陈士楷、熊德基点校：《国史唯疑》卷2，上海古籍出版社2002年版，第34页]

⑤ 张廷玉等：《明史》卷7《成祖本纪三》，第100页。

⑥ [美] Edward L. Farmer：《一国之家长统治：朱元璋的理想社会秩序观念》，朱鸿林编《明太祖的治国理念及其实践》，香港中文大学出版社2010年版，第8页。

⑦ 王符著，汪继培笺，彭铎校正：《潜夫论笺校正》卷2《本政第九》，中华书局1985年版，第88页。

⑧ 俞汝楫：《礼部志稿》卷47《修省疏·极异加省疏》，《景印文渊阁四库全书》第597册，台北：台湾商务印书馆股份有限公司1986年版，第883页。

社会中屡见不鲜。或由皇帝下诏策免官员，或由官员主动上疏乞休罢免，或降职外调，诸如此类，都是在遇到罕见灾害时以朝臣为主体进行修省以回应上天意志的举措。北京三大殿火灾发生后，明成祖下诏罪己，采取一系列措施进行修身反省，时为左春坊大学士的杨士奇将成祖的敬天诚意上升至儒家传统政治思想的道德框架内，盛赞道："文皇帝之心，孔子之心也，固欲天下皆纯宽之俗，斯民皆诚笃之心，而况左右供俸之臣哉。"[①] 杨士奇在赞誉成祖虔诚修省的同时，也强调为人臣者应当体天之心，遂上疏自陈并列举时政缺失。火灾突发后，成祖随即下诏群臣上疏直言时政，并敕百官修省斋戒。时任国子祭酒的江西吉安人李时勉在三殿火灾突发之时即上疏明成祖，"公以火灾叠见，自陈失职，有四罪，乞赐罢"[②]。提到群臣上疏言事，时任翰林侍讲的邹缉所上疏奏最为著名，皆切中时弊。据《（正德）南康府志》记载，与李时勉同乡的邹缉在任吉水县儒学训导时"教育多所造就，推升翰林侍讲"[③]，由此得到成祖的信任和器重。在火灾突发之际，邹缉应诏陈言，历数时下弊政，以期得到成祖采纳并逐步推行。另外，成祖下旨令"蹇义等二十六人巡行天下，安抚军民"[④]。诸多灾害应对举措的实施，虽有由成祖颁布敕谕官员践行的意味，但多数朝臣仍秉持着畏灾修省以消弭灾害的观念，自陈缺失和上疏言事即是这一群体责任担当的直接体现。"每遇灾变，身居庙堂的士大夫们基本能清醒地认识到自身的职责，尤其是身负'风闻言事'之责的言官，纷纷上疏指陈时政缺失，或者规谏皇帝当以身作则，以期朝政恢复正常"[⑤]，朝臣的政治风范和自身志节多在应对灾害进而修省时表现得尤为突出。

上天降灾所带来的恐惧感源于对天的敬畏，继而作用于人们的心理层面，为应对灾害转而求诸内心，通过内心自省的方式回应天意。尤其是统治者，他们"通常借助上天带来的神秘感来树立权威"[⑥]，因为担忧天命转移，因此在遇灾时多遵循相应的礼仪规范来进行修省。北京三大殿火灾发生后，永乐君臣在产生心理恐慌的同时，采取诸多举措以消弭灾害。在因灾修省时，围绕迁都问题衍生的君臣分歧和政治博弈再次成为朝堂权力斗争的焦点。

---

① 杨士奇著，刘伯涵、朱海点校：《东里文集》卷1《朴斋记》，中华书局1998年版，第9页。

② 吴道南：《吴文恪公文集》卷18《墓表》，明崇祯吴之京刻本。

③ 陈霖：《（正德）南康府志》卷6，明正德刻本。

④ 张廷玉等：《明史》卷7《成祖本纪三》，第100页。

⑤ 余焜：《庙堂与江湖：从修省弭灾看明代士大夫的时代性格》，《山西师大学报》（社会科学版）2019年第3期。

⑥ 余焜：《明代官方日月食救护考论》，《安徽史学》2019年第5期。

三　迁都之议中君臣权力博弈与政治诉求

靖难之役后，明成祖于南京即位之时，就开始筹划迁都北京事宜。关于永乐迁都的问题，前辈学者已有诸多相关论述，此不赘述。[①] 成祖南都北迁，实采纳礼部尚书李至刚的建议，随即通过营建北京城垣、迁徙江南百姓以增加北京及周边地区人口，大兴北京等地屯田等措施为迁都做准备。永乐十五年（1417）冬十一月，明成祖在考察北京营建状况后，"还南京，会议迁都北京"[②]。当月，"建立奉天殿、乾清宫。己未，督工泰宁侯陈珪等奏，二处俱现五色瑞光，卿云瑞霭，絪缊流动，烂彻霄汉。庚申，金水河冰凝，异瑞体具诸像"[③]。营建之时，督造各官争相献报祥瑞，无疑是为了迎合成祖迁都意愿。酝酿迁都之时，即有不少朝臣表示反对，成祖不顾反对声浪决议迁都，并为之做了诸多政治、经济以及工程营建等方面的工作。至北京三大殿火灾突发，这种反对的声音再次掀起高潮，这次火灾也成为朝臣借以传达政治诉求、表达政治思想的媒介以及君臣权力博弈的焦点。

明成祖朱棣在火灾出现后随即下诏修省，并敕谕文武群臣直陈缺失，同时对时政进行反省。其诏旨称：

> 朕仿古建二京，不意三殿同灾，实惟祇惧。意者敬天事神，礼有怠欤？祖法戾，政务乖欤？小人在位，贤士隐遁欤？刑狱冤滥欤？谗慝交作欤？掊克及田里欤？蠹财妄费，用无度欤？租税太重，徭役不均欤？军旅未息，征调无方，馈饷乏欤？工作过度，民力敝欤？奸人附势，群吏弄法，有司阘茸不治欤？[④]

成祖的连续发问意在反省时政，且与国计民生紧密相关。成祖希望通过反省弊政以图修救，从而上回天意、下安民心。姑且不论明成祖修省的诚意与决

---

① 值得注意的是，加拿大著名汉学家卜正民先生在《挣扎的帝国：元与明》一书中认为，中国政治转向君主独裁，虽然肇始于蒙元，但却是明朝洪武与永乐二帝真正把儒家核心思想中强调义务和互重的君臣之道剔除出去，使明王朝失去了恢复帝制旧法的思想源泉。其中，永乐皇帝对明王朝的各种制度体系在洪武旧制的基础上进行兴革，最后一项改造是将中央政府迁回元大都，即北京，而其迁都的目的之一是对其僭位称帝的痕迹进行粉饰。[（加）卜正民：《挣扎的帝国：元与明》，潘玮琳译，中信出版社2016年版]

② 查继佐：《罪惟录》卷3《太宗纪》，浙江古籍出版社2012年版，第90页。

③ 黄瑜撰，魏连科点校：《双槐岁钞》卷3《营建祥异》，中华书局1999年版，第52页。

④ 夏燮撰，沈仲九点校：《明通鉴》卷17《成祖永乐十九年》，第763页。

心，但这封诏旨所提及的诸多问题基本切中时弊，由此也成为以邹缉、李时勉等朝臣向皇帝进谏以应对灾害危机的出发点与突破口。

与明成祖下诏求言、敕谕群臣直陈缺失几乎同时，以翰林侍讲邹缉为代表的朝臣大多认为"奉天殿者，所以朝群臣、发号令，古所谓明堂也，而灾首及焉，非常之变也"①，这种罕见灾害必须通过省躬责己、广施恩泽与刷新政治等措施来平息上天之怒。邹缉在奏疏中提到，自肇建北京以来，"工大费繁，调度甚广，冗官蚕食，耗费国储"，且"贪官污吏，遍布内外，剥削及于骨髓"，②诸如此类，这种种弊病都与大兴北京营建工作息息相关。众所周知，明成祖即位后，下令兴造出洋宝船，派遣以郑和为首的大批官兵出使西洋各国，当时已经遭到许多大臣的反对，纷纷以劳民伤财切谏停造宝船，终止下西洋活动。时人多称"国初，府库充溢，三宝郑太监下西洋，赍银七百余万"③。明人严从简在其著作《殊域周咨录》中也提到："三保下西洋费钱粮数十万，军民死且万计。纵得奇宝而回，于国家何益！此特一敝政，大臣所当切谏者也"④，然成祖态度强硬，下西洋之行得以顺利进行。永乐年间数次下西洋，给建立不久的明王朝增加了沉重的经济负担，再加上大兴土木营建北京，役使工匠无数，使得他们"终岁供役，不得躬亲田亩以事力作"⑤，加重了百姓的负担，为各种社会危机的到来埋下隐患。下西洋造成了财政上的巨额支出，营建北京进一步加重了财政负担，这成为朝臣借三殿火灾向成祖进言的重要推手之一。

继邹缉上疏之后，时任翰林院侍读的李时勉上疏条陈时务十五事。《明史》称李时勉"性刚鲠，慨然以天下为己任"⑥，时勉以其刚直的性格表达自己的政治立场，这与成祖迁都的意愿相悖。"上建都北京，方招徕远人，而时勉极言营建之作，及远国人贡人不宜使群居辇下，忤上意"⑦，结果使得成祖大为光火，将其所上奏疏丢弃在地。与邹缉、李时勉等朝臣均对迁都北京持反对态度，此次借三殿火灾，这种反对声浪又再次被激起。"时言者多以建都北京不便，致召天灾"⑧，成祖虽畏惧天变，也为消弭灾变践行了诸多修省举措，但对计划已久的迁都北京笃定决心，对借火灾极力反对迁都的朝臣予以严厉惩处，其中"主

---

① 邹缉：《邹庶子奏疏·奉天殿灾疏》，载陈子龙等《明经世文编》卷21，中华书局1962年版，第163页。

② 张廷玉等：《明史》卷164《邹缉传》，第4435页。

③ 王士性撰，周振鹤点校：《广志绎》卷1《方舆崖略》，中华书局2006年版，第192页。

④ 严从简撰，余思黎点校：《殊域周咨录》卷8《琐里·古里》，中华书局1993年版，第307页。

⑤ 张廷玉等：《明史》卷164《邹缉传》，第4435页。

⑥ 张廷玉等：《明史》卷163《李时勉传》，第4421页。

⑦ 夏燮撰，沈仲九点校：《明通鉴》卷17《成祖永乐十九年》，第765页。

⑧ 夏燮撰，沈仲九点校：《明通鉴》卷17《成祖永乐十九年》，第763页。

事萧仪言犹峻切”①，成祖遂以诽谤罪将其诛杀，以震慑其他反对迁都的朝臣。时任御史的江西吉水人罗通因三殿火灾，“偕同官何忠等极陈时政缺失”②，因言辞涉及反迁都之意而忤逆成祖心意，被贬为交趾清化知州。

除却君臣之间因迁都与否而产生政治分歧外，对迁都问题持不同态度的朝臣在北京三大殿火灾出现之后也借之大作政治文章，排陷异己，进行政治攻讦。在因诽谤罪诛杀萧仪后，言官纷纷上疏弹劾对迁都北京持有异议的朝官，使得朝堂一片混乱。在这种两派意见相持不下的局面下，明成祖“令言官大臣皆跪午门辩难迁都利害”③，此时都御史王彰、陈英等揣摩成祖心意，趁机迎合成祖而破口大骂言官“白面书生，不知大计，宜加重罪”④，借机攻讦上疏言官。与此同时，给事中柯暹、御史何忠、郑惟垣、罗通等应诏言事，“其词侵工部尚书李庆等”⑤，指责其工部在北京三大殿营建中的过失，致使李庆不得不向成祖请罪。在迁都问题上，朝臣本就意见不一，加之火灾突发，为永乐君臣内心增加恐惧感，政治分歧在所难免。“翰林侍读李时勉等十余人为飞言所中”，而“礼部尚书吕震侍左右，屡言夏原吉憸邪诬罔”，⑥ 致使成祖大怒。在这种政治环境处于胶着的情况下，为保证迁都之处的政治稳定局面，户部尚书夏原吉挺身而出，主动承担天降灾异的责任，他在奏疏中说道：“彼应诏无罪，惟臣等备员大臣，不能协赞大计，罪在臣等”⑦，请求皇帝降旨苛责，使得君臣之间、朝臣之间的矛盾得以逐渐缓和。

由此观之，延续数年迟迟未定的迁都之议在北京三大殿火灾发生后，经过永乐君臣推行相应灾害应对措施以及因灾而起的朝堂斗争之后暂时止息。无疑，明成祖在火灾突发之后下诏修省并罪己，是为稳固自身已然树立的最高权威及统治合法性，以希求上天眷佑，同时向臣民彰显统治的正统性和归属性。永乐初年，明成祖就采用严刑峻法极力打压异己势力，然而求诸天的支持是其统治稳定的重要助力。在古人的世界观里，“至治之世，日月星辰，行有常道，次有常度，无足纪也”⑧，这正是明成祖希望造就的政治环境，而三殿大火使得其统治合法性出现危机，为强化政治归属意识，稳定政治秩序，成祖极力扼杀反对迁都的言论，甚至以诛杀、流放等方式来确立自身权威。在成祖的高压统治下，

① 何乔远：《名山藏》卷 8《典谟记·成祖三》，北京大学出版社 1993 年版，第 521 页。
② 张廷玉等：《明史》卷 160《罗通传》，第 4362 页。
③ 黄光升：《昭代典则》卷 13《成祖文皇帝》，上海古籍出版社 2008 年版，第 364 页。
④ 黄光升：《昭代典则》卷 13《成祖文皇帝》，第 364 页。
⑤ 徐学聚：《国朝典汇》卷 29《朝端大政》，台北：台湾学生书局 1965 年版，第 490 页。
⑥ 过庭训：《明朝分省人物考》卷 72《福建建宁府》，广陵书社 2015 年版，第 1643 页。
⑦ 张廷玉等：《明史》卷 149《夏原吉传》，第 4152 页。
⑧ 叶梦珠撰，来新夏点校：《阅世编》卷 1《天象》，上海古籍出版社 1981 年版，第 1 页。

仍有许多朝臣敢于挺身而出反对迁都，其中，儒家正统政治思想是他们借以发声的有力武器，同时借助天命论来作为儒家政治代表神道设教的依据，借以维护正常且规范的统治秩序。所谓“敬天”，不仅仅是以最高统治者为执行主体而进行的祭祀，更为重要的是在儒家政治伦理框架内的体天法道，人君应该顺应天道来设范立制和统治臣民。正如明成祖在修省祀天时所提到的，“景仰宏谟，夙夜祇敬，思惟继承之道，不敢追凰”①，将天命与人间统治秩序结合起来，以表达自己敬天修政的虔诚态度。

余　论

灾害的出现往往引起人们内心的恐慌，人类历史的发展与各类灾害相伴而行，因此灾害危机应对机制也随之产生。在中国传统社会中，因为缺乏科学的解释，加之多少带有迷信成分，多种灾害往往被视为“天谴”。尤其在时局杌陧之际，灾害的出现常被统治者利用为确立自身权威、稳定政治秩序的重要媒介。因此，对灾害的种种解释就成为与王朝政治统治密切相关的神秘因素。周良霄先生曾言，“对灾异发生的种种牵强的类比和解释，无疑是一种迷信，但它一方面往往成为朝廷政争的借口；另一方面也构成神力的制约”②，即言在多数情况下，不论对灾害做何种解释，都对当时的政治运行状况与政治生态变化产生极大影响。皇帝通过解释灾害缘由和修省罪己以维持天命所归的统治合法性，以朝臣为主体的儒家士大夫政治精英为履行儒家政治理念规范而直言极谏，以使皇权运作处于合理范围内，二者看似对立，实则统一，都旨在维护王朝国家政治秩序的稳定。

被后世誉为“永宣盛世”的三十年，是明朝国力初张的时期，社会经济发展蒸蒸日上，政治秩序也日趋稳定。即使在这样的日渐升平的时代，朝廷仍需要得到天的宗教性支持，尤其是明成祖在位时期，这一需求变得更为迫切且紧要。当象征帝国最高权威的新建北京三大殿发生火灾时，无疑给刚建立不久的合法性统治带来挑战，人心浮动，流言四起，此时对超自然力量的信仰和崇拜就显得更为必要。永乐君臣在这种思想观念的影响下采取多项措施以图消弭灾变，恢复正常的统治秩序，而由此引发的政治波澜也正是在天命观念和儒家政治理念范畴内对现行统治秩序的一次调整。在火灾突发的时代背景下，通过讨论迁都问题，明成祖进一步强化了皇帝权威，也经由此次灾变打击和扼杀了与

① 《明太宗实录》卷52，永乐四年三月壬辰，第775页。

② 周良霄：《皇帝与皇权》，上海古籍出版社2006年版，第38页。

自身政见不和的反对派，而以邹缉、李时勉、夏原吉等人为首的朝臣借灾异上疏直言时政，在一定程度上对君权进行约束之外，其中诸多涉及民生利病的建议被采纳，这是在正式迁都北京后对永乐年间弊政的一次反省与清除，诸如大兴役作、耗费巨资建造下西洋宝船、采办大木等事都相应更革。应该说，永乐十九年（1421）北京三大殿火灾的出现，掀起了以迁都问题为中心的政治风波，也因而使得这一悬而未决的重大问题告一段落，并使得永乐君臣在政治上做了颇多调整，加快了明初政治秩序和政策运行走向稳定的步伐。正如时任副都御史的陈瑛在奏疏中所言，“皇上顺天应人，以有天下，四方万姓，莫不率服”①，视成祖即位为天命所归，这种思想代表着从龙靖难诸臣与南京破城后归服新朝的文臣武将整体的政治意愿，而明成祖朱棣亦借此进一步构建政治合法性框架，强化臣民政治归属意识。

迁都北京是明朝历史上的重大事件，深刻影响着明朝历史的发展与走向，牵涉到诸多关乎国计民生的相关问题，不能简单视之。其实，早在明朝初立时，围绕都城选址及建设问题就成为国家战略安全格局中的重要组成部分，其实质是明朝治边策略内敛收缩与外向备战之间的权衡与博弈。明成祖朱棣在登极之初即有计划地安排和实施迁都北京问题，即使是在新建三大殿被焚且统治合法性动摇之际，依然不顾群臣反对声浪，坚决定鼎北京，实出于当时明朝边防和既定国政的需要。在国都问题上，仁宣时期虽出现还都南京的设想，但正统初年基本确定以北京为京师、南京为陪都的两京制度。这一问题的反复与纠结，皆以明王朝政治运作与时局形势为导向，而突发灾害在其中起到了重要推动作用。以灾害危机应对为视角观察明代政治生态变动、政治运作中君臣政治态度和政治理想、君臣关系、王朝治理模式及其效果等，有助于我们进一步认识和了解明代政治和社会变动趋势，以及在时势变迁背景下时人的心理状态和秩序追求。

（余焜，安徽师范大学历史学院讲师）

① 郑晓：《今言》卷1，中华书局1984年版，第36页。

遗民精神与文献辑佚：胡思敬《豫章丛书》对乡邦文献的整理

胡慧颖　黄志繁

摘　要：胡思敬作为晚清遗民，在其整理乡邦文献，编纂《豫章丛书》时，有意将乡贤遗民文献辑录进来。“遗民”现在解释为“朝代更替后不仕新朝之人”，但胡思敬对“遗民”有其自身评判标准，他忽略“遗民”属前朝之民这一事实，关注的是“遗民”心理层面对前朝的认同感。《豫章丛书》遗民文献集中在丛书集部，遗民通过文学创作倾注黍离之悲。另有一些记事之文还原历史场景，使当时局势昭然若揭。遗民文献因具有“反动”意识被新朝视为泼天大祸，尤其是明遗民文献，清政府几乎将其删削、销毁。因此，《豫章丛书》有诸多明遗民文献是胡思敬多方打听，从各地家藏本中抄录而来，有重要的辑佚价值。更为重要的是，遗民文献凸现的忠贞节烈的遗民精神至今仍有积极意义。

关键词：胡思敬；《豫章丛书》；遗民；文献整理

《豫章丛书》编纂者胡思敬[①]生于晚清，是晚清遗民。他在整理乡邦文献时，有意识地将许多遗民文献编入《豫章丛书》。《豫章丛书》包含大量遗民文献是重要组成部分，并非胡思敬无心之举，而是他文化态度和学术选择的结果。就目前胡思敬《豫章丛书》研究大体情况而言，有学者已经关注到了《豫章丛书》的遗民文献，且发现这些文献存有文节俱高的政治向心意识。如包礼祥《胡思敬的刻书思想》[②]，文章谈及胡思敬刻书非常在意作者气节，注重挖掘作者忠贞品德，而这种品德多见于历朝遗老。周彩云、罗惠缙《胡思敬的遗民意

① 胡思敬（1869—1922），字漱唐，号退庐居士，新昌（今江西宜春宜丰）人，光绪二十年（1894）进士。宣统三年（1911），胡思敬辞官归里，归里后不久，他开始编纂《豫章丛书》，《豫章丛书》于1915年至1923年陆续刊刻出版。胡氏所辑《豫章丛书》凡103种，650卷，是江西卷帙最繁、内容最丰富的地方大型文献丛书。

② 包礼祥：《胡思敬的刻书思想》，《江西财经大学学报》2003年第4期。

识与藏、刻书思想初探》[①]一文认为，胡思敬有强烈的遗民意识，这种意识使他注重文以载道，强调文章的忠义和气节，编《豫章丛书》亦遵从此宗旨。龚汝富、刘钧《略论胡思敬的文化保守主义及其诗文》[②]，也提及胡思敬遗民心态对其刊刻丛书的影响，胡氏偏爱诤臣和遗臣之作，以此宣扬孤忠大节。这些研究虽注意到《豫章丛书》遗民文献的存在，但未系统归纳胡思敬《豫章丛书》所辑遗民文献及其所蕴藏的价值。“遗民文献”顾名思义是遗民书写的文字，但“遗民”一词定义历来众说纷纭，而胡思敬又有其自身的理解。本文尝试从胡思敬对“遗民”的界定着手，梳理《豫章丛书》遗民文献，分析其价值。

一　胡思敬关于“遗民”的界定

“遗民”一词，《汉语大词典》有七种解释，目前运用较多的解释主要有两种：一指亡国之民，二指朝代更替后不仕新朝之人。“朝代更替后不仕新朝之人”这一定义，包含时间和心理两个层面。时间上，遗民是前朝遗留之民，跨越两个朝代；心理上，遗民心在前朝，拒认新朝，打心底认为自己属于前朝孑遗。胡思敬《豫章丛书》收录的文人中，吴澄、袁继咸、陈泰来、梁份四人遗民身份，按照“朝代更替后不仕新朝之人”这一解释，存在争议。

吴澄（1249—1333），字幼清，临川郡崇仁县（今江西抚州乐安）人。吴澄是元朝大儒，初入元时隐居，后因好友程钜夫再三相邀，与程钜夫一同北上。吴澄多次被人荐举出仕，均遭其拒绝，可吴澄后来还是出任过元廷江西儒学副提举和国子监丞二职。纵观吴澄人生经历，他徘徊于仕与隐之间，虽然吴澄最终还是选择归隐，但他毕竟出仕过元朝，按理该算贰臣而非遗民。吴澄本人对自己赴任江西儒学副提举在其《答姜教授书》中有作说明：“澄迂避人也，于仕素非所欲，亦非所谙，散职何庸冒处林林时俊之右？”[③]吴澄以为儒学副提举是散职，属教职一类，不触及政治核心。吴澄官职仅止于师儒，台湾学者孙克宽将宋遗民定义为“宋亡后隐居不仕不与新朝合作者”，并称“乡学或书院教授不在此限”。[④]萧启庆将宋遗民细分为激进型遗民、温和型遗民和边缘型遗民，他对这三种遗民类型分别作了解释，其中边缘型遗民是“指其人政治态度模棱两可，虽然忠于宋室，却不排斥元朝统治，亦不避讳与北人为友。而且其

① 周彩云、罗惠缙：《胡思敬的遗民意识与藏、刻书思想初探》，《怀化学院学报》2008年第12期。

② 龚汝富、刘钧：《略论胡思敬的文化保守主义及其诗文》，《江西教育学院学报》（社会科学）2001年第5期。

③ 耿相新等编：《中国历代名人书信大系》（金元卷），京华出版社2000年版，第262页。

④ 参见孙克宽《元初南宋遗民初述》，《东海学报》1974年第15期。

政治行为前后不一，或是先归隐山林，而后出仕元朝；或是先归顺元朝，却又罢官归田，并不失遗民情操”①。吴澄正好契合孙克宽和萧启庆对宋遗民的定义。

胡思敬《豫章丛书》收书原则第五条明言：撰人品学不端正者不收，如《宋人小史》不收陈彭年《江南别录》，子部不收王雱《南华真经新传》、胡文穆《杂著》，宋人集不收夏竦《文庄集》、张扩《东窗集》、包恢《敝帚稿略》，元人集不收赵文《青山集》、程钜夫《雪楼集》，皆寓激扬微意。② 程钜夫（1249—1318），名文海，建昌（今江西抚州南城）人，元四朝名臣，曾先后担任集贤直学士、侍御史、大江南湖北道肃政廉访使、翰林学士承旨等职，死后获赠大司徒、柱国、楚国公。至元十五年（1278），元世祖忽必烈攻建昌，建昌城降，程钜夫为质子，忽必烈爱程钜夫之才，委以大任。程钜夫既为质子，后又出仕元廷，这一行为在胡思敬看来属叛国，且程钜夫所任职位与吴澄不同，乃朝廷重职。胡思敬弃程钜夫《雪楼集》，表明他不满程钜夫仕于元，程钜夫属贰臣。但胡思敬却收了吴澄著作，以此推断，胡思敬认为吴澄并非贰臣。

值得注意的是，《豫章丛书》元人集还拒收与吴澄有相似经历的赵文著述。赵文（1239—1315），字仪可，号青山，庐陵（今江西吉安）人。赵文曾依文天祥抗元，抗元失败后隐居不出，后任东湖书院山长、南熊儒学教授，此二职也是教职。胡思敬弃绝赵文《青山集》并非因为赵文出仕元朝，而是因为《青山集》中某些思想是传统儒者所不能接受的。元儒地位低下，“赵文文章已不像以前文人那样高谈义理，而是出于现实生存的考虑而加入了许多对生存之道的探讨”③。元儒为谋生，普遍开始经商，甚至行占卜之术。赵文本人对文人商业化并不排斥，反而在《赠许生序》一文中劝文人要有商业头脑，以此求生。反观吴澄《答姜教授书》所言：“萧然一身，二竖给使令，线帐布衾如道寮禅榻，随所遇而安，案上古《易》一卷，香一柱，冬一褐，夏一绤。晨夕饭一盂，蔬一盘，所至有学徒给之，无求也，而无不足。身外皆长物，又焉用丧所守以取赢为哉?”④ 吴澄相比赵文，显得无欲无求许多。作为自小接受传统儒家教育的胡思敬，自然不能接受赵文鼓励文人商业化的言语。赵文合乎胡思敬收书原则第五条例“品学不端正”的标准。

---

① 萧启庆：《宋元之际的遗民与贰臣》，《内北国而外中国——蒙元史研究》上册，中华书局 2007 年版，第 151 页。

② 胡思敬辑：《豫章丛书·原刻〈豫章丛书〉略例》，南昌退庐 1923 年刻本。

③ 何跞：《赵文〈青山集〉之文章纪实：入元南方文人的生存窘况》，《西北民族大学学报》（哲学社会科学版）2016 年第 3 期。

④ 耿相新等编：《中国历代名人书信大系》（金元卷），第 262—263 页。

至于袁继咸与陈泰来，他们二人遗民身份存在争议是因为他们当属忠烈而非遗民。“遗民存留下来，而忠烈用捐弃生命的惨烈方式对忠义、气节等基本问题作出了铿锵有力地回答，从而在时间上彻底丧失了遗留下来的可能。”① 简言之，遗民与忠烈的区别在于是否舍生取义。袁继咸（1593—1646），字季通，号临侯，宜春（今江西宜春）人。袁继咸是抗清义士，他被投降清廷的左梦庚押解至清营，被执北上途中，投水自杀不成，绝食八日亦不死。清廷以高官厚禄诱降，袁继咸不为所动，于顺治三年（1646）英勇就义。陈泰来（？—1646），字刚长，宜春（今江西宜春）人。陈泰来曾在河北抵御清军，南明时守赣州，后攻抚州被围，避于黄氏祠，兵败殉节。袁继咸与陈泰来最后都为明朝抗争而死，由此来看，的确符合忠烈标准。

与吴澄、袁继咸、陈泰来不同，梁份《怀葛堂集》被胡思敬明确放入《豫章丛书·明季六遗老集》里。梁份（1641—1729），字质人，南丰县（今属江西抚州）人，清朝地理学家、文学家。若按1636年皇太极称帝，清朝正式建立开始算起，梁份1641年出生，应属清人，不应放入《明季六遗老集》中。胡思敬在其所著《盐乘·例言》中，对遗民朝代归属问题直言：“李希周，宋末布衣，至元泰定时乃卒，不系之元而系之宋者，以其心不忘宋也；张澄、漆调祚、刘穗、刘钦，倏然远引至康熙时犹存，不系之本朝而系之明者，以其心不忘明也。”② 故而胡思敬在《盐乘》中将李希周归为宋人，将张澄、漆调祚、刘穗、刘钦归为明人。梁份与易堂九子关系亲密，曾入彭士望、魏禧之门，其所结友朋大部分是明朝遗老，在这一特殊环境熏陶下，梁份对明朝感情很深。他曾于康熙四十二年（1703），明亡六十余年后拜谒明陵，以“四游神京，未及一谒陵寝”③ 为憾。从心理上看，梁份虽为清人，却心系前朝，与张澄等人情况相似，所以胡思敬将其著作纳入《明季六遗老集》中。

这一划分作者朝代标准贯彻了整部《豫章丛书》。例如徐明善，徐明善（1250—1294?），字志友，号芳谷，德兴（今江西上饶德兴）人，生于宋理宗时期。胡思敬将徐明善《芳谷集》放入《四元人集》。徐明善未仕于宋而仕于元，跨越两朝，心理归属在元不在宋，胡思敬认为他是元人而非宋人。吴澄按孙克宽和萧启庆说法属宋遗民，但吴澄《易纂言外翼》被胡思敬放入《元三家易说》中，说明胡思敬不认为吴澄是遗民。袁继咸与陈泰来二人，按照胡思敬评判标准确属遗民无疑。胡思敬辞官后为乡贤修建过许多祠宇，其中他为陈泰

① 参见王向东《明忠烈、遗民群体及其精神价值》，《江苏行政学院学报》2013年第5期。

② 胡思敬：《盐乘·例言》，南昌退庐1924年刻本。

③ 胡思敬辑：《豫章丛书·集部·〈怀葛堂集·帝陵图说〉》，南昌退庐1923年刻本。

来重修过陈节愍公祠，后又为袁继咸、姜曰广、陈泰来、揭重熙、万元吉、杨廷麟六人修建“明季六忠祠”，以表彰他们为国捐躯行径。于胡思敬而言，忠烈与遗民的分界并不明显。

综上所述，胡思敬对“遗民”的界定消解了时间限制，他忽略遗民时间上的滞留，在乎的是遗民本人心理层面对前朝的认同感。

二 《豫章丛书》中的遗民文献

胡思敬《豫章丛书》辑录了唐讫清五朝文献，几乎每个朝代更替转折点皆有遗民文献，由于胡思敬本人是清遗民，清遗民文献他未做整理。本文谈论的《豫章丛书》遗民文献，根据胡思敬对“遗民”定义，排除吴澄《易纂言外翼》，包括袁继咸、陈泰来、梁份三人著作。

《豫章丛书》遗民文献按四部分类法划分如表 1 所示。

表 1 **《豫章丛书》遗民文献四部分类**

四部分类 朝代	经部	史部	子部	集部
唐				郑谷《云台篇》
宋				1. 陈杰《自堂存稿》 2. 刘辰翁《须溪集》 3. 马廷鸾《碧梧玩芳集》 4. 王炎午《梅边集》 5. 罗椅《涧谷集》 6. 黎廷瑞《芳洲集》 7. 徐瑞《松巢漫稿》
元				
明		1. 袁继咸 《浔阳记事》 2. 陈泰来 《陈节愍公奏稿》	1. 魏禧《兵迹》 2. 陈宏绪《寒夜录》 3. 喻昌 《喻氏遗书三种》 （《尚论篇》 《医门法律》 《寓意草》）	1. 贺贻孙《激书》 2. 李腾蛟《半庐文稿》 3. 朱议霶《朱中尉集》 4. 曾灿《六松堂集》 5. 梁份《怀葛堂集》 6. 宋惕《髻山文钞》 7. 王猷定《四照堂集》 8. 万时华《溉园诗集》 9. 张自烈《芑山集》 10. 张自勋《纲目续麟》

由表 1 可知，《豫章丛书》遗民文献集中在四部中的集部，时间集中在宋元和明清之交。

这些遗民文献中，有些遗民文献仅作者身份为遗民，其著述并未体现其遗民情绪。如魏禧《兵迹》、喻昌《喻氏遗书三种》、郑谷《云台篇》、张自勋《纲目续麟》。魏禧（1624—1681），字冰叔、凝叔，号裕斋，宁都县（今江西赣州）人，清代文学家。《兵迹》是魏禧年少时撰写的兵书。喻昌（1585—1664），字嘉言，新建（今江西南昌）人。清兵入关，喻昌隐于禅，并潜心医学，未几，出禅还俗，以医为业，《喻氏遗书三种》是其医学著述。郑谷（842？—909？），字守愚，袁州（今江西宜春）人。唐亡后归隐，有“郑鹧鸪”之称。《云台篇》是郑谷诗集，多写景咏物之作。张自勋（1600？—1675？），字不竞，号卓庵，宜春（今江西宜春）人。《纲目续麟》是对朱熹《通鉴纲目》的订误之作。

另一些遗民文献是作者身份既为遗民，其著述亦体现其浓烈遗民思想，这些遗民文献作者多半为宋遗民与明遗民。清末民初，中国政治文化遭遇千年未有之变局，胡思敬深受中国传统文化熏陶，认为出仕民国就是称臣异姓，他曾言：“我辈已矣，孀居寡妇，岂犹抹汁涂粉，再蘸事人？”① 在此种遗民心态影响下，他非常看重气节：“吾乡事事甘后于人，独气节、文章不肯多让。宋亡而有文、谢，明亡而有杨、万诸贤，古今人虽不相及，要当努力奋勉，为乡邦顾此体面。”② 因此，编撰《豫章丛书》时，胡思敬尤着意搜寻具有遗民思想的遗民著作。胡思敬作为清遗民，对历代遗民遭遇感同身受。但清遗民身份有诸多尴尬之处，前朝遗民为国为君守节，至少能被当时人理解甚至称赏，清遗民为清守节却面临众多社会舆论压力。因此，清遗民急需从历代遗民文献中寻求心灵慰藉和情感共鸣。遗民身处朝代更迭时期，旧朝倾覆，郁愤难抑，借诗文浇胸中块垒成为他们宣泄情绪的主要途径。胡思敬《豫章丛书》收集了这些遗民诗文作品，这些作品描写主题非常相似，题材不出故国之思、民生之叹、高蹈之情。如陈杰《自堂存稿》、刘辰翁《须溪集》、史简《鄱阳五家集》、易堂九子的诗歌，以及梁份、王猷定的散文。

陈杰，生卒年不详，字焘父，丰城（今江西宜春）人，宋亡隐居东湖（今江西南昌）。《自堂存稿》存诗五百余首，其诗作关注国家状况和百姓遭遇。《四库全书总目提要》对其诗评价较高：“视宋末江湖一派气含蔬笋者戛然有殊，在黄茅白苇之中不可不谓之翘楚。据其《戊辰重过弋阳石桥诗注》，盖与谢枋得相善。又《读邸报》诸作，排斥奸谀，语皆忠愤。”③

① 胡思敬：《复喻庶三书》，《退庐笺牍》卷2，南昌退庐1924年刻本。
② 胡思敬：《致华澜石书》，《退庐笺牍》卷3，南昌退庐1924年刻本。
③ 纪昀纂：《四库全书总目提要》，卷165集部十八，文渊阁本。

刘辰翁（1232—1297），字会孟，号须溪，庐陵（今江西吉安）人。宋亡隐遁不出，潜心著述。《豫章丛书·须溪集》“后三卷诗余，因朱古微侍郎已收入丛刻，未付抄胥故阙”①。因此，《豫章丛书·须溪集》并非刘辰翁著作完帙，书内收录较多的是刘辰翁散文和少部分诗歌。刘辰翁作文提倡“不平则鸣”，不平情绪需要宣泄，但这种情绪不是低沉的，而是慷慨有力的，他通常以激昂的语言抒发亡国之痛。刘辰翁散文中，“记”占绝大多数。这类散文有的怀念故国，有的哀悼殉节志士，有的谴责奸佞和对家国命运毫不关心的麻木之人，笔锋犀利深刻。刘辰翁老师江万里自沉殉国，他作《归来庵记》寄托哀思，并称老师此举堪比屈原，后又作《鹭洲书院江文忠公祠堂记》赞颂江万里气节可与天地同寿。与江万里相对的是“老奸竖孽”之人，《节庵记》中，刘辰翁对“老奸竖孽”之人大加批判，极度愤慨。刘辰翁就连记游之文也能生发出黍离麦秀之悲，如《古山楼记》，前写古山之坚毅：“于是有共公者触之，于是有五丁者凿之，于是有愚公者移之。触之、凿之、移之之不可，则鞭之以秦皇，拔之以项羽，蹴之以夸父而不胜，而衡守，而擅铸，而媚之以封禅，而阨之于兵革。”古山犹如人一般，古山的坚毅实际是指自己誓死不与新朝妥协的决心。而后又写“每闻子规，喟然而起，起而望，曰望帝，今其人远矣”。子规啼叫，使刘辰翁想起故国和先帝，故宫禾黍之情油然而生。南宋灭亡多年后，刘辰翁心境并没有渐趋平和，一些诗道出了他心灵的苦痛，如《送李鹤田游古杭》，“天下南北车书通，行人点点过汴宫”，元朝实现大一统，这是诗人无法接受的事实。“八年流落无处所，合眼当朝遽如许”，八年漂泊，闭眼就能想起当年，然而故都已经“别殿芙蓉废为圃”“寂寞断桥漂落絮”，一片荒凉。此种景象令人肝肠寸断，唯有“买酒行浇茂陵土”可以暂时解忧。全诗一改散文激扬慷慨，对故国的怀念哀戚悲怆。

史简《鄱阳五家集》汇编了黎廷瑞《芳洲集》、吴存《乐庵遗稿》、徐瑞《松巢漫稿》、叶兰《寓庵诗集》、刘炳《春雨轩集》，其中黎廷瑞和徐瑞是宋元遗老。黎廷瑞（1250—1308），字祥仲，《芳洲集》是其诗集。徐瑞（1255—1325），字山玉，《松巢漫稿》存诗357首，赋3篇。有元一代，民族矛盾激烈，社会动荡不安，兵灾战乱描写和哀时伤逝之情是两人诗歌重要主题，这些诗不乏体现忠义、家国兴亡思想。如徐瑞《雪中夜坐杂咏十首》其七：“何人求死不得死，有士欲生而舍生。谁谓古今人品异，要于出处自权衡。”黎廷瑞《张良》：“博浪挥椎处，惓惓报国仇。如何销印事，独不为韩谋。”张良是刘邦得力谋臣，后世对其评价也高。诗中前两句写秦灭韩后，张良为韩国报仇，但报

① 胡思敬辑：《豫章丛书·集部·〈须溪集〉》识，南昌退庐1923年刻本。

国失败后，张良投奔刘邦，不再为自己国家谋划。在黎廷瑞看来，张良为实现自己政治抱负放弃韩国、投诚刘邦，有失忠义。徐瑞《城上谣》则有对战乱的描写：“角声渐起鼓声住，乱鸦啼断斜阳树”，直陈战后荒凉景象。

易堂九子是明末清初著名遗民群体，以气节、文章名重天下。由于九子著作大多被清廷禁毁，《豫章丛书》仅收有魏禧《兵迹》、李腾蛟《半庐文稿》、朱议霶《朱中尉集》和曾灿《六松堂集》。李腾蛟（1609—1668），字力负，号咸斋，宁都（今江西赣州）人，《半庐文稿》是其诗文集。朱议霶（1618—1678），字确斋，原籍南昌（今江西南昌）人，迁居宁都后改名“林时益”，明宗室，《朱中尉集》是其诗集。曾灿（1625—1689），字青藜，宁都（今江西赣州）人，《六松堂集》为其诗文集。易堂九子隐居期间，看似推崇陶渊明，躬耕自适，实则是历史形势下无奈之举。隐居非其本志，一旦有效忠前明机会，他们便伺机而动。易堂九子同聚翠微峰，诗文有山水田园之吟，更多是故国故君之思，如曾灿《杪秋哭先帝》四首、《杪秋怀南都作》四首，直接表露对崇祯皇帝和明朝的悼念。九子还常携游奠祭故土遗迹，朱议霶《病畏风不能偕冰叔登燕子矶》：“三百年来燕子石，狂澜骇浪尽安流。江湖万里分南界，吴楚千夫运北舟。芦荻尚思当日赐，衣冠真羡古时邱。悲君极目空亭上，云物钟山正暮愁。”燕子矶在今南京，福王朱由崧曾建都南京。朱议霶与魏禧同游燕子矶，因病不能登临，诗颈联透露遗老情绪，尾联直抒愁情。

九子归隐翠微峰期间，创办了易堂学馆，吸引了众多文人，梁份即是其中之一，《豫章丛书》辑有梁份散文集《怀葛堂集》。梁份黍离之思会通过一些礼赞遗民气节文章不由自主流露，如《熊可见先生哀辞》，熊可见曾守赣抗清，明亡隐于乡，积极图谋复辟。梁份非常敬佩其苦行，以此婉转表达遗民情思。

这种借其他遗民事迹表现自己遗民情怀作品，也见于王猷定散文。王猷定（1598—1662），字于一，号轸石，南昌县（今江西南昌）人，清初散文家。王猷定《四照堂集》描绘了许多人物，不仅有忠臣烈士，还有平民女子。《书袁山先生四山楼藏卷补入浔阳手迹事》《钱烈女墓志铭》二文，分别叙述抗清义士袁继咸和平民女子钱淑贤行状。王猷定刻画袁继咸时，主要凸显其大义和以身殉国的决心。《钱烈女墓志铭》讲述钱淑贤在清兵攻破扬州后，自杀之事。此前她用各种方式自尽均被家人劝阻，最后她通过吞食毒药了结自己性命。气数将息时，她觉得扬州沦陷，土地已非明土，求其父“无葬此土，以尸投火”。钱淑贤凛然正气，令人叹服。

除遗民诗文作品外，胡思敬《豫章丛书》还存有许多遗民记事之作，这些历史记载多半是作者本人以亲历者身份还原历史形势，如陈泰来《陈节愍公奏稿》、袁继咸《浔阳记事》。《陈节愍公奏稿》是胡思敬从柴源陈氏家谱中录出，仅有《豫章丛书》本，奏稿内容主要为防御清军事。有些奏疏详细说明自己处境与心迹，如《上弘光疏》：“比闻国难仓卒，皇上丕承大统，投袂而起，亟赴行在，二千里江湖，惟臣一艇。已抵都门，闻扬城兵民之急，遂不惮以身赴之，围解而病作……若先帝之仇一日不报，则臣之心一日不死。大义昭然，不容泯灭。”① 陈泰来精忠报国之心，天地可鉴。《浔阳记事》是胡思敬从袁继咸《六柳堂遗集》中摘录而来，袁继咸从崇祯十四年（1641）开始记事，到其被捕后押至狱中止，主要记叙张献忠军与清军交战。《浔阳记事》袁继咸自序云：“事关君臣纲常之大，人品学术邪正之分。记述失其典司，传闻易于伪缪，不昭揭本末，正告来许，乱贼何由知惧？忠贞何以自白于天下万世？”② 袁继咸怕后世篡改历史，颠倒黑白，撰《浔阳记事》表明志节。

袁继咸与张自烈年少相交，关系甚好，袁继咸《六柳堂遗集》便是张自烈在其殁后整理刊刻的。张自烈（1597—1673），字尔公，号芑山，宜春（今江西宜春）人。张氏著述颇丰，但其著作自己焚毁了许多，又被清政府禁毁了许多，著作流传极少。《芑山文集》是张自烈文集，胡思敬对《芑山文集》芑山自定本做了一些改动，他删去文集末卷制艺，另以芑山诗歌别为一集。《芑山文集》有不少晚明珍贵史料，如《与史阁部论监国》《与袁临侯论党祸》，“直可补明史之阙”③。《芑山文集》对清朝官兵屠戮百姓罪恶行径直言不讳，含有“夷”“虏”等带有政治意识形态字眼。相较而言，陈宏绪《寒夜录》记载明末旧闻要委婉许多。陈宏绪（1597—1665），字士业，新建（今属江西南昌）人。陈宏绪原名陈弘绪，因避清乾隆帝讳，清人改“弘”为“宏”。清朝大盛文字狱，陈宏绪担心己作遭禁毁，尽量避免直写清军残暴行径，从侧面叙述清军入关对百姓造成的伤害，曲折展现国家沦陷历程。同时，他也规避明末仁人志士为国献身的直白描绘，借用北宋抗金、南宋抗元历史，表达抗争情绪。遗民守节通常有隐居、逃禅、讲学等方式，陈宏绪作为隐士，在《寒夜录》里对隐士多有描绘，他赞叹隐士高洁、清贫、超然等美好品质。《寒夜录》虽没直接抨击清统治者，但里面关于社会悲惨状况、前朝志士、清高隐士的刻画，透露出陈宏绪眷恋前朝的遗民心志。这份小心隐藏的情绪终究被清政府察觉，《寒夜录》最终遭到禁毁。

综上所述，《豫章丛书》共计辑录遗民 23 位，遗民文献 25 种，约占《豫章丛书》总文献四分之一。23 位遗民中，有 19 位遗民著述带有强烈遗民情绪，

---

① 江西省高校古籍整理领导小组整理：《豫章丛书·史部二·〈陈节愍公奏稿〉》，江西教育出版社 2002 年版，第 401 页。

② 胡思敬辑：《豫章丛书·史部·〈浔阳记事〉》，南昌退庐 1923 年刻本。

③ 胡思敬辑：《豫章丛书·集部·〈芑山文集〉》跋，南昌退庐 1923 年刻本。

同样作为遗民的胡思敬十分重视这些著述，他希求从这些带有黍离之思的文献中获取情感和心灵安慰。

三 《豫章丛书》遗民文献的价值

无论是文学情感抒发或是历史真实记载，《豫章丛书》遗民文献皆以特殊且深刻的方式展现江右文化中文节俱高的遗民精神，蕴藏着丰富的精神价值。遗民文献因具有黍离之思等“反动”意识，通常被新朝视为洪水猛兽，删削、销毁不计其数。《豫章丛书》遗民文献多是胡思敬费尽千辛万苦，从各地家藏本中抄录而来，具有一定辑佚价值。精神价值和辑佚价值是《豫章丛书》遗民文献最主要的两个价值。

1. 精神价值

江右遗民精神正式产生于宋元之交，外族第一次以统治者身份登上历史舞台，政治、文化、风俗迥异，给汉族士子带来巨大冲击，成为遗民精神产生导火索。最能代表江右遗民精神的核心人物当属文天祥，由于经费短缺，胡思敬刊刻《豫章丛书》订立收书原则第一条明言“屡经翻刻，书已通行者不收”①，故而《豫章丛书》未整理文天祥著作。但胡思敬整理了与文天祥有交际的王炎午和罗椅二人著作，二人皆为吉州人，胡思敬将王炎午《梅边集》、罗椅《涧谷集》合为一编，题为《吉州二义集》。

王炎午（1252—1324），南宋吉州（今江西吉安）人，初名应梅，字鼎翁，号梅边，宋亡改名炎午。曾入文天祥幕府，后因“父没未葬，母病危殆”，没能随文天祥远征。他心系文天祥抗元事业，期盼文天祥能收复失地，但事与愿违，南宋最终彻底覆灭，文天祥也被俘。王炎午生怕文天祥屈膝变节，作《生祭文丞相文》劝文天祥以死守节，文章反复强调忠臣死节之道，希望文天祥效法先贤，为后世做表率。文天祥殁后四年，其遗骸被运回家乡，王炎午闻此消息，又作《望祭文丞相文》，追怀文天祥英雄壮举，盛赞文天祥之死令“日月韬光，山河改色”。《梅边集》开篇便是这两篇祭文，这两篇祭文无不体现王炎午孤忠劲节和爱国主义情愫。文天祥生时王炎午劝其以死明志，文天祥死后他又悲怆哀恸，看似矛盾，实则合理。《生祭文丞相文》指出文天祥学业、功名、孝行趋于完美，如若变节，这些完美德行将不复存在。南宋已没有回转余地，且旧主驾崩，文天祥唯有一死才能保全声名。文天祥果真“不负众望”，杀身成仁，《望祭文丞相文》一方面赞颂文天祥坚贞不屈的斗争精神，另一方面表

① 胡思敬辑：《豫章丛书·原刻〈豫章丛书〉略例》，南昌退庐 1923 年刻本。

达王炎午对文天祥的敬仰之情。以现在眼光看《生祭文丞相文》似乎过火，却也侧面体现王炎午的志气。罗椅（1214—?），字子远，号涧谷，吉州庐陵（今江西吉安）人。他曾倾其家产资助文天祥义军勤王，入元后，罗氏子孙迫于当时政治环境，不敢声张罗椅资助义军壮举。罗椅《涧谷集》中的笔札感怀家国凋零，读来怆然涕下。

明清时期，汉族士子再次遭遇与南宋遗民相同处境，他们深刻感受到遗民精神的当代价值，故而这一时期，遗民精神再次达到新高峰。明忠烈型遗民代表袁继咸，其经历与文天祥相似，袁继咸兵败被捕，宁死不屈，最终壮烈许国。《豫章丛书·浔阳记事》不单是历史记事，胡思敬特地把袁继咸家书附于《浔阳记事》之中，使“临侯之志节益明”①。明被清取代成为既定事实，复国无望，历史重新上演，汉族文人转而以“温和”方式与新朝对抗，不约而同选择僻居荒野，采薇而食。诚然，躬耕归隐自有其乐趣，易堂九子颇有些诗歌体现隐居时安闲自得心境，如曾灿《己亥立春前同李咸斋彭中叔散步望翠微三魏》：“群动各有息，兹游成我闲。草知深浅处，春到有无间。寒石自流水，夕阳多远山。离离林下屋，时见鸟飞还。”② 诗人悠闲自在地看着寒石、流水、夕阳、远山、飞鸟，感受早春气息，远离尘世烦恼。九子初聚翠微峰时，短暂将此地视为世外桃源。然九子贫困潦倒，住所拥挤简陋，外加翠微峰地势陡峭，山难时有发生，几次遭难后，诸子理想桃源生活宣告破灭。于是一些人开始由外向内，寻找心灵桃源，如李腾蛟《桃源说》便阐述“方寸桃源”思想。“方寸”即是本心，乱世无净土，亦无桃花源，唯可在心头冀求。“方寸桃源”虽是幻景，却是一种遗民精神的心灵寄托。九子另一些人开启游历生活，依人谋食，晚景颓唐，但无论清廷如何承诺高官厚禄，他们坚决不仕，体现出不畏强权的铮铮铁骨。自然，于儒者而言，隐居不合儒家积极入世行为方式，但政治理想与人格理想无法两全时，他们便舍去政治理想，坚持自身人格完美。江西自宋末开始，士大夫一直有忠贞节烈的优良传统，正是遗民精神最为光彩闪耀的体现。

2. 辑佚价值

由于清政府实行高压文化政策，遗民文献尤其是明遗民文献删削、销毁不胜枚举，《四库全书》几乎失收，甚至许多被清廷列为禁毁书籍。因此，《豫章丛书》遗民文献多是胡思敬辗转各处抄录而来，如朱议雳《朱中尉集》、曾灿《六松堂集》、李腾蛟《半庐文稿》、宋惕《髻山文钞》、张自烈《芑山文集》、陈泰来《陈节愍公奏稿》等。

---

① 胡思敬辑：《豫章丛书·史部·〈浔阳记事〉》跋，南昌退庐1923年刻本。

② 胡思敬辑：《豫章丛书·集部·〈六松堂集〉》卷4，南昌退庐1923年刻本。

《朱中尉集》底本为宁都李氏家藏原稿本，“由于易堂九子的强烈复明倾向，他们的著作在清朝不得刊行，即有刊本也遭到禁毁。《朱中尉诗集》没有发现刻本传世……胡氏所撰校勘记若干条，多为‘疑作’‘当作’云云。此次校勘除明显错漏可以理校径改、径补者外，也仅能以胡氏校语为基础出校”①。这是新版《豫章丛书》点校说明，即便是现在，也找不到《朱中尉集》参校本，仅能以胡思敬《豫章丛书》版本出校。张自烈《芑山文集》更是“被列入《军机处第一批奏准全书》清单，打入四库禁毁书之冷宫”②，竟落到“稿藏于家，累二百余年无知者”③ 的地步。《豫章丛书·芑山文集》是“芑山自定本，嗣经江南俞氏重编，定为二十四卷”④。自此，《芑山文集》才得以重见天日。

《六松堂集》底本为宁都曾氏家藏稿本，“以《豫章丛书》本为底本，没有找到其他版本进行参校”⑤。胡思敬在《六松堂集》跋中对此书搜寻经过作了说明：“曩从王氏《感旧集》、陈氏《箧衍集》中读其诗数首，仅窥厓略。欲求全集读之，不可得。据《箧衍小传》，青藜著有《金石堂集》若干卷，问之江南各藏书家，亦罕有知者。去岁，友人熊君译元从赣州归，示以此本，乃不名‘金石’而题以‘六松’，盖《金石集》系青藜自编，附所选《过日集》后。此集乃青藜没后，其子伣编定而名之也。以校王、陈二家所选，颇有异同。而王选《田家杂事》一首，又此集所无。知其散佚者尚多。”⑥ 曾灿著述世所不传，罕为人知，《六松堂集》乃胡思敬裒辑曾灿子嗣所编曾灿集和王、陈二家收录的曾灿诗歌汇编而成。《半庐文稿》底本为宁都李氏家藏旧抄本，《髻山文钞》底本为星子宋氏家藏原稿本。“这次点校的《髻山文钞》依据的只是胡思敬编纂的《豫章丛书》本子……没有任何其他对校本以资校对。”⑦《陈节愍公奏稿》“仅有《豫章丛书》本”⑧，“此本从柴源陈氏家谱中录出……当时陈氏子孙秘藏未出，故乾隆迭兴文字之狱，此书未经禁毁”⑨。《豫章丛书》明遗民文献多半隐于家，不敢示人。某种程度上，胡思敬《豫章丛书》对明遗民文献有辑佚之功。

为了更加直观展示胡思敬辑佚的遗民文献，笔者制作了表2。

---

① 江西省高校古籍整理领导小组整理：《豫章丛书·集部十·〈朱中尉诗集〉》，第6—7页。
② 方子昭：《张自烈与〈芑山文集〉的流传》，《南方文物》2011年第2期。
③ 胡思敬辑：《豫章丛书·集部·〈芑山文集〉》跋，南昌退庐1923年刻本。
④ 胡思敬辑：《豫章丛书·集部·〈芑山文集〉》跋，南昌退庐1923年刻本。
⑤ 江西省高校古籍整理领导小组整理：《豫章丛书·集部十·〈六松堂集〉》，第107页。
⑥ 胡思敬辑：《豫章丛书·集部·〈六松堂集〉》跋，南昌退庐1923年刻本。
⑦ 江西省高校古籍整理领导小组整理：《豫章丛书·集部十·〈髻山文钞〉》，第774页。
⑧ 江西省高校古籍整理领导小组整理：《豫章丛书·史部二·〈陈节愍公奏稿〉》，第357页。
⑨ 胡思敬辑：《豫章丛书·史部·〈陈节愍公奏稿〉》跋，南昌退庐1923年刻本。

表2　**《豫章丛书》辑佚的遗民文献及其版本**

书目＼版本	
1. 袁继咸《浔阳记事》	袁氏家藏《六柳遗集》中摘出
2. 陈泰来《陈节愍公奏稿》	柴源陈氏家谱中录出
3. 魏禧《兵迹》	宁都何氏以仁旧抄本
4. 陈宏绪《寒夜录》	江南图书局本
5. 李腾蛟《半庐文稿》	宁都李氏家藏旧抄本
6. 朱议雳《朱中尉集》	宁都李氏家藏原稿本
7. 曾灿《六松堂集》	宁都曾氏家藏稿本
8. 宋惕《髻山文钞》	星子宋氏家藏原稿本
9. 万时华《溉园诗集》	问影楼康熙原刻本
10. 张自烈《芑山文集》	芑山自定本

四　结论

对“遗民”的理解自古以来便存在较大个体差异，甚至很长一段时间“遗民”和“逸民”是相互混淆的。“遗民”身份获得建立在故国沉沦、亡国之悲的情感基础上，他们背离新政权，或对抗，或隐居。然遗民之“隐”不同于逸民之“隐”，逸民之“隐”通常发生在和平年代，逸民出于对自身生命关怀，主动放弃儒家重视的社会责任而归隐。遗民之“隐”从来不是真正归隐，他们不曾忘记自己背负的社会责任，藏于深山老林却不自得，遗民之“隐”是遗朝不遗世的。遗民被迫隐居使其不得不将社会责任由“存国”变为“存道”，正因存有对道义的责任，遗民著书立说，这些用心血写就的文献构建起丰硕的遗民学术。

《豫章丛书》编纂者胡思敬亦为遗民，和前朝遗民一样，他也完成了社会责任转换，孜孜以求地著书、编书。清遗民身份使胡思敬对乡邦遗民文献整理格外用心，他对“遗民”亦有其个人见地，胡思敬只认定遗民本人心理对前朝的接受，而忽视遗民时间上的停留。时移世易，胡思敬卷入晚清民国变幻莫测的大变局中，志士仁人背弃腐朽的清政府，寻找救亡图存之路。但胡思敬不改对前朝的忠诚，这种忠诚不仅体现在政治方面，还体现在文化方面。政治上，他追求复辟，抗拒时代发展；文化上，其没落的旧文化意识和文化保守主义，使其依旧坚守已过时的“道”。在新旧文化冲突中，胡思敬以扶持传统封建名教为己任，这势必是一条充满悲情色彩的道路。[①] 因此，他亟须从带有感情色彩的遗民文献中获取情感支撑。《豫章丛书》辑录的遗民文献主要集中在集部，遗民通过文学情感抒发，将黍离麦秀之思倾注在其诗文中，谱写一曲又一曲心灵哀歌。遗民文献记事之作通过遗民本人亲历见闻，还原历史真实场景，使当时情势大白于天下。无论是文学情感哀咏还是历史现状描绘，遗民将其深哀巨痛通过文字流传下来。然而，这些遗民文献尤其是明遗民文献却惨遭禁毁，几近失传。胡思敬不辞劳苦，将这些文献汇集在《豫章丛书》中，有辑佚之功。

胡思敬辑录遗民文献的目的并非仅为获取情感支持，更深层的原因前人研究已明了：胡思敬想通过辑录乡贤文献扬气节、正人心，发扬孤臣孽子的孤忠劲节。[②] 这些研究皆强调，胡思敬的遗民意识令《豫章丛书》充斥着执拗、守旧的文化气息，其编书动机政治色彩过于浓厚，非简单的“存道”。诚然，胡思敬搜求遗民文献动机不单纯，他想通过遗民文献凸显的遗民气节，唤起当时人对清朝的留恋，维护旧统治秩序和文化秩序。这种做法在当时是迂腐的，但以现在的眼光看，并非全无可取之处，《豫章丛书》遗民文献折射出的遗民精神，于现在依然具有教育意义。

（胡慧颖，南昌大学人文学院博士研究生；
黄志繁，南昌大学人文学院教授）

① 参见龚汝富、刘钧《略论胡思敬的文化保守主义及其诗文》，《江西教育学院学报》（社会科学）2001 年第 5 期。

② 参见包礼祥《胡思敬的刻书思想》，《江西财经大学学报》2003 年第 4 期。周彩云、罗惠缙《胡思敬的遗民意识与藏、刻书思想初探》，《怀化学院学报》2008 年第 12 期。

特色史料

中国人民大学博物馆藏清末民国时期徽州地区“丧务账”

陈姝婕

中国人民大学博物馆2009年入藏一批徽州文书，经初步整理后统计，此批文书共计272卷27000余件。文书大多来自徽州歙县，少量来自休宁等其他五县及周边地区，归户性较强。产生时间从明代后期一直到二十世纪八十年代，涉及契约、赋役、宗族、法律、婚丧、会社、商业、民俗等社会生活各方面。

在中国人民大学博物馆藏的徽州文书中，我们发现了一些丧务账，详细记载了丧葬活动中各项仪式的收支明细，蕴含了丰富的史料信息，值得深入探究。在徽州社会生活中，丧葬活动占据重要地位。以往的徽州丧葬习俗研究常以史籍、方志、时人笔记等文献为资料，近年来随着徽州文书档案研究的日益深入，相关原始记录成为重要史料来源之一。本文拣选中国人民大学藏徽州文书中的丧务账文书，对账目中各类数据、明细等实例资料进行著录，为徽州地区民间丧葬活动的礼仪习俗、经济状况等方面研究提供了颇有价值的实证资料。

一　主要内容

丧务账文书共有四件，逝者皆为老年女性，最早的一份为光绪十七年（1891）江氏丧务账，最晚的为民国三十四年（1945）张氏丧务账。账目以流水日志的形式详尽记录了丧葬活动各环节所产生的收支费用，其中的条目和数据为我们了解清末民初时期徽州地区老年女性丧葬习俗提供了宝贵的细节资料和数据支撑。

1. 经济活动

四份账目均以“柴码”为主要记账方式，但随着年代的迭近，柴码与汉字混用的情况更为普遍。光绪年间丧务账中，常用的货币为“钱”，即按照本朝法定货币体制由官炉铸行的钱币，而后面的账目中英洋出现的次数明显增多，常用于大额收支，在使用时再兑换成制钱用于丧事物资的小额采买。通过对账目明细的分析可以看出，四户丧主的家庭经济实力虽然参差不齐，但丧事所需支出都可谓是“巨额”，要举全家之力，甚至要通过“子孙卖物”或民间借贷的方式筹措资金，为家庭带来较大经济压力。

2. 风俗习惯

账目反映了“做七”“破血湖”“回呼”“厝葬”等民间习俗的具体细节。光绪时期江氏丧务账中对回呼各个日期的记载恰好与歙县传统农村社会习俗中“甲巳子午九，乙庚丑未八，丙辛寅申七，丁壬卯酉六，戊癸辰戌五，乙亥四”的推算口诀一致。从七期支用账的详细记录可以看出“三七”和“七七”的花费占比最大、物资最丰富，占总支出的90%以上，可见三七和七七的仪式最受重视。在徽州民间，妇女丧事中“破血湖”习俗也值得关注。按照民间说法，妇女经期和生育污血会污染天地，触犯圣真，死后有下血池地狱之苦。孝子要仿照佛教中“目连救母”的故事，打开四方地狱之门，把女性死者从血湖池中拯救出来。不同地方在年长女性过世后举办破血湖仪式的时间也不一样，有的在“三七”，有的则是在“五七”。根据江氏丧务账的记载，破血湖仪式在快到“三七”时，支出约占整个丧礼的22%，居于所有仪式支出之首。这其中单是和尚诵经费用就占到破血湖支出的35%。

从丧务账可以看出，清末民初这一社会巨变时期，即便官方对于丧葬习俗多有规范，出于传统观念中对于死亡的重视和敬畏，徽州民间社会丧葬礼节繁缛、耗资靡费的情况仍然存在，被视为陋俗的纸扎供奉、佛道超度等相沿甚久、难以革除，并且在丧葬费用中占比甚高。

二　丧务账录文

1. 清光绪十七年（1891）八月初六先妣江氏孺人寿终内寝丧务账（馆藏号GHW0193：12）

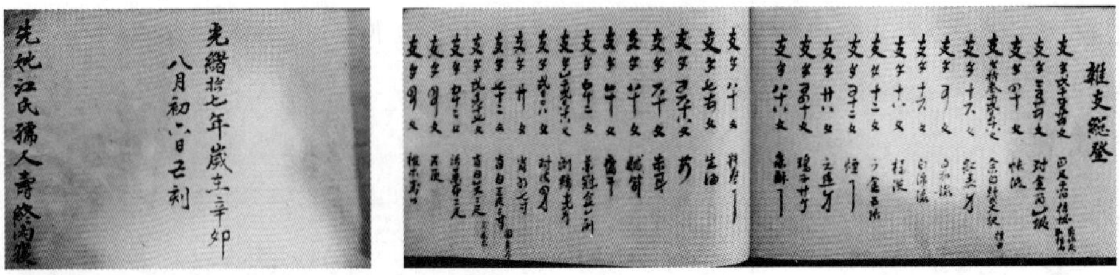
先妣江氏孺人寿终内寝
光绪拾七年岁立辛卯
八月初六日巳刻

这份账簿宣纸线订，长21.1厘米，宽12.2厘米，全册39页，文字页37页。账簿封皮残缺，仅存“毕业岐订”四字。内容详实，包含了亲友吊礼、七期、做孝褶、破血湖、回呼支用、寿衣用料、修建厝所等丧礼各个环节的账目。

毕业岐订
光绪拾七年岁在辛卯
八月初六日亡刻
先妣江氏孺人寿终内寝

（1）吊礼

蒙
诸亲友
惠来吊礼登记
黄备张金祥表妹公
高庄贰刀
双放二担
四两玉一对
香一把
张成和表兄
中庄贰刀
双放一担
香一把
朱静山堂
高庄四刀
□箭一担
半玉一对
香贰把
小庄张新云舅舅
高庄贰刀
双放一担
一两玉一对
香一把
张澜云舅舅
高庄贰刀
双放贰担
一两玉一对
香一把
岑川王讨友甥婿
高庄贰刀
双放贰担
四两玉一对
香一把

王仲篪堂
高庄贰刀
双放二担
一两玉一对
香一把
朱家坞江倬云堂
高庄三刀
三百艮干二担
三两玉一对
香一把
柔川张崇礼堂
代香楮洋贰元
三房张溥堂堂
高庄三刀
三百艮干四担
三两玉一对
香贰把
张序堂堂
高庄三刀
双放二担
四两玉一对
香一把
张丽年堂
高庄三刀
三百艮干二担
四两玉一对
香一把
张厚卿堂
高庄四刀
双放四担
三两玉一对
香一把

张承浩姐夫
高庄三刀
□箔一担
四两玉一对
香一把

张德泰姨丈
高庄三刀
杭条贰担
四两玉一对
香一把

张仰周姑公
高庄三刀
双放贰担
四两玉一对
香贰把

张锡为表兄
高庄贰刀
双放贰担
一两玉一对
香一把

张百顺表兄
高庄三刀
三百艮干二担
香一把
四两玉一对

庄天祝表妹
高庄贰刀
杭条贰担
四两玉一对
香一把

中塝庄迎辉表妹丈
高庄贰刀
四两玉一对
三百艮干二担
香一把

田湾庄晋堦堂
高庄三刀
双放四担
四两玉一对
香贰把

家濬川妹祖
高庄三刀
三百艮干二担
三两玉一对
香贰把

下末头　江润来妹公
高庄贰刀
杭条一把
香一把

江炳辉表兄
高庄三刀
双放三担
四两玉一对
香贰把

江上荣母舅
高庄三刀
双放三担
四两玉一对
香贰把

江上美母舅
高庄贰刀
双放贰担
四两玉一对
香一把

江寿高表弟
高庄贰刀
双放贰担
四两玉一对
香一把

姚湖溯堂姐姐
高庄贰刀
双放贰担
四两玉一对
香一把

……

共计九拾家
共收香九拾七把
中庄拾刀
高庄一百九十三刀
箔　杭条叁拾担
　双放九拾担
三百（艮干）贰十九担
□干七担
烛　一两卅一对　三两七对
　四两廿五对　一斤一对
英洋贰元
除焚化外仍余
高庄九十刀
香　七十把
烛　五斤
洋　贰元

（2）回呼

回呼焚化物件 八月十六日
铺盖 一个　箱 一担
扁 一担　妆台 一个二百十
妆匣 一个四十二
并首饰 二百八十
脚盆 一个一百
面盆 一个八十四　便桶 一个一百四十
扶杖 一根　银桶 贰只
大风炉 一个卅五　小风炉 一个廿八
铜壶 一把一百廿　铜罐 一个一百廿
酒壶 一把一百廿　茶碗 一只五十六并托
火熥 一个　烟筒 一枝
兰小袖褂贰件　又大袖褂贰件
夹袄 一件　绵袄 一件
大皮袄一件　单裙 贰条
夹裙 一条
共十件盛扁内
箱内有下衣十三件：
单裤 贰条　夹裤 一条
绊腿 贰双　膝裤 四双
白足 贰双　鞋 贰双
共十三件盛箱内

各友蒙送箱担 回呼
江炳辉表兄一担　家体仁妹一担
江上荣母舅一担　家成甫妹一担
江上美母舅一担　家来祥兄一担
江寿高表弟一担　家盛旺兄一担
程灶（闪）舅一担　家根土弟一担
程步青岳丈一担　张承浩姐丈二担
程三法妹岳一担　方观生妹丈一担
程灶元舅一担　张百顺表兄一担
程金顺妹岳一担　张锡为表兄一担
汪履和姑丈一担　王讨友甥婿一担
庄美志妹丈一担　程寿甥婿一担
王沛林表姐丈一担　张有法亲堂一担
张靴泉表姐丈一担　爱姑小姨母一担
庄煦妹兄共计二十八担
十一月十七日百日
江上荣母舅箱一担
江上美母舅箱一担
张承浩姐丈箱一担
五七
张承浩姐丈箱一担　笼一担
方观生妹丈箱一担

周年
江上荣母舅箱一担
江上美母舅箱一担
王讨友甥婿箱一担
张承浩姐丈二担
回呼支用
支钱八百卅九文　色纸　来旺兄代做
支钱一千三百五文　纸扎槐□
共钱贰千一百七十四文
解呼八月十八日
支钱四十八文亥
支钱十五文酒
支钱三文腐
共钱一百〇六文

（3）做孝褶

做孝褶
支钱一千六百六十五文 余白十丈〇三
尺女二件 男二件
支钱七百十三文余白四丈四尺一寸
孝裙二条
支钱一百十三文余白七尺□二只
支钱一百十文余白做孝帽二顶
支钱七十二文线
支钱九十六文亥
支钱七十二文亥
支钱八百四十文裁工
共钱三千六〇八十一文
自做孝褶四件孝帽二顶孝□二支
计钱一千六〇卅二文

（4）破血湖

血湖支用 八月廿二日
支钱五千八百五十八文 扣洋五元八钱 和尚口经
支钱七百文 又上贺
支钱一百四十文 二次经担
支钱二百文 补散伙 其日未散伙
支钱四十文 余青一尺八寸
支钱卅文 余白一尺八寸
支钱十文 头绳一丈
支钱卅六文 靴巾一方
支钱卅六文 肖白一方
支钱一百八十九文 余白七尺
支钱贰百八十文 掛锡杖
支钱三百五十一文 米一斗三升
支钱六十四文 色纸和尚用
支钱八十文 双□ 廿张 做纸袋
支钱九十八文 余□四尺九寸
支钱八十文 糁枣三两
支钱六十六文 角糁十二两 和尚吃
支钱十四文 大方一包
支钱一百四十三文 真菜油香灯
支钱六十五文 一百五十边一包
支钱一百〇八文 三百边三包
支钱卅四文 二两双一仝
支钱四十文 柡香三两
支钱一百九十八文 本市四斤三两
支钱六十文 正□ 廿刀
支钱二百五十六文 府表卅二刀
支钱卅二文 红表二刀

支钱廿六文 米耳一两
支钱七十二文 笋片一斤
支钱六十文 咸笋
支钱四十文 腐干
支钱四百四十八文 豆一斗六升 做腐
支钱三百廿文
支钱一百卅五文 生油
支钱一百廿文
支钱一千〇八十文 米四斗 做粿用
支钱二百四十文 亥二斤 又吃
支钱三百六十文 烧酒
支钱八百十文 米
支钱一千八百文 亥十五斤
支钱八百十文 川甲三坛
支钱十五文 果料
支钱一千〇七十六文 纸马纸衣等件
共计钱拾六千六百八十文

（5）七期

首七 八月初十日
支钱四十文 角糁糁枣
支钱十文 果料
支钱八文 腐角
支钱十五文 酒
二七 八月十七日
支钱八文 腐角
支钱五文 酒
三七 八月廿四日
支钱四十文 角糁糁枣
支钱八文 腐角
支钱四十八文 亥六两
支钱二百廿四文 豆八升做腐
支钱四百〇五文 米一斗五升做粿
支钱卅文 萝卜
支钱一千八百文 亥十五斤
支钱四百卅五文 水酒
支钱一百九十二文 烧酒
四七 九月初一日
支钱卅二文 亥四两
支钱八文 腐角
支钱五文 酒

五七 九月初八日
支钱九十六文 鸡子
支钱卅六文 切面
支钱卅八文 筍付干
支钱一百十二文 亥十四两
支钱四十文 角糁糁枣
支钱八文 腐角
支钱廿五文 酒
六七 九月十五日
满七 九月廿二日
支钱四十八文 片肚一两
支钱十六文 鸡子二个
支钱五十文 箱一担
支钱五十文 □一担
支钱四十文 角糁糁枣
支钱一百文 道士请七亥四回
支钱卅二文 生油
支钱九百四十五 米三斗五升做七饼
支钱六十文 咸笋
支钱五十六文 腐干
支钱五拾文 米耳
支钱六十文 萝卜拾斤
支钱一百六十文 粉丝二斤三两
支钱三百八十四文 山粉平秤十二斤

支钱二千〇廿文　亥十七斤
支钱五百四十文　川甲二坛
支钱五千一百五十二文　谢饼点心一百八十四斤
支钱五十六文　又二斤
共钱拾叁千四百八十七文

（6）厝基地

修对河虎形厝所
支钱廿文　纸箔
支钱二百十六文　六尺椽九根
支一百廿文　桁（桁）条一根
支钱六十二文　丁（钉）
支钱一百廿八文　亥
支钱卅二文　腐角
支钱五十六文　切面
支钱卅文　酒
支钱一百廿文　砖匠工
支钱一百廿文　木匠工
支钱三百文　粗工
共计钱一千贰百〇四文
坐向申寅加坤艮

（7）杂项

杂支总登
支钱二千五百廿五文 正足千箔拾担
支钱三百廿五文 对金箔一担
支钱四十文 帐纸
支钱拾叁千二百四十八文 余白八十二丈八尺 标白
支钱十六文 红表一刀
支钱一百文 白扣线
支钱十六文 白绵线
支钱十八文 标洗
支钱十二文 □金五张
支钱一百十二文 烟一斤
支钱廿八文 元□一刀
支钱一百四十文 鸡子廿个
支钱八十文 茶酥一斤
支钱八十文 糁枣一斤
支钱七十五文 生油
支钱一百六十文 艿
支钱六十文 米耳
支钱八十文 咸笋
支钱八十文 腐干
支钱五十二文 苏冠盒一副
支钱一千二百八十八文 湖绵十二两
支钱二百〇八文 对皮四刀
支钱廿文 肖红七寸
支钱七十二文 肖白三尺三寸
支钱二百六十七文 肖白一丈二尺
支钱五十二文 活□布二尺

支钱四百文 石灰
支钱四百文 棺木寿（钉）
支钱廿四文 蒲鞋二双
支钱二百文 和尚抽风
支钱五百文 和尚二名送殡
支钱二千〇廿文 道士二名送殡并数祭 解呼请头三四满七
支钱八百十文 米做粿
支钱一千六百廿文 米六斗吃饭
支钱一百七十六文 切面
支钱一百四十三文 真菜油
支钱一百七十六文 角糁二斤
支钱一百廿文 糁枣一斤三两
支钱三百四十文 冬瓜萝卜菜等
支钱四百廿文 豆一斗五升 做腐
支钱一千一百廿文 烧酒零吃
支钱一千三百一十文 水酒
支钱四千三百廿文 亥
支钱七百六十八文 亥
支钱六十八文 二两双二仝
支钱五十二文 一百边四卜
支钱一百文 甲□十注
支钱一千一百八十七文 桂元一斤亥票三斤□白一疋
白莲一斤茶酥一斤訜江澜来地理先生
支钱一百廿文 过渡
支钱五十六文 纸马一付
支钱二百八十文 轿一乘
支钱二百文 灵牌架方
共计钱三十六千四百卅文

（8）寿衣

寿衣料
外盖
玉色绫 贰丈九尺
元色绫 九尺七寸
长衫
一八标漂 贰疋
大夹袄
一五肖黄 贰丈一尺
又 白贰丈一尺
中夹袄
一五肖红一丈七尺
又 白一丈七尺
衬褂
一五肖月二丈二尺
夏褂
一二夏漂一丈二尺
短褂
一五肖白一丈五尺
单裙
白板绫七尺五寸
标漂一尺五寸
夹裙
一五肖黄七尺二寸
又 白九尺二寸
夏裤
一二夏漂一丈
一五肖白一尺

单裤
一五肖白一丈九尺八寸
夹裤
一五肖棕九尺
又 白一丈一尺
夹被褥
红板绫五尺
余□五尺五寸
一八肖白一丈〇五寸
灰枕
一八肖白一尺五寸
寿靴
元色绫四尺五寸
白板绫一尺
一五肖白三尺五寸
布寸一张
里衣裤
里衣长二尺对出手三尺袖活等半
一五肖白 贰丈五尺五寸
佛巾
红板绫一方
面采
赤灰一担
丝寿绦一根

2. 清宣统元年（1909）二月绍梁孺人仙逝簿（馆藏号 GHW0128：48）

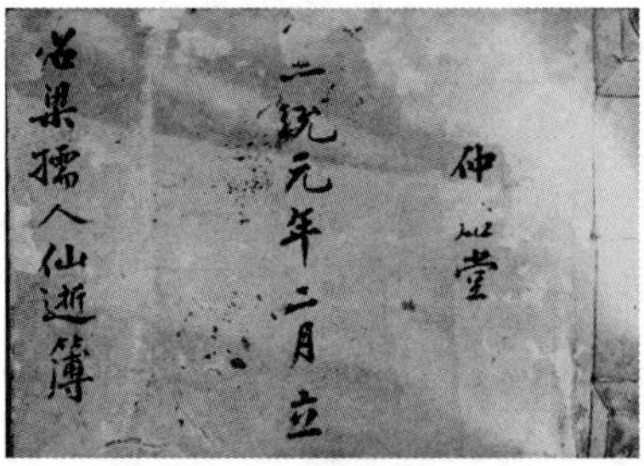

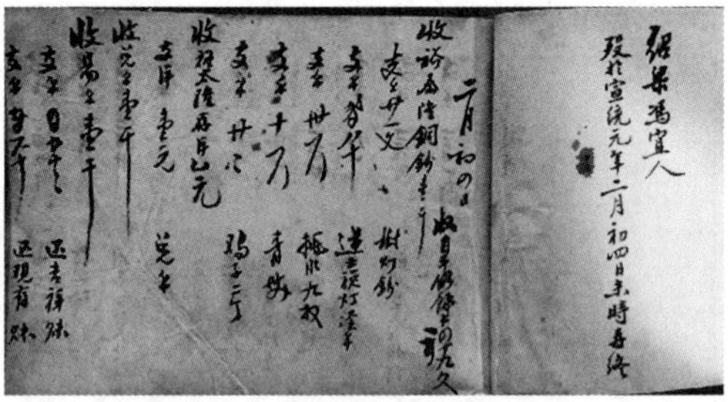

账簿宣纸线订，封皮有“仲□堂”字样，长 20.8 厘米，宽 14.8 厘米，全册 70 页，文字页 15 页。内容上主要以时间为线，记录各项收支用度。主要录文内容如下。

仲□（贻）堂
宣统元年二月立
绍梁孺人仙逝簿

绍梁冯宜人
殁于宣统元年二月初四日未时寿终
二月初四日
收自手仍余钱二百四十九文
收裕泰隆铜钱壹千
支钱廿一文　树灯钱
支钱二百八十　道士旋灯经钱
支钱卌六　挑水九担
支钱十六　青菜
支钱廿二　鸡子二个
收裕太隆存洋一元
支洋壹元　兑钱
收兑钱壹千
收易钱壹千
支钱四百五十二　还吉祥账
支钱五百六十　还观有账

支钱三百六十八　与上徽州府账用
支钱一百　付承瑞
支钱二百廿　付寿果□
支钱三百廿八　买柴二百廿五斤
收易钱一千
支钱九十六　还本年娘烟钱
支钱其实　还金□火把钱
支钱三百五十　付统龙税
支钱八十　鸡子买菜用
支钱三百六十八　头七冥衣箱担
支钱三百十五　还灶□药账

支钱二百七十六　买纸并豆付
支钱卅一　鸡子青菜
刀十
收易钱三千
支钱二千五百五十五　祠堂费主牌一百〇五□例二百十
衔例二千二百四十
支钱四百四十五　付阿大
支钱十八　买豆付
十一
支钱十五　买青菜
十三
支洋廿贰元　付裕泰隆货账
支洋壹元　兑钱
入兑钱一千文
支钱一百文烟半斤
支钱二百六十文　付上和嫂灰面二斤　又做鞋子钱
支钱一百卅二文　亥十二两
支钱九文豆付
支钱一百五十四　还□四先药账
归四老太经手还来
支洋五元正　找茶会乞
支钱三百九十八文
收听孙卖物来洋一元　兑钱一千
支钱三百九十一　付阿大纸扎钱　讫清
支钱九文　钉
支钱二百　烟钱
支钱一百　惟珍打扫工钱
支钱廿七　豆付
支钱卅六　又又

支钱十二文 烟
支钱卅三文 鸡子
支钱廿文 洋油
支钱廿八文 八尖纸
支钱卅八文 酱油
支钱六百 来庆工钱乞
支钱卅五 本立堂 主例
支钱二百八十文 找裕泰隆乞
收诸位买物洋廿二元八钱六□
支钱三百 托金安打草□
支钱一元钱 派四七用供献乞
共收钱九千二百四十九文
共收卖物洋贰十三元八钱六□
共支钱十一千三百九十四文
支钱四百五十五文付〇用失乞
支洋拾元 付坐落进樟用
除支仍存洋拾乙元三钱六□
付入听孙手存乞
收卖柜洋一元
支洋一元 回六七脚力
乞讨

鸿飞 秀凤侄女担
闰月十四日来烧六七
送来
冥衣两副
祭菜六碗
冥箱两担
双响爆竹各一包
回去 子孙米贰升
鸡子十四个
朱青布外褂一件
又 裙一条
孝眷布两块
礼力洋一元
运多妹
送来□千箔一把
四两烛一对
棒香一把
巨尖两□
豆付干廿九块
回去腐干五块
郡城 汪近祖姻长
送来四两玉烛一对
正古纸十三刀
对箔三把
棒香一把
来回礼此物报信原人带
来此批

鸿飞 浮嫂娘家之堂嫂
二月初九送来巨尖两刀
冥洋两匣
一两烛一对
棒香一把
着堂侄媳送来
回去吉茶食洋一元
玉色四绸棉袄一件
元色绸裙一条
杏生妹
送来光古卅刀
冥洋两匣
老对两把
一两烛一对
棒香一把
守斋侄
送来光古卅刀
冥洋两匣
老对两把
一两烛一对
棒香一把
玉封妹
送来光古二刀
冥洋两匣
一两烛一对
棒香一把

继周再侄
送来光古二刀
　一两烛一对
冥洋二匣
棒香一把

吉祥
存豆腐五块
存萝卜等
存豆付三棹
存青菜六把
共计钱四百五十二
初五日付乞

河大
存纸灵位　一个　又□桶冥衣箱
存纸轿　一乘
共计钱一八百卅六
十八付洋一元
刀（初）十付钱四百四十五　祠费找来尾　付钱三百九十一文
清讫

3. 清宣统二年（1910）五月先妣祖训黄孺人仙逝支用簿（馆藏号GHW0128：2）

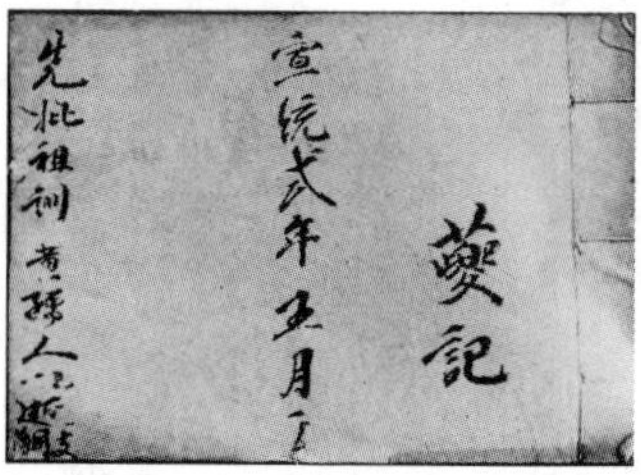

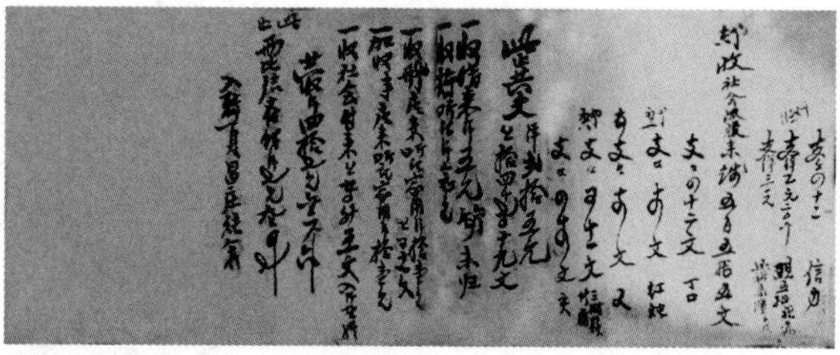

账簿宣纸线订，封皮有“夔记”字样，长20.7厘米，宽14.1厘米，全册35页，文字页14页。主要录文内容如下。

夔记

宣统二年五月立

先妣祖训黄孺人仙逝

宣统二年伍月拾玖日
收借来英洋贰十元 大姨妈云生嫂二人名下
收英洋两元 兑钱二千
又英洋一元 兑钱一千
此三元在大宗已归
支钱一百〇八文 雞子
支钱七百文 付六寿喜全衣
支钱五百文 寿口漆
支洋贰元 亥
支钱五百四十文 茂盛嫂
支钱三百九十文 观夫嫂
支钱二百文 二庆
支钱一百九十二文 大为
支钱贰百文 中位嫂
支钱一百零五文 干洋瓜
支钱一百五十四文 苏酒
支钱廿四文 来香
支钱十八文 剃头
支钱六百零二文 买纸
三百六十文 水工钱
支钱二百文 得壳
支钱一百卅二文 石灰
支钱八十四文 金寿
支钱七十二文 火把
支钱二百八十文 和尚
支钱一百八十文 粉丝
支钱三百八十四文 笋片
支钱一百五十四文 酒
支钱二百文 瓦

支钱三百廿四文 白腐
支钱四十八文 红白糖
支钱十八文 信为
支钱五十六文 又
支钱四百十文 亥
支钱二百八十文 纸
支钱九十文 鸡子
支钱廿四文 腐角
支钱九文 又
支钱十二文 铜丝
支钱卅二文 付干
支钱三百文 纸
支洋三元 付店账
支洋两元 米三斗一升
支洋一元 柴
支洋一元 油五斤二两
支钱二百文 还钱粮 昌化
支钱一百廿文 钱粮 本处
支钱一百廿文 肥皂
支钱一百五十文 香纸
支钱八十一文 豆腐

六月初五 借来英洋伍元
支洋壹元三百六十三 青底白花洋标
支钱一百 付四老太做衣工钱
支钱一百廿 粉丝
支钱一百 砂糖
支钱一百廿八 白糖
支钱二百 开业帐

支钱一百五十 店账
支钱九十二 扣线
支洋一元 耀米一斗五升
支钱五十六 线
支钱一百十四 亥
支钱五十六 灰色标布
支钱一百八十 鸡子廿个
支钱四百四十八 柴每斤一个九厘
支钱廿四 信力
支钱一百八十 收拾锁
支钱卅七 豆腐干角
支钱五十 烛火

六月十六 收洋廿元 听记
不计两抵 支洋拾元 还云生嫂
不计两抵 支洋拾元 还大姨妈
支洋一元 亥 补前
支洋一元 三何工钱
支洋廿八文 信力
支钱八十六 鱼 六七用
支钱一百十五 亥 六七用
支钱四十 鸡子
支钱十八 腐角
支洋一元 柴 付二桂旧余
支钱四十二 租酒 买
支钱三百六十八 亥 谢四老太
支钱二百□十五 买凸
支钱六百五十元
支洋□元 付五十 香案等补前

支钱四十 信力
柴月二十日
收店中家用英洋拾壹元
市钱一百十一
支洋两元 付裕泰隆
支洋一元 付大寿先
支洋一元 付灶广公
支钱三百八十五 付正月钱手店账
支洋两元 付学金
支洋一元四角 付买书
支洋一元一角二分 买米 付宝林嫂
支钱四百 付还佩珠妹
支洋一元一角〇四 付富贵工钱
支钱四十六 亥
支钱四十二 信力
支洋一元二角□分 观五母子视病
支洋三元 还裕泰隆钱税

八月十六
收社会派股来钱五百五拾五文
支钱四十二文 丁口
八月初三 支钱十四文 红烛
十五支钱十四文 又
九月初六 支钱一百十一 三树头修庙
支钱四十四文 亥
此止共交洋贰拾五元
钱拾四千七百十九文

收借来洋五元 六月初五 未归
收六月十六 听记洋 念元
收七月廿 店来听记家用洋拾壹元 钱一百十一文
加收□店来听记家用洋拾壹元
收社会付来钱五百五十五文
共收洋四拾七元六钱六□
此止两比结存餘洋七元九钱四□
入转页昌庄结算
十月十二 昌庄收租
支钱一千一百八十八文 付昌庄粗工
支洋贰元 付钱粮昌庄
支钱三百文 付惟桃嫂工钱 三工
支钱一百八十（玖）文 付宝林嫂 九工
支钱七十九文 付昌化钱粮□
支洋二元二钱二文 买砖 二百
支洋一元 买瓦 四百
钱二百八十 买木料
支洋二元二钱 人工（抬）棺木
支钱六百八十六 苏酒铁钉
支洋二元 猪肉 十三斤
支钱一百五十 买萝卜
支钱一百 付惟桃嫂工
支钱一百廿六 付本村钱粮
支钱卅百 炮账代
支钱廿二 奚下坟水工钱
支钱四百文 丁口
支洋二元 付先生孝经
支钱四百廿四 买糖四斤

支钱□文 付惟桃嫂岁工
共结钱十五千八百九十八文
支钱一百九十二文 代绍嫂纳钱粮
共支十五元六钱四□
收前两页入来洋七元九钱四七□
前收滚结总计七元六钱九三□
外加六月初五借洋五元未归
四七 二嫂 送冥箱四担 回去鸡子九个糕二斤
三七 四嫂 送冥箱二担
四七 继周姻孙 送冥箱四担 回去鸡子九个糕二斤
承林兄送来 毛祥二甲
老对二把
四两烛一对
香一把
初
生外公送来 毛祥二甲
冥洋二盒
一两烛一对
香一把
三和兄送来 涂尖一刀
老对一把
一两烛一对
香一把

六顺侄送来
老对二把
毛祥二甲
一两烛一对
香一把

承根弟送来
□干锡箔一把
涂尖二刀
四两烛一对
香一把

二嫂 四七
送冥箱四担
回去鸡子九个糕二斤

四嫂 三七
送冥箱二担
回去鸡子九个糕二斤

继周侄子 四七
送冥箱四担

4. 民国三十四年（1945）九月张荣兴、张荣贵母亲丧事收支总簿（馆藏号GHW0180：2）

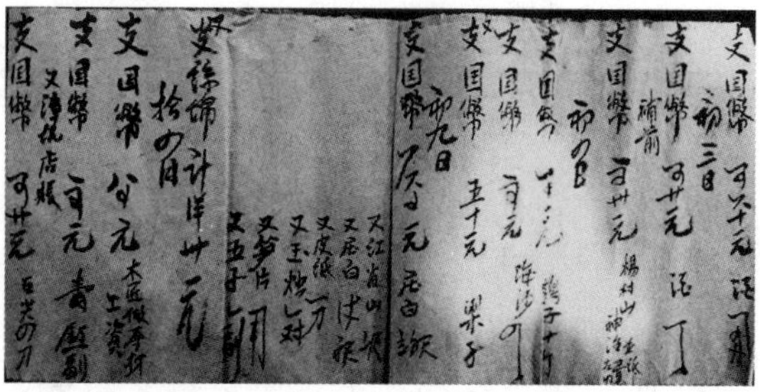

账簿长19.5厘米，宽16厘米，全册13页，文字页8页，账簿纸质粗糙，以纸绳简单装订。这本账簿详细记载了1945年张氏兄弟的母亲从八月底病重医治一直到九月过世举办丧礼过程中的收支情况。主要录文内容如下。

民国卅四年九月 日立

张荣兴 贵

母亲丧事收支总簿

八月廿五日
支国币三百元 诊治药费
廿六日 加减
支国币四百五十元 诊治并药费
廿八日 加减
支国币四百元 诊治并药费
九月刀（初）五日 南村先生
支国币一百元 亥一斤一两
支国币六十元 酒半斤
支国币一百六十元 酒一斤四两
初三日
支国币一百廿元 九一斤
补前
并纸
支国币一百卅元 杨村山神治费 在内
初四日
支国币一百元 鸡子十个
支国币二百元 海沙四斤
又
支国币五十元 梨子
初九日
支国币一千六百元
庄白 八五尺
又红肖山 六尺
又庄白 一丈五尺
又皮纸 一刀
又玉竹 乙对
又笋片 一斤□
又五子 乙副

又支丝绵 计洋卅元
拾四日
支国币八百元 木匠做寿材工资
支国币二百元 寿钉一副
又□□店账
支国币一百廿元 石尖四刀
支洋一百元 棒香乙扎
支洋二百四十元 红烛一斤
支洋九十元□（二两）双乙仝
支洋四十元□（一百）边乙包
支洋六十元□（三百）箭乙把
支洋一百四十四元 酒一斤□两
支洋十五元 灯草五只
支洋念（廿）五元 京表五刀
支洋廿元 上料五□
补十三日
支洋八百元 酒十斤
支洋一千二百四十八元 亥十三两
支洋二百四十元 㕣四斤
支洋一百十二元 粉丝
支洋一百元 鸡子十个
拾四日
支洋七百元 酒八斤十一两
支洋二百廿元 亥二斤五两
支洋二百五十元 道士香烟
㕣共计
以上共支九千六百六十四元

拾五日 荣贵
支洋一千元 付纸扎 招贵手工资
廿五日
支洋一百廿元 鸡子十二个
支洋一百元 笋片
支洋一百元 粉丝
支洋九十元 火炮笔 共计
支洋一百元 火炮二包
支洋一百卌五元 红纸九□
支洋七十五元 斗钱十五根
支洋七百八十元 桐油七斤
廿七日 荣兴
支洋一千七百元 和尚口经
支洋六百十六元 亥七斤
支洋八百四十元 酒十斤□
支洋一百卌元 㕣贰斤
支洋一百十五元 一两双乙仝 京表五刀
支洋一百五十元 老五畜工资
支洋一千二百元 纸扎工资
支洋贰仟元 和尚口经
支洋一千五百元 白米六斗
支洋一百八十元 木匠工资

账簿背面记录收入情况。

母亲自身
收洋五百元
又收洋二百元
九月十六 收洋一千七百拾元 卖猪
又收糠洋 二百四十五元
又收豆洋 一千四百十五元
荣兴收数
八月廿七日
收国币贰仟元
九月刀（初）九日
收国币壹仟元
十三日
收国币贰仟元
廿七日
收国币五千四百〇一元
荣贵收数
九月刀（初）九日
收国币六百五十元
十三日
收国币六百元
十四日
收国币一千二百元
拾五日
收国币一千元
廿五日
收国币一千三百廿元
收国币一百八十元
廿七日
收国币七百五十元

（陈姝婕，中国人民大学博物馆馆员）

书评与综述

皖南早期历史地理研究的回顾与思考*

常泽宇

摘　要：七十余年来，学术界关于皖南早期历史地理的研究取得了丰富的成果，以往关于大江以南为“三代要服”之地的旧识也大为改观。通过对“皖南上古水道与地名”“楚秦汉六朝江东政区地理”“山越、移民与皖南人口地理”“‘丹阳铜’与皖南矿业地理”这四个主要研究板块进行回顾可知，既有面临的困境，也有进一步开拓的空间。

关键词：皖南；早期；历史地理研究；学术史

自上古三代至秦汉六朝，长江流域各板块之间的相互关系目前仍缺乏更为深入的认识，故而理清区域板块自身及其间联系的具体情况是开展宏观研究的前提。考古资料表明，包括宁镇、江淮、皖南以及赣东北在内的这一广大区域，其原始文化渊源有自且特色鲜明，“对于在我国西北、东南两大地区文化之间的交流，曾经起过独特的作用”①。从历史地理看，安徽地跨淮河、长江、钱塘江三大流域，地处东西和南北、自然与人文区域的过渡地带，各种因素交相杂糅，故而安徽的自然环境与人文环境均异常复杂，也孕育出“具有自己特色的发展轨迹”，“从历史渊源探索其发展变化的过程、原因及其规律，对今经济、文化建设应有一定的现实意义”②。

横向比较长江下游核心区的环太湖流域的研究，安徽南部地区多因文献不足征、考古不到位而徘徊于核心区的边缘。纵的来看，皖南自身的起源、发展的各时段演变轨迹尚不甚明晰。无论是北面与宁镇丘陵毗邻的宣芜平原，还是和浙西北丘陵相接的黄山低山丘陵地区，各区域之间的复杂性、异质性都有进

---

* 本文为2019年度安徽高校人文社会科学研究重点项目“出土资料所见秦汉魏晋时期皖南地方社会”（SK2019A0287）的阶段性成果。

① 苏秉琦：《略谈我国东南沿海地区的新石器时代考古——在长江下游新古器时代文化考古学术讨论会上的一次发言提纲》，《文物》1978年第3期。

② 邹逸麟：《安徽史地漫谈》，《中国方域》1995年第5期。

一步研讨的必要。因此，皖南地区的研究现状在安徽史地研究以及整个长江下游早期社会进程研究领域中，[①] 暂时还比较薄弱，当然也存在着很大的潜力。

一 主要成果

自现代学术建立，特别是二十世纪五十年代以来，经过几代史学工作者的辛勤探索，皖南地区的早期历史文化面貌渐趋清晰，以往关于大江以南为“三代要服”之地的旧识大为改观。在皖南上古水道与地名，楚秦汉六朝江东政区地理，山越、移民与皖南人口地理，“丹阳铜”与皖南矿业地理这四大板块，学界展开了颇为热烈的讨论。

1. 皖南上古水道与地名

自东汉以来，见诸《禹贡》《左传》《汉志》记载的“中江”“庐江”“鸠兹”“东陵”等皖江流域水道地名开始迷离起来，后渐成疑案。清人全祖望《答陶稚中编修论江省志稿书》[②]、赵一清《答〈禹贡〉三江震泽问》[③]、程瑶田《郑注三江分于彭蠡为三孔解》[④]、钱大昕《与姚姬传书》[⑤]、庄有可《庐江辨》[⑥]、钱坫《新斠注地理志·庐江郡》[⑦]、洪亮吉《跋新修〈庐州府志〉后二》[⑧]、汪士铎《三江说》[⑨]、吴汝纶《答张廉卿书》[⑩]、吴汝纶《再复张廉卿论

---

① 皖南的“早期”这一研究范畴的提出，是借鉴或是说化用当前西方汉学界“早期中国”的概念（参李峰《早期中国社会和文化史概论》，刘晓霞译，“国立”台湾大学出版中心2020年版，第6页），并结合安徽南部历史文化发展的阶段性特征而来的。目前在徽学研究领域对休歙（徽州）盆谷的古徽州的历史分期已经有了较为成熟的意见，如栾成显就曾进行过粗线条的勾勒：秦汉以前的山越时代、文脉育成的秦汉至隋唐五代、人文昌盛的宋元明清、步履蹒跚的近代（栾成显：《徽州文化的形成与演变历程》，《安徽史学》2014年第2期）。笔者认为如果要根植于整个安徽南部区域做一文化史分期的话，那么史前至六朝时代理应视为“早期”，即皖南古代文明的元始和奠基。上古时代，皖南大部属吴越文化区。直至东汉初年，尚有“丹阳越俗不好学，嫁娶礼仪，衰于中国”之谓（《后汉书·李忠传》）。平陈之后，丹杨、宣城、新安三郡“小人率多商贩，君子资于官禄，市廛列肆，埒于二京”，“其人君子尚礼，庸庶敦厖，故风俗澄清，而道教隆洽”（《隋书·地理志下》），由此可见历经五百余年至隋代，皖南的吴风越俗已随风吹雨打去，俨然成了尚礼敦文、富足丰饶的东南奥区。综上，笔者将589年杨隋平陈、廓定江表作为安徽南部早期社会进程中的标志性事件以及讨论下限。

② 谭其骧主编：《清人文集地理类汇编》第2册，浙江人民出版社1986年版，第262—263页。

③ 谭其骧主编：《清人文集地理类汇编》第4册，浙江人民出版社1987年版，第86—88页。

④ 谭其骧主编：《清人文集地理类汇编》第4册，第75—76页。

⑤ 谭其骧主编：《清人文集地理类汇编》第1册，浙江人民出版社1986年版，第520—521页。

⑥ 谭其骧主编：《清人文集地理类汇编》第4册，第589—590页。

⑦ 徐松：《〈新斠注地理志〉集释》，收入二十五史刊行委员会编集《二十五史补编》，上海：开明书店1937年版，第1074页。

⑧ 谭其骧主编：《清人文集地理类汇编》第3册，浙江人民出版社1986年版，第40—41页。

⑨ 谭其骧主编：《清人文集地理类汇编》第4册，第55—58页。

⑩ 谭其骧主编：《清人文集地理类汇编》第4册，第63—66页。

三江书》[①] 中所论较详。

二十世纪五十年代，顾颉刚提出《汉志》及郑玄“中江”之说均不可信，他将《禹贡》“三江”旧说归为四类，认为“三江”并非确有所指，大可不必斤斤计较。[②] 谭其骧主编的《中国历史地图集》标出了汉代“中江”，大致自芜湖青弋江起首，东流穿越高淳、溧阳、宜兴注入太湖进而入于海。[③] 史念海又谓“胥溪”运河为《禹贡》“中江”前身，吴国舟师可由太湖西出直至芜湖附近的江面上。[④] 而陈怀荃《〈汉志〉分江水考释》则指出，《汉志》“中江”与“分江水”实质是皖南境内两条以舟行为主，通往江东的交通路线。[⑤] 其后，余同元发明陈氏之说，认为《汉志》“三江”区域水系相通，源头皆系于皖南，而“中江”沿革表明太湖流域包括皖南。[⑥] 王建革则以太湖地区环境考古的研究成果为切入点，着重探讨三江与太湖形成的关联问题，进而肯定了《汉志》“三江”即《禹贡》“三江”的准确性。[⑦] 值得注意的是，近年对于芜申运河环境考古的研究表明“中江”通道或可追溯至新石器时代。[⑧]

早在1944年谭其骧《秦郡界址考》中业已指出《汉志》“庐江”即今青弋江，庐江郡以之得名。汉武帝时衡山国除，庐江郡得衡山之地，遂割其江南诸县以隶属鄣郡，鄣郡始改称丹杨，而庐江郡境全在江北，遂名不符实。[⑨] 二十世纪五十年代寿县出土的鄂君启节又为厘清“庐江”及庐江郡的学案提供了不可多得的线索。1962年，谭其骧提出今庐江、桐城、枞阳三县境内的白兔河当是舟节之“泸江”，亦即秦末汉初庐江郡得名之处。他还敏锐地断定《汉志》庐江郡下“庐江水”的记载不类班固原文，“多半是传抄时窜入的后人旁注”[⑩]。不久，他又改从古文字学界的意见，将“泸江”释为“浍江”，指出此乃桑钦

---

① 谭其骧主编：《清人文集地理类汇编》第4册，第67—71页。

② 侯仁之主编：《中国古代地理名著选读》第1辑，学苑出版社2005年版，第42—43页。

③ 谭其骧主编：《中国历史地图集》（精装本）第2册，中国地图出版社1982年版，第24—25页。

④ 史念海：《中国的运河》，陕西人民出版社1988年版，第15—22页。

⑤ 陈怀荃：《〈汉志〉分江水考释》，《历史地理》第3辑，上海人民出版社1983年版，第160—165页。

⑥ 余同元：《楚水漫漫　吴波漾漾——由汉志三江沿革看皖南与长三角历史地理相关性》，《池州学院学报》2011年第2期。

⑦ 王建革：《太湖形成与〈汉书·地理志〉三江》，《历史地理》第29辑，上海人民出版社2014年版，第44—55页。

⑧ 朱诚等：《芜申运河环境考古与古中江流域文化传播》，《南京晓庄学院学报》2020年第2期。

⑨ 谭其骧：《秦郡界址考》，《真理杂志》1944年第1卷第2期，收入氏著《长水集》上册，人民出版社2011年版，第18页。

⑩ 谭其骧：《鄂君启节铭文释地》，《中华文史论丛》1962年第2辑，后收入氏著《谭其骧全集》第1卷，人民出版社2015年版，第537—538页。按，近来杨智宇进一步推定此条系应劭注文窜入，非班固自注，见氏著《汉代水道研究》，博士学位论文，复旦大学，2021年。

“淮水”的今青弋江。同时，又以“爰、宛只是一声之转”为据，将舟节之“爰陵”改定为《汉志》丹杨郡治“宛陵”。① 周振鹤则认为《汉志》庐江郡下“庐江水”的记载乃班固为表明汉初庐江郡与庐江水渊源关系的违例之举，他进而对元狩二年（前121）以前庐江郡的隶属关系与辖境的变动予以梳理。②

黄盛璋在二十世纪八十年代末发表的《再论鄂君启节交通路线复原与地理问题》一文中肯定了谭说，他还就“庐江”和“淮水”是青弋江在不同时代的名称、“庐江”之名的湮没与西汉庐江郡辖境变动有关等方面做了解说，唯“宛陵”地望与谭说稍有差异。③ 近来，朱继平将《禹贡》导江之“汇”与舟节“泸江”、《汉志》“庐江”、桑钦“淮水”以及青弋江串联起来，挖掘出“庐江”沟通淮汉吴越的楚国水上交通线的战略意义。④ 然而，关于似成定论的“‘庐江’青弋江说”，学界仍不乏分歧，如于省吾即将鄂君启节及《楚辞·招魂》之“庐江”比定为《水经注》所载的今赣北地区的“庐江水”。⑤ 何慕由新出秦封泥推想出“庐山”—“庐江”—“庐江郡”这一秦庐江郡得名异说。⑥ 陈怀荃则以今秋浦河为《山海经·海内东经》《汉志》之“庐江”，今青通河为桑钦“淮水”。⑦

有关“东陵”地望的讨论，如顾颉刚引《汉志》《水经注·江水》指其在广济东北及黄梅县境，⑧ 此为江北说之代表。又如陈怀荃则主张《汉志》“东陵乡”与《禹贡》“东陵”有关，但不能将二者混而为一。《禹贡》东陵，乃今池州境内以九华山为中心的低山丘陵地带的通称，⑨ 此为江南说之代表。颜世铉还以《禹贡》“东陵”系之包山简“东陵连嚣”，推定其地在今贵池、青阳一带。⑩

至于“鸠兹”“鹊岸”等地望问题，历代史家多从杜预之说定在江南。今

① 谭其骧：《再论鄂君启节地理答黄盛璋同志》，《中华文史论丛》1964 年第 5 辑，后收入氏著《谭其骧全集》第 1 卷，第 552—553 页。

② 周振鹤：《西汉诸侯王国封域变迁考（上）》，《中华文史论丛》1982 年第 3 辑。

③ 黄盛璋：《再论鄂君启节交通路线复原与地理问题》，《安徽史学》1988 年第 2 期。

④ 朱继平：《〈禹贡〉导江之“汇”研究》，《中国史研究》2021 年第 2 期。

⑤ 于省吾：《“鄂君启节”考释》，《考古》1963 年第 8 期；于省吾：《泽螺居诗经新证》，中华书局 1982 版，第 301 页。又，魏嵩山、杨萧杨以及日本学者也主张与赣江水系有关，分见魏嵩山《〈山海经〉庐江考》，《地名知识》1984 年第 6 期；杨萧杨《〈山海经〉地理问题研究》，博士学位论文，复旦大学，2020 年；太田麻衣子《鄂君启节からみた楚の东渐》，《东洋史研究》2009 年第 68 卷 2 号。

⑥ 何慕：《秦代政区研究》，博士学位论文，复旦大学，2009 年。

⑦ 陈怀荃：《〈汉志〉分江水考释》，《历史地理》第 3 辑，第 160—165 页。按，黄学超亦以陈说为是，见氏著《〈水经〉文本研究与地理考释》，复旦大学出版社 2021 年版，第 407—408 页。

⑧ 侯仁之主编：《中国古代地理名著选读》第 1 辑，第 42 页。

⑨ 陈怀荃：《〈禹贡〉东陵考释》，《中国历史地理论丛》1985 年第 2 期。

⑩ 颜世铉：《包山楚简地名研究》，硕士学位论文，台湾大学中国文学研究所，1997 年。

人张敏更是认为“鸠兹”即吴国都城“句吴”的音译，而湾沚楚王城遗址乃西周—春秋时期吴国的鸠兹城故址。[①] 童书业是较早跳出杜注迷信、指出“鸠兹”地近淮水的现代学者。[②] 之后，张胜琳、徐少华在论及春秋吴楚淮域争夺时，也认为楚人不可能深入长江南岸的吴境，“鸠兹”或在淮河中游以南的今霍邱境内。[③] 陈立柱也主张霍邱之说，他以为西汉祝滋侯国与春秋“鸠兹”有承继关系，芜湖“鸠兹”当是南迁地名。[④] 此外，崔恒升、金家年等还对“鹊岸”地望做了一定的考述。[⑤]

关于石城、金兰、泾县、陵阳、芜湖等皖南秦汉县名也有相关的讨论，如谭其骧《〈中国历史地图集〉安徽部分释文（1959）》[⑥]、陈怀荃《〈汉志〉分江水考释》[⑦]、陈怀荃《安徽地名发展概说》[⑧]、何琳仪《麟阳壶考》[⑨]、周宏伟《“三江”、“五湖”正义》[⑩]、周运中《汉代县治考·江淮篇》[⑪] 等。

2. 楚秦汉六朝江东政区地理

历史地理研究首重政区面貌的复原。从楚置江东郡始，至东晋南朝侨州郡县止，史籍错综且头绪纷繁，安徽南部早期政区地理的实相，可谓隐约难窥。

杨宽认为楚怀王灭越置江东郡，领有今皖东南、苏南及浙北地区。[⑫] 陈伟将楚置江东郡的时间系于怀王十七年（前 312）至二十三年之间，但他认为此

---

① 张敏：《鸠兹新证——兼论西周春秋时期吴国都城的性质》，《东南文化》2014 年第 5 期。按，张敏此说在音韵学上实难成立，承复旦大学出土文献与古文字研究中心刘娇老师赐告。

② 童书业：《春秋末吴越国都辨疑》，收入氏著《中国历史地理论集》，上海人民出版社 2019 年版，第 227 页。

③ 张胜琳：《吴楚淮域之战若干相关地名地望略考》，收入张正明主编《楚史论丛》，湖北人民出版社 1984 年版，第 123—124 页；徐少华：《论春秋时期楚人在淮河流域及江淮地区的发展》，收入氏著《荆楚历史地理与考古探研》，商务印书馆 2010 年版，第 133 页。

④ 陈立柱、纪丹阳：《古代“衡山”地望与〈禹贡〉荆州范围综说》，《中国历史地理论丛》2011 年第 3 期。

⑤ 分见崔恒升、顾天豪《鹊岸考略》，《安徽大学学报》（哲学社会科学版）1988 年第 2 期；金家年《吴楚鹊岸之战主战场考》，《安徽史学》1994 年第 2 期；肖洋《楚灵王“南怀之行”地名考》，《历史地理研究》2021 年第 4 期。

⑥ 谭其骧：《〈中国历史地图集〉释文辑录·安徽》，后收入氏著《谭其骧全集》第 2 卷，第 437—438 页。

⑦ 陈怀荃：《〈汉志〉分江水考释》，《历史地理》第 3 辑，第 160—165 页。

⑧ 陈怀荃：《黄牛集》，安徽教育出版社 2000 年版，第 291—297 页。

⑨ 何琳仪：《麟阳壶考》，《文史》2002 年第 4 辑。

⑩ 周宏伟：《“三江”“五湖”正义》，收入氏著《长江流域森林变迁与水土流失》，湖南教育出版社 2006 年版，第 140—144 页。

⑪ 周运中：《汉代县治考·江淮篇》，《秦汉研究》2010 年第 4 辑，后收入氏著《秦汉历史地理考辨》，新北：花木兰文化事业有限公司 2019 年版，第 177—179 页。

⑫ 杨宽：《战国史》（增订本），上海人民出版社 1998 年版，第 678—679 页。

郡或在淮水下游南岸地区。[①] 李晓杰则强调“江东”应该还是指长江下游南岸地区，并就楚考烈王十二年（前251）至楚王负刍五年（前223）间江东郡的置废予以论述。[②] 周书灿完全否定了楚置江东郡之说，认为缺乏可靠的文献和考古证据。秦会稽郡乃江东地区文献可考的最早的行政建置。[③]

至于秦九江郡、庐江郡、会稽郡的置年与领域的研究，则主要有以下成果。谭其骧《秦郡新考》[④] 与《秦郡界址考》[⑤]、周振鹤《关于〈中国历史地图集〉第二册两项较大修改的说明》[⑥]、杨宽《战国史》[⑦]、辛德勇《秦始皇三十六郡新考》（上）[⑧]、何慕《秦代政区研究》[⑨]、李晓杰《中国行政区划通史·先秦卷》[⑩]、臧知非《秦置庐江郡释疑》[⑪]、张莉《中国行政区划通史·秦汉卷》[⑫]、周运中《秦朝三十六郡再考》[⑬] 等，先后对若干江东秦郡问题做了不同程度的考述。岳麓秦简中还多次出现不见于传世文献的“江胡郡”之名。何慕以为“江胡郡”置于三江五湖的吴国故地，其郡境包括了今钱塘江以北的太湖流域，只是置年无从可考。[⑭] 陈伟认为“江胡”可能本来是太湖的又一异名，被借用为郡名，“江胡郡”似即会稽郡前身，属于“过渡性的郡名”。[⑮] 张莉从何说，并进而推想了“江胡郡”的置、并年代。[⑯]

鄣郡的置年、郡名等问题，自清人以来就聚讼不已。[⑰] 1944年，谭其骧在《秦郡界址考》一文指出鄣郡乃秦末或楚汉间析自会稽，初非得全有《汉志》

---

① 陈伟：《楚“东国”地理研究》，武汉大学出版社1992年版，第200页。

② 李晓杰：《中国行政区划通史·先秦卷》，复旦大学出版社2009年版，第441页。

③ 周书灿：《楚怀王灭越置江东郡说质疑》，《中国历史地理论丛》2010年第3期。

④ 谭其骧：《秦郡新考》，《浙江学报》1947年第2卷第1期，收入氏著《长水集》上册，第4页。

⑤ 谭其骧：《秦郡界址考》，《真理杂志》1944年第1卷第2期，收入氏著《长水集》上册，第18页。

⑥ 周振鹤：《关于〈中国历史地图集〉第二册两项较大修改的说明》，《历史地理》第10辑，上海人民出版社1992年版，第333页。

⑦ 杨宽：《战国史》（增订本），第432页。

⑧ 辛德勇：《秦始皇三十六郡新考》（上），《文史》2006年第1辑，后收入氏著《秦汉政区与边界地理研究》，中华书局2009年版，第37—42页。

⑨ 何慕：《秦代政区研究》，博士学位论文，复旦大学，2009年。

⑩ 李晓杰：《中国行政区划通史·先秦卷》，第441、461—462页。

⑪ 臧知非：《秦置庐江郡释疑》，《秦始皇帝陵博物院》2014年第4辑。

⑫ 周振鹤、李晓杰、张莉：《中国行政区划通史·秦汉卷》，复旦大学出版社2016年版，第40—42页。

⑬ 周运中：《秦朝三十六郡再考》，后人氏著《秦汉历史地理考辨》，第352—353、360页。

⑭ 何慕：《秦代政区研究》，博士学位论文，复旦大学，2009年。

⑮ 陈伟：《“江胡”与“州陵”——岳麓书院藏秦简中的两个地名初考》，《中国历史地理论丛》2010年第1期。

⑯ 周振鹤、李晓杰、张莉：《中国行政区划通史·秦汉卷》，第41页。

⑰ 陈芳绩、钱大昕、洪亮吉等各家诸说，参段伟《清儒地理考据研究·秦汉卷》，齐鲁书社2015年版，第39—41页。

丹杨郡之地。[①] 二十世纪八十年代初，周振鹤就汉初鄣郡县目、郡境变动、《汉志》所记改名丹杨时间以及广陵国是否兼有鄣郡等系列问题阐述了自己的观点。[②] 随后，周振鹤还指出鄣郡不仅为秦郡，且在项羽西楚国九郡之数。[③] 周氏之意见也为修订本《中国历史地图集》第二册相关图幅所采纳。[④] 辛德勇认为鄣郡虽不见于《汉志》本注，但在秦三十六郡之列。[⑤] 张莉在《中国行政区划通史·秦汉卷》中还对鄣郡置年与领域做了猜想。[⑥] 周运中认为鄣郡之置或可源于秦始皇三十七年（前210）徙越，或是在秦末战乱中自立为郡。[⑦] 但是，还应注意到，鄣郡为秦郡说依旧有不同的声音。如祝求是对《集解》“鄣郡在秦三十六郡之列说”进行了“知识考古”，他认为是汉末魏晋间误改“故鄣郡”为“秦鄣郡”，从而影响了后世秦郡研究者。整个长江中下游南岸地区在秦代只置会稽、长沙二郡。[⑧] 何慕也将鄣郡列为存疑之秦郡，她还推测“江胡郡”即鄣郡与吴郡之和，辖境为北至淮水、南至浙江。[⑨] 徐世权又进一步发展了祝说，强调了传世文献中并没有鄣郡为秦郡的最直接证据。[⑩]

此外，辛德勇在《两汉州制新考》中提出广陵国应兼有江南的鄣郡。[⑪] 马孟龙在复原汉文帝十一年（前169）政区面貌时，将吴内史与鄣郡的分界划在《汉志》丹杨郡之丹阳、句容一线（鄣郡北界至“中江”），[⑫] 这一分界维持至元狩二年（前121）江都国除方有变动，此时庐江郡北部地、江都国江南地并入鄣郡，而之后分封的广陵国也不兼有江南地。他还注意到周振鹤观点过于绝对，认为《汉志》所记改名丹杨时间不误，元封二年（前109）鄣郡改名丹杨，应与郡治变迁有关。[⑬]

---

① 谭其骧：《秦郡界址考》，《真理杂志》1944年第1卷第2期，收入氏著《长水集》上册，第18页。

② 周振鹤：《西汉诸侯王国封域变迁考（上）》，《中华文史论丛》1982年第3辑。

③ 周振鹤：《楚汉诸侯疆域考》，《中华文史论丛》1984年第4辑。

④ 周振鹤：《关于〈中国历史地图集〉第二册两项较大修改的说明》，《历史地理》第10辑，第333页。

⑤ 辛德勇：《秦始皇三十六郡新考》（上），《文史》2006年第1辑，后收入氏著《秦汉政区与边界地理研究》，第37—42页。

⑥ 周振鹤、李晓杰、张莉：《中国行政区划通史·秦汉卷》，第41—42页。

⑦ 周运中：《秦朝三十六郡再考》，收入氏著《秦汉历史地理考辨》，第352—353页。

⑧ 祝求是：《鄣郡考》，《中国历史地理论丛》1991年第4期。

⑨ 何慕：《秦代政区研究》，博士学位论文，复旦大学，2009年。

⑩ 徐世权：《〈续汉书·郡国志〉“秦鄣郡”注来源考》，《学术史视野下的秦郡研究》，博士学位论文，吉林大学，2017年。

⑪ 辛德勇：《两汉州制新考》，《文史》2007年第1辑，收入氏著《秦汉政区与边界地理研究》，第103—104页。

⑫ 马孟龙：《西汉侯国地理》，上海古籍出版社2013年版，第163—164页。

⑬ 马孟龙：《西汉侯国地理》，第214页。

至于鄣郡名称的争论，除早年蒙文通①、陈怀荃②等略有述及之外，又有以下专论。如辛德勇以为将治所设置在故鄣县的秦郡，理应名作“故鄣郡”，而不会是我们所习称的“鄣郡”，他考订此系班固《汉志》的模糊记载以及裴骃误记所致。③ 赵志强同样认为秦之鄣郡当正作“故鄣郡”。④ 李昊林则指出了辛氏的论证过程缺环，他认为没有充分史料证据论证秦鄣郡名为“故鄣郡”。⑤

全洪还对西汉早期南海王的世系及封地等问题进行考析，指出南海王织封于汉高祖十二年（前195），封地在靠近闽越、东越的淮南国庐江郡的南部，即《汉志》丹杨郡的西部及豫章郡的北部，今皖南、赣东北、浙西一带。⑥ 其后，周运中逐条否定了全说，他认为南海国当在岭南无疑，其国境大致不出韩江流域上游，核心在梅江流域的今梅州市。⑦ 李晓杰在《东汉政区地理》中论述了东汉丹杨郡（含新都、临川二郡）的沿革。⑧ 陈健梅自《景定建康志》中钩稽出《三国志》失载的孙吴废古鄣郡，并对其辖境与属县予以推论。⑨ 她在随后出版的博士论文中又辟专节探讨了皖南的开发及孙吴新都郡的析置。⑩

淮南与皖南沿江地带在东晋南朝时期侨设了众多州郡县，形成安徽历史政区地理研究中繁复且关键的另一环。1982 年，万绳楠据《晋书·地理志》《宋书·州郡志》详考安徽境内的实土郡县，勾勒出晋宋侨郡县置废的脉络。⑪ 此后，胡嘏系统爬梳了自《晋书·地理志》至《隋书·地理志》的 5 部正史地理志，考述了皖境东晋南朝的侨州郡县及地域分布特征。⑫ 夏日新还就东晋侨州郡县的设置地点、形式、性质及其演变等问题做了进一步的探讨。⑬ 李国平、

---

① 蒙文通：《越族古居“扬子江以南整个地区”辨》，收入氏著《越史丛考》，人民出版社 1983 年版，第 1—14 页。

② 陈怀荃：《安徽地名发展概说》，收入氏著《黄牛集》，第 284—308 页。

③ 辛德勇：《所谓“天凤三年鄣郡都尉”砖铭文与秦“故鄣郡”的名称以及莽汉之际的年号问题（上）》，《文史》2011 年第 1 辑，后收入氏著《建元与改元——西汉新莽年号研究》，中华书局 2013 年版，第 241—247 页。

④ 赵志强：《秦汉地理丛考》，博士学位论文，陕西师范大学，2013 年。

⑤ 李昊林：《秦鄣郡非“故鄣郡”辨正》，《中国历史地理论丛》2019 年第 3 期。

⑥ 全洪：《汉初南海王及其封地考》，《历史研究》2010 年第 6 期。

⑦ 周运中：《汉代南海国位置考》，收入氏著《秦汉历史地理考辨》，第 299—312 页。

⑧ 李晓杰：《东汉政区地理》，山东教育出版社 1999 年版，第 223—228 页。

⑨ 陈健梅：《孙吴扬州废古鄣郡考》，《中国史研究》2005 年第 1 期。

⑩ 陈健梅：《孙吴政区地理研究》，岳麓书社 2008 年版，第 289—291 页。

⑪ 万绳楠：《晋、宋时期安徽侨郡县考》，《安徽师大学报》（哲学社会科学版）1982 年第 2 期。

⑫ 胡嘏：《东晋南朝安徽境内侨州郡县考略》，《安徽史学》1990 年第 2 期。

⑬ 夏日新：《关于东晋侨州郡县的几个问题》，《魏晋南北朝隋唐史资料——唐长孺教授八十大寿纪念专辑》第 11 辑，武汉大学出版社 1991 年版，第 36—49 页。

吴榕青梳理了南朝东扬州的置废情况，其中涉及皖南丘陵山地统县政区的变迁。[①] 近年出版的《中国行政区划通史·三国两晋南朝卷》对传世文献与考古资料予以考证、分析、复原，实三国两晋南朝政区地理研究之集大成。[②]

另外，陈刚从郡治迁移、辖县分布、郡县析置、户口增减、侨置郡县分布与设置等方面着眼，逐次考察了丹杨郡在两汉六朝的数百年间逐步成为南方区域发展中心的历史进程。[③] 曹建刚以汉晋皖南政区设置为主线，分析了皖南沿江平原与南部丘陵山区发展契机的差异。[④] 许倬云对东吴新增县邑做了量化统计研究，指出了吴郡、会稽、丹杨新设县邑的特殊性以及东吴政权与这一地区地方势力的特殊关系。[⑤] 方诗铭认为占有丹杨的兵源和物资是平定江东的先决条件和重要基础。[⑥] 赵小勇探讨了东吴长江防线的形成与崩溃。[⑦] 陈健梅也关注到孙吴下游沿江政区建置与军事方略。[⑧] 以上单篇论文则为深化六朝江东政治地理的研究提供了有益的探索。

3. 山越、移民与皖南人口地理

散居于“丹杨山险”之地的山越与立国江东的孙吴政权相始终。早在清人王鸣盛《十七史商榷·山越条》[⑨] 及近人叶国庆《三国时山越分布之区域》[⑩]、井上晃《三国时代の山越に就て》[⑪]、吕思勉《读史札记·山越条》[⑫] 中，即对此有所涉猎。

二十世纪五十年代，唐长孺指出山越多是逃避赋役与避罪入山的人民，其组织称为“宗部”，更说明他们实际上是汉末以宗党为主的自保组织。[⑬] 陈可畏

---

① 李国平、吴榕青：《南朝时期东扬州沿革考》，《历史地理》第 30 辑，上海人民出版社 2014 年版，第 87—95 页。

② 胡阿祥、孔祥军等：《中国行政区划通史·三国两晋南朝卷》，复旦大学出版社 2017 年版。

③ 陈刚：《西汉至六朝时期丹阳郡政区变迁与区域发展》，《中国历史地理论丛》2008 年第 2 期。

④ 曹建刚：《从政区设置看汉晋之际皖南丘陵开发探究》，《求索》2013 年第 6 期。

⑤ 许倬云：《三国吴地的地方势力》，《“中研院”历史语言研究所集刊》1967 年第 37 本上册，后收入氏著《求古编》，商务印书馆 2014 年版，第 429—435 页。

⑥ 方诗铭：《“丹阳兵”与“东据吴会”——论丹阳郡在孙策平定江东战争中的地位》，《史林》1989 年第 S1 期。

⑦ 赵小勇：《东吴长江防线兵要地理初探》，《中国历史地理论丛》2006 年第 2 期。

⑧ 陈健梅：《从政区建置看吴国在长江沿线的攻防策略——以吴、魏对峙为背景的考察》，《中国史研究》2010 年第 1 期。

⑨ 王鸣盛著，王永平等点校：《十七史商榷》，中华书局 2010 年版，第 480—482 页。

⑩ 叶国庆：《三国时山越分布之区域》，《禹贡》1935 年第 2 卷第 8 期。

⑪ 井上晃：《三国时代の山越に就て》，《史观》1938 年第 17 册。

⑫ 吕思勉：《吕思勉读史札记》中册，上海古籍出版社 2005 年版，第 641—644 页；吕思勉：《秦汉史》，商务印书馆 2010 年版，第 515—516 页。

⑬ 唐长孺：《孙吴建国及汉末江南的宗部与山越》，收入氏著《魏晋南北朝史论丛》，中华书局 2011 年版，第 1—26 页。

也认为山越不完全是越人后裔，其中部分是逃避政府压迫入山的汉人。① 川胜义雄则对唐长孺的意见有所保留，他认为无论如何都不能否定山越具有的蛮夷性质。② 桑秀云虽强调山越与“宗部”的关系，但她却认为“宗部”之“宗”为“賨”，山越可能是“宗（賨）人”迁徙之余绪。③ 还应注意的是，以胡守为④、施光明⑤为代表的部分学者认为山越与“宗部”是截然不同的两股势力，并依此主张山越确为越人后裔，其他如“宗部”等汉人豪强，虽与山越密切相关，但不是山越。吕春盛强调不论山越的族群内涵为何，山越在当时是具有蛮夷或异族形象的。⑥ 罗新也指出了吕思勉、唐长孺高估南方民族融合程度的风险性。他同意前揭川胜义雄之见，认为山越问题的核心，仍是江南族群的多样与孙吴政权对财源兵源的渴求之间的矛盾。⑦

近年，吕春盛《族群关系与孙吴政权的成立》与陈弱水《早期中国东南原住人群——以山越和姓氏为例的探讨》二文是关于山越问题的重要成果。前者揭示出孙权时代以淮泗集团结合江东大族打击山越的族群政治格局。⑧ 后者更关注山越作为华夏“他者”的人群性质，探讨了其族群色彩以及与国家和主流社会的多重关系。⑨

地处大江以南的丹杨郡是汉六朝时代吸纳移民的主要地区之一。葛剑雄曾考察了秦汉会稽、丹杨地区的人口地理问题，他指出该地区的人口处于缓慢的自然增长状态，内部流动很少，人口分布变化不大，基本没有接纳外来人口，尽管经过三百多年的自然增长，人口密度还是全国最低的地区。⑩ 1934 年，谭其骧排比《宋志》《南齐志》《晋志》所载侨州郡县史料，分省域考证了东晋南朝的侨州郡县与侨流人口。据谭先生研究，安徽地区南渡人口约在 17 万，侨居

---

① 陈可畏：《东越、山越的来源和发展》，收入中国科学院历史研究所编《历史论丛》第 1 辑，中华书局 1964 年版，第 167 页。

② ［日］川胜义雄：《六朝贵族制社会研究》，徐谷梵、李济沧译，上海古籍出版社 2007 年版，第 107—115 页。

③ 桑秀云：《宗与山越族属的探讨——氐人的研究之三》，《“中研院”历史语言研究所集刊》1984 年第 55 本 3 分。

④ 胡守为：《山越与宗部》，收入学术研究编辑部编《史学论文集》，广东人民出版社 1980 年版，第 1—17 页。

⑤ 施光明：《山越非山民、宗部解》，《民族研究》1984 年第 1 期。

⑥ 吕春盛：《三国时代的山越与六朝的族群现象》，《台湾师大历史学报》2005 年 6 月总 33 期。

⑦ 罗新：《王化与山险——中古早期南方诸蛮历史命运之概观》，《历史研究》2009 年第 2 期。

⑧ 吕春盛：《族群关系与孙吴政权的成立》，《台湾师大历史学报》2019 年 6 月总 61 期。

⑨ 陈弱水：《早期中国东南原住人群——以山越和姓氏为例的探讨》，《台大历史学报》2019 年 6 月总 63 期。

⑩ 葛剑雄：《汉武帝徙民会稽说正误——兼论秦汉会稽丹阳地区的人口分布》，《历史地理》第 3 辑，第 152—159 页。

皖南者聚集于芜湖附近一隅[①]。谭先生开创的由《宋志》所载侨州郡县与户口资料复原侨流人口输入的方法在新世纪初又得到了一些回应。胡阿祥以安徽省域为例，综考侨流人口的来源、进入时间、人口数量、分布态势及影响。同时，他也注意到东晋南朝境内侨流人口与侨州郡县之间存在着空间分布上的细部差异以及侨州郡县材料在十六国北朝侨流人口研究中的局限。[②]

另外，万绳楠还曾就江东侨郡县的设置、江东政权对待侨民的政策、侨民在江东经济开发中扮演的角色等问题予以论述，他指出江东政权对待流人的优待政策有力地推动了沿江地区的经济开发。[③]

4. “丹阳铜”与皖南矿业地理

汉代铜镜中常见“汉有善铜出丹阳”之类的铭辞。二十世纪五十年代，“丹阳铜”开始受到陈直[④]、王仲殊[⑤]等学者的关注。裘忱耀认为宣城无出铜之山，故而主张“丹阳铜”产地当涂说。[⑥] 魏嵩山则认为西汉丹杨郡产铜不止限于今宣城、当涂二县，而是普遍产于该郡所属今苏浙皖交错的茅山、天目及九华山区。[⑦] 孔祥星指出“善铜”铭属“尚方”铭类系统，流行于王莽及东汉前期，同时他还断定存在“善铜”铭铜镜原料出自丹杨之外的情况。[⑧] 二十世纪八十年代中期以来，皖南境内陆续发现了一批古矿冶遗址，裘士京进而指出丹杨境内产铜之地甚多，主要集中在今南陵、铜陵、泾县、繁昌、贵池、当涂一带，非专指一山一地。[⑨] 近年，徐东升提出异说，他认为“丹阳铜”是指现代地质学上的自然铜，广泛分布于长江中下游等地，[⑩] 从而对“丹阳铜”为丹杨郡所产之铜的传统看法提出了挑战。

1980 年贵池秋浦河渡口出土的半两铜钱范，蒋若是、汪本初等均将其断为

---

① 谭其骧：《晋永嘉丧乱后之民族迁徙》，《燕京学报》1934 年 6 月总 15 期，收入氏著《长水集》上册，第 211—214 页。

② 分见胡阿祥《东晋南朝侨流人口的输出与输入——分别以今山西省域与今安徽省域为例》，《文史》2008 年第 1 辑；《〈晋永嘉丧乱后之民族迁徙〉申论》，《安徽大学学报》（哲学社会科学版）2010 年第 5 期。

③ 万绳楠：《江东侨郡县的建立与经济的开发》，《中国史研究》1992 年第 3 期。

④ 陈直：《从秦汉史料中看屯田采矿铸钱三种制度》，《历史研究》1955 年第 6 期。

⑤ 王仲殊：《汉代物质文化略说》，《考古通讯》1956 年第 1 期。

⑥ 裘忱耀：《汉代著名产铜地丹阳考》，《历史研究》1957 年第 2 期。

⑦ 魏嵩山：《西汉丹阳铜产地新考》，《安徽大学学报》（社会科学版）1979 年第 3 期。

⑧ 孔祥星、刘一曼：《中国古代铜镜》，文物出版社 1984 年版，第 76 页。

⑨ 杨国宜、裘士京：《丹阳铜、梅根冶、永丰监考》，《文物研究》第 6 辑，黄山书社 1990 年版，第 272—278 页；裘士京：《江南铜研究》，黄山书社 2004 年版，第 164—180 页。

⑩ 徐东升：《“丹阳铜”论略》，《厦门大学学报》（哲学社会科学版）2019 年第 1 期。

秦物。[①] 而杨立新则将之定在汉初，以为吴王刘濞“即山铸钱”活动的见证。[②] 裘士京、张卫东亦就刘濞开发皖南铜山铸钱兴利等问题进行了综合考察。[③] 另外，朱津对丹杨郡铜官的设置时间与背景予以考察，[④] 然多出揣测。裘士京还对南朝“梅根冶”地望诸说逐一辨析，指出其故址在今贵池东北梅龙镇附近，且铜源来自周边的铜陵、南陵地区，绝非采自一县一山。[⑤]

二　存在的问题与不足

总体来看，前辈学者多从大范围（如纳入丹杨郡、江东乃至整个东南地区）、长时段（如汉晋、秦汉六朝）对各类资料取长补短，互相参证。除了政区地理、上古水道以及山越诸多专题的研究较为深入外，关于“丹阳铜”与皖南矿业地理的研究方法、力度尚有待推进。因此，全面梳理已有的文献史料和考古材料，仍然是当前安徽南部早期历史地理研究中的一项艰巨任务。

诚如周振鹤先生所言：“历史经济地理、文化地理、民族地理等学科也要在历史政区的研究基础上才能取得更圆满的成绩。”[⑥]具体到皖南西汉政区地理的研究也并非题无剩意。《史记·汉兴以来将相名臣年表》云：建元三年（前138）“东瓯王广武侯望率其众四万余人来降，处庐江郡。”又《史记·东越列传》记：建元三年“东瓯请举国徙中国，乃悉举众来，处江淮之间。”如此，至迟建元三年时庐江郡已由江南移至江北，周振鹤先生所主的元狩二年（前121）撤江南前庐江郡、置江北新庐江郡之说，[⑦] 似乎仍值得商榷。

另据谭其骧先生考证，元狩初年以前，鄣郡未全部领有《汉志》丹杨郡之

---

① 以上分见蒋若是《秦汉半两钱范断代研究》，《中国钱币》1989 年第 4 期；汪本初《安徽出土古钱范考略》，《文物研究》第 9 辑，黄山书社 1994 年版，第 253—255 页；姜宝莲《秦汉半两钱范的研究》，《考古与文物》2004 年第 5 期；王俪阎《中国古代范铸钱币工艺》，学林出版社 2014 年版，第 54—58 页。

② 杨立新：《皖南古代铜矿的发现及其历史价值》，《东南文化》1991 年第 2 期。此外，主汉初说的还有部分安徽地方史家，分见张南、张宏明《安徽汉代城市功能初探》，《安徽史学》1991 年第 4 期；裘士京《江南铜研究》，第 175—176 页。

③ 张卫东、裘士京：《论两汉时期皖南铜和皖南经济》，《安徽史学》2006 年第 4 期。

④ 刘庆柱主编：《从铜官到铜陵：铜陵与中国大历史》，中国科学技术大学出版社 2018 年版，第 140—148 页。

⑤ 裘士京：《“梅根冶”考辩》，《东南文化》1990 年第 Z1 期；裘士京：《古代铸钱中心梅根冶在池州考》，《学术界》2011 年第 4 期。

⑥ 周振鹤：《西汉政区地理·引论》，商务印书馆 2017 年版，第 2 页。

⑦ 周振鹤：《西汉诸侯王国封域变迁考（上）》，《中华文史论丛》1982 年第 3 辑；周振鹤：《西汉政区地理》，第 51—54 页。按，谭其骧《秦郡界址考》以为江北新庐江郡之置在元狩初年，周说似承自谭文，参谭其骧《秦郡界址考》，《真理杂志》1944 年第 1 卷第 2 期，收入氏著《长水集》上册，第 18 页。

地，其西以今青弋江为界。① 周振鹤认为刘濞吴国即领有包括此鄣郡在内的三郡之地，而《史记·吴王濞列传》所载的“吴有豫章郡铜山”当是“吴有鄣郡铜山”之误。② 笔者试以考古材料做一验证：三十余年来，长江下游地区矿冶遗址的考古发现表明，皖南沿江的繁昌、南陵、铜陵、池州一带在周秦汉时代采铜、冶铜的活动持续不断，且最为密集连片，环视周边亦无出其右者，因此极有可能是刘濞吴国“铜山”之所在。③ 然而，如果按照谭其骧、周振鹤两位先生对鄣郡界址的复原意见，皖南铜矿资源均在青弋江以西的庐江郡境内，不属吴国，而吴国鄣郡所及之皖东南地区恰恰又无铜可采。由上可见，似成定论的“‘庐江’青弋江说”还有再行检讨的必要。

运用文物考古资料亦可深化历史矿业地理（矿业的开采、运销及影响）的研究。试举一例，前揭徐东升《“丹阳铜”论略》一文，综合现代地质学和古代医学文献，似有“新知”，实则不合汉镜铭文纪地之通例。笔者认为不妨引入历史地理信息系统，考察“丹阳”铭文镜的分布与流通，或许能使“丹阳铜”与皖南早期铜工业的低层次研究现状得以改观。

总之，要重返历史现场，最基础的工作还是要全面收集与整理皖南先秦秦汉六朝文献记载和已发表的各类考古学、历史学研究成果。利用 GIS 软件和图像处理软件，建立基于较精准时空关系的皖南早期历史与考古数据库，构建安徽南部早期考古学地理信息系统。运用考古学、历史文献学、历史政区地理学等学科方法，将皖南置于变化中的政治、经济与社会背景下，复原出安徽南部早期社会进程的若干片段。

（常泽宇，复旦大学历史地理研究中心博士研究生）

① 谭其骧：《秦郡界址考》，《真理杂志》1944 年第 1 卷第 2 期，收入氏著《长水集》上册，第 18 页。

② 周振鹤：《西汉诸侯王国封域变迁考（上）》，《中华文史论丛》1982 年第 3 辑；周振鹤：《西汉政区地理》，第 36—39 页。

③ 参国家文物局主编《中国文物地图集·安徽分册》上册，中国地图出版社 2014 年版，第 60 —61 页。

迈向“日常生活”的中国社会史研究

——《日常生活的历史学：中国社会史研究三探》* 评介

李尔岑

摘　要：《日常生活的历史学：中国社会史研究三探》是常建华教授关于中国社会史研究的回顾总结与理论展望的新作，具有重要参考价值。该书详尽总结近十年来中国社会史研究的现状与趋势，在此基础上，旗帜鲜明地强调日常生活史在中国社会史研究中的重要地位：社会史研究的发展，应以对日常生活史的研究为落脚点，并以多维领域的实证研究，使中国社会史研究实现意涵上的扩充和理论深度上的演进。该书既为了解近期中国社会史研究动态提供了周详的参考，又为中国社会史研究的未来发展路径展示了足资采择的方向。

关键词：中国社会史研究；日常生活；笔记；档案；民间文献

自二十世纪八十年代中国社会史研究复兴以来，中国社会史研究的理论总结与路径探索问题始终是学界一项重要课题。作为自 1986 年首届中国社会史研讨会以来，中国社会史近四十年发展的亲历者与见证者，常建华教授始终于社会史领域着意耕耘，成果斐然。不唯如此，常建华教授时时留心总结中国社会史的发展脉络，于论文处，有《中国社会史研究综述》（合撰，《历史研究》1987 年第 1 期）、《中国社会史研究十年》（《历史研究》1997 年第 1 期）、《从社会生活到日常生活》（《人民日报》2011 年 3 月 31 日第 7 版）、《社会史研究的最新发展趋势》（《安徽师范大学学报》（人文社会科学版）2014 年第 1 期）、《新世纪的中国社会史研究》（《中国社会历史评论》2017 年第 18 卷）、《改革开放 40 年以来的中国社会史研究》（《中国史研究动态》2018 年第 2 期）等作品，形成阶段分明、总结完整的系列成果。于著作处，则有《社会生活的历史学：中国社会史研究新探》（北京师范大学出版社 2004 年版，以下简称《新探》）与《观念、史料与视野：中国社会史研究再探》（北京大学出版社 2013

---

* 常建华：《日常生活的历史学：中国社会史研究三探》，北京师范大学出版社 2021 年版。

年版，以下简称《再探》）两部社会史学习者的必读书目。这两部书，是常建华教授以约十年为一个维度，对中国社会史既往历史的总结，与对未来发展道路的展望。而其新作《日常生活的历史学：中国社会史研究三探》（北京师范大学出版社 2021 年版，以下简称《三探》）正是在这一理路引领下的最新力作。新世纪以来，《新探》《再探》《三探》的陆续出版，已经成为常建华教授于中国社会史理论探索领域的系列著作。

中国社会史的发展道路具有开放性的特点，社会史研究的理论视野与方法并不局限于历史学科之内。[①] 跨学科、多视角于社会史领域的并举，意味着社会史研究的发展更新迅速，迭有新见。有鉴于此，常建华教授以约十年为一个周期，持续关注并介绍社会史研究的最前沿动态，是以该书的第一部分，即为此内容（该书介绍内容收录的周期为 2007—2016 年）。该书的第二部分，则凝聚常建华教授对社会史研究未来的思考，旗帜鲜明地指出：社会史研究的发展，应以对日常生活史的研究为落脚点。围绕日常生活史这一主题，常建华教授就其史料与研究方法进行初步的实证探索，是为该书的第三大部分。概而言之，该书脉络明晰，观点鲜明，若要了解中国社会史学界发展的最新动态，该书当为必读书目。

一　对中国社会史发展道路的系统总结：对日常生活的关注脉通其中

在 2004 年出版的《新探》中，常建华教授指出社会史研究有如下三个立场与特征：强调历史学与社会科学的结合；研究普通群众与重视基层社会；注重心态史与历史人类学。这一观点的提出，主要着眼于当时社会史发展的两大主要特色：“目光向下”与跨学科视角。有鉴于此，常教授将着眼点置于百姓的生命、生计与生态，并强烈号召历史学与社会科学相结合，以跨学科的视角观察古代中国社会。其中，常教授尤其关注历史人类学在中国社会史研究中的发展潜力。约十年后，在《再探》一书中，常教授回望前观点，做出补充。他指出，二十世纪以来的中国社会史研究，盛衰得失始终与社会科学的命运息息相关。坚持与社会科学的对话与结合，应当是社会史研究的基本立场，这是对前观点的进一步界定。在此基础上，常教授指出：社会史与社会科学的结合，应当注意把持“适度”问题，这是对原观点的补充。针对社会史研究“目光向下”的视角，在《再探》一书中，更以大量实证研究作为案例，论述新的视

① 参见常建华《社会生活的历史学：中国社会史研究新探》，北京师范大学出版社 2004 年版。

野、史料在新视角下如何绽放光彩，而旧领域、旧史料则亦经新视角的审视而重新焕发活力。①

时届今日，又近十年过去，中国社会史研究百舸争流，诚如常教授十数年前所预言之情形：跨学科的视野、“目光向下”的视角，为社会史研究提供了经久不息的发展动力，不论是高屋建瓴的理论探索与学科建设问题，还是具体细分的社会史各领域，如今都呈现欣欣向荣的发展态势。在理论探索与学科建设方面，社会史与历史人类学、新文化史的结合日渐紧密，民间文献等新史料的发掘使社会史研究不断推陈出新。社会史学科的教研在出版教材与举行研讨会两个方面都稳步发展。在具体史学研究领域的发展上，不论是侧重社会结构的婚姻家庭史、宗族史、社会群体研究；还是侧重社会空间与社会生活的城市、乡村、社区研究，民间信仰与宗教生活研究，礼俗与社会习尚研究，人口与社会保障研究；抑或是以跨学科为最突出特点的生态环境史、水利社会史、医疗社会史、法律社会史等领域，近些年来均有长足发展。尤可关注者，是社会史研究常不拘泥于某一单一领域，以地域为范围的整体性研究，往往集合多重学术领域的理念与思路。

综合上述社会史研究发展历程的梳理与总结，社会史研究内容的发展趋势可以被概括为社会空间的扩展、社会史与新文化史的联袂、跨学科的视野。社会史研究路径的发展趋势则可以被概括为区域社会史的历史人类学趋势与社会生活史的日常生活趋势，前者以“华南学派”的蓬勃发展为表征，后者则是中国古代生活研究的自然发展趋向。此二者又借助民间文献这一媒介产生交叉渗透，共同促进中国社会史研究开放多元的新发展趋势，推动着社会史学科建设。但不可否认的是，多元理念汇入中国社会史研究，在不断带来发展原动力的同时，也让“中国社会史”本身的意涵愈加扩张。中国社会史研究包罗万象，诸领域各自发展之后枝蔓延展，则有各自为政、收束不明的风险。有鉴于此，该书为中国社会史研究的未来进行进一步的展望，其关键在于对日常生活史的关注与运用。

二　向日常生活史的展望：学术发展与理论自觉

常建华教授主张中国社会史未来的研究当以日常生活史为收束和落脚点。原因在于，目前很多社会史研究，实际已经进入了日常生活领域。日常生活史已经成为包括文化史、社会史、历史人类学在内的社会历史研究的重要部分。

① 参见常建华《观念、史料与视野：中国社会史研究再探》，北京大学出版社 2013 年版。

在此基础上，常教授指出日常生活史应当成为文化史、社会史、历史人类学的基础。

在社会文化史领域，社会生活史是其重要部分，是以社会文化史研究先天带有对生活的关注，取得了一定的成绩。不过，常教授强调，还应更加明确与自觉地将日常生活史作为社会文化史研究的基础。[①] 近些年来，有关中国古代社会生活的研究其实为数不少，但许多学者都有感于对社会生活的论述失于笼统，往往只见“物”而不见“人”。有鉴于此，社会生活史研究，有必要向日常生活史演进：在建立以人为中心的史观的同时，关注具体的人、人群的日常生活内容，关注日常生活领域的非日常生活因素，以期凸显“生活”的意义。这意味着，生活史的研究将改变过往不分时代先后、不分阶层高低、缺乏定量分析的状况；[②] 改变个别的、零散的、孤立的研究内容取向，而注重整体，注重人的存在，注重种种细化领域的独有特点，形成一系列各具风采的生活史成果：以人的生活内容划分，则家庭史、宗族史的研究焕发新的活力；以人的年龄阶段划分，则有儿童史、老年史；以人的生活区域划分，则有乡村生活、城市生活之别；以人的信仰生活划分，则宗教史、风俗史研究更近于人的活动，并产生与国家存在相链接的空间。如此，生活史研究带来视角与方法的新变化：从习以为常中发现历史；从日常生活来看国家；挑战对传统史料的认识；以新视角考察民族关系，阐述社会变迁。[③] 当生活史研究深入社会的肌理，触及国家与社会的本质，社会史研究中“生活”的意义才得以凸显。生活史研究以上述诸特征作为要点，方可称之为日常生活史。

综合上述要素，常教授进一步考察日常生活史的理论与视野如何与新文化史、历史人类学等潮流领域展开联系，指出新文化史、社会文化史离不开日常生活史的探讨，而日常生活史也需要借鉴新文化史、社会文化史的理论方法。历史人类学亦应以日常生活史为其重要出发点。实际上，前述两大领域的已有研究都已或多或少地触及了日常生活史的范畴，但仍需要更自觉地以日常生活史作为基础。

在日常生活史领域，海外学界有更久的学术发展和理论自觉，该书细致归纳总结海外日常生活史的研究现状，为中国日常生活史的理论开拓提供借鉴。总的来看，西欧日常生活史研究的勃兴肇始于对经典社会史研究重视社会结构、

---

① 参见常建华《日常生活的历史学：中国社会史研究三探》，第 133 页。

② 笔者此处化用黄正建在探讨唐代日常生活史研究时的观点。参见黄正建《关于唐代日常生活史研究现状的思考》，《中国社会科学院院报》2004 年 9 月 14 日第 3 版。参见常建华《日常生活的历史学：中国社会史研究三探》，第 143 页。

③ 参见常建华《日常生活的历史学：中国社会史研究三探》，第 163—171 页。

追求宏大叙事的反思，既是对已有社会结构史研究的丰满与补足，又绝不是所谓囿于微观、鸡毛蒜皮的散乱研究。海外日常生活史研究的发展，实则与西方历史演进“道德私人化”的脉络息息相关，就此层面而言，日常生活史研究与大历史、总体史并非势不两立，而是密切关联。海外日常生活史研究自成脉络，又与西方历史发展本身的特殊性密切相关，那么中国的日常生活史理论与路径则势必既要借鉴海外的理论道路，又要时刻注意进行学术比较，自觉进行比较研究。西方历史“道德私人化”在日常生活史研究中的渗透，既提醒我们注意中国文明进程中的核心观念变化，在“公私”关系上思考中西的差异性与一致性，也提示我们思考应如何将中国历史的发展脉络汇入日常生活史研究，使中国的日常生活史研究也勾连宏观世界、联系大历史。显然，对日常生活史的强调不代表对“国家存在”的进一步疏离。事实上，从“国家—社会”分析框架向“制度—生活”转变，正是日常生活史链接大历史的重要取向。

总之，中国社会史目前的研究成果，已经显现出向日常生活史靠拢的趋势，但仍应更加自觉地进行日常生活史的理论探索与研究实践，是为中国社会史研究向未来的展望。

三　理论落于实处：新视野下的实证研究

常建华教授对日常生活史的探索，不仅限于对学术史的细密梳理。对于作为一种全新视野的日常生活史，如何使现在的社会史领域、旧有的史料焕发新的活力这一问题，常教授以数则实证研究予以初步的探索。

（一）新视野下的旧领域：明代宗族与社会新研

《三探》中，常教授以明代宗族的几篇研究为例，展示在新的视野下，旧有的宗族史研究出现哪些新议题。以新的视野看待中国古代宗族的某些要素，会出现与前人有所区别的新看法。明代宗族出现的一些族训规范，在明代宗族发展过程中实则起到了改变、规范族人日常生活的作用，为后世族规家法的滥觞开一先河，提供典型范本。如浙江浦江郑氏的《郑氏规范》，约章完备，其中大量内容都是对族人日常生活予以规定的条文，且偏向于强制性。又如明代名臣霍韬著《霍渭厓家训》，对于十六世纪后明代基层社会百姓日常生活的变迁，其书实则有所体现与回应。明代中晚期社会风气的变化是社会史一重要话题，常教授认为，社会风气的变化实则映射日常生活的变化，以山西洪洞县为例，在此时期展示出经济消费的奢靡、社会身份的混淆模糊两方面日常生活变化。针对此现象，洪洞当地官员的教化活动、宗族的感知与回应，均体现出日常生活的变迁与国家权力、意识形态等非日常生活因素间的紧密联系。宗族史、社会变迁史都是社会史研究的热门话题，相关研究汗牛充栋，但常教授以新的日常生活史视角重新审视上述二领域，则新的问题意识从中浮现，产生新的历史书写方式，使学人对中国古代社会的认识更加深入。

（二）新视野下的旧史料：徽州文书、笔记与刑科题本的日常生活史价值

历史研究，史料先行。针对日常生活史视角带来的崭新历史书写方式，常教授尤其关注新视野下如何妥善解读史料，使日常生活史研究落于实处。该书中，常教授主要关注如下三种代表性史料：徽州文书、笔记与刑科题本。三种史料在性质上的共性，在于“日常性”与“地域性”。

在过往的研究中，上述三种史料都是社会史领域的重要材料。而以日常生活史的视角重新审视它们，则又呈现出新的史料价值。徽州文书作为中国存世量最大的地方性文书，对其解读、利用与研究是构成徽学研究的基础。前人对徽州文书的利用，经历了由聚焦社会关系到聚焦社会生活的变化，也经历了由侧重“民间性”向侧重“日常性”趋势的演变。徽州文书在传统社会经济史领域发挥作用之外，在日常生活史方面，同样具有先天的优势。类似的优势也体现于笔记与刑科题本史料之中：对于了解社会生活来说，笔记属于第一手的资料，但笔记史料由于内容五花八门，杂乱无章，研究者往往就自身所研究的内容，从笔记摘取一隅，作为旁证，而并不做集中研究；刑科题本属于中央司法档案，过往社会史学人关注其中引发民间冲突的诸多社会关系，如婚姻关系、土地关系等，而对口供本身所透露出的一些当事人日常生活细节视若无物，略有舍本逐末之感。而且，近年对刑科题本本身制作流程的研究，使口供究竟是否真实反映社会关系已经出现疑虑。[①] 那些在口供被层层转达、制作加工最终成为标准格式的题本过程中，不被刻意规避、格式化的真实日常生活细节，则尤其显得弥足珍贵。

那么，究竟该以怎样的方式审视具有日常生活史研究价值的史料，使理论跨越落于实处？在常教授看来，不同的史料当有不同的方式。针对徽州文书，常教授认为，过往对徽州文书的整理、利用方式不利于日常生活史的探讨：将徽州文书拆散、打乱，成为各研究课题下一件件独立例证，则对生活单位的连续性、联系性、整体性失之考量。如要对徽州文书中的家族、村落进行日常生

① 徐忠明、史志强均针对清代司法档案文献的文本处理流程及审转制度做出研讨，在这一文本处理过程中，当事人在审讯过程中表现出的个性化的语言、行为，被标准化的口供单所埋没。在这一过程中，甚至会出现铸成冤案的情况。参见徐忠明《台前与幕后：一起清代命案的真相》，《法学家》2013 年第 1 期；史志强《冤案何以产生：清代的司法档案与审转制度》，《清史研究》2021 年第 1 期。

活的研究，则必须要改变对文书的整理、利用方式，注重汇总同一主体下产生的文书史料，才能着手进行整体性研究，呈现生活内容。

针对笔记史料，常教授以《扬州画舫录》《巢林笔谈》两部笔记的具体应用为例，说明对笔记史料的审视，应当从史料所反映的地域性以及作者本身的生命史出发。跳出过往以社会事项为纲目，将笔记打散利用的方式，而是将笔记史料与其产生的社会背景、地域社会与作者本身的生命历程相联系，形成对社会生活、对文化的新认识。

就刑科题本史料而言，跳出将口供抽象为社会关系的窠臼尤为重要。诚然，刑科题本大量保留社会经济关系，自刑科题本开始被系统整理始，即有被分为土地债务、婚姻家庭等类的现象，但少有人关注刑科题本重要的生活史价值。为了使口供利于己方，当事人对利益相关的经济关系、社交网络或有不尽不明之处。为了文本格式的标准化，官府对题本的文本处理或有篡改删减之处。但是当事人口供中不经意间透露出的案件发生场景与生活细节，则无意中保留了时空、社会、生态的记载，往往没有掩饰、修改之虞。在具体做法上，则与前述二史料相反，由于每一则刑案口供所能透露的生活史信息有限，刑科题本史料正需要以日常生活的视角，将错综复杂的口供中的蛛丝马迹筛取、抽离，最终汇总形成对清代日常生活的认识。在常教授看来，这一认识的最终汇总、呈现，则是在“地域社会”的总领下实现的。可以看到，常教授针对刑科题本史料正在分地域地进行一一探究。①

这里便涉及三种史料的“地域性”特点，徽州文书毋庸赘言，系徽州区域史研究的最重要史料，涵盖徽州社会生态的方方面面。笔记史料类别众多，大体可分为学术类、生活类、异闻类三种，作为生活类笔记，《扬州画舫录》与《巢林笔谈》显然与笔记作者的个人生活经历密切联系，往往以一定的地域为舞台（扬州的城市生活），或与作者的行迹相关联（龚炜的旅游生活），透露出颇具地域特点的个人生活记述。就刑科题本史料而言，其中隐含的地域性特征则非为文本制作者主动透露，需要研究者予以摘取、汇总。

最后，笔者想就“日常生活”“历史学”与“社会史”三个概念的联系谈谈想法。早在二十世纪九十年代，学者尝试构建起所谓“新社会史”的理论框架时，就强调将“生活”带进社会史研究中，举出“日常习见之事物”“法律”“审美观”“日常民俗”四个例子论证“新社会史”的特征，要旨即在于“切

① 参见常建华《日常生活的历史学：中国社会史研究三探》第五章《清代乡村生活与刑科题本的价值》，第402—575页。

近生活”。[1] 可见，社会史自身的发展，本就与“生活视角”的凸显密切相关。近年来，越来越多的史学领域开始强调“日常生活视角”，对“日常生活”本身的认识也发生着演进。汪雄涛在对法律史如何迈向生活的议论文章中指出，迈向生活的法律史，一是指问题意识要从生活中来，二是指要将生活逻辑带入经验到理论的推演中去。要将生活逻辑带入经验到理论的推演中去。从这一角度来考量，“日常生活”便超越了单纯的“研究内容”，甚至超越了“方法论”的范畴，而成为一种自觉的“立场”。[2] 延伸开来解释，“日常生活”的概念，不应该被限定于“社会史”的领域，易言之，日常生活概念在各个史学领域的引入，是社会史扩展其范畴，成为“大历史”的过程。该书以“日常生活的历史学”而非限定于“社会史”为主标题，恐怕亦存此深意。

（李尔岑，南开大学中国社会史研究中心暨历史学院博士研究生）

① 参见杜正胜《什么是新社会史》，《新史学》1992 年第 3 卷第 4 期。

② 参见汪雄涛《迈向生活的法律史》，《中外法学》2014 年第 2 期。

聚焦淮南　探究淮河文化内涵与特色

——《淮河（淮南）文化十五讲》评介

邓高翔

淮河与长江、黄河、济水并称为“四渎”，其流域贯穿山东、河南、安徽、江苏、湖北五省，是中华文明核心起源地之一。中原文化、齐鲁文化、荆楚文化、吴越文化在此交相辉映，逐渐形成富有浓郁区域特色的淮河文化。淮河文化以其源远流长、多元交融的区域特点在中华大地上熠熠生辉，滋养着淮河两岸人民的精神家园。而淮南则是淮河文化中极具代表性的地区之一，这里形成了丰富多彩的文化单元，是淮河文化母体中孕育的一颗璀璨明珠。开展对沿淮地方文化的研究与探索，是丰富淮河文化的必经之路，也是研究中华文化融合发展的重要环节。由李琳琦主编、人民出版社 2021 年出版的《淮河（淮南）文化十五讲》，就是这样一部聚焦淮南来探究淮河文化内涵与特色的著作。该书除“序言”“后记”外，共分十五讲：第一讲“名川四带　一方都会：地域空间与淮南历史文化”；第二讲“天下奇才　绝代奇书：刘安与《淮南子》”；第三讲“日月交会　北斗定时：二十四节气”；第四讲“流泽派引润千畦：淮南水文化”；第五讲“长淮砥柱　烽烟鏖战：淮南历代战事”；第六讲“淮南桂树小山词：淮南文学与艺术”；第七讲“吴头楚尾　南腔北调：淮南方言民俗”；第八讲“五彩缤纷　世代芳华：淮南的非遗文化”；第九讲“橘生淮南则为橘：淮南成语典故”；第十讲“寿州瓷黄茶色紫：寿州窑的兴衰”；第十一讲“历史名城　千年古县：寿县古城风采”；第十二讲“走千走万，不如淮河两岸：淮南美食名扬天下”；第十三讲“革命火炬耀千秋：淮南红色文化”；第十四讲“天宝毓物华　地灵出人杰：淮南历史人物”；第十五讲“凿开混沌得乌金：淮南‘煤’文化”。全书时间纵贯古今，内容典型丰富，其贡献主要体现在四个方面。

一是运用跨学科研究方法。该书运用了历史地理学、语言学、地名学、民俗学、人类学等跨学科研究方法，从多重维度、不同视角立体地展现了淮南文化的特色与璀璨。例如第一讲通过对淮南历史地理的分析与考察，探讨淮南

“重农尚武”风俗的形成。该讲认为淮南地域水土资源丰富，为农业灌溉提供了优越的环境，勤劳智慧的淮南人民在这片开阔肥沃的土地上深耕细作，形成了务俭勤农的重农之风；同时淮南地处南北要冲，在长期的分裂与动荡的过程中，人民为了自卫安保不得不私蓄刀枪，尚武之风始兴。第七讲以地方方言为切入点，探寻淮南方言的形成与特色。该讲认为淮南地方语音特色既包括北调，又掺杂了南腔，形成了“南腔北调”的语音特色，而淮南地区长时段、频繁性、大规模的人口流动正是塑造淮南方言特色的重要原因。该讲还从地名学的角度去诠释淮南地区含有“郢”字地名呈规律性分布的原因。秦灭楚后，楚遗民被迫迁出寿春城，楚遗民出于对故国的怀念，在寿春城外依旧保留了大量带“郢”的方言底层地名词。此类含“郢”的方言底层地名词大致呈现出东南二线有序分布状态，所以“郢”字在淮南方言底层地名词中频繁使用与楚国数次迁都皆定都为“郢”是密不可分的。该讲从地名学的研究视角去揭示“郢”的使用和地理分布规律，为考察楚国遗民的迁徙路线和楚文化遗风提供了重要的参考依据。民俗学是一种原生态文化意识团，包含了丰富的文化意蕴。第八讲则深入挖掘了凤台花鼓灯、火老虎、抬阁 、肘阁、穿心阁、锣鼓、淮南传统舞蹈、大鼓与淮词、紫金印与紫金砚台的制作工艺、体育、游艺、四顶山庙会等原生区域文化形态，追溯了其历史起源、分解了其展演要素、厘清了其发展脉络、总结了其艺术特征。这些优秀的非物质文化遗产是淮南人民扎根淮河流域，通过辛勤劳动创造出来的具有浓郁乡土气息和古朴艺术魅力的典型代表，对这些久经时代考验而保留下来的非物质文化遗产的深入挖掘，为丰富淮南历史文化遗产的内容和形式做出了重要的贡献，同时也在实践上对淮南悠久历史文化做了较为直观的普及教育与学术呈现。

二是紧跟学术前沿，对相关学术观点进行了修正和反思，多有新见。例如该书第三讲指出，目前学界普遍认同古代二十四节气中第一个节气是“立冬”或“立春”的观点仍有待商榷。该讲参考《史记·律书》《汉书·律历志》《淮南子·天文训》《清史稿·时宪志》等历史文献资料，结合北斗斗柄的运行以及天文、历法的数据计算，推论出二十四节气的第一个节气应当是“冬至”，纠正了当下流行的“立冬”说与“立春”说。再如，该书第十讲重新检视了寿州窑兴衰的原因。该讲认为寿州窑的兴起主要是因为淮南地区具备了瓷土、燃料、运输通道三个兴窑的基本要素。除此以外，西晋政局动荡导致大量北方人口南迁侨置郡县，北方人口的大量涌入为淮南当地带来了先进的瓷器生产技术，寿州窑正是在这种复杂的社会背景下应运而生。在探讨寿州窑衰落原因时，该讲对淮南本地的自然植被覆盖和瓷土蕴藏情况进行了计量分析，同时类比了其他地区窑业衰败的原因，考论出寿州窑衰落的真正原因主要有两个方面。一是烧窑燃料的短缺。淮南地区以丘陵为主，山体单薄，植被生长周期较长，寿州窑烧造期间耗尽了淮南地区丘陵地貌的植被，寿州窑的可持续发展受到了自然环境的限制。二是寿州窑没有及时进行燃煤技术改进。尽管淮南地区煤炭蕴藏量丰富，但煤的火焰短，窑的烧成室就需缩短，因此燃煤的“半倒焰马蹄形窑”急需技术性改造，但寿州窑并没有把握燃烧能源与技术革新的机会，有力地反驳了寿州窑衰败的“瓷土枯竭说”。针对“淮南成语典故”数量的问题，学界颇有争议。该书第九讲通过类型学的研究方法，以空间分布、时间向度、文本体裁、字数多寡、原创与非原创、生命力、感情色彩、成熟度等八个分类标准考论了淮南成语的数量和分类。在围绕淮南成语典故数量统计的问题上，该讲指出了淮南成语典故的数量统计存在因同义异字、字序不同而过多统计典故成语数量的现象。由此可见，该书不仅吸收了学界研究的最新学术成果，精准地把握了学术动态，还对学界研究的相关问题进行了新的反思与总结，在论证过程中例证详实、考证得力，大大提升了该书的学理性和学术性。

三是催生了新的学术领域，明确了淮南文化的学术旨趣。该书第十一讲认为“淮南国”与“淮南王”是淮河流域文化的符号性表现，助推了淮南文化的发展与繁荣。经该讲统计发现，在二十四史中明确有“淮南王”称号的不下于22人，还有5人囿于史料记载多有错讹，疑似为“淮南王”。从公元前201年刘邦首封英布为淮南王至唐淮南王李茂被废，其时间跨度共计880年，出现了二十余位“淮南王”。尽管“淮南王”为汉族政权的分封藩王，但两晋南北朝时期的匈奴族前赵、羯族后赵、氐族前秦、鲜卑族北魏、东魏均将“淮南王”引入少数民族统治政权体系之中。淮南地区的“淮南王文化”出现了向其他地区外溢的现象，甚至渗透进少数民族统治政权体系之中。可见“淮南王文化”具备独立文化体系的地域延展性、民族认同性和历史延续性。该讲对“淮南王文化”现象提出了新的学术展望，即“淮南王文化”或许可以成为一门专项学科。与此同时，该书对淮南文化进行“在地化”研究，研究视角下移至与人民生活实践息息相关的领域，将学术研究渗透进社会的各个层面，拉近了读者与文本之间的时空距离，增强了文章的趣味性和可读性，更有利于提升淮南人民的历史认同与文化自信。该书还注意到区域文化与中华文化之间的辩证关系，将淮南文化纳入中华文化宽广视域中重新审视，对淮南文化的精准定位避免了区域文化研究的碎片化和空泛化，升华了区域文化研究的现实意义。该书以淮南文化为范本，着眼于中华文化的发展路径，思考区域文化与中华文化之间的互动关系，既兼顾了中华文化的传承性与整体性，又突出了淮南文化的地域性和典型性。

四是从淮南文化中汲取营养，以古鉴今，担负起新时代发展的历史使命。

自黄河夺淮入海后，淮南人民在治水的历史中锤炼了其坚毅顽强、百折不屈的“治水精神”；在悠久的矿产开采中，淮南人民坚韧智慧、顽强拼搏、开拓进取，塑造了富有浓郁淮南特色的“煤炭精神”；在近代革命斗争史中，淮南人民更是率风气之先，最先吹响了奋勇抗争的战斗号角。安徽省第一面党旗、安徽省宣传马克思主义第一人、中共领导的第一次安徽农民起义皆诞生于淮南。淮南人民前仆后继，谱写了英勇顽强、砥砺奋斗的壮丽凯歌，“红色革命精神”在淮南大地上赓续传承、熠熠生辉。在继承历史、开拓创新的新征程中，淮南文化中的“治水精神”“煤炭精神”“红色革命精神”依旧闪烁着耀眼的光芒，为指引淮南人民在新时代奋斗征程上持续提供历史的经验与智慧。该书深入挖掘这些文化模块，从历史文化中汲取养分，为服务淮南现代化发展出谋划策，从而使辉煌璀璨、斑斓绚丽的淮南文化在当代社会绽放出新时代色彩。该书认为，对淮南文化的传承与弘扬，最终要落实到为淮南社会发展服务上，这为淮南文化繁荣与发展赋予了新的时代任务，在区域文化研究领域中为中华优秀传统文化的继承注入了新的活力，在文化层面上担负起了新时代赋予的历史使命，为中华民族伟大复兴贡献了淮南智慧、提供了淮南答案。

习近平总书记强调：“要立足中国大地，讲好中国故事……塑造更多为世界所认知的中华文化形象，努力展示一个生动立体的中国，为推动构建人类命运共同体谱写新篇章。”[①]《淮河（淮南）文化十五讲》涵盖了淮南历史的各个时期，其时间跨度有数千年之久，描绘了淮南文化的历史、景致、遗址、饮食、水利、文艺、非遗、民俗、瓷器、历史人物、物产资源以及近代红色革命文化等诸多方面的内容，立体展现了淮南文化多个面相的璀璨和丰腴，该书无疑为宣传和弘扬淮南文化提供了系统而又全面的科普范本。尽管该书采取十五个专题进行编纂，书稿成于众人之手，但文章主线明确，繁而不散，全书治学态度严谨、考证精审、行文晓畅，既有学术性又兼具趣味性和可读性。因此，该书不仅是一部将淮南风情风貌集中展示纸上的文化巨作，也是推动淮南地域文化研究的创新之作，更无愧为当下讲好淮南故事的代表之作。

（邓高翔，安徽师范大学历史学院博士研究生）

① 《习近平谈治国理政》第4卷，外文出版社2022年版，第326页。

“第五届地方档案与文献研究学术研讨会”综述

吴佩林　王　尧

中华优秀传统文化是中华民族的精神命脉，是中华民族的“根”与“魂”。自党的十八大以来，党和国家高度重视中华优秀传统文化的继承和发扬。为进一步贯彻落实中共中央办公厅、国务院办公厅《关于实施中华优秀传统文化传承发展工程的意见》以及中共中央宣传部、文化和旅游部、国家文物局于2022年2月印发的《关于学习贯彻习近平总书记重要讲话精神 全面加强历史文化遗产保护的通知》的精神，推动以儒学为代表的中华优秀传统文化创造性转化和创新性发展，2022年5月14日，由曲阜师范大学、尼山世界儒学中心主办，曲阜师范大学历史文化学院暨孔府档案研究中心、孔子博物馆、曲阜市文物局、《齐鲁学刊》编辑部、《孔子研究》编辑部、《国际儒学》（中英文）编辑部、《中华文化论坛》编辑部、《湖北大学学报》（哲学社会科学版）编辑部、《华中师范大学学报》（人文社会科学版）编辑部承办的“第五届地方档案与文献研究学术研讨会”在曲阜师范大学召开。来自中国社会科学院、北京大学、清华大学、中国人民大学、复旦大学、南开大学、厦门大学、澳门大学等46所高校、科研机构、博物馆逾百名专家学者参与了此次研讨会，会议共选录学术论文56篇，围绕“孔、颜、曾、孟四氏圣贤后裔遗存珍稀文献和文物的发现与整理”“中华优秀传统文化的传承与发展”等议题进行了交流讨论。

地方档案（文献）整理是研究的基础，地方档案（文献）中文书制度以及文献学研究也为后续研究提供了便利。中国社会科学院郭松义回述了20世纪60年代参与整理《孔府档案》的经历，阐释了《孔府档案》中所包含的内容及其价值。山东博物馆董倩倩介绍了山东博物馆馆藏孔氏家族文献，概括了清代孔氏文献成就，并对孔氏家族文学创作尤其是女性诗人创作活动进行了剖析。辽宁大学赵彦昌利用《黑图档》对盛京文溯阁的古籍运输、撤换删改以及增补等管理活动进行了探讨。曲阜师范大学万海荞根据《南部档案》《巴县档案》以及地方志等资料对《缙绅录》中有关南部县、巴县知县的任职信息进行了补证。尼山世界儒学中心孟子研究院王川对明清历代修撰的孟氏家志进行了考述。

山东师范大学郑立娟对嘉靖《阙里志》纂修及相关问题进行了探究，认为嘉靖《阙里志》刻本是对弘治《阙里志》的翻刻与新刻，但板式行款、翻刻内容有所更改。安徽师范大学王越介绍了《圣门志》的内容以及史料价值，并对《圣门志》不足之处进行了考证。南开大学何丽琼梳理了明代日用类书中法律知识的分布与分类状况，并分析了其发展演变的具体内容及原因。济南市干部人事档案服务中心张广文介绍了孔孟世家档案中体现的日常生活。

地方档案（文献）是中华优秀传统文化的重要载体，深化地方档案与文献的整理与研究，有利于推动中华优秀传统文化的传承与发扬。清华大学仲伟民认为从历史发展角度谈传统文化继承，应当坚持“现代化”“西学”“今天”三个维度的观照，汲取传统文化中的合理理念，适应社会现代化的要求。四川省社科院向宝云对地方档案与文献中蕴含的优秀传统文化因素给予了高度评价，指出在中华优秀传统文化的百花园中，地方档案和地方文献无疑是一个非常重要的板块，从中华优秀传统文化传承发展的角度来重新审视地方档案和文献，不仅可以为认识中华优秀传统文化增加一个基层视角，还可以为中华优秀传统文化在当下的传承发展提供一个重要参照。北京大学干春松探讨了康有为与章太炎关于国家与民族观念的分歧，为中国现代化国家建构和民族建构提供了借鉴意义。清华大学任剑涛探讨了儒家哲学与家国同构的关系，为中国崛起提供了重要的理论依托点。西华师范大学杨小平以《孔府档案》为引，探讨了新儒学文化建设应注意的问题。他指出，新儒学文化建设应该要充分利用历史研究成果，利用古籍整理与研究的发现，做到有理有据，同时也应该注重人才，以人才为关键，以领导得力为关键。中央财经大学任国征探讨了圣贤后裔文献与中华传统文化话语权的关系，指出要高度重视两者之间关系，必须深入挖掘、系统分析圣贤后裔文献的文化内涵和当代价值，以此构建新时代中华传统文化话语权。曲阜师范大学王曰美探讨了儒家文化与新时代中国特色外交理论的关系。山东大学尹晓龙分析了新时代重要传统节日文化继承创新所面临的困境，探讨了新时代重要传统节日文化继承创新价值以及路径选择。曲阜师范大学王法强辨析了儒家“为己”“为人”之间的关系，阐明了两者之间转化的内在机理以及转化路径。厦门大学林晓炜在梳理“枫桥经验”的基础上，从历史文化角度对“枫桥经验”与传统中国治理思想的关系进行了探讨，探寻了传统政治法律思想对现代国家治理的价值。山西大学晏雪莲对儒学民间实践下晋商文化的本质属性进行了探讨。邯郸学院邹蓓蓓以太行山文书杂字类文献为中心探讨了明清以来华北乡村防疫避灾观念与劝善教化思想，为今下疫情的防控防治提供了借鉴意义。

随着学界研究视野的“眼光向下”，区域史研究兴起，碑刻、族谱、地方志以及民间文书等文献资料逐渐为历史学家接受与应用。山东师范大学李贝贝以元加封孔子“大成至圣文宣王”诏书立碑为研究对象，考察了加封孔子诏书立碑的缘起和过程，并分析了各地立碑时间差异的原因与立碑意义。曲阜师范大学陈东以碑刻图像为依据，梳理了历代孔子像“小影”之争的真实面貌。北京师范大学黄晓丹以明代广东儒学碑记为中心，探讨了广东地区儒学碑刻文献的收录范围和分类、载录与分布及其文献价值。曲阜师范大学陈德洋探讨了金代地方庙学与乡村治理的关系，认为金朝入主中原后国家“崇儒”国策的确立，推动了地方庙学建设，从而应用于乡村社会治理中，并与乡村民众产生互动。山西大学郝平分析了宋至清山西乡村文庙的创建原因、创建选址、创修群体以及发展趋势，探讨了儒学在乡村的社会化问题。山西大学杨波利用泽州地区的碑刻资料对孔程圣贤传说和村落文庙的历史演变进行了探讨，认为泽州文庙的发展得益于孔程圣贤传说的广泛流传、士大夫与地方官员的推动、区域社会经济的发展三个要素，并通过废弃学校改造为文庙的形式得以流传。兰州大学吴华锋利用族谱、碑刻等史料，探讨了晚晴民国甘肃静宁章麻葛氏的宗族认同与建构问题，揭示了明以来西北宗族与其他区域宗族的共性以及特殊性。古滕文化馆杨其东立足《滕阳支谱》，介绍了孔氏滕阳户支谱纂修情况，并对孔氏滕阳户名人及成就进行了梳理。天津外国语大学吴倩探讨了宗族儒者与宗族重建的关系，指出儒家知识分子的理论探索与实践创制在宋代宗族重建过程中起了重要作用。安徽师范大学康健以徽州文书为中心，考察了明代祁门石溪康氏宗族的发展脉络与山场经营。山东大学任雅萱对明代华北门型宗族进行考察，指出军户分门促成了明代华北赋役由户到门的转变，推动了明代“门”型宗族的构建。中国人民大学孙岩在整体视角下探讨了明清尊经阁营造中的环境考量与文化建构，并论述了庙学研究中的“生态意识”。澳门大学范祯《南宋、元代庙学祭祀中的鼎与炉》一文梳理了宋元两代庙学祭祀中鼎与炉的使用情况，并借以个案分析进行说明，认为在北宋末，皇帝亲祀的临时性祭孔仪式已出现行香礼，元代中期在各地普及；南宋州县庙学用铏鼎祭孔的逾礼情况偶有发生，但并未使用香鼎，到元代中期庙学祭祀开始将铏鼎与香鼎混用。山东艺术学院颜伟对文庙露台形制、建造渊源、演艺功用三个方面进行考述，指出文庙露台祭礼演乐存在着官方雅乐与民间俗曲互动交织的现象。

圣贤后裔爵位的承袭与任用既是一种王朝制度的实践，又是“道统”文化符号的功能阐释，深化此方面的研究有利于在还原制度实践基础上探讨统治合法性等问题。黑龙江省社会科学院苗霖霖梳理了金朝对孔子后裔的封授和任用，指出金朝“衍圣公”制度的制定与施行具有缓和民族矛盾、促进民族融合的功能。尼山世界儒学中心孟坡《孔氏南宗“辞爵”初探》认为，孔洙辞爵是受宋元之际政治、社会环境、宗族内部矛盾等因素影响，其结果造成孔氏南宗地位的衰落，曲阜孔氏得以袭爵，成为大宗。曲阜师范大学周海生对明清曾氏袭封五经博士的过程进行研究，剖析了曾氏后裔争袭五经博士的原因，并借此探讨了族权与皇权之间的关系。左丘明研究院梁圣军考察了清朝有子后裔获袭翰林院五经博士过程曲折的原因，认为有子嫡裔的确定，是朝廷、地方官员以及有子后裔共同努力的结果。东南大学贺晏然考察了明清曾子奉祀建立与发展的历程。南京审计大学吴孟灏考察了两汉时期孔氏家学的变迁，认为孔氏家学的学术走向受社会、政治环境的影响，经历了《大夏侯尚书》到《左氏春秋》，再到《严氏春秋》的变化。山东大学孔勇以圣贤后裔为中心重新审视了地方性道统问题。中国人民解放军军事科学院军队政治工作研究院孔明梳理了清末民初至全面抗战爆发前日本与孔府交往的历程，为认识近代日本对华文化侵略、国民政府走向全面尊孔之外因以及 1935 年中日邦交调整提供了新视角。

地方档案与文献的大量存世，使对明清、民国以来基层组织、社会权势、经济变迁、文化教育等精细研究成为可能。南开大学常建华以刑科题本为基本资料，探讨了清中叶宗族的区域性。青岛大学杜靖在考察华北宗族的基础上提出了人类学内部实践论的宗族解说模型，并以人类学的视角探讨了孔氏宗族内部的房支关系以及国家与地方关系。曲阜师范大学李先明以《孔府档案》为中心对民国初年美以美会在曲阜城内“买房建堂”引发的纠纷进行研究，讨论了官绅、民、教博弈的空间与限度。四川大学冯峻利用《巴县档案》对咸同时期四川地区教习滥保现象以及张之洞童试制度改革进行考察。西华师范大学熊梅利用《南部档案》，对宣统时期四川南部县医学研究会的组织架构与运行实况进行考察。华南师范大学黄绍日以清至民国江西契约文书为中心重新审视了中国传统组织“会”，认为“会”有着市场化的性质和发展趋向。中南财经政法大学巩哲利用《孟府档案》对清代孟府介入州县司法活动进行考察，指出孟府以自身、被动、借助衍圣公三种方式介入州县司法活动，是孟府根据自身利益诉求所做出的策略选择。山东大学龙圣利用《中国明朝档案总汇》，对彭元锦生平、死亡原因以及彭弘澍承袭永顺宣慰使前后经历进行了探讨。南昌大学刘杰以江西田赋贪污案为中心，考察了田赋贪污案件中江西民众与地方政府的态度和行为，透视出抗战及战后田赋征收与地方社会演变中的财政生态。南开大学冯学伟以清末家庭日用帐《生财大道》为中心，对账簿中纠纷类型及其救济方式进行考察，为我们分析民间社会健讼与否提供了一个当事人视角。复旦大学叶鹏以翁心存辑录的《粤东校士录》《西江校士录》为中心，对清中后期生员入学年龄进行了计量分析，认为个人文化水平高低与入学早晚有密切关联。曲阜师范大学姜丽静反思了激进的妇女史观，以孔子第 73 代女孙孔璐华为中心重新审视了清代女子教育问题。

《孔府档案》作为孔氏家族在各项活动中形成的文书档案，是研究孔氏家族及其所处时代相关问题的宝贵资料。曲阜师范大学吴佩林对明代孔府的诉讼与裁决进行了梳理，认为孔府司法权有其特定的受理范围，体现的是“家族”与“官僚制”的结合，票到和息是孔府解决纠纷的一种特殊方式。华中师范大学吴伟伟以孔府的藏冰、用冰活动为研究对象，探讨了孔府自然信仰、管理制度、人情社交及其地位变迁等问题。曲阜师范大学蒲凤莲《清代中后期孔府的差徭申免》一文认为清代中后期孔府的差徭申免在制度条文与实践运作上存在差异，其研究表明清后期孔府各群体差徭优免权受到不同因素的制约，未得到很好的保障。曲阜师范大学杨素花对孔府的新年食俗进行考察，认为孔府的新年食俗，是饮食在特殊群体与特殊时空下的交融与创造，绵延于温润的政治文化土壤、通畅运转的保障机制中，在满足其原生诉求的同时，兼具礼俗相融的次生意蕴。南开大学姚志良通过考察 1936 年清理孔氏祀田委员会成立的始末，揭示了此阶段南京国民政府的尊孔转向以及“柔性”治理孔庙庙产方式的内在逻辑。上海交通大学胡杰文对明代孔府祭田的数量与结构、土地制度、粮役制度等内容进行了梳理，探讨了明代孔府祭田的性质问题，认为孔府赋役体系与州县政府赋役体系极其相似，不应该简单定义为封建地主。曲阜师范大学孟维腾的《秩序与观念：明清以来曲阜孔氏族人的入林》一文探讨了明清以来孔林中葬区的划分、孔氏族人入林程序、入林纠纷及处理等问题。曲阜师范大学令狐晓潇对清中后期孔氏家族未能修成大谱原因进行考察，透视出清中后期孔氏家族内外交困的时代境遇。南开大学庞蕾以《孔府档案》为中心，梳理了孔府管勾的历史沿革、选任制度、主掌职权，并探讨了孔氏家法与清朝国法的关系。

纵观本次会议，有以下特点：一是与会人员具有广泛性，包括高校、科研院所及文博系统，既有资深教授，也有青年才俊；二是学术交流多学科性，与会论文涉及历史学、哲学、法学、档案学、人类学、艺术学、教育学等学科；三是史料多样性，资料运用上除正史外，涉及地方档案、地方志、碑刻、家谱、笔记、账簿等史料；四是会议主题集中，尤以圣贤圣裔遗存文献的整理与研究、中华优秀传统文化的传承与发展为重点，拓展了地方档案整理与研究的深度和广度。

（吴佩林，曲阜师范大学历史文化学院暨孔府档案研究中心教授；
王尧，曲阜师范大学历史文化学院暨孔府档案研究中心助理研究员）

“多元统一：历史文献与区域研究”学术研讨会综述

陶良琴　祝　虻

2022 年 7 月 9 日，由安徽师范大学历史学院、中国区域文化研究院主办的“第二届中国区域文化研究院青年学者工作坊”在芜湖召开，会议以“多元统一：历史文献与区域研究”为主题，来自北京大学、中国人民大学、山东大学、兰州大学、北京化工大学、江苏省社会科学院、天津师范大学、大同大学、淮南师范学院、黄山学院、安徽师范大学等国内知名院校与科研机构的五十余位学者参加了此次研讨会，会议采用线上线下方式同步进行。

会议的开幕式，由安徽师范大学历史学院副院长韩家炳教授主持，历史学院院长刘道胜教授和中国区域文化研究院执行院长郑小春教授先后致辞。刘道胜教授首先对各位远道赴会的学者表示了由衷的感谢，随后他介绍了安徽师范大学历史学院的办学情况，阐明了本次会议的举办初衷，充分肯定了青年学者在引领学术前沿中的重要作用，认为本次会议的召开将推动历史学院中国史高峰学科的建设。郑小春教授在致辞中指出了近年来中国区域史研究的新动向，并介绍了《中国区域文化研究》杂志的办刊情况，期盼与会学者能够惠赐佳作，对刊物的发展给予帮助和支持。

本次会议分为四组展开报告。第一组报告围绕账簿问题展开讨论。安徽师范大学经管学院讲师孙丽以明万历时期徽州典商吴文奎家族的账簿史料为中心，探察了徽商贾儒互动的底层逻辑，指出商号并不以获取巨额利润以及追求更高的资本或财富积累为目的，而是以服务于家族下一代的发展尤其是诸子们的儒业为宗旨。山东大学经济研究院助理研究员张文依托北海贞泰号 1893 年至 1935 年的 32 册年结簿史料，探讨了近代西风东渐的过程中华南地区商号会计报告的发展演进特点，20 世纪初期，广东地区的结册已经开始广泛采用进、支、存、欠的双轨制计算，而北方还大多采用的是清单的形式。贞泰号这种具有中国华南地区特色传统的会计记账方式对于探究晚清至民国中国民间商号的会计变迁具有重要的意义。安徽师范大学经管学院讲师徐俊嵩以山西交城皮毛商人所立自诚公账簿中的万金账、支使账和清抄宝账为主要资料，从多面向考察了近代山西皮毛从业群体的薪资情况。皮毛从业群体薪资差异的背后，体现了晋商股俸制的制度设计与具体运作。安徽师范大学历史学院副研究员康健考证出《罗时升买山地册》为晚明时期歙县城东罗氏族人罗时升历时50多年在徽州本土经营山林的山场统计册，罗时升通过购买周遭外姓民众山场的途径积累起500多亩的广袤山场，成为一位颇具经济实力的徽州本土木商，其山场采取租佃、合伙和对换等多种方式进行经营管理。加强徽州本土木商的研究，既有利于深入认识徽州山区的经济结构、民众生计模式，也有利于重新审视徽商本土经营与外地经营之间的互动关系。王裕明、马勇虎、康健、徐俊嵩对上述论文做出了精彩的点评，指出关于账簿的解读，要结合其他文献资料，整理账簿信息与其他文献记载内容的异同，分析其原因，并运用经济学、会计学研究方法，深化对账簿本质的认识。

第二组报告围绕身份问题展开讨论。中国人民大学经济史研究室讲师胡思捷分析了6个江浙地区的家族自1350年至1900年的族谱数据，估计了族谱记录中“消失的女儿”的规模，并提供了关于“有记录的女儿”的婚姻状况的证据。安徽师范大学历史学院讲师祝虻《明清商人焚券研究——以徽商为中心》认为，以徽商为代表的明清商人参与焚券有着特定的内在逻辑。焚券是中国古代长久存在的一种义行，明清时期的徽商参与其间，在特定背景下焚毁了大量债券。慈善事业是明清士绅意图重整地方社会秩序的重要手段，商人参与焚券能够满足士绅的重整需求，同时，商人通过焚券成为道义象征，有助于他们参与到“孝道”支配当中。北京化工大学材料科学与工程学院博士后刘川渤结合服饰史研究的方法，运用考古学、艺术学等学科知识，对安徽中国徽州文化博物馆藏《方仪童容像》的画面布局、人物背景及服饰文化进行了探究。祝虻、郑小春、赵忠仲在对第二组报告进行评议时都强调了运用多元史料交错论证的重要性，在探讨身份问题时，明清小说是不可忽视的研究资料。

第三组报告围绕宗族问题展开讨论。淮南师范学院马克思主义学院讲师宋杰对祁门十一都孚溪周遭的多姓聚居的中心村落进行了深入的个案研究，在祁门十一都中心村落之内，乡村宗族极为重视宗族秩序的构建。他们通过纂修家谱、创建祠堂、整饬族内规条来约束族众的日常行为规范，族众将外出经商积聚的财富源源不断地送入宗族村落之中。徽商赚取可观的资金流入乡村，不仅促进了徽州村落田土交易、房屋建设，而且徽商在其获得丰厚的利润之后，便积极资助桑梓振兴文教事业。通过探究多姓聚居的中心村落治理的实态，对徽州乡村社会治理研究的深入有所裨益。山东大学儒学高等研究院副教授任雅萱透过文本书写视角分析了《华氏家族遗事纪闻》的形成过程，阐明了宗族纪事类文献的学术史意义与价值，并探讨了清代门型宗族的分家活动和对家观念的表达。天津师范大学历史文化学院副教授罗艳春从知识的生成角度对吴汝纶“北人不重氏族”的论断进行了考证与分析，吴汝纶这一看似绝对化的论断背后，隐含着时间、空间层面的对比。朱小阳、罗艳春、任雅萱评议了第三场报告，指出在研究区域宗族与社会时，除了从解读民间文献入手之外，还应结合田野调查的方式，尽可能地还原历史的真实。

第四组报告围绕边疆问题展开讨论。安徽师范大学历史学院副教授张振国《秘密磨改碑碣与清朝文化控制的深化——从〈四库全书〉纂修说开去》研究了乾隆四十年代初期遍布直隶、山西、盛京三省的磨改碑碣行动，相较于禁毁书籍，磨毁碑碣将目标深入到社会的最基层，成为清朝思想文化控制体系的重要环节，对民间文献的存续和民俗文化的流传产生了深远影响。兰州大学历史文化学院教授沈一民《唐代封贡体系下的贡物制度——以渤海国贡物为视角》揭示了贡物制度如何形塑唐朝与渤海国之间的贡物互动，渤海国主要在“任土作贡”的基础上，通过揣摩唐朝皇室的喜好和追求自身经济利益最大化而拣择贡物。北京大学历史学系博士生张临希《打鬼：从皇家典礼到北京民俗》搜集内务府、军机处、雍和宫、普宁寺、准噶尔汗国档案以及达赖、班禅、章嘉等活佛史料，还原了跳布扎宏阔的历史，乾隆控制准噶尔汗国和回疆时，将汉传佛教、道教、伊斯兰教元素加入京城跳布扎，并以汉传为主角，改单一藏传为五族合舞共同驱敌，凸显了他以汉为重的五族融合观念。山西大同大学历史与旅游文化学院副教授詹俊峰以吕留良后人二次发配事件为例，通过对《宁古塔副都统衙门档案》等材料的解读分析，管窥了清代宁古塔流人的生活状态，宁古塔对流人的管理并非学界所理解的那么苛刻，即使宁古塔作为流放地，相较于周边的自然条件也要明显具有优势，适宜人口生存，繁衍发展，并不是苦寒之地。流人不只是汉人，也有大量发遣满洲、发遣蒙古和发遣汉军，宁古塔作为流放地，不应该被冠上民族属性，即专门发配汉人的地方，流人的后裔大量繁衍，也说明流人生活相对富足。詹俊峰、朱德军、沈一民、张振国点评了最后一组报告，评议人指出，在研究区域边疆问题时，要注意思考地域治理“多元化”与王朝“大一统”观念之间的内在关联。

在会议闭幕式上，历史学院副院长丁修真教授对参会论文进行了总结，他结合自身科研经历，强调了民间文献结合田野调查在区域史研究中的重要性，对于历史学来说，在现实与文献中进行田野作业，有助于我们将宏大历史叙事与微观社会生活相结合，从而更好地理解区域社会形成的历史过程及其文化变迁的内在机制。中国区域文化研究院还向与会专家赠送了由安徽师范大学历史学院、安徽师范大学中国区域文化研究院、安徽省重点智库安徽师范大学“安徽文化发展研究院”联合主办的学术辑刊《中国区域文化研究》第四辑。

本次会议呈现出区域史研究的新趋势：一是研究材料来源广泛，与会学者不仅利用了史书、方志、文集、家谱、图画等史料，还特别重视利用商业账簿、地方文书等多种民间文献开展研究，这有助于还原基层社会的运作模式及一般民众的生存状态。二是与会学者的学科背景多元化，已显现出历史学、经济学、社会学、艺术学、人类学、宗教学、法学等多学科交融的新趋势，但无论何种背景的学者，都注重从整体的观念与立场出发，将自己的学术理路运用于区域研究当中。三是采用的研究方法多样，将计量史学、社会调查、大数据方法等引入到史学研究中，体现了文献考证与数据分析相结合、田野调查与文献解读相结合、定性分析与定量分析相结合等研究趋势，有助于全面认识历史问题。四是研究视野开阔，以区域取向探析中国社会历史过程。在对华北、华南、徽州、边疆等不同区域的深入研究中，始终保持对整体中国史的追求。中国幅员辽阔，民族众多，各地的风俗与民情存在相当大的差异，在大一统的王朝体制下，国家运用因地制宜的方式来解决制度的一体化与地方的差异化之间的矛盾。国家的运作模式在各个区域中有着多元的表现形态，而各个区域也往往以其自身的逻辑和能动性与国家互动，因此，在中国文化多元一体的格局中，唯有通过区域去重新发现中国，才能理解中国的多元性，并获取对中国整体史的新认知，解释中国大历史。

（陶良琴，安徽师范大学历史学院博士研究生；
祝虻，安徽师范大学历史学院讲师）

征稿启事

《中国区域文化研究》是安徽师范大学高端科研平台“中国区域文化研究院”、安徽省重点智库安徽师范大学“安徽文化发展研究院”和安徽师范大学历史学院主办的学术辑刊，每年出版两辑。刊物由中国社会科学院古代史研究所所长卜宪群研究员担任主编、国内著名专家学者担任编委，主要刊登中国区域文化研究相关前沿成果，努力为学术界提供交流对话平台。

本刊热忱欢迎广大专家、学者赐稿，就中国区域文化研究的相关问题提出新观点，作出新阐释，公布新史料，推动中国优秀区域文化的创造性转化和创新性发展。

《中国区域文化研究》对所有来稿实行三审制，由责任编辑初审，同行专家复审，主编终审。请勿一稿多投，来稿请自留底稿，2 个月内未收到录用通知者可自行处理。本刊投稿邮箱为：zgqywhyj@ ahnu. edu. cn；纸质投稿地址为：安徽省芜湖市九华中路 189 号安徽师范大学历史学院《中国区域文化研究》编辑部，邮编 241002。

一　主要栏目

笔　　谈：每辑邀请 3—5 位学界名家撰写一组每篇 3000 字左右的主题笔谈。

理论反思：刊载对中国区域文化进行理论探讨与学科建设的理论性文章。

专题研究：刊载中国区域文化专题研究论文。

特色史料：选载稀见中国区域文化研究资料。

综述、书评：刊载对中国区域文化相关会议、著作的评介文字。

二　投稿要求

1. 文章必须未曾在其他正式刊物发表。来稿内容之著作权问题，由作者负责。如发生侵害第三方权利之事，概由投稿者承担法律责任，与本刊无关。

2. 文章篇幅原则上控制在 20000 字以内，重大选题稿件字数不限，需附中、英文标题、摘要、关键词，摘要 200 个字左右，中、英文摘要内容对应。

3. 文书文献、档案史料类投稿，建议采用 word 文档，并附分辨率较高的照片或扫描件，以便核对。

4. 各级基金项目应在文章首页以页下注形式标注，例如“基金项目：国家社科基金一般项目‘×××’（×××）”，注明基金项目名称，并在圆括号内注明项目编号。

5. 文章中出现的外文专门名词（人名、地名等）除特别常见的以外，一律附外文原文，用圆括号标明。

6. 文章所引资料的注释必须规范，一律采用页下注，正文与脚注相对应以①②③……标明序号。具体格式可参照中国社会科学出版社注释要求或本辑文章格式。

7. 所有稿件，建议采用 word 文档投稿，也可投纸质稿。来稿请注明作者姓名、工作单位、职称、研究方向、联系地址、邮件地址等。

本刊实行优稿优酬，一经刊出，即赠送样刊，并酌付稿酬。稿酬中包含收录中国知网等数据库的稿酬，凡向本刊投稿，则视为同意将大作收录数据库。